ZHONGGUO LIAONING
ZIYOU MAOYI SHIYANQU TIAOLI
JIEDU YU TOUZI ZHINAN

中国（辽宁）自由贸易试验区条例

解读与投资指南

辽宁省律师协会　主编

法律出版社
LAW PRESS·CHINA

图书在版编目(CIP)数据

中国(辽宁)自由贸易试验区条例解读与投资指南/辽宁省律师协会主编. -- 北京：法律出版社，2019
ISBN 978-7-5197-2941-7

Ⅰ. ①中… Ⅱ. ①辽… Ⅲ. ①自由贸易区－条例－解释－辽宁②自由贸易区－投资－研究－辽宁 Ⅳ. ①D927.310.229.95②F752.831

中国版本图书馆 CIP 数据核字(2018)第 284201 号

中国(辽宁)自由贸易试验区条例解读与投资指南
ZHONGGUO (LIAONING) ZIYOU MAOYI SHIYANQU TIAOLI JIEDU YU TOUZI ZHINAN

辽宁省律师协会 主编

责任编辑 李 群 李 璐
装帧设计 汪奇峰

编辑统筹 法规出版分社
出版 法律出版社
总发行 中国法律图书有限公司
经销 新华书店
印刷 三河市兴达印务有限公司
责任印制 吕亚莉
开本 710毫米×1000毫米 1/16
印张 23
字数 426千
版本 2019年1月第1版
印次 2019年1月第1次印刷

法律出版社/北京市丰台区莲花池西里7号(100073)
网址/www.lawpress.com.cn
投稿邮箱/info@lawpress.com.cn
举报维权邮箱/jbwq@lawpress.com.cn
销售热线/010-83938336
咨询电话/010-63939796

中国法律图书有限公司/北京市丰台区莲花池西里7号(100073)
全国各地中法图分、子公司销售电话：
统一销售客服/400-660-6393
第一法律书店/010-83938334/8335 西安分公司/029-85330678 重庆分公司/023-67453036
上海分公司/021-62071639/1636 深圳分公司/0755-83072995

书号:ISBN 978-7-5197-2941-7 **定价**:88.00元

编写人员及分工

高　滨

第一章　总则（6条）

第二章　管理体制与运行机制（7条）

郑　宪

第三章　投资领域改革与开放（5条）

第四章　贸易便利化与转型升级（6条）

王守贵

第五章　金融领域创新与服务（9条）

中国（辽宁）自由贸易试验区投资指南

李宗胜

第六章　老工业基地结构调整（10条）

第七章　东北亚区域开放与合作（5条）

尚海静　张　华

第八章　综合监管与法治环境（14条）

第九章　附则（1条）

序　　言

建立自由贸易试验区是党中央、国务院作出的重大决策。自由贸易试验区肩负着我国新时代加快政府职能转变、探索管理模式创新、促进贸易和投资便利化，为全面深化改革和扩大开放探索新途径、积累新经验的重大使命，是国家战略安排。

中国（辽宁）自由贸易试验区于2017年4月1日正式揭牌成立。按照国家要求，辽宁自由贸易试验区战略定位是“以制度创新为核心，以可复制可推广为基本要求，加快市场取向体制机制改革、积极推动结构调整，努力将自贸试验区建设成为提升东北老工业基地发展整体竞争力和对外开放水平的新引擎。”辽宁自由贸易试验区的建立和发展不仅要助力辽宁全面振兴、全方位振兴，更要成为提升东北老工业基地发展整体竞争力的试验田，成为东北对外开放的新引擎。

习近平总书记指出：凡属于重大改革都要于法有据。自贸试验区的建设同样需要在法律的框架内不断前行。辽宁省律师协会能够认真落实习近平总书记的讲话要求，主动作为，在自贸试验区揭牌后很短的时间内，撰写了《法治状况下的辽宁自贸试验区建设》的调研报告，为有关部门的工作开展提供了非常有分量的参考意见。同时，借助先行对自贸试验区深度调研基础和法律专业优势，起草并完成了《中国（辽宁）自由贸易试验区条例（建议稿）》，为自贸试验区的地方立法工作贡献了自己的法律智慧。

2018年7月25日，《中国（辽宁）自由贸易试验区条例》经辽宁省第十三届人民代表大会第四次会议审议通过，并于10月1日实施。为推动该条例的正确实施，辽宁省律师协会组织力量编写了这部重要的地方性法规条文的解读，并整理了辽宁自贸试验区及三个片区有关自贸试验区的政策文件,编写了这本《中国(辽宁)自由贸易试验区条例解读与投资指南》。这是省律师协会“围绕中心、服务大局”的重要工作举措,将为社会各界了解辽宁自由贸易试验区、经济主体投资辽宁自由贸易试验区以及如何深化自由贸易试验区先行先试提供重要的参考,成果值得尊重,建议值得推广。

希望全省广大律师进一步增强社会责任感,坚持创新发展、开拓进取,为新时代辽宁全面振兴、全方位振兴提供更加优质的法律服务。

辽宁省司法厅厅长　林志敏

2018 年 12 月 17 日

目　　录

第一部分　中国(辽宁)自由贸易试验区条例解读

第一章　总　　则

《中国(辽宁)自由贸易试验区条例》(以下简称本条例或《条例》)于2018年7月25日由辽宁省第十三届人民代表大会常务委员会第四次会议通过,自2018年10月1日开始施行。本条例由总则、管理体制与运行机制、投资领域改革与开放、贸易便利化与转型升级、金融领域创新与服务、老工业基地结构调整、东北亚区域开放与合作、综合监管与法治环境、附则组成,共九章六十三条。

总则是本条例的总括性规定,其功能是概括地表述贯穿于本条例始终的立法思想、价值取向、基本原则等一般性、原则性、抽象性的内容,总则具有解释本条例的功能,并且对贯彻和施行本条例具有导向性作用。后续其他章的内容既是对总则相关条文的具体化和体系化,也是对总则主要内容的完善。

本章共六条,主要规定的是本条例的立法目的和依据、适用范围、自贸试验区战略定位、自贸试验区的发展目标、片区发展机制、自贸试验区激励约束机制等重要内容。

第一条　立法目的及依据

为推进和保障中国(辽宁)自由贸易试验区的建设,加快推进老工业基地振兴发展,根据有关法律、法规和国务院批准的《中国(辽宁)自由贸易试验区总体方案》,结合本省实际,制定本条例。

【解读】

本条是关于制定《中国(辽宁)自由贸易试验区条例》的目的和依据的规定。

一、《条例》的立法目的

《条例》的立法目的是为推进和保障中国(辽宁)自由贸易区的建设,加快推进老工业基地振兴发展。

1. 推进和保障中国(辽宁)自由贸易试验区的建设

自贸区有两个概念。第一个概念,是指两个或两个以上国家或地区通过签署自贸区协定所形成的贸易投资制度安排,相互开放市场,取消关税和非关税壁垒,放宽准入,实现贸易和投资自由化,简称 FTA。比如,中韩自贸区、中澳自贸区。第二个概念,是指在一国领土之内、关税领域之外,划定一个通关便利、允许国外货物豁免关税、在区内自由流通再出境的特定区域,简称 FTZ。比如,上海自贸区,属于 FTZ 的范畴,但多了"试验"两个字,更侧重于外商投资管理、服务业开放、金融开放等方面的制度创新。

在中国特色社会主义法律体系已经形成的今天,涉及自贸试验区先行先试的事项,现行法律、行政法规均有明确的规定,任何实质性的制度创新都需要突破现行法律、行政法规的相关规定。正所谓自贸试验区不是政策洼地,而是改革高地。《中共中央关于全面推进依法治国若干重大问题的决定》中明确:"实现立法和改革决策相衔接,做到重大改革于法有据、立法主动适应改革和经济社会发展需要。实践证明行之有效的,要及时上升为法律。实践条件还不成熟、需要先行先试的,要按照法定程序作出授权。对不适应改革要求的法律法规,要及时修改和废止。"

2017 年 3 月 15 日,国务院印发《中国(辽宁)自由贸易试验区总体方案》(以下简称《总体方案》)。《总体方案》规定了自贸试验区的总体要求、区位布局、主要任务和措施、保障机制四方面内容,对自贸试验区建设的相关事宜作出了初步安排,但其中的规定大都是原则性的、指引性的,尚未形成具体的规则和制度。《总体方案》指出"辽宁省要通过地方立法,建立与试点要求相适应的自贸试验区管理制度"。

《总体方案》中既有其他自贸试验区行之有效的实践经验,又有辽宁自贸试验区特有的制度创新,既有的实践经验需要上升为法律,特有的制度创新需要法律给予保障实施。为使自贸试验区建设在法律框架下进行,《条例》对《总体方案》的安排作出了具体规定。

2. 加快推进老工业基地振兴发展

东北地区是新中国工业的摇篮和我国重要的工业与农业基地,拥有一批关系国民经济命脉和国家安全的战略性产业,资源、产业、科教、人才、基础设施等支撑能力较强,发展空间和潜力巨大。东北地区区位条件优越,沿边沿海优势明显,是全国经济的重要增长极,在国家发展全局中举足轻重,在全国现代化建设中至关重要。加快东北老工业基地全面振兴,是推进经济结构战略性调整、提高我国产业国际竞争力的战略举措,是促进区域协调发展、打造新经济支撑带的重大任务,是优化调整国有资产布局、更好发挥国有经济主导作用的客观要求,是完善我国对外开放战略布局的重要部署,是维护国家粮食安全、打造北方生态安全屏障的有力保障。推进东北老工业基地全面振兴具有重要性和紧迫性,需要坚定不移地把这项宏伟事业推向新阶段。

辽宁是东北地区唯一设立自贸试验区的省份。《总体方案》明确指出"建立中国(辽宁)自由贸易试验区是党中央、国务院作出的重大决策,是新形势下全面深化改革、扩大开放和推动东北地区等老工业基地振兴的重大举措"。因此,辽宁自贸试验区承担着国家赋予的自身改革开放和振兴东北老工业基地的双重任务。

《中共中央、国务院关于全面振兴东北地区等老工业基地的若干意见》指出:"当前,国际政治经济形势纷繁复杂,我国经济发展进入新常态,东北地区经济下行压力增大,部分行业和企业生产经营困难,体制机制的深层次问题进一步显现,经济增长新动力不足和旧动力减弱的结构性矛盾突出,发展面临新的困难和挑战,主要是:市场化程度不高,国有企业活力仍然不足,民营经济发展不充分;科技与经济发展融合不够,偏资源型、传统型、重化工型的产业结构和产品结构不适应市场变化,新兴产业发展偏慢;资源枯竭、产业衰退、结构单一地区(城市)转型面临较多困难,社会保障和民生压力较大;思想观念不够解放,基层地方党委和政府对经济发展新常态的适应引领能力有待进一步加强。这些矛盾和问题归根结底是体制机制问题,是产业结构、经济结构问题,解决这些问题归根结底要靠全面深化改革。"针对这些问题,《总体方案》指出了加快老工业基地结构调整的措施,即深化国资国企改革、促进产业转型升级、发展生产性服务业、构筑科技创新和人才高地、推进东北一体化协同发展。

二、《条例》的立法依据

辽宁省第十三届人民代表大会常务委员会第四次会议于 2018 年 7 月 25 日通过的《条例》属于辽宁省的地方性法规,是自贸试验区的"基本法"。其立法依据一直是《条例》起草者和地方立法机关审慎把握的关键问题。

在制定《条例》过程中,针对立法依据问题,我们主要有以下考虑:

1. 根据《立法法》第七十二条第一款和第七十三条第一款、第二款规定,省人民代表大会及其常务委员会有权限就某些事项制定地方性法规。

《立法法》第七十二条第一款规定:"省、自治区、直辖市的人民代表大会及其常务委员会根据本行政区域的具体情况和实际需要,在不同宪法、法律、行政法规相抵触的前提下,可以制定地方性法规。"第七十三条第一款、第二款规定:"地方性法规可以就下列事项作出规定:(一)为执行法律、行政法规的规定,需要根据本行政区域的实际情况作具体规定的事项;(二)属于地方性事务需要制定地方性法规的事项。除本法第八条规定的事项外,其他事项国家尚未制定法律或者行政法规的,省、自治区、直辖市和设区的市、自治州根据本地方的具体情况和实际需要,可以先制定地方性法规。在国家制定的法律或者行政法规生效后,地方性法规同法律或者行政法规相抵触的规定无效,制定机关应当及时予以修改或者废止。"

2. 国务院批准设立自由贸易实验区具有宪法依据

《宪法》第八十九条规定:"国务院行使下列职权:……(四)统一领导全国地方各级国家行政机关的工作,规定中央和省、自治区、直辖市的国家行政机关的职权的具体划分……"因此,国务院批准设立自由贸易实验区具有宪法依据。

3.《总体方案》应当作为《条例》的立法依据

《总体方案》能否作为《条例》的立法依据,是起草过程中讨论较多的问题之一。

(1)《总体方案》属于行政法规

《立法法》第六十五条第二款规定:"行政法规可以就下列事项作出规定:(一)为执行法律的规定需要制定行政法规的事项;(二)宪法第八十九条规定的国务院行政管理职权的事项。"本款的这两项规定是一个有机联系的整体,"执行法律的规定"进一步明确了"根据宪法和法律"的内涵,即贯彻实施法律。本款规定行政法规可以就"宪法第八十九条规定的国务院行政管理职权的事项"作出规定,使得当相关法律规定处于空白之时,国务院得以依据自身的行政管理职权,及时进行行政立法来应对社会生活中出现的新情况核心问题。《总体方案》属于国务院进行行政管理所指定的行政法规,应当作为《条例》的立法依据。

(2)《总体方案》具有授权性质

《总体方案》在"强化法制保障"中指出:"自贸试验区需要暂时调整实施有关行政法规、国务院文件和经国务院批准的部门规章的部分规定的,按规定程序办理。各有关部门要支持自贸试验区在各领域深化改革开放试点、加大压力测试,辽宁省要通过地方立法,建立与试点要求相适应的自贸试验区管理制度。"由此分析认为,其中隐含了"授权"含义。有鉴于此,《总体方案》应当作为《条例》的立法依据。

关于《条例》的立法依据，除了以上提到的法律、行政法规、《总体方案》之外，还包括投资、贸易、金融等方面的法律、行政法规，在适用《条例》过程中应当给予注意。

第二条　适用范围

本条例适用于经国务院批准设立的中国（辽宁）自由贸易试验区（以下简称自贸试验区），包括沈阳片区、大连片区和营口片区（以下简称片区）。

根据自贸试验区建设与发展的需要，报经国务院批准的自贸试验区扩展区域，适用本条例。

【解读】

本条是关于《条例》适用范围的规定。

法律的适用范围，是指法律的时间效力、空间效力和对人效力。其中，时间效力，是指法律开始生效的时间和终止生效的时间。空间效力，是指法律生效的地域（包括领海、领空），通常全国性法律适用于全国，地方性法规仅在本地区有效。对人效力，是指法律对什么人生效，如有的法律适用于全国公民，有的法律只适用于一部分公民。本条是关于《条例》的空间效力的规定。

一、《条例》的适用范围

《总体方案》规定："自贸试验区的实施范围119.89平方公里，涵盖三个片区：大连片区59.96平方公里（含大连保税区1.25平方公里、大连出口加工区2.95平方公里、大连大窑湾保税港区6.88平方公里），沈阳片区29.97平方公里，营口片区29.96平方公里。"《条例》只在上述范围内实施，在其他区域内不适用。

沈阳片区规划面积为29.97平方公里，其中浑南区22.63平方公里（包含桃仙机场2.08平方公里），苏家屯区7.34平方公里。沈阳片区具有四大优势。一是区位优势明显。沈阳市是东北地区中心城市，工业实力雄厚，市场辐射到吉林、黑龙江、内蒙古以及东北亚各大区域，是"一带一路"倡议布局中蒙俄经济走廊的重要节点，是打通俄罗斯、日本、韩国投资贸易的便捷通道，片区位于沈阳市经济区核心区域，总人口2400万人，市场潜力巨大。二是"四区"叠加的政策汇聚优势。该区域依托国家全面创新改革试验区、国家自主创新示范区、国家高新技术产业开发区、国家产城融合示范区，政策叠加优势明显。三是三大枢纽功能联动、交通功能完备的优势。片区集聚了东北地区最有影响的空港桃仙国际机场、最重要的高铁站沈阳南站和最大铁路货运编组站苏家屯站,枢纽功能完备。四是产业基础雄厚优势。片区汇聚了智能制造、航空装备、信息技术等高端制造产业集群和便捷的商贸物流服务体系,产业基础雄厚。

大连片区位于国家级新区——大连金普新区范围内,是辽宁自由贸易试验区的主体区域,规划面积59.96平方公里,其中在大连经济技术开发区内的面积28平方公里,在大连保税区内的面积31.96平方公里,是引领东北全面振兴的重要增长极,是面向东北亚开放合作的战略高地,是“一带一路”的重要节点和国际联运的重要枢纽。

大连片区具有六大特色优势。一是区位条件优越。片区地处东北亚地理中心位置,对内是东北地区海陆联运中心,通过哈大运输大通道和东北东部铁路连通整个东北地区;对外是东北亚国际航线的要冲,是我国东北地区走向世界的海空门户,是与东北亚国家经贸往来和开放合作的重要枢纽,是“一带一路”倡议的重要节点。

二是开放体系完善。片区所在的大连市是中国首批对外开放沿海城市和计划单列市,拥有全国第一个经济技术开发区、东北第一个保税区、保税港区、出口加工区、高新技术园区,以及国家级新区——大连金普新区、中国(大连)跨境电商综合试验区、沈大自主创新示范区、国家构建开放型经济新体制综合试点试验区等国家级开放试点区域。

三是外贸优势突出。片区承担东北地区70%以上的外贸货物海运和90%以上的外贸集装箱运输,货物吞吐量排世界港口第11位,集装箱吞吐量全球排名第16位。

四是产业基础雄厚。片区目前初步形成了高端装备制造业集群、整车及核心零部件产业集群、电子信息产业集群、生物医药产业集群、港航物流产业集群和国际商贸产业集群。科教技术人才优势明显,是东北地区重要的技术创新中心和科研成果转化基地,产业基础雄厚。

五是交通快捷高效。大连东北亚国际航运中心的核心港区位于区内,在东北地区重要节点城市设立了内陆无水港,开通了多式联运。哈大铁路、哈大客专、东北东部铁路和沈海、鹤大高速公路将片区与东北地区紧密连接。大连周水子国际机场和建成后预计年旅客运送量6000万人的大连金州湾国际机场与片区毗邻。

六是生态环境优美。大连市是国家环境保护模范城市、国家森林城市,空气质量指数二级以上天数达300天,城市水源地和近海海域功能区水质达标率100%,森林覆盖率41.5%,林木绿化率50%。

营口片区位于营口主城区西部,包括高新技术产业开发区、西市区、站前区、产业基地部分区域,实施范围 29.96 平方公里,东至得胜路(澄湖西路),南至新港大街,西至海滨,北至滨河路。依托于国家级高新技术产业开发区开发建设,分为五大功能区块,分别是规划面积 6.44 平方公里的旅游休闲产业集聚区、规划面积 4.84 平方公里的科技研发及新兴产业集聚区、规划面积 6.74 平方公里的制造业转型升级示范区、规划面积 5.81 平方公里的现代物流商贸产业集聚区、规划面积 6.17 平方公里的平台经济和总部经济集聚区。

营口片区具有四大优势。一是区位优势。营口位于辽东半岛西北部、大辽河入海口的左岸,处于东北亚经济圈、环渤海经济圈的结合部,拥有海、陆、空立体交通网络。营口港是东北腹地及内蒙古东部地区最近的出海口,和大连港比,陆路运输距离近 200 公里。辐射东北腹地 1.1 亿人口、5.3 万亿的 GDP。年吞吐量居全国沿海港口第 8 位、全球沿海港口第 11 位。营口是"一带一路"倡议的重要节点城市,是全国流通领域现代物流示范市、全国农产品冷链流通标准化试点城市。营口港是承接中欧物流运输重要的中转港,现已在俄罗斯、德国等 4 个国家、7 座城市共计开通 11 条中欧班列。2016 年,中欧班列完成 3.3 万标准箱,占满洲里口岸 51.3%,在满洲里口岸转关出境集装箱量排名全国第一,其中日韩货物占比 22%,华北、华中等沿海城市货物占比 77%(是全国唯一没有享受国家资金补贴的班列)。营口港海铁联运总量达到 7%,比全国平均水平(2%)高出 5 个百分点。营口交通便捷,长大铁路、沈大高速公路、京沈客运专线、哈大高铁纵贯全境,90 分钟交通圈覆盖辽宁境内 9 座城市,到东三省以及华北、华中的地级以上城市,全程高速。营口机场现已开通上海、哈尔滨、深圳、济宁、海口、广州、石家庄等航线,5 月还开通至北京航线。

二是基础优势。全市现有规模以上工业企业 578 户,2016 年实现规模以上工业增加值 310.6 亿元,总量居全省第 4 位;电子商务发展势头良好,站前区被评为省级电子商务集聚示范区,正在争创国家电子商务示范基地;2016 年,全市进出口总额达到 54.1 亿美元,实现服务业增加值 571 亿元。营口产业基础雄厚,以钢铁、冶金、石化、装备制造、镁质材料、纺织服装、新型建材产业为主导的工业体系已具规模,汽保、乐器和新能源、新材料等新兴产业群正在加速形成。

三是要素优势。营口生产要素齐备,尤其是土地资源充沛,有大量的国有存量工业用地,全市"七通一平"土地面积达到 200 平方公里以上,工业用地价格平均在 244 元/平方米。全市发电机组总装机容量已达到 289.5 万千瓦,日供水能力达 53.4 万立方米,日供电能力 300 万千瓦,日供天然气能力 50 万立方米。营口人力资源丰富,全市有 1 所本科大学、2 所专科学院、15 所中等职业学校,拥有 50 多万熟练的产业工人,每年培养1万多名大中专毕业生,专业技术人才总量达到37.9万人,为经济发展提供有效的人力资源保障。营口已探明地下矿藏39种,其中菱镁矿保有储量3亿吨,镁质材料储量居世界首位,大石桥市素有“中国镁都”之称。

四是环境优势。营口是东北老工业基地振兴、沈阳经济区建设、国家自贸区建设等国家战略和“一带一路”倡议叠加区域,也是国家评定的全国投资环境40优城市之一,是全国金融生态城市、全国优秀旅游城市和中国十大特色休闲城市,还被评为“2016中国最具魅力宜居宜业宜游旅游城市”。营口市委、市政府始终坚持环境是金的理念,不断强化发展软环境建设,从项目签约开始到建设、后期的生产经营,都有一个团队、一个包扶领导负责。企业遇到困难或需要市政府帮助解决的问题,可以直接向市长信箱投诉,当天就能转到分管领导手中,一周之内保证办结,及时给予回复。营口的民营经济发达,民营经济占全市经济总量的近80%,是国家东北地区民营经济发展改革示范城市,非常适合创新创业。

二、自贸试验区的扩容

本条第二款是关于自贸试验区扩容的规定。

《总体方案》指出,“对试点效果好、风险可控且可复制可推广的成果,实施分类审查程序后复制推广至全国其他地区”。因此,随着自贸试验区成果的不断推广,自贸试验区的周边地区或者其他地区,与自贸试验区之间的差距会越来越小,在发展到一定程度后需要扩展自贸试验区区域范围。另外,某些地区因其特殊性也可能需要扩展自贸试验区区域范围,以便探索新途径、积累新经验。本条第二款明确了扩展自贸试验区区域范围的程序和权限,即扩展自贸试验区区域范围应当根据自贸试验区建设与发展的需要,报经国务院批准,经国务院批准的自贸试验区扩展区域适用本《条例》。

第三条　自贸试验区战略定位

自贸试验区以市场取向的制度创新为核心,以探索总结可复制可推广的改革创新经验为基本要求,推动结构调整和产业升级,提升老工业基地发展整体竞争力和对外开放水平。

【解读】

本条是关于自贸试验区战略定位的规定。

《总体方案》明确指出自贸试验区的战略定位:“以制度创新为核心,以可复制可推广为基本要求,加快市场取向体制机制改革、积极推动结构调整,努力将自贸试验区建设成为提升东北老工业基地发展整体竞争力和对外开放水平的新引擎。”

一、以市场取向的制度创新为核心

经济体制改革是全面深化改革的重点,经济体制改革的核心问题是处理好政府和市场关系。

经过二十多年实践,我国社会主义市场经济体制已经初步建立,但仍存在不少问题,主要是市场秩序不规范,以不正当手段谋取经济利益的现象广泛存在;生产要素市场发展滞后,要素闲置和大量有效需求得不到满足并存;市场规则不统一,部门保护主义和地方保护主义大量存在;市场竞争不充分,阻碍优胜劣汰和结构调整,等等。这些问题不解决好,完善的社会主义市场经济体制是难以形成的。

党的十四大以来的二十多年间,对政府和市场关系,我们一直在根据实践拓展和认识深化寻找新的科学定位。党的十五大提出“使市场在国家宏观调控下对资源配置起基础性作用”;党的十六大提出“在更大程度上发挥市场在资源配置中的基础性作用”;党的十七大提出“从制度上更好发挥市场在资源配置中的基础性作用”;党的十八大提出“更大程度更广范围发挥市场在资源配置中的基础性作用”。由此可以看出,我们对政府和市场关系的认识也在不断深化。《中共中央关于全面深化改革若干重大问题的决定》明确提出,紧紧围绕使市场在资源配置中起决定性作用深化经济体制改革。前后仅两字之差,但对市场作用是一个全新的定位。

进一步处理好政府和市场的关系,实际上就是要处理好在资源配置中市场起决定性作用还是政府起决定性作用这个问题。经济发展就是要提高资源尤其是稀缺资源的配置效率,以尽可能少的资源投入生产尽可能多的产品、获得尽可能大的效益。理论和实践都证明,市场配置资源是最有效率的形式。市场决定资源配置是市场经济的一般规律,市场经济本质上就是市场决定资源配置的经济。健全社会主义市场经济体制必须遵循这条规律,着力解决市场体系不完善、政府干预过多和监管不到位问题。作出“使市场在资源配置中起决定性作用”的定位,有利于在全党全社会树立关于政府和市场关系的正确观念,有利于转变经济发展方式,有利于转变政府职能,有利于抑制消极腐败现象。

《中共中央、国务院关于全面振兴东北地区等老工业基地的若干意见》指出,进一步理顺政府和市场关系,着力解决政府直接配置资源、管得过多过细以及职能错位、越位、缺位、不到位等问题。提出使市场在资源配置中起决定性作用,其实就是贯彻了问题导向。自贸试验区的核心是制度创新,但是制度创新必须以市场取向为前提。《条例》中所有制度的创新都是基于市场取向进行的创新,今后,在实施《条例》过程中所进行的制度创新仍然要以市场取向为前提。

当然,我国实行的是社会主义市场经济体制,我们仍然要坚持发挥我国社会主义制度的优越性、发挥党和政府的积极作用。市场在资源配置中起决定性作用,并不是起全部作用。发展社会主义市场经济,既要发挥市场作用,也要发挥政府作用。科学的宏观调控,有效的政府治理,是发挥社会主义市场经济体制优势的内在要求。政府的职责和作用主要是保持宏观经济稳定,加强和优化公共服务,保障公平竞争,加强市场监管,维护市场秩序,推动可持续发展,促进共同富裕,弥补市场失灵。

二、以探索总结可复制可推广的改革创新经验为基本要求

《总体方案》在指导思想中明确:“全面贯彻党的十八大和十八届三中、四中、五中、六中全会精神,深入贯彻习近平总书记系列重要讲话精神和治国理政新理念、新思想、新战略,认真落实党中央、国务院决策部署,统筹推进‘五位一体’总体布局和协调推进‘四个全面’战略布局,坚持稳中求进工作总基调,牢固树立和贯彻落实创新、协调、绿色、开放、共享的发展理念,进一步解放思想、先行先试,以开放促改革、促发展,着力完善体制机制,着力推进结构调整,着力鼓励创新创业,着力保障和改善民生,为全面深化改革和扩大开放探索新途径、积累新经验,发挥示范带动、服务全国的积极作用。”同时,《总体方案》指出“自贸试验区要及时总结改革创新经验和成果。国务院自由贸易试验区工作部际联席会议办公室要会同辽宁省人民政府及有关部门,及时总结评估自贸试验区改革开放创新试点任务实施效果,加强各领域试点经验系统集成,并委托第三方机构进行独立评估。对试点效果好、风险可控且可复制可推广的成果,实施分类审查程序后复制推广至全国其他地区”。因此,自贸试验区的制度创新必须以可复制可推广为基本要求。

从全国来看,截至 2018 年 5 月,国务院和各部门已向全国或特定区域复制推广四批自由贸易试验区改革试点经验共 153 项。大连片区的“保税混矿监管创新”成为国务院第四批在全国海关特殊监管区域复制推广的自贸试验区经验。

从辽宁来看,辽宁省人民政府借鉴推广自贸试验区改革创新经验 25 项,其中政府职能转变领域(7 项):行政服务“单一窗口”模式、建设项目“一站式”审批改革、“一企一照、双码识别”商事登记制度改革、“十位一体、多点集成”系统化大综合执法、企业税务简单注销程序、服务贸易在线退税服务、“二维码扫码缴税”自助

服务模式。投资贸易便利化领域(10 项):口岸监管单位“三互”通关、海关归类智能导航、国税出口退税综合服务平台、海关“集报集缴”改革、取消异地加工贸易备案审核改革、创新出入境生物材料风险管理方式、检验检疫行政执法全过程记录集成体系、“无人机 + 检验检疫”工作新模式、进出口货物通关“英特尔模式”、原产地证签证检企“零见面”模式。金融创新领域(2 项):自贸金融在线服务平台、“一窗受理”开户 + 信用代码证 + 外汇名录登记业务创新模式。国资国企改革领域(3 项):实施市场化债转股推动国有企业改革模式、两级市场化运管体系实现国有企业“瘦身健体”模式、数字化流程再造倒逼国企体制机制转型模式。促进老工业基地转型升级和扩大东北亚区域开放领域(3 项):检验检疫支持装备制造业“全流程”集成式管理服务模式、国际服务外包保税监管模式、进境粮食检疫全流程监管。这些改革创新经验充分结合了区域发展实际和阶段性需求,较好体现了自贸试验区服务、推动和引领东北老工业基地振兴的使命担当。

三、推动结构调整和产业升级,提升老工业基地发展整体竞争力和对外开放水平

《总体方案》要求“将自贸试验区建设成为提升东北老工业基地发展整体竞争力和对外开放水平的新引擎”,而辽宁的特殊省情决定自贸试验区必须围绕老工业基地结构调整和产业升级等重点难点问题进行先行先试改革,否则,难以完成《总体方案》赋予的使命。

《总体方案》就如何推动老工业基地结构调整和产业升级给出了答案:

1. 深化国资国企改革。完善国有企业治理模式和经营机制,实施分类监管和改革,探索健全以管资本为主的国有资产监管体系。稳妥推进自贸试验区内企业混合所有制改革,探索各种所有制资本优势互补、相互促进的体制机制。建立健全产权清晰、权责明确、政企分开、管理科学的现代企业制度。推进经营性国有资产集中统一监管,优化国有资本配置,放大国有资本功能,大力推进国有资产资本化。简化地方国有创投企业股权投资退出程序,地方国有创投企业使用国有资产评估报告实行事后备案。

2. 促进产业转型升级。完善有利于推动产业集群发展的体制机制,鼓励智能装备、海洋工程装备、航空制造、汽车(重点是新能源汽车)、新材料、高技术船舶、电子信息、生物医药和高端医疗器械、商贸及快递等现代物流、海水利用等产业向自贸试验区集聚。加快工业化与信息化深度融合,培育发展大数据、云计算、工业互联网等新一代信息技术产业,构建先进装备制造业、战略性新兴产业和现代服务业融合发展的产业布局。利用地方政府投资设立的产业(创业)投资引导基金,

支持新兴特色产业集群式发展。鼓励自贸试验区内企业通过跨区域兼并重组推动产业整合。加快中德(沈阳)高端装备制造产业园、大连国家生态工业示范园区与自贸试验区协同发展,打造国际产业投资贸易合作平台。

3. 发展生产性服务业。鼓励自贸试验区内企业开展系统集成、设备租赁、提供解决方案、再制造、检验检测、远程咨询等增值服务。推进专业技术研发、工业设计等集成创新载体及工程研究中心、科研实验室、企业技术中心建设。搭建科技成果推广、科技管理咨询、市场营销等公共服务平台。支持设立符合规定的加工贸易产品内销平台和加工贸易采购、分拨中心。鼓励金融机构、装备制造企业集团在自贸试验区内设立租赁公司或专营租赁业务的子公司,重点开展飞机、船舶、海洋工程结构物、轨道交通车辆、农用机械、高端医疗设备、大型成套设备等融资租赁服务。

4. 构筑科技创新和人才高地。推动科研机构、高校、企业协同创新。按市场化方式,加强与国家科技成果转化引导基金、战略性新兴产业创业投资引导基金、国家中小企业发展基金的对接,设立一批专业化创业投资子基金。依托现有交易场所开展科技成果转化交易。引进境外优质教育资源,推动教育国际化。探索适应企业国际化发展需要的创新人才服务体系和国际人才流动制度。完善创新人才集聚和培育机制,推进人才、项目、资金深度融合。加大对海外人才服务力度,提高境内外人员出入境、外籍人员签证和居留、就业许可、驾照申领等事项办理的便利化水平。

5. 推进东北一体化协同发展。增强自贸试验区口岸服务辐射功能,完善海关通关一体化改革,开展货物通关、贸易统计、"经认证的经营者"互认、检验检测认证等方面合作,逐步实现信息互换、监管互认、执法互助。优化内陆无水港和物流网络布局,加速实现自贸试验区与东北其他地区口岸间互通互联,推进东北地区在研发设计、生产销售、物流配送、人才交流、教育培训等方面的协同配合。

《条例》在第六章用十个条文对老工业基地结构调整和产业升级的相关制度作出了具体的规定。

第四条　自贸试验区发展目标

自贸试验区应当建立与国际投资贸易规则相适应的开放型经济新体制,营造法治化、国际化、便利化的营商环境,逐步建成高端产业集聚、投资开放、贸易便利、服务完善、监管高效便捷、法治环境规范的自由贸易园区。

【解读】

本条是关于自贸试验区发展目标的规定。

《总体方案》明确自贸试验区的发展目标："经过三至五年改革探索，形成与国际投资贸易通行规则相衔接的制度创新体系，营造法治化、国际化、便利化的营商环境，巩固提升对人才、资本等要素的吸引力，努力建成高端产业集聚、投资贸易便利、金融服务完善、监管高效便捷、法治环境规范的高水平高标准自由贸易园区，引领东北地区转变经济发展方式、提高经济发展质量和水平。"有鉴于此，自贸试验区最终要建成高端产业集聚、投资开放、贸易便利、服务完善、监管高效便捷、法治环境规范的自由贸易园区，实现引领东北地区转变经济发展方式和提高经济发展质量和水平的目的，而建立与国际投资贸易规则相适应的开放型经济新体制和营造法治化、国际化、便利化的营商环境则是实现上述目的的有力保障。自贸试验区的发展目标对自贸试验区的建设具有指引作用。

一、建立与国际投资贸易规则相适应的开放型经济新体制

《中共中央关于全面深化改革若干重大问题的决定》提出要构建开放型经济新体制，并指出"适应经济全球化新形势，必须推动对内对外开放相互促进、引进来和走出去更好结合，促进国际国内要素有序自由流动、资源高效配置、市场深度融合，加快培育参与和引领国际经济合作竞争新优势，以开放促改革"。

《中共中央、国务院关于构建开放型经济新体制的若干意见》对构建开放型经济新体制的必要性进行剖析："对外开放是我国的基本国策。当前，世界多极化、经济全球化进一步发展，国际政治经济环境深刻变化，创新引领发展的趋势更加明显。我国改革开放正站在新的起点上，经济结构深度调整，各项改革全面推进，经济发展进入新常态。面对新形势新挑战新任务，要统筹开放型经济顶层设计，加快构建开放型经济新体制，进一步破除体制机制障碍，使对内对外开放相互促进，引进来与走出去更好结合，以对外开放的主动赢得经济发展和国际竞争的主动，以开放促改革、促发展、促创新，建设开放型经济强国，为实现'两个一百年'奋斗目标和中华民族伟大复兴的中国梦打下坚实基础。"同时，对构建开放型经济新体制提出总体要求：全面贯彻落实党的十八大和十八届二中、三中、四中全会精神，坚持使市场在资源配置中起决定性作用和更好发挥政府作用，坚持改革开放和法治保障并重，坚持引进来和走出去相结合，坚持与世界融合和保持中国特色相统一，坚持统筹国内发展和参与全球治理相互促进，坚持把握开放主动权和维护国家安全。主动适应经济发展新常态，并与实施"一带一路"倡议和国家外交战

略紧密衔接,科学布局,选准突破口和切入点,发挥社会主义制度优势,把握好开放节奏和秩序,扬长避短、因势利导、有所作为、防范风险、维护安全,积极探索对外经济合作新模式、新路径、新体制。总体目标是,加快培育国际合作和竞争新优势,更加积极地促进内需和外需平衡、进口和出口平衡、引进外资和对外投资平衡,逐步实现国际收支基本平衡,形成全方位开放新格局,实现开放型经济治理体系和治理能力现代化,在扩大开放中树立正确义利观,切实维护国家利益,保障国家安全,推动我国与世界各国共同发展,构建互利共赢、多元平衡、安全高效的开放型经济新体制。

一是要建立市场配置资源新机制。促进国际国内要素有序自由流动、资源全球高效配置、国际国内市场深度融合,加快推进与开放型经济相关的体制机制改革,建立公平开放、竞争有序的现代市场体系。

二是要形成经济运行管理新模式。按照国际化、法治化的要求,营造良好法治环境,依法管理开放,建立与国际高标准投资和贸易规则相适应的管理方式,形成参与国际宏观经济政策协调的机制,推动国际经济治理结构不断完善。推进政府行为法治化、经济行为市场化,建立健全企业履行主体责任、政府依法监管和社会广泛参与的管理机制,健全对外开放中有效维护国家利益和安全的体制机制。

三是要形成全方位开放新格局。坚持自主开放与对等开放,加强走出去战略谋划,实施更加主动的自由贸易区战略,拓展开放型经济发展新空间。继续实施西部开发、东北振兴、中部崛起、东部率先的区域发展总体战略,重点实施“一带一路”倡议、京津冀协同发展战略和长江经济带战略,推动东西双向开放,促进基础设施互联互通,扩大沿边开发开放,形成全方位开放新格局。

四是要形成国际合作竞争新优势。巩固和拓展传统优势,加快培育竞争新优势。以创新驱动为导向,以质量效益为核心,大力营造竞争有序的市场环境、透明高效的政务环境、公平正义的法治环境和合作共赢的人文环境,加速培育产业、区位、营商环境和规则标准等综合竞争优势,不断增强创新能力,全面提升在全球价值链中的地位,促进产业转型升级。

有鉴于此,《条例》规定“建立与国际投资贸易规则相适应的开放型经济新体制”,要立足于我国构建开放型经济新体制总体要求,要达到“构建互利共赢、多元平衡、安全高效的开放型经济新体制”这一终极目标。

二、营造法治化、国际化、便利化的营商环境

营商环境是指伴随企业活动整个过程(包括从开办、营运到结束的各环节)的各种周围境况和条件的总和。概括地说,包括影响企业活动的社会要素、经济要

素、政治要素和法律要素等。这是一个国家或地区有效开展国际交流与合作、参与国际竞争的重要依托,是一个国家或地区经济软实力的重要体现,是提高国际竞争力的重要方面。

营商环境如水,水活则鱼大。优化营商环境就是解放生产力、提高综合竞争力。尤其是在国内外经济环境错综复杂、企业经营压力加大的背景下,建立稳定公平、可预期的营商环境,降低各类交易成本特别是制度性交易成本,对于解决企业投资不能投、不愿意投、不敢投和往哪儿投等问题,具有重要意义。当前不少国家都在出台政策优化营商环境,在这一全球竞争大背景下,更要增加紧迫感,进一步深化改革,持续优化我国营商环境。《中共中央、国务院关于全面振兴东北地区等老工业基地的若干意见》指出,东北面临的主要问题是体制机制问题,因此,营造法治化、国际化、便利化的营商环境无疑是推进辽宁全面振兴发展的突破口。

营商环境法治化,要求重大改革于法有据,高度重视运用法治思维和法治方式,坚持法先行,强化法治建设,依法改革,注重构建立法、执法、司法、守法四位一体的法治环境,切实保障市场主体的合法权益,实现规则公平、机会平等、权利公平。营商环境国际化,要求对标国际最高标准,对接国际先进理念和最佳实践进行改革。营商环境便利化,要求以企业办事全流程的时间、效率、费用等便利程度为评价对象,从解决突出问题入手进行改革,实现服务型政府转型。

辽宁省第十二届人民代表大会常务委员会第三十次会议于2016年12月7日通过的《辽宁省优化营商环境条例》是全国首部关于营商环境建设的地方性法规,彰显了辽宁省优化营商环境的决心,成为打造诚信辽宁的有力保障。

三、建成高端产业集聚、投资开放、贸易便利、服务完善、监管高效便捷、法治环境规范的自由贸易园区

这是自贸试验区发展的终极目标,同时也是自贸试验区的特征,即高端产业集聚、投资开放、贸易便利、服务完善、监管高效便捷、法治环境规范。只有建设这样一个自由贸易园区,才能完成引领东北地区转变经济发展方式、提高经济发展质量和水平的使命。

《总体方案》在功能划分、主要任务和措施、保障机制内容中,对如何建成高端产业集聚、投资开放、贸易便利、服务完善、监管高效便捷、法治环境规范的自由贸易园区做了具体的部署。《条例》根据《总体方案》的相关内容共制定管理体制与运行机制、投资领域改革与开放、贸易便利化与转型升级、金融领域创新与服务、老工业基地结构调整、东北亚区域开放与合作、综合监管与法治环境七章五十六

个条文,进一步规定了实现自贸试验区发展目标的原则和制度。

自贸试验区的发展目标具有鲜明的导向性。因此,需要紧紧围绕自贸试验区发展目标理解和适用《条例》的具体原则和制度。

第五条　各片区发展机制

自贸试验区各片区根据战略定位和发展目标,建立联动合作机制,相互促进,错位发展。

【解读】

本条是关于自贸试验区各片区发展机制的规定。

一、根据战略定位和发展目标建立联动合作机制

《总体方案》在指导思想中强调"为全面深化改革和扩大开放探索新途径、积累新经验,发挥示范带动、服务全国的积极作用"。

《总体方案》明确自贸试验区的战略定位:以制度创新为核心,以可复制可推广为基本要求,加快市场取向体制机制改革、积极推动结构调整,努力将自贸试验区建设成为提升东北老工业基地发展整体竞争力和对外开放水平的新引擎。

发展目标为:经过三至五年改革探索,形成与国际投资贸易通行规则相衔接的制度创新体系,营造法治化、国际化、便利化的营商环境,巩固提升对人才、资本等要素的吸引力,努力建成高端产业集聚、投资贸易便利、金融服务完善、监管高效便捷、法治环境规范的高水平高标准自由贸易园区,引领东北地区转变经济发展方式、提高经济发展质量和水平。

由此可见,《总体方案》并不是强调各片区各自独立的发展,而是要求自贸试验区既要提升东北老工业基地发展整体竞争力,又要提升对外开放水平,并且要为全国服务。

《总体方案》中明确:"推进自贸试验区内各区域之间通关一体化。支持自贸试验区内符合互认条件的基金产品参与内地与香港基金产品互认。"

"鼓励自贸试验区内企业通过跨区域兼并重组推动产业整合。加快中德(沈阳)高端装备制造产业园、大连国家生态工业示范园区与自贸试验区协同发展,打造国际产业投资贸易合作平台。"

"增强自贸试验区口岸服务辐射功能,完善海关通关一体化改革,开展货物通关、贸易统计、'经认证的经营者'互认、检验检测认证等方面合作,逐步实现信息互换、监管互认、执法互助。优化内陆无水港和物流网络布局,加速实现自贸试验区与东北其他地区口岸间互通互联,推进东北地区在研发设计、生产销售、物流配送、人才交流、教育培训等方面的协同配合。”

“充分发挥辽宁作为全国重要的老工业基地和欧亚大陆桥东部重要节点的区位、交通、产业及人文等综合优势,推进国家自主创新示范区、全面创新改革试验区、大连金普新区、国家级经济技术开发区、国家级高新技术产业开发区与自贸试验区的互动发展。加快融入‘一带一路’建设,不断扩大和丰富东北亚区域合作内涵,全面融入中蒙俄经济走廊建设,巩固对日、对韩合作,加速利用国际国内两个市场、两种资源,进一步扩大东北亚国际合作,在更大范围、更宽领域参与国际竞争。”

“依托自贸试验区加快大连东北亚国际航运中心建设进程,推进营口港海铁联运和沈阳跨境铁路通道建设。加快沈阳内陆无水港建设步伐,支持海关多式联运监管中心建设,构建沈阳—营口陆海联运系统。支持自贸试验区与‘一带一路’沿线国家开展海关、检验检疫、认证认可、标准计量等方面的合作与交流,探索与‘一带一路’沿线国家开展贸易供应链安全与便利合作。”

“打造面向东北亚的现代物流体系和具有国际竞争力的港航发展制度与运作模式。深化自贸试验区多港区联动机制,推进海陆空邮联动发展。建立航空物流枢纽中心,促进港航要素集聚,增强空港服务功能。”

《总体方案》的上述规定,意味着自贸试验区应当建立片区之间的联动合作机制,建立片区同其他区域的联动合作机制,建立与“东北振兴”“中蒙俄经济走廊”和“一带一路”倡议等国家战略的联动合作机制,而并非单纯的各片区之间的联动合作机制。

根据《总体方案》的规定,《条例》第十九条、第二十四条、第二十七条、第三十三条、第三十六条、第三十八条、第四十五条、第四十六条、第四十七条、第四十八条、第五十条、第五十二条等条款,确立了自贸试验区相关的联动合作机制。

二、相互促进、错位发展

辽宁地处东北亚、中蒙俄等经济走廊的重要节点上,特殊的地理位置将老工业基地与东北亚和欧洲经济圈紧密联系在一起;辽宁海陆空交通便利,坐拥大连、营口、盘锦、锦州四个出海港口;辽宁又是我国重要的工业基地,号称“共和国长子”,是全国工业门类最齐全的省份,在机床、机器人、航天航空、汽车、造船、装备制造等领域在全国拥有优势,高等院校和科研院所数量在全国也处于比较领先地位;辽宁的经济规模和对外开放度指标也在东北领先。这些优势奠定了辽宁在提升东北老工业基地发展整体竞争力和对外开放水平中的战略地位。

沈阳片区位于东北地区中心城市沈阳市经济区核心区域,市场辐射广阔;依托国家全面创新改革试验区、国家自主创新示范区、国家高新技术产业开发区、国家产城融合示范区,政策叠加优势明显;集聚桃仙国际机场、高铁站沈阳南站和铁路货运编组站苏家屯站,枢纽功能完备;汇聚智能制造、航空装备、信息技术等高端制造产业集群和便捷的商贸物流服务体系,产业基础雄厚。

大连片区位于国家级新区大连金普新区范围内,对内是东北地区海陆联运中心,对外是东北亚国际航线的要冲;与经济技术开发区、东北第一个保税区、保税港区、出口加工区、高新技术园区,大连金普新区、中国(大连)跨境电商综合试验区、沈大自主创新示范区、国家构建开放型经济新体制综合试点试验区等国家级开放试点区域叠加;片区承担东北地区 70% 以上的外贸货物海运和 90% 以上的外贸集装箱运输,货物吞吐量排世界港口第 11 位,集装箱吞吐量全球排名第 16 位,外贸优势突出;初步形成高端装备制造业集群、整车及核心零部件产业集群、电子信息产业集群、生物医药产业集群、港航物流产业集群和国际商贸产业集群。

营口片区与高新技术产业开发区、西市区、站前区、产业基地部分区域叠加,处于东北亚经济圈、环渤海经济圈的结合部,营口港是承接中欧物流运输重要的中转港,已开通十一条中欧班列;电子商务发展势头良好,站前区被评为省级电子商务集聚示范区,正在争创国家电子商务示范基地;以钢铁、冶金、石化、装备制造、镁质材料、纺织服装、新型建材产业为主导的工业体系已具规模,汽保、乐器和新能源、新材料等新兴产业群正在加速形成。

与辽宁其他城市相比,沈阳、大连、营口三个片区的优势更为突出,因此,国家确定为自贸试验区的片区,并赋予了三个片区不同的功能。

《总体方案》对大连、沈阳和营口片区的功能进行了明确的划分:大连片区重点发展港航物流、金融商贸、先进装备制造、高新技术、循环经济、航运服务等产业,推动东北亚国际航运中心、国际物流中心建设进程,形成面向东北亚开放合作的战略高地;沈阳片区重点发展装备制造、汽车及零部件、航空装备等先进制造业和金融、科技、物流等现代服务业,提高国家新型工业化示范城市、东北地区科技创新中心发展水平,建设具有国际竞争力的先进装备制造业基地;营口片区重点发展商贸物流、跨境电商、金融等现代服务业和新一代信息技术、高端装备制造等战略性新兴产业,建设区域性国际物流中心和高端装备制造、高新技术产业基地,构建国际海铁联运大通道的重要枢纽。

《总体方案》对各片区功能的划分,旨在说明各片区不可以单打独斗、各自为战,为此,本条款规定各片区要“相互促进,错位发展”。

“相互促进,错位发展”要求自贸试验区三个片区应根据各自的特点和优势,准确把握和规划各片区的功能定位,应当各有侧重,避免重复建设和恶性竞争;自贸试验区三个片区要协同发展,联动建设,求大同,存小异,共同合作,促进自贸试验区整体协调发展;自贸试验区三个片区要立足国家总体战略高度,以东北老工业基地振兴为目标,与上海、天津、广东等其他自贸试验区的协同合作,主动融入“一带一路”“中蒙俄经济走廊建设”“对日对韩合作”“京津冀协同发展战略”;片区与片区之间,片区与其他自贸试验区之间、自贸试验区与周边区域之间、自贸试验区与合作国家之间,要建立“你中有我,我中有你,你无我有,你有我优”的发展格局。

第六条　激励约束机制

自贸试验区应当激发市场主体活力,鼓励公民、法人和其他组织开展创新创业,完善以支持改革创新为导向的考核评价体系,建立健全改革创新的容错纠错机制,规范容错实施程序。

【解读】

本条是关于自贸试验区相关激励约束机制的规定。

《中共中央、国务院关于全面振兴东北地区等老工业基地的若干意见》中指出“当前,国际政治经济形势纷繁复杂,我国经济发展进入新常态,东北地区经济下行压力增大,部分行业和企业生产经营困难,体制机制的深层次问题进一步显现,经济增长新动力不足和旧动力减弱的结构性矛盾突出,发展面临新的困难和挑战,主要是:市场化程度不高,国有企业活力仍然不足,民营经济发展不充分;科技与经济发展融合不够,偏资源型、传统型、重化工型的产业结构和产品结构不适应市场变化,新兴产业发展偏慢;资源枯竭、产业衰退、结构单一地区(城市)转型面临较多困难,社会保障和民生压力较大;思想观念不够解放,基层地方党委和政府对经济发展新常态的适应引领能力有待进一步加强。这些矛盾和问题归根结底是体制机制问题,是产业结构、经济结构问题,解决这些问题归根结底要靠全面深化改革。”

中共中央、国务院对东北老工业基地的问题剖析的非常准确,并且指出解决问题的途径,即全面深化改革。而自贸试验区作为改革创新的试验基地,恰恰能够完成也必须要完成这一使命。

《总体方案》在指导思想中指出:“全面贯彻党的十八大和十八届三中、四中、五中、六中全会精神,深入贯彻习近平总书记系列重要讲话精神和治国理政新理念新思想新战略,认真落实党中央、国务院决策部署,统筹推进‘五位一体’总体布局和协调推进‘四个全面’战略布局,坚持稳中求进工作总基调,牢固树立和贯彻落实创新、协调、绿色、开放、共享的发展理念,进一步解放思想、先行先试,以开放促改革、促发展,着力完善体制机制,着力推进结构调整,着力鼓励创新创业,着力保障和改善民生,为全面深化改革和扩大开放探索新途径、积累新经验,发挥示范带动、服务全国的积极作用。”

自贸试验区要想完成全面深化改革这一使命,就必须将《总体方案》这一指导思想上升为法律规定,确定激励约束机制,使自贸试验区各个主体既能解放思想,推陈出新,开展创新创业,敢作敢为,又能确保改革不偏离改革方向,风险可控,使自贸试验区全面深化改革健康发展。

一、应当激发市场主体活力,鼓励公民、法人和其他组织开展创新创业

改革开放以来我国经济逐步由高速增长阶段转向高质量发展阶段,在很大程度上得益于各类市场主体活力的不断增强,自贸试验区的建设和发展,更加需要各种措施激发市场主体的活力。2018 年中央经济工作会议指出“要激发各类市场主体活力”,具体措施为“要推动国有资本做强做优做大,完善国企国资改革方案,围绕管资本为主加快转变国有资产监管机构职能,改革国有资本授权经营体制。加强国有企业党的领导和党的建设,推动国有企业完善现代企业制度,健全公司法人治理结构。要支持民营企业发展,落实保护产权政策,依法甄别纠正社会反映强烈的产权纠纷案件。全面实施并不断完善市场准入负面清单制度,破除歧视性限制和各种隐性障碍,加快构建亲清新型政商关系”。这里通过完善国有企业现代企业制度、保护民营企业产权、建立亲清新型政商关系三大重要措施激发市场主体活力,与《总体方案》相辅相成,对东北老工业基地,对自贸试验区无疑是对症下药,因此,自贸试验区应当通过建立各种机制来激发市场主体的活力。

自贸试验区核心是“创新”。创新不但是政府机制体制的创新,而且还是各种市场主体的创新创业。“法无禁止即可为”,为公民、法人和其他组织开展创新创业提供了创新创业的广大空间。为全面落实创新驱动发展战略,推动自由贸易试验区加快创新发展,充分发挥科技创新对自贸试验区建设发展的支撑引领作用,科技部、商务部研究制定了《支持自由贸易试验区创新发展若干措施》。该文件对支持自贸试验区创新发展提出指导思想“深入贯彻习近平总书记系列重要讲话精神和治国理政新理念新思想新战略,认真落实党中央、国务院决策部署,按照‘四

个全面'战略布局要求,坚定践行新发展理念,把创新作为引领发展的第一动力,推进自贸试验区战略与创新驱动发展战略相结合;坚持科技创新与制度创新双轮驱动,破除制约创新的体制机制障碍,激发创新活力;坚持以全球视野谋划和推动创新,最大限度地用好全球创新资源,拓展开放型经济新空间;坚持统筹自贸试验区和国家自主创新示范区联动发展,不断放大政策集成效应,引导创新要素加速流动和聚集;坚持把提升创新驱动发展能力作为自贸试验区检验建设成效的重要标准,支撑建设开放和创新融为一体的综合改革试验区,为国家创新体系建设开展积极探索"。并提出"促进科技和金融深度融合,完善适合科技企业发展的金融服务模式;提升科技服务业发展水平,推动技术创新和商业模式创新融合;促进高水平创新人才引进和集聚,为自贸试验区建设提供强有力智力支撑;完善创新创业生态,推动市场活力和社会创造力竞相迸发;加速科技成果转移转化,培育发展新动能"五项重点任务。对于自贸试验区建设和发展具有指导意义。

《国务院关于激发重点群体活力带动城乡居民增收的实施意见》(国发〔2016〕56号)、《国务院关于大力推进大众创业万众创新若干政策措施的意见》(国发〔2015〕32号)、《国务院关于强化实施创新驱动发展战略进一步推进大众创业万众创新深入发展的意见》(国发〔2017〕37号)、《辽宁省人民政府关于印发〈辽宁省强化实施创新驱动发展战略进一步推进大众创业万众创新深入发展的政策措施〉的通知》(辽政发〔2018〕9号)等文件都是制定本条款的参考依据,在执行《条例》过程中均应当予以参照。

二、完善以支持改革创新为导向的考核评价体系

自贸试验区核心是"创新",自贸试验区是一块"改革创新的试验田"。在一定程度上,改革创新就是不断试错的过程。改革措施是否得当,改革绩效是否明显,改革取向是否偏激,都必须采取相应的改革措施,通过实践中的运行和发展来进行检验。考核评价体系是自贸试验区改革创新的导向。导向科学就促进自贸试验区的发展,否则,就会阻碍自贸试验区的发展。因此,必须完善自贸试验区的考核评价体系,这一体系必须以支持改革创新为导向,做到既能有效激发创新活力、鼓励改革创新、鼓励敢作敢为,又能杜绝冒险冒进、确保风险可控、确保守住底线。

考核评价体系应当以《总体方案》指导思想为导向,以自贸试验区的战略定位和发展目标及具体任务和措施为依据。

在理论研究方面,有学者对我国自贸试验区综合绩效评价指标体系做了一定的研究工作。根据中国上海、广东、天津、福建四个自由贸易试验区的总体目标,

提出将“行业准入”“政府效率”“营商环境”“区域辐射效率”“区内创新能力”设置自贸试验区考核评价体系的五个一级指标。其主要基于以下考虑:

自贸试验区建设的方向首先是构建开放型经济新体制、以开放促改革,因此推动服务业和制造业的进一步开放是关键,行业准入应作为重要考核评价指标;自贸试验区是加快政府职能转变、积极探索管理模式创新的载体,因此政府效率应作为考核评价指标;培育国际化、市场化和法治化的营商环境,建设具有国际水准的投资贸易便利、服务体系健全、监管高效便捷、法制环境规范的自由贸易园区,涉及跨境贸易便利程度、外商投资便利化程度、融资便利程度和契约执行效力,因此营商环境应作为考核评价指标;自贸试验区建设要探索区域经济合作新模式,形成可复制、可推广的经验,发挥示范带动、服务全国的积极作用,因此自贸试验区区域辐射效率应作为考核评价指标;自贸试验区核心就是“创新”,因此创新能力应作为考核评价指标。在一级指标之下又根据具体的任务和措施设置了二级指标和三级指标,并提出权重设定。对自贸试验区的考核评价体系的建立和完善具有借鉴意义。

在实践方面,上海发布了《自贸区卓越指数指标体系》。“自贸区卓越指数”包括四个维度/分指数,分别为营商便利、经济贡献、创新创业和可持续性。营商便利维度/分指数用于衡量自贸区投资贸易便利化,旨在反映自贸区运行的“自由化”制度环境。经济贡献维度/分指数用于衡量自贸区对地区经济贡献,旨在反映自贸区的经济效果。创新创业维度/分指数用于衡量自贸区促进知识和技术创新、中小企业发展的绩效。可持续性维度/分指数用于衡量自贸区促进可持续发展的绩效。这四个维度既具有国际普适性,又符合自贸区未来发展和追求卓越的基本导向,具有很好的引领性及国际可比性。《自贸区卓越指数指标体系》为自贸试验区完善考核评价体系提供了参考范本。

三、建立健全改革创新的容错纠错机制,规范容错实施程序

习近平总书记在省部级主要领导干部学习贯彻党的十八届五中全会精神专题研讨班上的讲话中提出:把干部在推进改革中因缺乏经验、先行先试出现的失误和错误,同明知故犯的违纪违法行为区分开来;把上级尚无明确限制的探索性试验中的失误和错误,同上级明令禁止后依然我行我素的违纪违法行为区分开来;把为推动发展的无意过失,同为谋取私利的违纪违法行为区分开来。李克强总理在2016年《政府工作报告》中提出健全激励机制和容错纠错机制,给改革创新者撑腰鼓劲,让广大干部愿干事、敢干事、能干成事。由此,各地从不同层面开始试水创新“容错纠错机制”,但在地方性法规中规定建立“容错纠错机制”并且

有具体条文规定的,为数较少。

中共中央办公厅印发的《关于进一步激励广大干部新时代新担当新作为的意见》对容错纠错机制的建立和具体操作作了进一步的规定:建立健全容错纠错机制,宽容干部在改革创新中的失误错误,把干部在推进改革中因缺乏经验、先行先试出现的失误错误,同明知故犯的违纪违法行为区分开来;把尚无明确限制的探索性试验中的失误错误,同明令禁止后依然我行我素的违纪违法行为区分开来;把为推动发展的无意过失,同为谋取私利的违纪违法行为区分开来。各级党委(党组)及纪检监察机关、组织部门等相关职能部门,要妥善把握事业为上、实事求是、依纪依法、容纠并举等原则,结合动机态度、客观条件、程序方法、性质程度、后果影响以及挽回损失等情况,对干部的失误错误进行综合分析,对该容的大胆容错,不该容的坚决不容。对给予容错的干部,考核考察要客观评价,选拔任用要公正合理。准确把握政策界限,对违纪违法行为必须严肃查处,防止混淆问题性质、拿容错当"保护伞",搞纪律"松绑",确保容错在纪律红线、法律底线内进行。坚持有错必纠、有过必改,对苗头性、倾向性问题早发现早纠正,对失误错误及时采取补救措施,帮助干部汲取教训、改进提高,让他们放下包袱、轻装上阵。严肃查处诬告陷害行为,及时为受到不实反映的干部澄清正名、消除顾虑,引导干部争当改革的促进派、实干家,专心致志为党和人民干事创业、建功立业。

《条例》第六十一条和第六十二条具体规定了自贸试验区的容错纠错机制,充分体现了习近平总书记讲话和有关文件精神。

凡是改革创新都存在风险,自贸试验区作为改革创新的试验田和制度创新高地更是无法避免,越是改革创新,越要承受风险,容错纠错机制无疑是敢担当敢作为、敢闯敢拼的干部的"定心丸",但是在具体执行过程中应注意分清"可容"和"不容"的界限、既要"敢容"又要"真容",既要"容错"又要"纠错",将"容错"和"纠错"统一起来。

第二章　管理体制与运行机制

行政管理体制与运行机制实质是围绕政府权力职能权限、组织架构及各组织机构间运行方式展开并界定行政管理体制边界，包括权力配置、权力结构、职能定位及权力合理有效运行的规则等。

自由贸易试验区的功能不仅仅是“贸易”，更重要的是通过改革行政管理体制和运行机制才能促进贸易，因此借助自贸试验区的发展为制度创新和管理创新提供新路径与新指引才是自贸试验区存在的真正意义，进行管理体制与运行机制改革创新也正是完成《总体方案》赋予自贸试验区全面深化改革，振兴东北老工业基地使命的重要举措。

本章一共七个条文，主要规定了管理体制与运行机制的建立原则、自贸试验区议事协调机构及其办事机构职责、自贸试验区片区管理机构职责、省市人民政府及其部门权力下放及其职责、驻自贸试验区工作机构职责、建立第三方机构综合评估机制、建立风险防控预警体系等内容。

第七条　管理体制与运行机制建立原则

自贸试验区应当按照统筹协调、分级负责、精简高效的原则，建立与开放型经济相适应的权责明确、运转协调、管理高效、依法行政的管理体制，推进行政管理方式改革与体制机制改革协同联动，逐步建立统一的综合服务监管平台，与相关部门现有的管理服务平台衔接，提升行政管理服务效能。

【解读】

本条是关于管理体制与运行机制建立原则的规定。

自贸试验区在投资、贸易、金融等领域承担了有别于一般行政区域的改革试点任务，原有行政区域的管理体制难以承载改革试点工作的开展，因此，自贸试验区应当建立更加科学合理的管理体制和运行机制，作为解决东北老工业基地体制机制问题的突破口。

一、自贸试验区建立管理体制的原则

《总体方案》规定:“按照党中央、国务院统一部署,在国务院自由贸易试验区工作部际联席会议统筹协调下,由辽宁省完善试点任务组织实施保障机制,按照总体筹划、分步实施、率先突破、逐步完善的原则加快实施。”

《地方各级人民政府机构设置和编制管理条例》第三条规定:“地方各级人民政府机构设置和编制管理工作,应当按照经济社会全面协调可持续发展的要求,适应全面履行职能的需要,遵循精简、统一、效能的原则。”

因此,《条例》规定,自贸试验区应当坚持统筹协调、分级负责、精简高效的原则建立管理体制。

统筹协调、分级负责原则:建立自贸试验区是党中央、国务院做出的重大决策,是一项国家战略。辽宁省要在党中央、国务院的统一部署下发挥统筹领导作用,统筹协调各片区建设和发展。自贸试验区的改革试点,涉及不同层级政府及其工作部门之间关系的协调,也涉及同级政府工作部门之间关系的协调,为加快推进自贸试验区的建设,必须通过对部分达到整体最优的管理。

精简高效原则:精简高效一直是我国国家机关和政府机构建设的重要指导原则。我国《宪法》也规定,“一切国家机关实行精简的原则”。因此,自贸试验区管理体制的建立也应当按照精简高效的原则,合理设置机构、科学规范机构职能、优化人员结构、实现机构和编制的法定化,切实解决层次过多、职能交叉、机构臃肿、权责脱节和多重多头执法等问题。

二、自贸试验区管理体制特征

自贸试验区的管理体制应当与开放型经济相适应,权责明确、运转协调、管理高效、依法行政。

1. 与开放型经济相适应

事实证明,以开放促改革、促发展,既是我国经济持续增长的基本经验,也是我国现代化建设不断取得新成就的重要法宝。《中共中央、国务院关于构建开放型经济新体制的若干意见》明确了构建开放型经济新体制总体要求:全面贯彻落实党的十八大和十八届二中、三中、四中全会精神,坚持使市场在资源配置中起决定性作用和更好发挥政府作用,坚持改革开放和法治保障并重,坚持引进来和走出去相结合,坚持与世界融合和保持中国特色相统一,坚持统筹国内发展和参与全球治理相互促进,坚持把握开放主动权和维护国家安全。主动适应经济发展新常态,并与实施“一带一路”倡议和国家外交战略紧密衔接,科学布局,选准突破口和切入点,发挥社会主义制度优势,把握好开放节奏和秩序,扬长避短、因势利导、有所作为、防范风险、维护安全,积极探索对外经济合作新模式、新路径、新体制。总体目标是,加快培育国际合作和竞争新优势,更加积极地促进内需和外需平衡、进口和出口平衡、引进外资和对外投资平衡,逐步实现国际收支基本平衡,形成全方位开放新格局,实现开放型经济治理体系和治理能力现代化,在扩大开放中树立正确义利观,切实维护国家利益,保障国家安全,推动我国与世界各国共同发展,构建互利共赢、多元平衡、安全高效的开放型经济新体制。因此,基于改革实践经验,应当建立与开放型经济相适应的自贸试验区管理体制。

2. 权责明确、运转协调、管理高效、依法行政

《地方各级人民政府机构设置和编制管理条例》第八条第一款规定:“地方各级人民政府行政机构应当以职责的科学配置为基础,综合设置,做到职责明确、分工合理、机构精简、权责一致,决策和执行相协调。”《总体方案》要求将自贸试验区“形成与国际投资贸易通行规则相衔接的制度创新体系,营造法治化、国际化、便利化的营商环境”。根据以上规定,对于行政管理体制来讲,应当做到权责明确、运转协调、管理高效、依法行政。

权责明确,要求明确片区与片区之间、自贸试验区与片区之间、自贸试验区与省政府及其部门之间、片区与所在市政府及其部门之间的职责权限,明确划分职能分工,克服多头管理、政出多门的弊端。运转协调,要求片区与片区之间、自贸试验区与片区之间、自贸试验区与省政府及其部门之间、片区与所在市政府及其部门之间,应当有效组合、有效运行,密切配合,无缝对接。

管理高效,要求科学规范部门职能,合理设置机构,优化人员编制,不断改善机构编制资源的配置效率,形成权责一致、分工合理、决策科学、执行顺畅、监督有力的行政管理体制。

依法行政,要求自贸试验区、片区管理机构必须按照法律法规的规定取得和行使行政权力,同时对行政行为的后果承担相应责任。新形势下,依法行政中的“法”,不但涉及法律规范,还涉及法律的一般原则和法律精神以及法律目的等,推行权力清单制度,合法行政、合理行政、程序正当、高效便民、诚实守信、权责统一。

三、提升行政管理服务效能

我国传统行政存在诸多问题。传统行政一直实行以“权力”为本位,以“命令”和“强制”为手段,以保障行政权力运行为目的的管理方式,在一定程度上抑制

了下级行政机关的积极性和创造性,滋生了官僚主义。传统行政一直单纯地将GDP增长作为战略目标,导致行政对微观经济运行管制较多,模糊了政府与市场在资源配置中的界限,在一定程度上破坏了经济规律。传统的行政在从事经济社会管理过程中,长期存在重视审批轻视监管的情况,不但浪费决策精力,而且起不到应有的监管效果。传统的行政重视对市场主体的统治支配,而不重视服务,无法激发市场主体活力。党和政府意识到带来的潜在风险,深刻意识到政府职能呈现出高度集权、社会萎缩、政企不分、政事不分、机构臃肿、人浮于事、效率低下等特点所导致的官僚主义严重、效率低下等弊端,极大地阻碍了生产力的发展。因此,转变行政管理方式势在必行。

行政管理方式改革与体制机制改革不是相分离的,行政管理方式的改革需要体制机制同步改革,两者应当是协同联动的、相互促进的。如果两者改革不是协同联动的,就会相互阻碍,更加影响行政效率的改善。

十九大报告指出,政府机构和行政体制改革归根结底是要"转变政府职能,深化简政放权,创新监管方式,增强政府公信力和执行力,建设人民满意的服务型政府"。

《总体方案》提出:"1. 深化行政管理体制改革。深入推进简政放权、放管结合、优化服务改革。辽宁省能够下放的经济社会管理权限,全部下放给自贸试验区。建立权责清单制度、行政审批管理目录制度。深化商事制度改革。推进政府管理由注重事前审批向注重事中事后监管转变,构建事前诚信承诺、事中评估分类、事后联动奖惩的全链条信用监管体系。完善信息网络平台,建立企业信用信息采集共享机制,实现跨部门协同管理。实施'多规合一'改革。配合商务部开展经营者集中反垄断审查。2. 打造更加公平便利的营商环境。开展知识产权综合管理改革试点。紧扣创新发展需求,发挥专利、商标、版权等知识产权的引领作用,打通知识产权创造、运用、保护、管理、服务全链条,建立高效的知识产权综合管理体制,构建便民利民的知识产权公共服务体系,探索支撑创新发展的知识产权运行机制,推动形成权界清晰、分工合理、责权一致、运转高效、法治保障的体制机制。搭建便利化的知识产权公共服务平台,设立知识产权服务工作站,大力发展知识产权专业服务业。探索建立自贸试验区跨部门知识产权执法协作机制,完善纠纷调解、援助、仲裁工作机制。探索建立自贸试验区重点产业专利导航制度和重点产业快速协同保护机制。推动税收服务创新,包括一窗国地办税、一厅自助办理、培训辅导点单、缴纳方式多元、业务自主预约、税银信息互动、税收遵从合作、创新网上服务等举措。推进产业预警、信息公开、公平竞争、权益保障制度创新。建立健全国际仲裁、商事调解机制。"

根据十九大报告和《总体方案》的规定,自贸试验区行政从深化行政管理体制改革,打造更加公平便利的营商环境入手切实转变政府职能。为此,《条例》作出了相应的规定,这些规定改变了传统的行政管理方式和体制机制,更加突出“服务”意识,将会大大提升行政管理效能。

第八条　议事协调机构及其办事机构职责

省人民政府设立自贸试验区议事协调机构,研究制定推进自贸试验区建设战略,把握创新试验方向,推动相关部门落实各项试验任务,协调解决发展过程中遇到的重大问题。

省自贸试验区议事协调机构下设办事机构,承担省自贸试验区议事协调机构的日常工作,履行下列职责:

(一)负责贯彻执行和指导实施国家有关自贸试验区建设的方针、政策;

(二)制定推进工作措施,协调推进自贸试验区综合改革、投资、贸易、金融、人才等各项改革试点任务的落实;

(三)总结评估自贸试验区形成的改革创新经验,提出可复制可推广创新成果建议;

(四)协调研究和解决自贸试验区改革创新中的难点和问题;

(五)调度、监督、检查、考核片区试验工作进展情况。

【解读】

本条是关于自贸试验区议事协调机构及其办事机构职责的规定。

《总体方案》明确了自贸试验区的主要任务和措施,同时要求辽宁省要按照党中央、国务院统一部署,在国务院自由贸易试验区工作部际联席会议统筹协调下,完善试点任务组织实施保障机制,按照总体筹划、分步实施、率先突破、逐步完善的原则加快实施。为保障自贸试验区工作有序推进,加强对自贸试验区工作组织领导,《条例》规定由省人民政府设立自贸试验区议事协调小组,并在自贸试验区议事协调机构下设办事机构,规定了议事协调机构及其办事机构的职责。

一、议事协调机构

议事协调机构,是指为了完成某项特殊性或临时性任务而设立的跨部门的协调机构。国务院议事协调机构承担跨国务院行政机构的重要业务工作的组织协调任务,其设立、撤销或者合并由国务院机构编制管理机关提出方案,报国务院决定。国务院议事协调机构议定的事项,经国务院同意,由有关的行政机构按照各自的职责负责办理。在特殊或者紧急的情况下,经国务院同意,国务院议事协调机构可以规定临时性的行政管理措施。无论是中央还是地方,议事协调机构的设立应当严格控制,一般不设实体性办事机构,不单独确定编制,所需要的编制由承担具体工作的行政机构解决;可以交由现有机构承担职能的或者由现有机构进行协调可以解决问题的,不另设议事协调机构。为办理一定时期内某项特定工作设立的议事协调机构,应当明确其撤销的条件和期限。

《地方各级人民政府机构设置和编制管理条例》第十一条规定:“地方各级人民政府设立议事协调机构,应当严格控制;可以交由现有机构承担职能的或者由现有机构进行协调可以解决问题的,不另设立议事协调机构。为办理一定时期内某项特定工作设立的议事协调机构,应当明确规定其撤销的条件和期限。”

《辽宁省机构和编制管理条例》第十五条规定:“省、市、县人民政府应当严格控制设立议事协调机构,可以交由现有机构承担职能的或者由现有机构进行协调可以解决问题的,不另设立议事协调机构。为办理一定时期内某项特定工作确需设立议事协调机构的,不得设立实体性办事机构,不得核定编制和领导职数。议事协调机构的具体工作由有关行政机构承担,在批准设立的同时应当明确其撤销的条件、期限。议事协调机构的设立、撤销、合并或者变更名称,由相关部门提出方案,经本级机构编制委员会办公室审核后,报本级人民政府批准。对已达到撤销条件、期限已满或者工作任务已完成、变更的议事协调机构,批准其设立的省、市、县人民政府可以直接予以撤销或者合并。”

根据以上规定,辽宁省人民政府有权设立自贸试验区议事协调机构。在实践中,自贸试验区议事协调机构成为“中国(辽宁)自由贸易试验区工作领导小组”,研究制定推进自贸试验区建设战略,把握创新试验方向,推动相关部门落实各项试验任务,协调解决发展过程中遇到的重大问题。中国(辽宁)自由贸易试验区工作领导小组按照功能组建八个推进组。

1. 投融资体制改革推进组。具体职能:深入研究自贸试验区投融资领域制度创新举措,探索实施市场准入负面清单制度,推进投融资领域重点试验项目,促进重大项目落地。指导自贸试验区制定产业发展规划,探索研究制定自贸试验区企业投资项目承诺制等有关投融资的管理制度和政策措施。协助有关部门起草、修改与自贸试验区投融资领域试验有关的法规、规章。指导协调沈阳、大连、营口三市涉及自贸试验区投融资的管理和综合服务工作。指导落实国家在自贸试验区复制推广的投融资创新成果。协调配合自贸试验区投融资领域单项试验内容效果评估,并提出在全国范围内复制推广的意见。研究自贸试验区建设中需要省自贸试验区工作领导小组解决的重大事项。

2. 贸易便利化推进组。具体职能:深入研究自贸试验区贸易领域制度创新举措,推进贸易领域重点试验项目,促进贸易便利化。指导自贸试验区制定贸易发展规划,配合研究制定自贸试验区有关贸易的管理制度和政策措施。协助有关部门起草、修改与自贸试验区贸易领域创新试验有关的法规、规章。指导协调沈阳、大连、营口三市涉及自贸试验区贸易发展的管理和综合服务工作。指导落实国家在自贸试验区复制推广的贸易创新成果。协调配合自贸试验区贸易领域单项试验内容效果评估,并提出在全国范围内复制推广的意见。研究自贸试验区建设中需要省自贸试验区工作领导小组解决的重大事项。组织、指导自贸试验区重大招商引资活动,跟踪落实项目进展情况。对自贸试验区的招商引资工作进行统计、监督和绩效考评。

3. 金融创新推进组。具体职能:深入研究自贸试验区金融领域制度创新举措,推进金融领域重点试验项目。指导自贸试验区制定金融发展规划,配合研究制定自贸试验区有关金融的管理制度和政策措施。协助有关部门起草、修改与自贸试验区金融领域创新试验有关的法规、规章。指导落实国家在自贸试验区复制推广的金融创新成果。协调配合自贸试验区金融领域单项试验内容效果评估,并提出在全国范围内复制推广的意见。研究自贸试验区建设中需要省自贸试验区工作领导小组解决的金融领域重大事项。协助沈阳、大连、营口三市片区金融企业,尤其是特色金融企业落户。

4. 规划建设推进组。具体职能:深入研究自贸试验区规划建设领域制度创新举措,推进规划建设领域重点试验项目。指导自贸试验区制定、修订土地利用规划和建设发展规划,配合制定自贸试验区有关规划建设的管理制度和政策措施。协助有关部门起草、修改与自贸试验区规划建设有关的法规、规章。指导协调沈阳、大连、营口三市涉及自贸试验区规划建设的管理和综合服务工作。指导落实国家在自贸试验区复制推广的规划建设领域创新成果。协调配合自贸试验区规划建设领域单项试验内容效果评估,并提出在全国范围内复制推广的意见。研究自贸试验区建设中需要省自贸试验区工作领导小组研究解决的重大事项。

5. 法制建设推进组。具体职能:统筹规划自贸试验区法制保障工作。承担自贸试验区地方性法规、政府规章草案审查工作。指导有关部门起草有关自贸试验区重要地方性法规和政府规章草案。提出自贸试验区有关的地方性法规、规章的清理、修改、废止和解释的意见和建议。根据自贸试验区建设的实际需要适时提出需要调整实施的有关法律、行政法规、部门规章的建议。配合主管单位推动国家有关部委根据国务院批准的总体方案出台相关政策措施。探索建立集中统一的市场监管综合执法体系,加强行政执法队伍建设。指导建立符合国际规则的行政规范性文件法律审查机制,协调建立健全争端解决机制。研究自贸试验区建设中需要司法支持和保障的事项。

6. 商事制度改革推进组。具体职能:深入研究自贸试验区商事制度改革方面的制度创新举措,推进商事制度改革重点试验项目,努力建设高效的商事制度体系。指导提出自贸试验区完善商事制度改革的措施,配合制定自贸试验区有关商事制度改革和事中事后监管管理制度。协助有关部门起草、修改与自贸试验区商事制度改革内容有关的法规、规章。指导落实国家在自贸试验区复制推广的商事制度改革创新成果。协调配合自贸试验区商事制度改革方面单项试验内容效果评估,并提出在全国范围内复制推广的意见。研究自贸试验区建设中需要省自贸试验区工作领导小组解决的重大事项。

7. 营商环境推进组。具体职能:推进“放管服”改革,深化落实《辽宁省优化营商环境条例》,推进营商环境建设重点试验项目,努力建设稳定、透明、可预期的法治化营商环境。指导提出自贸试验区推进“放管服”改革、打造良好营商环境的措施,配合制定自贸试验区有关营商环境建设的管理制度。协调有关部门起草、修改与自贸试验区营商环境建设内容有关的法规、规章。指导沈阳、大连、营口三市建立综合服务审批窗口。指导落实国家在自贸试验区复制推广的营商环境建设创新成果。指导协调自贸试验区营商环境建设方面单项试验内容效果评估,并提出在全国范围内复制推广的意见。研究自贸试验区建设中需要省自贸试验区工作领导小组解决的重大事项。

8. 人才和科技创新推进组。具体职能:研究指导自贸试验区研究科技创新和人才服务举措,推动人才、科技重点试验项目和重大项目落地。指导自贸试验区制定科技创新和人才服务发展规划,配合研究制定自贸试验区有关科技创新和人才服务的管理制度和政策措施。协助有关部门起草、修改与自贸试验区科技创新和人才服务试验有关的法规、规章。指导沈阳、大连、营口三市涉及自贸试验区科技创新和人才服务的管理和综合服务工作。指导自贸试验区落实国家可复制推广的科技创新和人才服务政策。研究自贸试验区建设中需要省自贸试验区工作领导小组解决的重大事项。

二、办事机构

《地方各级人民政府机构设置和编制管理条例》第十二条规定:“县级以上地方各级人民政府的议事协调机构不单独设立办事机构,具体工作由有关的行政机构承担。”根据该规定,县级以上地方各级人民政府的议事协调机构不单独设立办事机构,其具体工作由有关行政机关承担。中国(辽宁)自由贸易试验区工作领导小组是议事协调机构,其办公室设在省商务厅。因此,中国(辽宁)自由贸易试验区工作领导小组的办事机构不是省人民政府的内设机构,而是省商务厅的内设机构。

《辽宁省省委和省政府部门职责分工协调办法》第八条规定:“议事协调机构的牵头部门或者承担日常工作的部门在组织落实具体工作任务过程中,发现相关部门对有关工作分工有异议或者需要进一步明确的,应当及时组织协商。”相关部门提议协商的,议事协调机构的牵头部门或者承担日常工作的部门应当组织协商。《条例》规定了办事机构的职责:负责贯彻执行和指导实施国家有关自贸试验区建设的方针、政策;制定推进工作措施,协调推进自贸试验区综合改革、投资、贸易、金融、人才等各项改革试点任务的落实;总结评估自贸试验区形成的改革创新经验,提出可复制可推广创新成果建议;协调研究和解决自贸试验区改革创新中的难点和问题;调度、监督、检查、考核片区试验工作进展情况。办事机构作为中国(辽宁)自由贸易试验区工作领导小组日常工作的承担者,要根据法律、法规规定完成其职责。

第九条　片区管理机构职责

片区所在市人民政府在片区设立管理机构,由其负责具体实施片区发展规划,决定片区发展的重大问题,统筹推进片区改革试点工作和承担片区的规划、建设、运行与管理等具体事务,并可以结合实际,开展自贸试验区改革创新工作。

【解读】

本条是关于自贸试验区片区管理机构职责的规定。

目前,自贸试验区总体组织架构为:省人民政府设立省自贸试验区工作领导小组,省自贸试验区工作领导小组办公室设在省商务厅,各片区所在市人民政府设立片区工作领导小组,受省自贸试验区工作领导小组领导,片区所在市人民政府设立片区管委会。如图 1 所示：

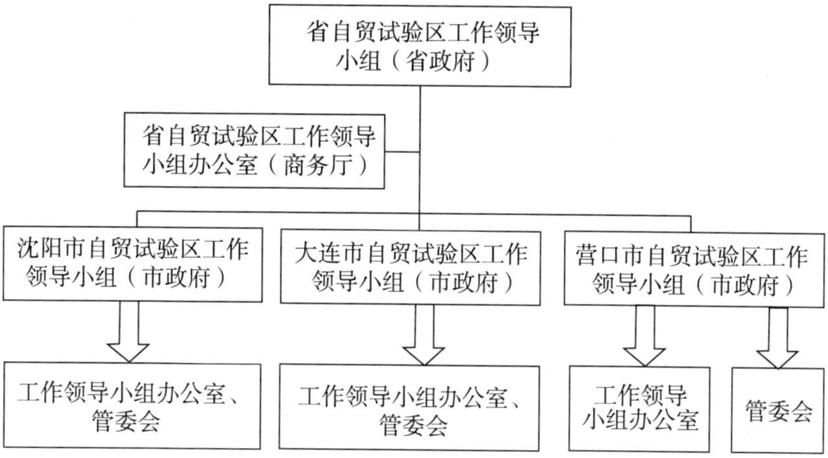

图 1　自贸试验区目前总体组织架构

一、片区管理机构

由图 1 可见,片区管理机构广义上包括各片区所在市人民政府设立的自贸试验区工作领导小组和管理委员会。但狭义的片区管理机构是指片区管理委员会,《条例》中的片区管理机构即指片区管理委员会。

1. 片区所在市人民政府自贸试验区工作领导小组及其办事机构

同省自贸试验区工作领导小组一样,片区所在市人民政府设立的自贸试验区工作领导小组,也是根据《地方各级人民政府机构设置和编制管理条例》第十一条和《辽宁省机构和编制管理条例》第十五条规定设立的议事协调机构。

同省自贸试验区工作领导小组办公室一样,各片区所在市人民政府设立的工作领导小组办公室,也是根据《地方各级人民政府机构设置和编制管理条例》第十二条规定设立的办事机构。

《中国(辽宁)自由贸易试验区大连片区管理办法》第五条规定:“大连市成立自贸试验区建设工作领导小组(以下简称领导小组),负责研究制定自贸试验区建设工作方案,把握改革创新试验方向,对自贸试验区建设重大问题作出决策,推动相关部门落实各项试验任务,协调解决自贸试验区建设过程中遇到的重大问题。领导小组下设办公室,为领导小组日常工作机构,负责统筹指导、综合协调自贸试验区建设各项工作,承担自贸试验区改革推进、政策协调、制度创新研究、统计评估等职能。”

《中国(辽宁)自由贸易试验区沈阳片区实施方案》规定:“成立中国(辽宁)自

由贸易试验区沈阳片区工作领导小组和管委会,领导小组建立联席会议制度,研究制定推进自贸试验区建设战略,把握创新试验方向,推动落实试验任务,协调解决发展过程中遇到的重大问题。各有关单位要高度重视、统一思想、提高认识,一把手亲自研究部署,组织制定年度工作计划和改革项目清单,提出可检验的成果,明确任务分工、时间进度和具体负责人,并进一步完善工作机制,加强统筹协调,按计划有效推进相关工作。重大问题要及时向领导小组办公室报告。"

《中国(辽宁)自由贸易试验区营口片区工作领导小组工作规则》规定:"中国(辽宁)自由贸易试验区营口片区工作领导小组(以下简称领导小组)是辽宁自贸区营口片区工作的领导机构。领导小组的主要职责:研究制定推进辽宁自贸区营口片区建设战略决策,把握创新试验方向,推动相关部门落实各项试验任务,协调解决发展过程中遇到的重大问题。领导小组办事机构是领导小组办公室(以下简称市自贸办),承担领导小组日常工作。"

2. 片区管理委员会

在法律地位上,片区管理机构不同于片区工作领导小组。片区所在省人民政府设立的工作领导办公室是市人民政府的议事协调机构,而片区管理机构是片区所在市人民政府在片区设立的派出机构。

政府派出机构是指政府或政府职能部门在一定区域或组织内设立、授权实施某方面行政管理职能的代表机构。根据派出主体的不同,政府派出机构主要有三种类型:一是各级政府驻外办事机构,如驻京办、驻外办等;二是政府在特殊经济区域或特殊地区的派出机构,如各类开发区(含高新技术产业园区、经济开发区、出口加工区)及风景名胜区管理机构等;三是政府职能部门设立的派出机构,如公安分局与派出所、国土分局与国土所、工商分局与工商所、地税分局与地税所、司法所等。政府派出机构主要根据组织法以外的行政性规章或地方性法规设立,不是独立的行政主体,除非有法律法规的明确授权,否则不能以自己的名义行使行政权力。

派出机构与派出机关不同。按照《地方各级人民代表大会和地方各级人民政府组织法》第六十八条的规定,政府派出机关是指由县级以上地方人民政府经有权机关批准,在一定区域内设立的行政机关。其主要有三种类型:一是省、自治区人民政府批准设立的行政公署;二是县、自治县人民政府经省、自治区、直辖市人民政府批准设立的区公所;三是市辖区、不设区的市人民政府经上一级人民政府批准设立的街道办事处。政府派出机关设立的依据源于地方组织法的规定,是独立的行政主体,能够以自己的名义行使行政职权、实施行政行为,独立承担行政责任。派出机关和派出机构区别在于:(1)它们的设立机关不同。派出机关是由各级人民政府设置的;派出机构则由各级人民政府的职能部门设置。(2)它们的职能范围不同。派出机关的职能是多方面的或综合性的，相当于一级政府；派出机构则只限于管理某项专门的行政事务。(3)它们的主体资格不同。派出机关在法律上能以自己的名义行使行政权，是职权行政主体，且是地域性行政主体；派出机构则只能成为授权行政主体，且只能是公务性行政主体。

二、片区管理机构职责

《条例》规定："片区所在市人民政府在片区设立管理机构，由其负责具体实施片区发展规划，决定片区发展的重大问题，统筹推进片区改革试点工作和承担片区的规划、建设、运行与管理等具体事务，并可以结合实际，开展自贸试验区改革创新工作。"

在实践中，各片区所在市人民政府对片区管理机构的职责又根据各自的实际情况作了更进一步的规定。

中国（辽宁）自由贸易试验区沈阳片区管委会主要职责：负责落实自贸试验区《总体方案》和各项改革创新措施；组织研究自贸试验区深化改革创新经验，提出可复制可推广创新成果建议；协调研究和解决自贸试验区改革创新中的难点和问题；协调推进自贸试验区改革创新发展政策，发布自贸试验区重要信息；协调金融、海关、检验检疫、边检等部门在区内的相关工作；组织实施自贸试验区信用管理和监管信息共享工作，依法履行国家安全审查、反垄断审查有关职责；统筹指导区内产业布局和开发建设活动，协调推进重大投资项目建设；为企业和相关机构提供指导、咨询和服务；完成市委、市政府和自贸区沈阳片区工作领导小组赋予的其他职责。

《中国（辽宁）自由贸易试验区大连片区管理办法》对大连片区管理委员会职责作了规定。中国（辽宁）自由贸易实验区大连片区管理委员会（以下简称自贸试验区管委会）为市人民政府派出机构，负责统一管理自贸试验区建设发展，承担推进落实自贸试验区建设发展任务的主体责任，统筹管理和协调自贸试验区有关行政事务，并履行下列职责：组织实施《中国（辽宁）自由贸易试验区总体方案》和大连片区各项改革创新措施；负责自贸试验区内投资、贸易、金融服务、规划、交通、城建、环境保护、统计等行政管理工作；协调自贸试验区内海关、检验检疫、海事、边检、金融等机构相关工作；组织实施自贸试验区事中事后监管相关工作；参与研究深化自贸试验区各项改革创新的政策措施，参与拟定相关政策法规；参与自贸试验区各项改革创新措施的评估工作；发布自贸试验区公共信息，提供相关咨询和服务；履行市人民政府赋予的其他职责。大连经济技术开发区管委会、大连保税区管委会由现有机构负责推进落实本区域的自贸试验区建设发展任务。

《关于中国(辽宁)自由贸易试验区营口片区运行管理的意见》规定:"辽宁自贸区营口片区与营口高新区深度融合,实施'一套人马、两块牌子'合署办公。辽宁自贸区营口片区(高新区)负责统一组织制定辖区内经济发展、招商引资政策,统筹项目摆放和开发建设。"

从《条例》规定和各片区管理委员会职责规定来看,各片区管理委员会并未完全体现其应有的职能。比如,片区管理委员会的职能是负责具体实施片区发展规划,决定片区发展的重大问题,统筹推进片区改革试点工作和承担片区的规划、建设、运行与管理等具体事务,并可以结合实际,开展自贸试验区改革创新工作。这里的关键词是"具体实施""决定""统筹推进""改革创新",而并非只是提出建议、协调研究、协调推进。片区管理机构是片区所在市人民政府的派出机构,是经市人民政府授权行使市人民政府相关职权的机构,应根据《条例》规定履行应尽的职责。

第十条　省市人民政府及其部门权力下放及其职责

省人民政府和片区所在市人民政府及其有关部门,应当遵循简政放权、放管结合、优化服务的原则,按照自贸试验区职能需要,将相关经济管理权限依法授权或者委托给片区管理机构;研究制定促进自贸试验区和片区改革创新的政策措施,加强对自贸试验区和片区建设发展中重大问题的协调和支持。

【解读】

本条是关于省市人民政府及其部门权力下放及其职责的规定。

自贸试验区及其各片区不是独立王国,其依托省人民政府和片区所在市人民政府及其有关部门存在,接受省人民政府和片区所在市人民政府及其有关部门的领导、协调,自贸试验区及其片区的建设和发展离不开省人民政府和片区所在市人民政府及其有关部门的支持。为保障自贸试验区完成其"创新""复制"等使命,需要对省人民政府和片区所在市人民政府及其有关部门赋予一定的职责。

一、关于权力下放

1. 关于权力下放的原则

《总体方案》指出:"深入推进简政放权、放管结合、优化服务改革。辽宁省能够下放的经济社会管理权限,全部下放给自贸试验区。""各有关部门要大力支持,及时制定实施细则或办法,加强指导和服务,共同推进相关体制机制创新,把自贸试验区建设好、管理好。”《条例》根据《总体方案》规定，确立“简政放权、放管结合、优化服务”和“按照自贸试验区职能需要”的原则将相关经济管理权限依法授权或者委托给片区管理机构。同时根据省委、省政府工作部署，省编委办会同省自贸办按照“需求导向、依法合规”的原则积极推进向自贸试验区赋权工作。

根据以上规定，确定权力下放的基本原则包括以下方面：

(1)坚持简政放权、放管结合、优化服务。简政放权，即精简审批程序，将一些可要可不要的程序精简或者合并，将上级的审批权下放到下级政府或部门，以提高工作效率；放管结合，即将一些审批程序下放后，不是一放了之，还要对下级在程序审批和制定新的程序上要进行抽查，对不合理的或者重新设置障碍的要责令下级整改；优化服务，即通过简政放权和放管结合等措施，尽量减少审批单位和流程，提高服务质量，更好的服务企业、服务群众。

(2)坚持依法赋权。凡是法律法规未禁止、国家部委规章未限制的行政职权事项优先赋予自贸试验区实施。

(3)坚持按需赋权。由沈阳、大连、营口三个片区管委会依据发展阶段实际先行提出需求清单，省人民政府和片区所在市人民政府及其有关部门对照清单提出赋权意见，基本满足自贸试验区建设发展需要。

(4)坚持应赋尽赋。省人民政府和片区所在市人民政府及其有关部门坚持把放权作为支持自贸试验区建设最为重要的举措，围绕辽宁自贸试验区的战略定位和创新发展，做到“能赋则赋、最大限度赋权”。

(5)坚持有序赋权。充分考虑现阶段自贸试验区发展急需，采取分期分批赋权的方式，对片区有需要、能够有效承担、没有法律障碍的省级行政职权先行赋予。

2. 关于权力下放的方式

在现有法律框架下，权力下放可以通过相对集中行政许可权、行政处罚权、行政授权和行政委托等方式具体实施。

(1)相对集中行政许可权、行政处罚权。《行政许可法》第二十五条规定：“经国务院批准，省、自治区、直辖市人民政府根据精简、统一、效能的原则，可以决定一个行政机关行使有关行政机关的行政许可权。”

《行政处罚法》第十六条规定：“国务院或者经国务院授权的省、自治区、直辖市人民政府可以决定一个行政机关行使有关行政机关的行政处罚权，但限制人身自由的行政处罚权只能由公安机关行使。”

可是，能够集中承接行政许可权、行政处罚权的主体只能是行政机关，片区管理机构是所在市人民政府的派出机构，不属于行政机关，无法承接行政机关的行政许可权、行政处罚权。

(2)行政授权。《行政许可法》第二十三条规定:“法律、法规授权的具有管理公共事务职能的组织,在法定授权范围内,以自己的名义实施行政许可。被授权的组织适用本法有关行政机关的规定。”

《行政处罚法》第十七条规定:“法律、法规授权的具有管理公共事务职能的组织可以在法定授权范围内实施行政处罚。”

根据上述法律规定可知,行政授权,是指行政机关在法律、法规明确规定可以授权的情况下,根据行政管理的实际需要,依照法定权限和程序,将行政职权部分或者全部授予有关组织,后者据此以自己的名义行使该职权,并承受该职权行为效果的法律制度。片区管理机构可以根据省人民政府和片区所在市人民政府及其有关部门的授权行使有关职权,但该种授权应当具有法律、法规的依据,并应当明确所授职权的内容和范围等。在实施授权以后,片区管理机构可以自己的名义大力行使所授行政职权,并对外独立承担相应的法律责任。

(3)行政委托。《行政许可法》第二十四条规定:“行政机关在其法定职权范围内,依照法律、法规、规章的规定,可以委托其他行政机关实施行政许可。委托机关应当将受委托行政机关和受委托实施行政许可的内容予以公告。委托行政机关对受委托行政机关实施行政许可的行为应当负责监督,并对该行为的后果承担法律责任。受委托行政机关在委托范围内,以委托行政机关名义实施行政许可;不得再委托其他组织或者个人实施行政许可。”

《行政处罚法》第十八条规定:“行政机关依照法律、法规或者规章的规定,可以在其法定权限内委托符合本法第十九条规定条件的组织实施行政处罚。行政机关不得委托其他组织或者个人实施行政处罚。委托行政机关对受委托的组织实施行政处罚的行为应当负责监督,并对该行为的后果承担法律责任。受委托组织在委托范围内,以委托行政机关名义实施行政处罚;不得再委托其他任何组织或者个人实施行政处罚。”

根据上述法律规定可知,行政委托,是指行政机关将其职权的一部分委托其他行政机关或者行政机关之外的组织,并以委托机关的名义行使行政职能,由委托机关承担法律责任的法律制度。片区管理机构可以根据省人民政府和片区所在市人民政府及其有关部门的委托依法行使有关行政职权。行政委托应当遵循法定程序,并应当及时向社会公开委托的行政职权。

行政委托与行政授权的区别:行政授权与行政委托最关键的区别是有无法律法规的授权,从实质上来看,它们的区别主要表现在以下几个方面:

(1)行政权力运行上不同。行政授权导致行政权力的转移,而行政委托并不导致行政权力的转移。

(2)行为名义和效果归属不同。在行政授权关系中,被授权人实施具体行政行为以自己的名义进行,而且行为的效果归属于自己;在行政委托关系中,由于行政职权没有转移,所以被委托人实施具体行政行为不得以自己而只能以委托机关的名义进行,该行政行为的效果自然也归属于委托机关。

(3)行为者在行政诉讼中的地位不同。在行政授权关系中被授权组织属于行政主体,而与行政权设定中的被设定组织一样,可以成为行政诉讼的被告;而在行政委托关系中,由于被委托机构不是行政主体,因而它不能成为行政诉讼中的被告。

3. 关于权力下放内容

《总体方案》和《条例》都规定,所下放的仅为经济社会管理权。2018 年 3 月 6 日,辽宁省人民政府作出《关于赋予中国(辽宁)自由贸易试验区各片区管委会第一批省级行政职权的决定》,赋予辽宁自由贸易试验区片区管委会第一批省级行政职权 133 项。按职权类别统计,行政许可 83 项,行政确认 4 项,其他权力 46 项;按赋权方式统计,下放 90 项,委托下放 36 项,转变管理方式由自贸试验区直接向省直有关部门申报 7 项;按赋权对象统计,沈阳片区 123 项,大连片区 131 项,营口片区 133 项。

二、关于政策措施支持

省人民政府和片区所在市人民政府及其有关部门不但要根据自贸试验区的实际需要通过行政授权或行政委托等方式下放权力,而且在政策措施和重大问题的协调方面,也要给予充分的支持。为此,《条例》规定,省人民政府和片区所在市人民政府及其有关部门研究制定促进自贸试验区和片区改革创新的政策措施,加强对自贸试验区和片区建设发展中重大问题的协调和支持。通过《条例》规定,该项职责成为省人民政府和片区所在市人民政府及其有关部门的法定职责,对自贸试验区的建设和发展具有积极的促进作用和保障作用。

第十一条　驻自贸试验区工作机构职责

海关、海事、金融、税务、公安等部门驻自贸试验区的工作机构,依法履行相关行政管理职责,落实有关自贸试验区的政策措施,支持自贸试验区改革创新工作。

【解读】

本条是关于驻自贸试验区工作机构职责的规定。

自贸试验区政府不是一个“孤岛”,为了行政管理的需要,海关、海事、金融、税务、公安等管理机关可以在自贸试验区各片区设立工作机构,依法履行有关行政职责。但面临着与海关、海事、金融、税务、公安等多个驻区部门的横向协调问题。为此,《条例》规定,这些驻区部门有责任依法履行相关行政管理职责,落实有关自贸试验区的政策措施,支持自贸试验区改革创新工作,以地方性法规明确了海关、海事、金融、税务、公安等多个驻区部门的职责。

实践过程中,海关、海事、金融、税务、公安等多个驻区部门支持自贸试验区的改革创新工作的情况简介如下。

一、自贸区海关

海关总署出台《关于支持和促进中国(辽宁)自由贸易试验区建设发展的若干措施》,拟定五方面二十五条支持措施,主要有:创新海关监管制度,促进贸易便利化;包括优先推进自贸试验区“互联网 + 海关”特色服务、率先推进通关一体化改革、建设国际先进水平的国际贸易“单一窗口”、推进海关税收征管方式改革、创新企业管理制度、深化国际间海关合作等。实施保税监管改革,促进加工贸易创新发展;包括改革加工贸易监管模式、改革加工贸易核销及单耗管理方式、加快海关特殊监管区域和保税监管场所整合优化、提高保税货物流转效率等。支持新型贸易发展,促进稳增长调结构;包括支持文化对外贸易、跨境电子商务、服务外包、生产性服务业、融资租赁等业务发展。培育法治化营商环境,维护贸易秩序公平公正;依法实施知识产权海关保护,维护企业创新成果,打防结合,有效防控风险,维护健康发展环境。措施突出了国家赋予辽宁自贸试验区的战略定位。

二、自贸区海事部门

辽宁海事局出台九项举措服务自贸试验区。措施包括:创新国际船舶登记制度,促进自贸试验区航运发展;推进辽宁国际贸易“单一窗口”建设,深化通关一体化改革;深化简政放权,助力企业贸易便利化;创新海事现场监管模式,强化事中事后监管;推行联合登临检查工作机制,落实“三互”大通关;服务重点涉水工程建设,推动自贸试验区口岸开放升级;推行海上劳动关系三方协调机制,促进劳动关系和谐稳定;加强海事国际合作,营造良好国际化营商环境;保障水上交通安全,为自贸试验区发展保驾护航。

三、自贸区金融部门

中国人民银行沈阳分行出台《关于金融支持中国(辽宁)自由贸易试验区建设

的指导意见》从七个方面提供三十六条金融支持措施,着力突出对新一轮东北振兴和发展先进制造业的金融支持。《意见》包括七个方面重点内容:一是确定服务振兴、深化改革、防范风险和稳中求进的总体原则;二是扩大人民币跨境使用。支持自贸试验区内金融机构和企业依规在境外发行人民币债券,募集资金可回流使用。优化自贸试验区内符合条件的跨国企业集团跨境双向人民币资金池业务管理。支持自贸试验区内银行依规向境外发放人民币项目贷款;三是深化外汇管理改革。促进贸易投资便利化,进一步简化经常项目单证审核。放宽货物贸易电子单证审核条件。优化外汇账户管理。放宽跨国公司外汇资金集中运营管理业务准入。支持银行发展人民币与外汇衍生产品服务;四是加大金融支持先进制造业发展力度。促进先进制造业基金发展。支持先进制造业融资租赁发展。扩大先进制造业企业融资。促进金融产品和服务方式创新,支持金融机构在依法合规、风险可控的前提下探索实施投贷联动、供应链金融、权益质押、债转股和 PPP 等产品及服务,积极助推供给侧结构性改革;五是加强金融对外开放和区域合作。加强与“一带一路”沿线及周边国家的金融合作。完善以促进金融开放发展为核心的中介服务体系和功能。允许具备条件的银行机构开展调运外币现钞进出境业务。支持自贸试验区依托港口发展航运金融。促进大连、营口大宗商品交易平台提升国际化水平。加强与对口地区金融合作;六是提升金融服务水平。探索建立与自贸试验区相适应的本外币账户管理体系。创建金融 IC 卡“一卡通”示范区。推动自贸试验区社会信用体系建设。优化金融营商环境;七是加强监测与管理。探索建立适应金融改革创新的事中事后监管体系,守住不发生系统性、区域性金融风险的底线。

四、自贸区税务部门

商务部、税务总局出台《关于辽宁等七个自由贸易试验区内资租赁企业从事融资租赁业务有关问题的通知》,以七项措施支持自贸试验区融资租赁行业积极探索、先行先试,促进融资租赁业加快发展。(1)根据《商务部、国家税务总局关于从事融资租赁业务有关问题的通知》(商建发〔2004〕560 号,以下称 560 号文),商务部和税务总局负责内资租赁企业融资租赁业务试点确认。自 2017 年 6 月 15 日起,商务部、税务总局将注册在自贸试验区内的内资租赁企业融资租赁业务试点确认工作委托给各自贸试验区所在的省、直辖市、计划单列市级(以下简称省级)商务主管部门和国家税务局。试点企业条件和申报材料要求参照 560 号文执行。对注册在自贸试验区外的内资租赁企业从事融资租赁业务,仍按现行规定和程序办理;(2)各自贸试验区所在的省级商务主管部门会同同级国家税务局负责对融资租赁试点企业提交的相关材料进行审核。对于符合条件的企业,由省级商务主管部门和国家税务局联合发布公告,明确纳入内资融资租赁试点范围企业名单,与商务部、税务总局发布名单的内资融资租赁试点企业享受同等待遇;(3)省级商务主管部门应当指导和督促试点企业通过全国融资租赁企业管理信息服务平台(以下简称信息服务平台)报送各项信息,并对企业上报信息及时审核;每月末要将新纳入试点范围的企业的基本情况报送商务部,同时抄送税务总局;每季度要将试点工作开展情况报送商务部,同时抄送税务总局;每年度结束后要督促企业尽早填报相关年度报表信息;要及时研究信息服务运行及信息化监管工作中存在的问题,发现问题应积极研究应对并上报商务部和税务总局;(4)根据省级人民政府分工,省级商务主管部门要依据行业管理职责强化事中事后监管制度,实时监督企业依法依规开展经营,利用现场和非现场结合的监管手段,充分发挥信息服务平台的作用,加强风险监测、分析和预警,切实防范区域性、系统性风险;(5)纳入试点范围的企业应当遵守法律、法规、规章及《融资租赁企业监督管理办法》相关规定,接受行业主管部门的监管,及时、准确通过信息服务平台报送信息,按时交纳各种税款。对在会计年度内未实质性开展融资租赁业务,以及发生违法违规行为的试点企业,省级商务主管部门应商同级国家税务局取消其试点资格;(6)为便于加强监管,对于按照本通知要求纳入试点范围的企业,如迁出自贸试验区,应当按自贸试验区外企业申报试点现行规定重新申报确定试点资格;(7)省级商务主管部门可根据本通知要求,商同级国家税务局结合实际研究制定具体的试点确认办法或流程,并采取适当形式予以公开。

五、自贸区出入境部门

省公安厅出入境管理部门推出辽宁自由贸易试验区和沈阳全面创新改革示范区外国人签证、入境出境、停留居留和永久居留等七项出入境政策措施:(1)对符合认定标准的外籍高层次人才及其配偶、未成年子女,经自贸区管委会等单位推荐,可直接申请在华永久居留。我省确定的推荐单位为辽宁省商务厅、沈阳人才工作办公室。(2)外籍人员已在当地连续工作满 4 年,每年在中国境内实际居留不少于 6 个月,有稳定生活保障和住所,工资性年收入和年缴纳个人所得税达到规定标准,经工作单位推荐,可以申请在华永久居留,并允许其配偶和未成年子女随同申请。我省确定的 2017 年工资性收入标准为 35 万元人民币,纳税标准为 6.5万元人民币。(3)外籍华人具有博士研究生以上学历在当地工作,或外籍华人在本地连续工作满 4 年,每年在中国境内实际居住累计不少于 6 个月,可直接申请在华永久居留。(4)对来当地探望亲属、洽谈商务、科教文卫交流活动及处理私人事务的外籍华人,可以签发5年以内多次入出境有效签证;对在本省工作、学习、探亲以及从事私人事务需长期居留的,可以按规定签发有效期5年以内的居留许可。(5)对具有创新创业意愿的外国留学生,可以凭我国高校毕业证书申请2~5年有效的私人事务类居留许可(加注“创业”),进行毕业实习及创新创业活动。期间被有关单位聘雇的,可以按规定办理工作类居留许可。对经省级公安机关出入境管理机构备案的企业邀请前来实习的境外高校外国学生,可以在入境口岸申请私人事务签证(加注“实习”)入境进行实习活动;持其他种类签证入境的,也可在境内申请变更为短期私人事务签证(加注“实习”)进行实习活动。(6)在当地工作的外国人,如其已连续两次申请办理工作类居留许可,且无违法违规问题的,第三次申请工作类居留许可,可以按规定签发有效期5年以内的工作类居留许可。(7)有关企业选聘的外籍技术人才和高级管理人才,办妥工作许可证明的,可在入境口岸申请工作签证入境;来不及办理工作许可证明的,可凭企业出具的邀请函件申请人才签证入境。

第十二条　建立第三方机构综合评估机制

自贸试验区可以建立委托第三方机构综合评估机制,对自贸试验区改革创新经验总结评估,并按照分类审查程序在省内其他区域复制推广改革创新经验。

【解读】

本条是关于建立第三方机构综合评估机制的规定。

自贸试验区的基本思路是“先行先试”,从某种程度上讲,改革试点是一个试错的过程,也是一个循序渐进、逐步完善的过程。自贸试验区的核心使命是“改革创新”和“复制推广”,而什么样的改革试点经验属于“改革创新”,什么样的经验值得“复制推广”,显然需要建立一套综合评估机制。

《总体方案》指出:“自贸试验区要及时总结改革创新经验和成果。国务院自由贸易试验区工作部际联席会议办公室要会同辽宁省人民政府及有关部门,及时总结评估自贸试验区改革开放创新试点任务实施效果,加强各领域试点经验系统集成,并委托第三方机构进行独立评估。对试点效果好、风险可控且可复制可推广的成果,实施分类审查程序后复制推广至全国其他地区。”由此,为确定相关的改革政策措施是否符合预期,是否需要做进一步的改进完善,以及是否具有可复制、可推广的价值,需要委托第三方机构进行独立评估。

一、第三方评估及其重要意义

对政策执行情况的评估,如果以评估主体来划分,可以分为内部评估和外部评估。内部评估又可以分为组织内部的自我评估和组织内部上级对下级的评估。第三方评估是外部评估的一种形式,是独立于组织的专业机构实施的专业性评估。

建立委托第三方机构综合评估机制,不但可以弥补内部评估存在的不足,而且能够确保评估结果科学,具有重要意义。

(1)建立第三方评估机制有利于政府转变职能,淡化评估的行政色彩。党的十八届三中全会提出,必须切实转变政府职能,深化行政体制改革,创新行政管理方式,增强政府公信力和执行力。国务院总理李克强在2015年《政府工作报告》中提到,过去一年,国务院“狠抓重大政策措施的落实,认真开展督查,引入第三方评估和社会评价,建立长效机制,有力促进了各项工作”,这说明第三方评估作为创新工作的有效方式逐渐引起国务院领导的重视。将自贸试验区评估工作交给第三方专业机构去实施,使得政府部门从繁重的事务性工作中解放出来,把有限的精力更多地投入宏观管理和政策创制的工作中去,客观上淡化了评估工作的行政色彩。

(2)建立第三方评估机制有利于加强事中、事后监管。党的十八大以来,中央对社会组织改革发展作出一系列重大决策部署。对监管转向事中、事后监管。第三方评估作为加强事中、事后管理的有效方式,可以帮助政府减轻行政负担,提高政府的威望,从而帮助政府实现“小政府、大社会”的角色转型。

(3)建立第三方评估机制有利于社会力量参与政府部门监管,增强社会组织评估工作的公信力。将评估工作转移给第三方,是社会力量参与社会组织综合监管的重要体现。一方面,通过第三方评估,充分发挥社会力量的专业优势,依靠专业人才完成评估工作,从而使评估结果更加具有专业性和公信力。另一方面,由于第三方评估工作的过程、结果遵循公开透明的原则,可以增强社会公众对政府部门的关注与重视,在加强社会对政府部门监督的同时,也激发政府部门自身不断解决问题稳步提高的动力。

二、第三方评估机构的遴选

建立第三方机构评估机制,属于政府购买服务范畴。财政部、民政部、国家工商总局根据《预算法》《政府采购法》《中共中央关于全面深化改革若干重大问题的决定》《国务院办公厅关于政府向社会力量购买服务的指导意见》(国办发

〔2013〕96 号)等规定,制定了《政府购买服务管理办法(暂行)》,该办法对第三方评估机构的遴选作了明确规定。

1. 基本原则

政府购买服务遵循以下基本原则:

(1)积极稳妥,有序实施。从实际出发,准确把握社会公共服务需求,充分发挥政府主导作用,探索多种有效方式,加大社会组织承接政府购买服务支持力度,增强社会组织平等参与承接政府购买公共服务的能力,有序引导社会力量参与服务供给,形成改善公共服务的合力。

(2)科学安排,注重实效。突出公共性和公益性,重点考虑、优先安排与改善民生密切相关、有利于转变政府职能的领域和项目,明确权利义务,切实提高财政资金使用效率。

(3)公开择优,以事定费。按照公开、公平、公正原则,坚持费随事转,通过公平竞争择优选择方式确定政府购买服务的承接主体,建立优胜劣汰的动态调整机制。

(4)改革创新,完善机制。坚持与事业单位改革、社会组织改革相衔接,推进政事分开、政社分开,放宽市场准入,凡是社会能办好的,都交给社会力量承担,不断完善体制机制。

2. 购买主体和承接主体

政府购买服务的主体(以下简称购买主体)是各级行政机关和具有行政管理职能的事业单位。承接政府购买服务的主体(以下简称承接主体),包括在登记管理部门登记或经国务院批准免予登记的社会组织、按事业单位分类改革应划入公益二类或转为企业的事业单位,依法在工商管理或行业主管部门登记成立的企业、机构等社会力量。承接主体应当具备以下条件:(1)依法设立,具有独立承担民事责任的能力;(2)治理结构健全,内部管理和监督制度完善;(3)具有独立、健全的财务管理、会计核算和资产管理制度;(4)具备提供服务所必需的设施、人员和专业技术能力;(5)具有依法缴纳税收和社会保障资金的良好记录;(6)前三年内无重大违法记录,通过年检或按要求履行年度报告公示义务,信用状况良好,未被列入经营异常名录或者严重违法企业名单;(7)符合国家有关政事分开、政社分开、政企分开的要求;(8)法律、法规规定以及购买服务项目要求的其他条件。

3. 购买方式和程序

购买主体应当根据购买内容的供求特点、市场发育程度等因素,按照方式灵活、程序简便、公开透明、竞争有序、结果评价的原则组织实施政府购买服务。购买主体应当按照政府采购法的有关规定,采用公开招标、邀请招标、竞争性谈判、单一来源采购等方式确定承接主体。与政府购买服务相关的采购限额标准、公开招标数额标准、采购方式审核、信息公开、质疑投诉等按照政府采购相关法律制度规定执行。购买主体应当保障各类承接主体平等竞争,不得以不合理的条件对承接主体实行差别化歧视。购买主体应当在购买预算下达后,根据政府采购管理要求编制政府采购实施计划,报同级政府采购监管部门备案后开展采购活动。购买主体应当及时向社会公告购买内容、规模、对承接主体的资质要求和应提交的相关材料等相关信息。按规定程序确定承接主体后,购买主体应当与承接主体签订合同,并可根据服务项目的需求特点,采取购买、委托、租赁、特许经营、战略合作等形式。合同应当明确购买服务的内容、期限、数量、质量、价格等要求,以及资金结算方式、双方的权利义务事项和违约责任等内容,购买主体应当加强购买合同管理,督促承接主体严格履行合同,及时了解掌握购买项目实施进度,严格按照国库集中支付管理有关规定和合同执行进度支付款项,并根据实际需求和合同规定积极帮助承接主体做好与相关政府部门、服务对象的沟通、协调。承接主体应当按合同履行提供服务的义务,认真组织实施服务项目,按时完成服务项目任务,保证服务数量、质量和效果,主动接受有关部门、服务对象及社会监督,严禁转包行为。承接主体完成合同约定的服务事项后,购买主体应当及时组织对履约情况进行检查验收,并依据现行财政财务管理制度加强管理。

三、自贸试验区的综合评估

对自贸试验区进行科学的综合评估,既要考虑制度创新的静态效应,也要考虑动态效应;既要考虑单项措施的效果,也需要考虑多项累加的系统性效果;既要考虑制度创新带来的便利化,也要考虑制度创新增加的监管成本和风险。

以上海为例。有研究机构提出《自贸区卓越指数指标体系》。《自贸区卓越指数指标体系》参照国际权威指标体系,特别关注投资贸易自由、规则开放透明、监管公平高效、营商环境便利等核心要素,为中国自贸试验区确立国际化的最高标准及相应的发展目标和发展路径,推进投资管理服务体系、贸易监管服务体系、金融服务体系、政府管理体系现代化。

“自贸区卓越指数”包括四个维度/分指数,分别为营商便利、经济贡献贸易便利化,旨在反映自贸区运行的“自由化”制度环境。经济贡献维度/分指数用于衡量自贸区对地区经济贡献,旨在反映自贸区的经济效果。创新创业维度/分指数用于衡量自贸区促进知识和技术创新、中小企业发展的绩效。可持续性维度/分指数用于衡量自贸区促进可持续发展的绩效。这四个维度既具有国际普适性,又符合自贸区未来发展和追求卓越的基本导向,具有很好的引领性及国际可比性。

在这四个维度/分指数下,项目组还设计了一级、二级指标,并对每个二级指标设计了相对值度量标准,在充分考虑数据可获得性的基础上,保证所有指标度量的数据类型均为定量数据。据统计,整个指标体系包含有 12 个一级指标、23 个二级指标、35 个指标度量,具有简洁、客观、准确、易操作的特点。营商便利维度包括投资便利化、贸易便利化、法制保障 3 个一级指标,以及 7 个二级指标。该指数旨在反映自贸区运行的"自由化"制度环境。

其中,投资便利化一级指标旨在反映自贸区投资便利化实现程度,下设市场准入、开办企业、跨境资金流动 3 个二级指标。贸易便利化一级指标旨在反映自贸区贸易便利化实现程度,下设口岸通关时间、口岸通关成本 2 个二级指标。法制保障一级指标旨在反映自贸区法制保障实现程度,下设知识产权保护、纠纷解决效率 2 个二级指标。

经济贡献维度指的是自贸区对周边经济体乃至整个国家的贡献程度。经济贡献程度可以从质的方面来体现,如提升了国家在全球价值量上的水平,或者促进了贸易转型升级,这都说明经济的活跃程度高,经济质量有所改善;经济贡献程度还可以从量的角度来衡量,从自贸区对周边经济体乃至整个国家在投资、贸易方面的辐射作用和金融服务的提供来体现。经济贡献维度下设 3 个一级指标,即全球价值链水平提升、贸易升级和经济辐射效应。

其中,全球价值链水平提升旨在显示自贸区通过好的营商环境吸引位于全球价值链高端的跨国公司总部和外资企业从而带动自贸区乃至整个国家在全球价值链水平上有所提升,下设跨国公司总部经济贡献和外资企业经济贡献 2 个二级指标。贸易升级旨在显示转口贸易、离岸贸易和服务贸易等是否发挥着外贸"助推器"作用,是否有力促进了对外贸易转型升级,下设货物贸易结构和服务贸易发展 2 个二级指标。经济辐射效应是显示自贸区是否对周边经济体乃至全国经济有贡献的重要方面,下设投资辐射、贸易辐射和金融服务 3 个二级指标。

创新创业维度旨在衡量自贸区促进知识和技术创新、中小企业发展的绩效,包括创新投入、创新产出、中小企业发展 3 个一级指标,以及 5 个二级指标。

其中,创新投入一级指标旨在衡量自贸区创新中的人力、财力投入情况,是自贸区实施创新驱动战略的基础,下设研发投入和外籍研发人才 2 个二级指标。创新产出一级指标旨在通过专利、商标申请,衡量自贸区促进创新的产出成果。中小企业发展一级指标旨在反映通过自贸区制度创新,营造有利于中小企业发展的良好环境,促进中小企业发展,下设新设企业和企业生存能力 2 个二级指标。

可持续性维度则用于衡量自贸区促进可持续发展的绩效,包含 3 个一级指数。

其中,环境友好指数旨在为区域提供成为合格绿色区域的标准,作为一种新的环境保护理念,它能够将人类对环境问题根源及经济社会发展观的认识提到一个新的高度,下设资源的高效与循环利用 1 个二级指标。

而适宜工作指标显示,要营造一个安全的自贸区环境,还要把人的技能发展和提高生活质量作为生态系统的一个组成部分。一个积极、相互尊敬的工作环境不但能帮助区域留住最顶尖的人才,还能够使得工作更加有效率。下设劳动保障和教育培训 2 个二级指标。

社会责任指标则是参考了国际流行指标,将其定义为"公共责任"这一二级指标。项目组认为,积极和一致的企业社会责任举措对市场整合和长期品牌意识和商誉的发展至关重要,而这又会成为竞争优势。

在权重方面,参考国际权威的第三方评估指标体系,特别是"营商环境指数"和全球"贸易促进指数"对评估指标体系权重设置的做法,"自贸区卓越指数"四个维度/分指数采用"等权法"进行权数的分配,即各维度/分指数的权重均为1/4。同时,对一级指标、二级指标、参量化数据同样采用"等权法"进行权数的分配,即各个量化数据的权重为 1/n(n 为该指标下参量化数据的个数)。

再以广东为例。广东省自贸办分别会同海关广东分署、清华大学和深圳前海创新研究院研究根据国务院印发的《中国(广东)自由贸易试验区总体方案》要求,为营造国际化、市场化、法治化营商环境,构建开放型经济新体制,探索符合国际高标准的投资贸易规则体系,编制了广东自贸试验区贸易便利化指数、投资便利化指数和跨境金融指数。这是全国首创的自贸区综合评价指数。

其中,贸易便利化指数旨在重点测评自贸试验区口岸效率、通关环境、贸易成本和辐射带动效应;投资便利化指数旨在重点测评自贸试验区内获得政府服务和生产要素的便利度、投资质量和投资潜力;跨境金融指数旨在重点测评金融业对经济贡献度、金融创新和金融开放水平。每个指标都包含三级指标。

三大指数分别采集广东自由贸易试验区 2014 年和 2015 年的数据,通过参照性评价、指数评价等,测算出各项三级指标分值,再将所有三级指标进行加权,结果显示,2014 年得分 66.1 分,2015 年跃升至 84.3 分。测评显示,自由贸易试验区在简政放权、减少外商投资限制、加强法治化建设等方面成效明显,贸易便利化显著提升。

《辽宁省人民政府办公厅关于在中国(辽宁)自由贸易试验区和沈抚新区先行先试深化简政放权放管结合优化服务改革的指导意见》(辽政办发〔2017〕113 号)规定:"对接国际通行规则,结合'两区'战略定位,坚持问题导向,以优化营商环境、激发创业创新活力为目标,以企业申请开办时间压缩了多少、投资项目审批提速了多少、群众办事方便了多少等量化指标为重点,科学合理确定评价内容和指标,建立健全'放管服'改革评价体系,采取引入第三方评估等方式对改革成效进行评价,以科学有效的评价促进改革深入推进。"

根据上述规定可以看出,辽宁自贸试验区对第三方评估机制非常重视,并且也明确了评估关注的指标。目前,辽宁自贸试验区首批经第三方评估的29个改革创新案例已经形成并上报商务部,其中13个案例属于全国首创。

13个全国首创的案例中,涵盖贸易便利化、金融创新、国企国资改革、区域开放合作等多个领域,具体包括"关险合作"实现税款担保模式新突破、"保税混矿"监管制度创新、"一带一路"多式联运集装箱标准化改革等举措,其中既有重点领域突破性的制度创新,又有系统集成性的制度创新。

第三方评估机构认为,这些案例充分结合了区域发展实际和阶段性需求,较好体现了自贸试验区服务、推动和引领东北老工业基地振兴的使命担当。

第十三条　建立风险防控预警体系

自贸试验区应当建立风险防控和预警体系,完善突发事件应急预案及处置机制,确保改革试验风险合理可控。

【解读】

本条是关于建立风险防控预警体系的规定。

建立自贸试验区肩负政府职能转变、探索管理模式创新、促进贸易和投资便利化、为全面深化改革和扩大开放、振兴东北老工业基地探索新途径、积累新经验的重要使命,是国家重大战略安排。既然是创新,就会隐藏着一些不容忽视的风险,这就需要建立风险防控和预警体系,完善突发事件应急预案及处置机制,确保改革试验风险合理可控。

《总体方案》指出:"建立健全金融风险防控体系。落实风险为本的原则,探索建立跨境资金流动风险监管机制,强化开展反洗钱、反恐怖融资、反逃税工作,防止非法资金跨境、跨区流动。建立适应金融改革创新举措的事中事后监管体系。"但需要建立健全防控体系的并非仅仅是金融风险,其他方面也存在一定的风险,同样需要建立健全防控预警体系,这就是《条例》将该条款置于该章的原因。

一、自贸试验区可能面临的风险

自贸试验区是先行先试的平台,面临的风险可能来自各个领域的改革创新。

1. 自贸试验区可能面临的金融风险

金融风险包括国别风险、资本流动风险、洗钱风险、商业保理投资风险、负面清单管理风险。

国别风险,是指由于某一国家或地区经济、政治、社会等方面出现变动,导致该国或地区借款人或债务人没有能力或拒绝偿付银行业金融机构债务,或使银行业金融机构商业存款遭受损失,或使银行业金融机构遭受其他损失的风险。国际投融资是自贸试验区金融创新的重点之一,银行业金融机构大量参与跨境金融业务,业务范围涉及多个主权国家,国别风险发生的可能性大大增加。因此,自贸试验区银行业金融机构应切实做好国别风险管理工作,尽量规避或减少国别风险的发生。

随着人民币自由兑换和跨境资本流动的常态化,一旦境外资本大规模撤出中国,必然带来人民币资产价格下跌,股市、债市、汇市和楼市都将承受巨大下跌压力。因此,人民币自由兑换和跨境资本流动最可能带来的风险,就是资产价格泡沫化以及游资套利行为。在现代电子通讯技术下,作为游资的国际资本转移非常迅速,它能随时对任何瞬间出现的暴利空间或机会发出快速攻击,从而造成金融市场的动荡。

从国际洗钱案例来看,离岸业务、离岸账户、离岸客户、离岸资金、离岸地区往往是重灾区,自贸试验区开展外币离岸业务需密切关注洗钱风险。在离岸银行业务中,通常的洗钱渠道有资金电子转账、代理银行服务、通汇账户、集中账户、私人银行等。离岸保险业务中,常用的洗钱工具便是人寿保险和年金产品。惯用手法是溢资投保,并在提前支付退保金后,将资金转入转出保单,或折价赎回整付保费保险债券。此类洗钱的共同特征是利用保单撤销期或提前赎回。离岸证券业务中,洗钱的通道即启用那些“特殊客户账户”。除银行、证券、保险外,信托洗钱也不可小觑。尤其是在离岸业务中,通常私人银行会通过某一家在离岸金融保密庇护的附属信托公司为其客户建立私人投资公司(PIC)——空壳公司从事私人银行业务。

自贸试验区在外商投资商业保理方面主要存在从事商业保理业务的外商投资企业可能从事吸收存款;发放贷款或受托发放贷款;专门从事或受托开展与商业保理无关的催收业务、讨债业务;受托投资等业务。

负面清单管理模式对现行的外商投资管理体制是一把“双刃剑”。第一,负面清单适用于所有产业部门,包括不可预知的新兴部门。如果不能将某个部门列入清单,那么一个新出现的部门从产生之初起就门户大开,直接面临其他国家同类产业的强大竞争。特别是随着信息通讯技术迅猛发展,新的部门不断产生,这个问题显得尤为突出。第二,采用负面清单方式必然导致政府监管的重心由事前审批转向事中、事后监管,大量的法律法规需要修改或重新制定,对政府的管理能力提出了前所未有的挑战。如果政府不能有效实施过程管理,那么外商投资管理的风险将大大增加。也就是说,实施负面清单管理模式的风险防控与法制化水平和政府管理能力密切相关。国内法制越健全,政府管理水平越高,实施负面清单的风险才会越小,实施效果也会越好。因此,实施负面清单管理模式必须提前构建安全防御体系,在国家安全审查、反垄断审查、生态环境保护、技术和标准等领域构建完善的监管体系,并尽快建立适应负面清单管理模式的法律制度。

2. 自贸试验区其他风险

在外商投资领域改革与开放过程中,存在国家安全审查不完善的风险。《自由贸易试验区外商投资国家安全审查试行办法》(以下简称《试行办法》)规定,"自贸试验区管理机构在办理职能范围内外商投资备案、核准或审核手续时,对属于安全审查范围的外商投资,应及时告知外国投资者提出安全审查申请,并暂停办理相关手续"。但没有明确"国家安全"的概念,只列举了安全审查范围,可能导致安全审查出现漏洞;对外国投资者取得所投资企业的实际控制权的认定不清晰,对于判断外国投资者身份以及进而引起的准入禁止或限制问题,具有关键影响;没有规定司法审查豁免,可能为外国投资者提供了通过国内程序加以救济的途径,特别是如果审查决定大量被诉的话,将大大减损国家安全审查的有效性。

在外商投资管理体制改革过程中,扩大开放投资行业和业务可能出现外商投资电子商务公司与国外情报机构合作,收集我国个人、单位有价值信息,危害国家安全。外资企业以负面清单外行业备案后,可能出现违规通过各种方式进入禁止、限制外资进入的行业,对辽宁省相关产业产生冲击,并且难以实际掌握外资实际流向。外资有可能利用相对控股权进一步争夺企业实际控制权,造成企业核心技术、业务流失等损失。各片区有可能出现为攀比政绩,未严格执行负面清单,擅自放宽外资准入的情况发生。内外资企业通过境外投资备案已设立企业或项目名义,将资金非法转移至国外,造成辽宁的资产特别是国有资产的流失。外资因经营困难、金融危机爆发等非法撤资或责任人逃离,造成中方供应商货款拖欠、员工工资拖欠等情况。

在海关监管方面,自贸试验区内各种状态的货物共同存在,如保税交割货物和普通保税货物、非保税货物、口岸货物等,涉及物流企业、仓储企业、监管场所等多方主体,存在串换风险。保税展示交易平台的商品经检验检疫、海关报备后允许企业先行销售,再办理海关手续,存在企业申报时无法提供相应海关监管证件的风险。第三方检验检测结果真实或者出现偏差,使得检验检疫机构在采信后做错误决定;第三方检测机构在送检产品检验过程中发现卫生不符合条例的隐瞒不报。电商平台要加强对电商企业的接入实施更为规范的管理,要实行电商平台中电商企业与商品信息基本信息的公开化。另外,电商平台与接入企业间可能会存在合谋,建议加强对建立电商平台、接入企业的产品信息、交易信息、资金信息等信息流进行实时监控,及时发现异常情况。

各片区的定位差异,可能在建设过程中出现盲目竞争、产业同质化风险,因其定位差异所形成的政策差异,也会造成功能创新风险,如差异化政策有可能对其他片区造成业务流失、产业失血等负面效应。区内外利率、汇率、所得税率就形成了差别,这会带来一定的改革风险。如目前仍然存在的金融领域的利率双轨制就导致了套利现象,因为事实的金融垄断,较低利率的资金从正规银行体系内流出,向接受高利率的部门转移,这就是影子银行形成的体制原因,如果比较严重的话,还会制造出利用体制进行套利的利益集团,这从而使进一步的改革变得更加艰难。

二、确保改革试验风险合理可控

针对上述及其他风险事件,自贸试验区必须建立风险防控和预警体系,及早制定与特定风险事件相关的应急预案和处置方案,确保在发生风险事件或者突发事件时能够及时妥善处理,将风险事件或者突发事件的影响和造成的损失降低到最低限度,为自贸试验区各项改革措施顺利实施提供有效保障。

自贸试验区应当树立底线思维,强化风险防控意识,建立健全各项风险防控体系。风险防控和预警体系是综合监管体系的重要组成部分,应当与其他监管机制互相补充,互相协调。应当建立风险识别、预警、处置、反馈、沟通等各项工作机制。加强风险防控协调机制,积极配合各级主管机构做好外商投资监管、金融风险防控等工作,在信息共享、实时监测、动态管理、定期核查等方面形成联动机制。建立有效的事中事后监管体系,不断完善社会信用体系、综合执法体系、社会监督体系等配套体系建设,落实权责一体化机制。进一步完善商事、外资、金融、通关等领域各项改革配套制度建设,依托互联网、云政务、大数据,推动建立监管部门信息共享平台。自贸试验区应当按照《突发事件应对法》《反恐怖主义法》《反分裂国家法》《反垄断法》等法律法规要求,积极探索实施危机管理和风险处置的新模式,为自贸试验区改革创新保驾护航。

第三章　投资领域改革与开放

深化投资领域改革具体表述为两个重要任务：一是“提升利用外资水平”；二是“构筑对外投资服务促进体系”。前者服务于“引进来”，后者服务于“走出去”，二者有机统一、互为促进，与传统服务于一区一块经济增长业绩的“招商引资”存在本质区别。“引进来”与“走出去”的有机统一，是站在中立立场上，要义是在制度创新的框架内使两个市场和两种资源相向聚集、双向流动、相互促进，需要持续投入的不是一边向另一边让利的优惠政策，而是对于双方都具有“便利化”的规则和服务，这要求自贸试验区应建设成为提供创新性制度资源的平台。因此，“提升利用外资水平”和“构筑对外投资服务促进体系”是自贸试验区深化投资领域改革的两种成效或两个目标，通过制度创新、服务创新构建双向投资的监管和服务平台是深化投资领域改革的根本要义。

第十四条　建立与国际规则相适应的投资管理体制

自贸试验区实行外商投资准入前国民待遇加负面清单管理制度。除国务院规定对国内投资项目保留核准外，负面清单之外的外商投资项目和外商投资企业的设立、变更实行备案制，由片区管理机构负责办理。

【解读】

本条是关于建立与国际规则相适应的投资管理体制的规定。

一、提高对外开放水平，对外商投资实行准入前国民待遇加负面清单管理模式

（一）准入前国民待遇加负面清单的基本内涵

国民待遇是国际法上外国人待遇标准中的一种，是指一国给予外国人以与其本国国民同等的待遇。而准入前国民待遇，是指将在传统投资协定中在投资建立之后阶段给予外国投资者及投资的待遇不低于在相似情形下给予本国投资者及投资的待遇延伸至投资发生和建立前的阶段,即在企业设立、取得、扩大等阶段给予外国投资者及其投资不低于本国投资者及其投资的待遇,这是对投资自由化的进一步承诺,也是开放型投资体制中的自由模式与传统投资模式最重要的区别,其核心是给予外资准入权,意在提高对外开放程度。

负面清单是一种义务承诺模式,即以清单的形式列明与准入前国民待遇不符的管理措施,其背后的法理是“法无禁止即可为”,突出强调自由贸易区的核心是“自由”。负面清单的设立并不意味着国家丧失对外资的监管权,所有已签订的准入前国民待遇都是有条件的,具体体现在负面清单所列的限制性领域,由此建立安全、高效、公开、透明与国际接轨的外资管理体制。

2013 年 9 月,我国设立了第一个自由贸易园区——上海自由贸易试验区,并随之发布了外商投资准入的负面清单,提出对自贸试验区内的外资主体给予“准入前国民待遇”;2015 年 1 月,我国商务部公开征求意见的《外国投资法(草案征求意见稿)》也采取了准入前国民待遇加负面清单的外资管理方式。自贸试验区的外商投资准入制度创新不仅是自贸试验区经济改革创新的前沿,也体现出中国在全面深化体制改革中的基本立场,这项外资准入政策也是自贸试验区制度创新的亮点。

(二)准入前国民待遇加负面清单的监管要求

2017 年 3 月,国务院印发的《辽宁自由贸易试验区总体方案》中指出,“对外商投资实行准入前国民待遇加负面清单管理制度,进一步减少或取消外商投资准入限制,提高开放度和透明度,外商在自贸试验区内投资适用《自由贸易试验区外商投资准入特别管理措施(负面清单)》和《自由贸易试验区外商投资国家安全审查试行办法》,对清单之外的产业完全向外资开放,而在清单之内的产业,或禁止或需要行政审批才允许外资进入”。从现有制度模式来看,自贸试验区的外商投资主体实际上要满足两张负面清单,分别是外商投资负面清单和市场准入负面清单,外商投资中国市场首先要符合外商投资负面清单,对于列入清单的产业项目或要履行行政审批程序,或是不得进入,其次还要符合市场准入负面清单。

实践中,依据国民经济行业分类,自由贸易试验区设定的第一份负面清单中列明的限制或禁止外资准入的行业多达 190 项,在征求多方意见修改之后的第二份负面清单缩减为 139 项,2015 年第三份负面清单再减少 17 项,2017 年自贸试验区外资准入特别管理措施缩减为 90 项,2018 年版减至 45 项措施。这种变化不仅是限制或禁止类的具体产业目录数量上的减少,更体现出自贸试验区外商投资准入管理的创新性变革。2017 年 6 月,国家发改委、商务部联合发布《外商投资产业指导目录》(2017 年修订),首次在形式上落实了在全国范围适用的负面清单制度。2018 年 6 月,国家发展改革委、商务部发布《自由贸易试验区外商投资准入特别管理措施(负面清单)》(2018 年版),适用于所有自由贸易试验区,进一步明确放宽外商投资准入界限,切实提高了外商投资贸易便利化程度。从上述负面清单内容来看,自贸试验区对于制造业的限制内容大幅减少,对服务业从行业门类逐步详细到具体行业项目,规定的内容也与国际通行外资准入规则逐渐一致。

在下一阶段投融资体制深化改革过程中,辽宁自贸区应将投资领域改革的重点转移到双向投资监管服务平台建设上来,摸清摸透辽宁自贸区的基础、优势、机会、需求和发展空间等情况,在特色领域抢占全国性、国际化的投融资监管服务平台建设制高点。对负面清单试行前后的开放格局进行深度研究,梳理符合辽宁自贸区建设和发展的产业目录,要活用负面清单,不可画地为牢、抑制主动创新活力,一方面要有针对性地研究外商在辽宁投资以往被限制、如今可放开的领域或项目,并进行重点推介和服务;另一方面要高度重视负面清单 1.0、2.0、3.0 版本中逐步放开的“合资”“合作”领域,往往负面清单中进行限制但不完全禁止的投资领域,恰恰是竞争少、活力大、对外资最具有吸引力的领域。

二、优化投资服务体系,对外商投资实行以备案制为主的投资管理方式

对于市场来说,时间就是成本,正面清单对应的是前置审批制度,外资企业在工商设立或变更时必须符合特定条件,申请从事的经营范围涉及特殊行业的,还要事先取得相关主管部门的批文才能经营,这种“重准入、轻监管”的管理制度大大加重了外国投资者的负担,国内各种审批程序都将成为其投资的障碍,由此易将一大批投资者拒之门外。因此,2016 年 10 月,全国人大常委会修订《外资企业法》等四部法律,将外商投资中不属于禁止或限制类的外资经营主体的设立、变更及其他准入,由全面审批转为备案管理,这种备案模式极大地促进外商投资主体进入中国市场。随后,国务院出台《关于扩大对外开放积极利用外资若干措施的通知》以及《关于促进外资增长若干措施的通知》,再次表明中国会通过营造便利化、自由化投资政策吸引外资。

《辽宁自由贸易试验区总体方案》中指出,外商投资准入特别管理措施(负面清单)之外领域的外商投资项目(国务院规定对国内投资项目保留核准的除外)和外商投资企业设立及变更实行备案制,由自贸试验区负责办理。即以行业分类为基准,对特别管理措施目录中的外商投资进行审批,而绝大部分的外商投资项目只需要向行政主管部门备案报告即可,尤其是取消外商投资企业在设立、分立、合并、解散、延长经营期限、扩大经营范围、增减资、变更出资方式和出资期限等方面的行政审批后,将极大地提升外资的市场准入便利化水平。这项举措意味着放松

对外资在准入环节的事前控制,因此要求做好对外开放的压力测试和风险测试,着力构建与负面清单管理方式相适应的事中、事后监管制度。

第十五条　完善境外投资管理与境外投资企业贷款

自贸试验区应当完善境外投资合作业务管理和服务措施,支持境外投资企业以境外资产和股权、矿权等权益抵押获得贷款。

【解读】

本条是关于完善境外投资管理与境外资产贷款,促进构筑对外投资服务体系的规定。

一、企业境外投资政策历史沿革

境外投资,是指投资主体通过投入货币、有价证券、实物、知识产权或技术、股权、债权等资产和权益或提供担保,获得境外所有权、经营管理权及其他相关权益的活动。

2014 年 4 月,国家发展改革委发布《境外投资项目核准和备案管理办法》(9 号令),将境外投资管理方式由逐项核准修改成以备案为主、核准为辅,大幅下放备案管理权限,并极大的简化了备案程序,对促进和规范境外投资发展发挥了重要作用。到了 2016 年,中国企业海外投资呈井喷之势,无论是交易规模还是数量,都令国际投资市场侧目,与此同时,不少企业境外投资的真实性和合规性隐忧日益显现。基于此,自 2016 年 11 月起,国家相关监管部门加强了对企业境外投资真实性和合规性的审查,着力防范境外投资风险。为防范欺诈性境外投资和套利交易,自 2016 年 11 月 28 日起,中国人民银行要求地方各级分行及外汇管理局,办理资本项下业务,单笔购汇、付汇、本外币支出等值 500 万美元(含)的交易,均需事先通过信息交互平台向北京外汇管理局资本项目处进行大额报告,在有关部门(人民银行、外汇管理局、发改委、商务部等)完成真实性、合规性审核后,同意办理的,再予办理。

2016 年 11 月 29 日,国务院总理李克强主持召开国务院常务会议,会议强调,要强化境外国有资产监督,对企业在境外的投融资、产权变动、资金管控等逐步实现常态化监督检查,确保境外资产安全运营和保值增值,国有资产监督管理委员会将继续对国有企业的对外投资进行审查。2016 年 12 月 6 日,国家发展和改革委员会、商务部、中国人民银行、国家外汇管理局四部门负责人在答记者问时表示:将密切关注近期在房地产、酒店、影城、娱乐业、体育俱乐部等领域出现的“非理性对外投资”的倾向,以及“大额非主业投资”“有限合伙企业对外投资”“母小子大”“快设快出”等类型对外投资中存在的风险隐患,建议有关企业审慎决策。

国家对企业境外投资的政策导向逆转,导致市场上传出不少流言,在一定程度上对企业正常境外投资的确定性造成了负面影响。2017 年 1 月 6 日,国务院新闻办公室举行国务院政策例行吹风会,商务部副部长回答目前中国政府加大力度控制资本外流的相关问题时表示:措施是针对短期投机性资本流动的,对于合法经营、合法汇出收入的外资企业没有影响。外汇局于 2016 年 12 月 9 日曾作出声明,凡是外商投资企业在中国合法的业务收入的汇出、增资减资活动都不会受到影响。

2017 年 8 月,《国务院办公厅转发〈发改委、商务部、人民银行、外交部关于进一步引导和规范境外投资方向指导意见〉的通知》,将境外投资分为鼓励、限制和禁止类,要求实施分类指导,完善管理机制,提高服务水平,强化安全保障。在此背景下,发改委于 2017 年 11 月 3 日发布《企业境外投资管理办法》(11 号令),新办法作为境外投资管理的基础性制度,在“放管服”三个方面统筹推出了八项改革举措,旨在加强境外投资宏观指导,优化境外投资综合服务,完善境外投资全程监管,促进境外投资持续健康发展,维护我国国家利益和国家安全。

二、完善境外投资合作管理和服务措施

(一)简政放权,提高自贸区内企业境外投资的便利化程度

第一,优化核准和备案流程。取消“中方投资额 3 亿美元及以上的境外收购或竞标项目,投资主体应事先向发改委报送项目信息报告,并由国家发改委出具确认函”(即所谓“小路条”)的要求,以及对于由国家发改委核准和备案的项目需要由省级发改委预审并转报的要求。在过往项目实践中,由于在未取得“小路条”之前,中国投资方往往无法签署具有约束力的书面文件或出具具有约束力的报价,并且由地方发改委逐级预审再最终转报至国家发改委通常会耗费较长的时间,因此经常导致中国投资方在项目中与其他竞争方相比处于劣势,或者使得境外卖方由于对交易不确定性或完成交易所需时间过长的顾虑而提高给中国投资方的价格,即要求中国投资方支付所谓的“中国溢价”。新办法取消上述规定,进一步简化了事前管理环节,实现降低制度性交易成本,对属于国家发展改革委核准、备案范围的项目,允许地方企业通过网络系统直接向国家发展改革委提交有关申请材料,从而让企业好办事、少跑腿。

第二,放宽投资主体履行核准、备案手续的最晚时间要求。按照 9 号令规定,

投资主体实施需国家发展改革委核准或备案的境外投资项目,在对外签署具有最终法律约束效力的文件前,应当取得核准文件或备案通知书或可在签署的文件中明确生效条件为依法取得核准文件或备案通知书。新办法将投资主体履行核准、备案手续的最晚时间要求从签约前(或协议生效前)放宽至实施前:属于核准、备案管理范围的项目,投资主体应当在项目实施前取得项目核准文件或备案通知书,这有利于企业更加从容地安排交易节奏。当然,放宽投资主体履行核准、备案手续的最晚时间要求,并不是说企业只能等到项目实施前的最后一刻提交核准、备案申请,事实上,企业可以在备齐项目核准、备案材料后及时提出有关申请,以便及早取得核准文件或备案通知书。

(二)主动为企业提供配套服务

为做好境外投资备案制改革的配套服务工作,加速构筑境外投资服务促进体系,辽宁自贸区管委会牵头完成了境外投资服务平台的建设。该境外投资服务平台实现线上、线下同步开展境外投资服务,通过加强境外投资真实性、合规性审查,来防范虚假投资行为,引导企业建立健全境外合规经营风险审查、管控和决策体系,深入了解境外投资合作政策法规和国际惯例,便利企业遵守当地法律法规合法经营,并成立专门机构为自贸区"走出去"企业提供从设立到歇业为止的全流程服务。原本企业需要购买这些服务,现在境外投资服务平台整合相关服务商,根据投资企业的需求予以双向配对,服务是免费的,该平台还吸引一些海外协会和驻外机构,为企业提供海外投资环境、项目等方面的信息。

(三)探索改进信贷担保方式,拓宽抵押担保物范围

2015 年 5 月 13 日,国务院发布《关于推进国际产能和装备制造合作的指导意见》,明确了企业的境外资产可以抵押获得境内贷款,这是一个重大突破。《总体方案》提出支持"走出去"企业以境外资产和股权、矿权等权益为抵押获得贷款,提高企业融资能力。

第十六条　鼓励创新

自贸试验区应当优化创新创业制度环境,激发创新创业活力;建立健全投资者权益保障机制,法律法规未禁止的,投资主体可以在自贸试验区内创新开展各种投资活动。

【解读】

本条是关于号召自贸区大力开展创新活动的规定。

一、推动创新创业制度,激发创新创业活力

(一)优化企业营商环境

创新是第一动力,必须把创新摆在国家发展全局的核心位置,抓创新就是抓发展,谋创新就是谋未来,创新驱动已成为决定我国发展前途命运的关键、增强我国经济实力和综合国力的关键、提高我国国际竞争力和国际地位的关键。自贸试验区具有优良的创新土壤和营商环境,无论是发展实体经济,还是发展高新技术产业、先进制造业,都需要大力实施创新驱动发展战略,持续推动创新创业在各领域形成蓬勃局面,从而达到链接国内外优质创新创业资源,推动产业优化升级的目标。

辽宁自贸区大连片区着力构建完善创新创业政策链、产业链、服务链、资金链和生态链,全面激发大众创业、万众创新活力,筹办首届辽宁自贸区大连片区国际创业者大会、举办国际创客周、创业大赛、产业高峰论坛、高水平学术会议等系列活动。通过为入驻企业提供最优质的服务,努力推进新区的创新体系更加完善,加快形成协同创新的强大合力,全面提升大连片区的区域经济发展活力。

辽宁自贸区沈阳片区为了聚集更多创新创业资源,鼓励科技型企业安心搞科研,对新注册的拥有自主知识产权的科技型企业,不仅按照年限给予奖励,还在创新平台建设方面给予大力扶持,进一步优化创新创业环境。据介绍,世界 500 强企业、国际知名研发机构在沈阳片区设立研发中心的,将按照其研发投入的 40% ,给予最高 1200 万元补助;对沈阳片区企业在境外设立研发机构,按照研发设备投入的 40% 给予最高 1200 万元补助等。

辽宁自贸区营口片区不断优化创新创业环境,坚持科技创新与制度创新联动发展,以科技创业带动自主创新、以业态创新推动转型升级、以高端链接强化资源集聚、以体制改革加速协同创新,致力于打造具有区域特色的创新创业培育体系,探索出可复制、可推广的创业孵化示范经验,先后推出一系列措施政策,从体制机制改革到创新政策引领,多角度、全方位助力企业创新创业发展。未来,营口片区将以科技创业驱动科技创新,着力提升自主创新能力,强化科技成果转移转化、强化科技金融支撑、完善创业孵化体系、优化创新创业环境,推进产业链、创新链、资金链、政策链的“四链融合”,围绕产业链部署创新链,围绕创新链安排资金链,围绕资金链出台政策链,加快自贸区先行先试政策复制推广,进一步释放政策红利,培育营口创新驱动发展的生力军。

此外,辽宁省委、省政府对优化营商环境高度重视,在全国首创营商环境建设地方性立法,于 2017 年 2 月 1 日正式实施《辽宁省优化营商环境条例》,在全省范

围内围绕政务审批效率低、政府招商不讲诚信、滥用职权、涉企乱收费、特定行业服务设定霸王条款等七个方面突出问题进行专项整治。截至目前,全省各地区、各部门累计开展专项整治行动已达 112 次,累计受理典型案例 644 起,办结 446 件。

(二)优化人才发展环境

人才是创新驱动发展的第一资源,目前高水平的员工比较难直接招到,而刚刚入职的员工做了几年的培训以后也很难很好地留住。因此,自贸试验区需要凭借良好的创业服务和优越的创新创业环境,不断吸引海内外高层次人才加入创新创业的大潮,助力园区的产业发展以及科技创新。

辽宁自贸区大连片区始终把“双创”工作作为带动创新驱动、产业升级的新引擎,以促进青年成长成才为目标,从创业场所、起步资金、辅导育成、市场开拓、权益保护等方面创造条件支持青年创业,“双创”影响面和带动作用日益凸显;而辽宁自贸区营口片区着力营造良好的创新创业生态,培育出一批国家级、省级、市级众创空间、创业孵化示范基地、大学生创业示范基地等特色孵化载体,实现各类高水平创新人才汇聚,实现人才、项目、企业和创新的有效对接。

二、激发市场主体活力,建立健全投资者权益保障机制

建设自贸试验区是深入贯彻中共十八大精神,在新形势下推进改革开放的重大举措,在自贸试验区的各项改革实验过程中,应当尊重人民的首创精神,切实把企业作为重要主体,广泛动员和组织社会各方积极投身自贸试验区建设,充分激发市场主体活力,对于法律、法规、未禁止的事项,鼓励公民、法人和其他组织在自贸试验区积极开展改革创新活动,充分体现对公民法人而言“法无禁止皆可为”的法治精神。

切实转变政府职能是行政体制改革领域持续推进的重大举措,是全面深化改革和扩大开放进程中探索新途径、积累新经验的直接推力,也是关乎自贸试验区建设成败的关键问题。本条例为辽宁自贸区改革创新工作提供了坚实的法制保障,在自贸试验区可以试行企业投资项目承诺制,整合、简化投资项目报建手续,建立先建后验的管理模式;在金融领域方面,支持自贸试验区推进跨境人民币业务创新发展,推进人民币资本项目可兑换、人民币跨境使用等方面的改革,探索建立与自贸试验区相适应的本外币账户管理体系,促进跨境贸易、投资融资结算便利化,支持区内银行按照有关规定发放境外项目人民币贷款;在老工业基地结构调整方面,自贸试验区将建立整合物流、贸易等功能的运营中心,拓展新交易品种,加快推进跨境贸易电子商务平台建设,推进跨境电子商务综合试验区与自贸

试验区协同发展,支持开展跨境电商综合试验试点;在综合监管方面,除法律、行政法规规定征收的行政事业性收费项目外,自贸试验区内的省级以下行政事业性收费一律免收,除国家和省有关规定外,各级政府及其有关部门不得对自贸试验区内的企业开展评比、达标等活动;自贸试验区对符合条件的境内外人才在入境出境、签证、停留居留、永久居留、项目申报、创新创业、子女入学、社会保障等方面提供优质服务……通过提升服务质量和效率,为改善营商环境提供有力支持。

此外,为减轻创新失误的压力,本条例规定建立健全改革创新的容错纠错机制,规范容错实施程序。在符合国家和省确定的改革方向的创新活动,出现失误或者造成负面影响和损失时,相关单位和个人尽职尽责、未牟取私利,主动挽回损失、消除不良影响或者有效阻止危害结果发生的,给予免责或者从轻、减轻处理。

第十七条　统一受理涉及企业管理的行政事务与试行先建后验的管理模式

自贸试验区应当统一受理涉及企业管理的行政事务,实施行政审批目录化管理,推进行政审批规范化、标准化和信息化建设,探索推进多评合一、多规合一、统一评审、多图联审、联合验收等新模式。

自贸试验区可以试行企业投资项目承诺制,整合、简化投资项目报建手续,建立先建后验的管理模式。

【解读】

本条是关于建立行政审批目录制度与先建后验的管理模式,深化行政管理体制改革的规定。

一、持续推进简政放权,全面深化行政审批制度改革

一般认为,行政审批是指行政审批机关(包括有行政审批权的其他组织)根据自然人、法人或者其他组织依法提出的申请,经依法审查,准予其从事特定活动、认可其资格资质、确认特定民事关系或者特定民事权利能力和行为能力的行为。行政审批是行政机关对社会和经济事务实行事前管理的一种重要手段,是现代政府实施的一种重要行政行为,在协调平衡市场秩序、公共利益与市场主体的私人利益,在保护公民、法人和其他组织的合法性及生态平衡和自然资源等方面起到了巨大的积极的作用。

(一)实施行政审批目录化管理

遵循便民、公开的原则,辽宁省于2017年11月15日公布《辽宁省政务服务事项目录》,将保留的行政审批项目纳入目录统一管理,没有纳入目录的,一律不得实施审批。对列入《目录》的政务服务事项,要逐项编制办事指南,明确审批项目名称、审批依据、审批机关、审批程序、审批条件、递交材料、审批时限等内容;涉及收费的,明确收费依据和标准;涉及前置审批的,明确前置审批机关。同时,深化审批公开,推行阳光审批,向社会公布各部门行政审批事项汇总清单,实施目录化管理并接受全社会监督,既锁定改革底数,也从制度上堵住各部门随意实施审批的漏洞。

(二)推进行政审批规范化、标准化和信息化建设

把加强行政审批规范化标准化建设作为深化行政审批制度改革的重点,以规范化标准化建设推动"放管服"改革向纵深发展。推进行政审批标准化建设,对保留的行政审批项目,建立健全受理、承办、批准、办结、告知、投诉等环节的标准、条件、权责、时限等制度规范,取消一些前置审批,将一些串联审批变为并联审批,再造行政审批流程,进一步优化和规范行政审批项目的实施,提高审批效率,提供优质服务。对于擅自新增、变相设定审批事项和扩大审批范围,随意调整和变更行政审批事项目录的行为,及时进行纠正,并作出严肃处理。同时,适应"互联网+政务服务"发展需要,要按照"应上尽上、全程在线"的原则,力争早日实现行政许可事项省、市、县三级联网信息化、动态化管理。

(三)探索优化服务新模式

1. 投资项目多评合一、多图联审

实行"综合咨询、同步评估、并行评审、统一审批"的服务新模式,对投资项目评估的审查工作由串联改为并联同步进行,形成内部工作联动,对投资项目基本信息进行联合评审,减少重复环节。统一组织协调投资项目多图联审工作,制定建设工程施工图联合审查办法,明确工作内容和工作流程,实现一窗受理、一次收费、联合审查的服务功能。重点解决各部门电子图的格式统一问题,利用大附件存储技术,实现"一张图"在内部的流转、审批,最大限度地压缩审图时限,提高图审效率,实现全过程自动存档,形成图审电子档案。

2. 联合勘验、联合验收

房屋建筑竣工联合验收坚持"公开高效、过程监督、综合组织、各司其职、限时办结"的原则,统一组织协调审批部门、公安部门、环保部门、住房城乡建设部门、质监部门、人防部门、消防部门、气象部门等按照各自工作职责对建设项目进行验收,进一步压缩竣工验收时限,提高竣工验收效率,促进项目早日完工运营,并

按规定提交有关验收文件。建立联合验收信息系统,方便项目建设单位、参与验收的职能部门录入信息和跟踪督查。改变过去部门各自安排现场勘验的做法,对需要多部门勘验的审批事项,由市行政审批局统一组织协调,实行联合勘验。

二、完善企业投资项目管理体制

(一)试行企业投资项目承诺制

承诺制改革的核心是以“一次性的承诺”改革“一箩筐的审批”,是以“最多跑一次”改革为引领,建立起“政府定标准、企业作承诺、过程强监管、信用有奖惩”的新型企业投资项目管理模式。具体来说,是由政府制定经济技术指标和行业技术规范标准,职能部门针对具体项目联合提出标准要求,企业作出具有法律效力的书面承诺后,即可依法依规开展设计、施工等相关工作。项目竣工后进行对标验收,通过验收的,可以投运;验收不合格的,不得投产。

开展企业投资项目“承诺制”试点,有助于实现项目早落地、早开工,有利于调动企业投资积极性,落实企业投资自主权。对于纳入承诺制改革的投资项目,企业应当签署承诺书,企业可以对应当履行的全部审批事项实行承诺,也可以选择部分审批事项实行承诺,在承诺范围内,企业按照国家规范和标准自主选择工程勘察、设计、施工、监理等参建单位,并通过在线平台及时向有关部门报备相关情况。项目开工前,指导和服务企业是否按照规定和标准作出承诺,是否按照承诺的标准和要求开展施工设计;建设中,及时组织定期和不定期联合检查,重点监管企业是否严格按承诺的标准开展施工;竣工后,及时组织竣工验收,不达标不投产。

(二)整合、简化投资项目报建手续

投资项目报建审批事项,是投资项目申请报告核准或者可行性研究报告批复之后、开工建设之前,由相关部门和单位依据法律法规向项目单位作出的行政审批事项。2016 年 5 月 19 日,国务院印发《清理规范投资项目报建审批事项实施方案》,部署进一步简化、整合投资项目报建手续工作:凡是没有法律法规依据、未列入国务院决定保留的行政审批事项目录的,一律取消审批;虽有法律法规依据,但已没有必要保留的,要通过修法取消审批;审批机关能够通过征求相关部门意见或者能够通过后续监管解决的事项,一律取消审批;确需保留的审批事项,加大优化整合力度,全面做到企业投资项目审批事项少、办事效率高、投资环境优。

(三)建立先建后验的管理模式

按照“先建后验”的办事流程,企业在获得用地后,对原来前置审批事项只要

依法作出承诺并经公示和备案后,项目即可“先建”。“先建”的环节极大地减少了企业取得项目前置要件所需时间,加快了项目投资落地进程,为企业抢占市场赢得了机会和时间。虽然项目审批环节被大幅缩减,办理手续简化,但不等于相关部门放松了对项目的监管,监管的重点落在严格的集中验收、责任追究等“后验”环节上,项目不达标不但不能投产,而且还要追究有关人员的责任。按照项目验收合格后方可投产的目标要求,企业在项目建设中更加规范自身行为,政府在项目审批过程中进一步简化环节,政府和市场的关系得到捋顺。

第十八条　建立与国际惯例相衔接的商事登记制度

自贸试验区应当建立与国际惯例相衔接的商事登记制度,推行科学、高效、便利的管理模式,实行全程电子化登记,依法实行注册资本认缴登记制。

【解读】

本条是关于自贸区推行科学、高效、便利的管理模式,建立与国际惯例相衔接的商事登记制度的规定。

一、我国商事登记制度的发展历史

商事登记,是指商事主体或者商事主体的筹办人,为了设立、变更或终止商事主体资格,依照商事登记法规定的内容和程序,向登记机关提出登记申请,经登记机关依法将设立、变更或终止的事实记载于登记册,并予以公示的法律行为。商事登记制度是将申请人的申请登记行为和主管机关的审核登记注册的行政管理行为相结合的一种宏观管理商事主体存续的制度,是国家对商事活动实施法律调整和进行宏观调控的必要手段和必要环节。商事登记制度的建立具有两种管理职能:一是商事主体享有经营权的重要途径,也是行政机关授权商事主体享有经营权的重要方式;二是国家宏观管理商事活动的重要手段,包括行业指引或监督管理。因此,商事登记制度的严格与宽松,对于方便商事主体设立,或对支持国家经济建设都具有重要意义。

2013 年 2 月,党的十八届二中全会明确提出改革工商登记制度,同年 3 月,十二届全国人大一次会议审议通过的《国务院机构改革和职能转变方案》将改革工商登记制度作为国务院机构职能转变的一项重要内容,明确指出要“将注册资本实缴登记制改为认缴登记制”。2013 年 11 月,党的十八届三中全会提出推进工商注册制度便利化,削减资质认定项目,由先证后照改为先照后证,把注册资本实缴登记制逐步改为认缴登记制,2014 年 2 月 7 日,国务院印发《注册资本登记制度改革方案》。

商事登记制度改革的实质是行政体制改革,核心是转变政府职能,明确行政职责,激发市场活力,优化服务,营造良好的商业环境。随着工商登记制度改革的继续深化,市场主体登记制度将为建立统一开放、竞争有序的市场体系发挥积极作用。

二、商事登记制度改革现状

近年来,辽宁省工商和监管部门认真贯彻落实国家推进"放管服"改革的部署要求,不断深化商事制度改革,先后实施了注册资本"实缴"改"认缴"、年检改年报、简化登记手续流程、简化住所(经营场所)登记条件、"先照后证""多证合一""证照分离"、全程电子化登记等市场准入的便利化改革,有力地推动了市场主体的快速发展。

(一)实行注册资本认缴登记制

根据国家工商行政管理总局的文件精神,商事登记制度改革的试点地区应根据公司注册资本的功能和法律原则,开展注册资本登记改革探索。对此,有限责任公司实行注册资本认缴登记制度,其登记的注册资本为全体股东认缴的出资额。该项规定是对我国《公司法》实缴资本制度的突破。

该项制度主要包括以下内容:(1)关于登记事项的规定。商事登记机关只登记公司的出资总额和投资人的投资额,而且,该出资总额只是股东承诺和认可的名义资本,无须实际缴纳,亦即登记机关不登记公司的"实缴资本"。认缴文件具有法律效力,对公司和股东均有约束力。就两者的关系而言,实缴资本可能等于注册资本,也可能小于注册资本。(2)关于出资验资的规定。申请人申请设立企业时无须提交出资、验资证明文件,公司也不再进行审查。股东的出资方式、出资额、出资时间、非货币出资的缴付比例等均由股东自行约定,记载于公司章程,受章程约束。股东实际缴付注册资本的,由公司对股东缴付的注册资本进行验资。注册资本缴付情况的真实性由公司及其股东负责。

上述规定表明,公司可以根据发展规模和经营情况自行选择出资形式和数额,意思自治的空间扩大了。主要表现在:一是没有资本形式的限制。公司可以规定,股东可以货币出资,也可以实物、知识产权、土地使用权等能进行价格评估并能实现移转的财产进行出资。非货币出资的,股东可以协商作价。也没有最低比例的限制。二是没有缴纳期限的限制。公司可以规定分期缴纳,也可以一次性缴纳。总体而言,关于有限公司资本制度改革的核心在于:其一,体现了登记机关监督机制的转换,即政府不必要管理的事项应由社会主体自我管理。其二,体现了商事主体自律的理念。基于信息的不对称性,政府无法掌握商事主体的具体经营信息,而商事主体最了解自身的经营状况,并可以通过健全内部控制制度进行自我约束。其三,体现了责任自负的精神。投资者的投资行为和企业的经营行为都是市场行为,理应对其行为承担法律责任。有限公司资本制度的改革实现了"零首付"开公司,降低了创业门槛,减少了企业初期投入,避免了不必要的资金闲置,有助于淡化"注册资本"的信用担保功能,引导公众走出注册资本的认识误区,正确理解营业执照、商事登记的功能和作用。

(二)实行全程电子化登记

为了落实国家与辽宁省政府深化商事制度改革、打造国际化营商环境的号召,工商部门积极推进"互联网+政务服务",辽宁省全面启动工商登记全程电子化和电子营业执照系统。推行以电子营业执照为支撑的网上申请、网上受理、网上审核、网上公示、网上发照等全程电子化登记管理方式,实现商事登记管理信息化、便利化、规范化,按照国家统一的标准规范,推进电子营业执照应用,为商事主体提供身份识别服务,与纸质营业执照具有同等法律效力。

事实证明,实施工商登记全程电子化,是时代发展的必然要求,是利企便民的好事实事。实现了工商登记全业务、市场主体全类型的全程网上办理,申请人可足不出户、随时随地快速办结相应登记事项,做到了"流程网上走、登记不见面、信息多跑路、企业少跑腿",进一步降低了市场准入的制度性成本。

第四章　贸易便利化与转型升级

《条例》要求辽宁探索形成与国际投资贸易通行规则相衔接的制度创新体系，营造国际化、便利化的营商环境，巩固提升对人才、资本等要素的吸引力，努力建成投资贸易便利、监管高效便捷、高水平高标准的自由贸易园区。从一定意义上说，创建高水平高标准自由贸易园区就是通过在园区内先行先试贸易方式和贸易规则，最终实现传统贸易向新型贸易的转型升级。推进贸易转型升级是提升我国对外贸易竞争力及保持我国经济可持续增长的必然之路。

第十九条　通关一体化改革

自贸试验区应当深化通关一体化改革，实行国际贸易“单一窗口”服务模式，实现海关、海事、税务等口岸监管部门之间信息互换、监管互认、执法互助。

企业可以通过综合服务平台一次性递交口岸监管部门需要的标准化电子信息，口岸监管部门应当通过平台反馈处理结果。

【解读】

本条是关于大胆创新贸易监管制度，探索建立统一的监管信息共享平台的规定。

一、提高通关便利程度，实施一体化改革

（一）通关一体化改革概述

通关一体化改革，是指通过跨区域海关间的互联互通，真正实现“多地通关如一关”的模式，企业可以根据自己的需要自由选择海关申报，由于全国海关都适用统一的执法口径和监管标准，且各海关的数据已经互认共享，因而能够实现企业在一个口岸报关，另一个口岸自动放行的需求，以此达到加快通关速度，减少企业成本的目的。

(二)通关一体化改革举措

面对经济全球化和区域经济一体化的深入发展,海关总署于 2014 年 5 月 14 日正式对外发布《京津冀海关区域通关一体化改革方案》,提出在北京、天津、石家庄海关落实通关一体化改革,2015 年 5 月 1 日起,东北地区海关区域通关一体化正式启动。目前,东北地区、丝绸之路经济带与京津冀地区、长江经济带、广东地区共同形成基本覆盖全国海关区域的通关一体化格局。在以往的通关模式下,电子申报、现场交单、网付税款、放行结关,每个环节都会消耗时间,而全国通关一体化实施后,进口货物整体通关流程发生了质的变化。

海关通关一体化改革的重点是“简政放权”,其主要内容是用政府权力的减法,换取市场活力的乘法,让进出口企业获得加快通关速度、减少成本等更多实惠,给企业更多的自主权:(1)自主选择通关方式。企业可根据实际需要,自主选择口岸清关、转关、“属地申报、口岸验放”“属地申报、属地放行”、一体化通关等任何方式;(2)自主选择申报口岸。企业可按照经营单位注册地、货物进出境地及上述两地对应的直属海关集中报关点自主选择接单现场,并据此确定报关单的申报口岸;(3)自主选择查验地点。通关报关单需要查验的,可由企业根据物流实际需求,自主选择在口岸或属地海关监管场所实施查验;(4)取消报关企业跨关区从事报关服务的限制,允许代理报关企业“一地注册、多地报关”;(5)除国家明确实施口岸限制管理措施的货物外,允许任一许可证件证面签注口岸的货物在任一海关办理申报验放手续。

二、实现贸易过程透明化,践行“单一窗口”服务模式

(一)“单一窗口”服务模式简介

所谓“单一窗口”,是指参与国际贸易和运输的各方,通过单一的平台提交标准化的信息和单证以满足相关法律法规及管理的要求,简单来说是“一个窗口、一套材料、一次申请、一并办结”,即贸易经营企业只需要一次性向贸易管理部门提交相应的信息和单证,通过统一的平台申报并对企业提交的信息数据进行一次性的处理。

(二)“单一窗口”服务模式的探索应用

随着互联网技术的发展,联合国欧洲经济委员会在 2003 年提出了“单一窗口”的概念,意在将政府、运输商、海关和食品检验等面向贸易商的申报系统进行整合,以引导各国顺应电子通讯技术的发展,开展致力于国际贸易便利化的电子政务系统的开发,于 2005 年推出了《建设单一窗口的建议和指引》,以此强化政府和贸易商之间信息交换的有效性。从全球范围来看,国际贸易单一窗口主要有两

种形态:一是组织上的单一窗口,如荷兰、瑞典等国;二是形式上的单一窗口,即采用互联网技术将各个国际贸易监管部门的业务系统进行整合,为贸易商提供通关便利。后者是国际上大多数国家(包括我国)采取的形式,各口岸管理部门、国家口岸办以及各地的"单一窗口"方案,本质上都是"政务单一窗口",即政府口岸监管部门内部或之间的数据共享窗口。

由上海自贸试验区开始的我国"单一窗口"先行先试有效地提升了我国口岸贸易监管效率,现在相对成熟的四个自贸试验区都建立了国际贸易单一窗口,并且已经开始运行。上海国际贸易"单一窗口"3.0版包含的功能有:(1)货物进出口:包括一般贸易进出口货物申报、随附单证、国检全申报等功能;(2)运输工具申报:包括船舶申报、航空器、舱单、危险品信息共享等功能;(3)信用保险:集"资信+保险+融资+风控"为一体的一站式外贸综合服务平台;(4)快件物品:包含国际邮包申报、快件申报(在建);(5)人员旅客:包含游轮申报功能;(6)支付结算:提供税费支付、收付业务、办理业务导航及出口退税业务的在线办理;(7)资质许可:提供贸易许可、企业资质、原产地、农产品配额、药品通关备案等服务;(8)信息查询:包括货物状态查询等,政府部门间实现相互查询和共享各类监管审批状态和结果信息;(9)自贸专区;提供包括自贸区入区后报关,一线进出境、二线进出口等功能。目前,国际贸易单一窗口基本已经纳入海关、检验检疫、海事、机场、港务等多个国家口岸监管部门,并初步实现了货物进出口、贸易许可与资质、支付结算、自贸专区、人员申报、信息共享和政务公开等功能,极大地便利了通关企业,降低了企业的申报成本,受到了企业的广泛欢迎。

辽宁自贸试验区坚持以市场和企业需求为导向,在复制和借鉴其他自贸区经验和做法的基础上,围绕"简政集约、通关便利、安全高效"的要求,充分发挥自贸区政策先行先试的优势,大胆进行探索,推出了商务备案与工商登记"单一窗口、单一表格"办理等便利举措,提升了辽宁自贸试验区的吸引力。以往,市民到行政服务大厅办事,会发现诸如工商、税务、公安等相关职能部门的办事窗口一字排开,办事需要挨个窗口走一遍。如今在服务大厅内,这些窗口都已消失,办事人员只需面对准入类和监管类两种窗口,从而将以往的"一站式"和"一口受理"升级为真正的"单一窗口",实现了"一个窗口、一套材料、一次申请、一并办结"。

三、提升效率,应用全国统一的信息化通关服务平台

"服务平台"是一个公共信息处理平台,对于报关企业申报数据进行收集和反馈,当报关企业在平台上提交了申报信息后,申报内容会经过不同的业务系统流向不同的监管机构,实现不同监管机构在信息流、业务流的共享协作。该平台可

同时覆盖各类货物,报关企业可以使用互联网访问的形式进入对申报货物进行了解,提高了申报的效率。为了贯彻落实中央关于新时期开放战略的部署,实施新一轮高水平对外开放,加快构建开放型经济新体制,由海关总署牵头制定、国务院文印发的《关于落实“三互”(信息互换、监管互认、执法互助),推进大通关建设改革方案》于2014年12月26日正式出台。为完善信息共享机制,推进数据简化和标准化,实现通关的智能化,提出建设全国统一的智能通关系统,并逐步开放数据接口。

辽宁自贸试验区对内是东北地区海陆联运中心,对外是与东北亚国家经贸往来和开放合作的重要枢纽,可借鉴其他自贸区的发展经验,采用电子信息化监管,建立通关电子信息服务平台,依托电子口岸公共系统,进一步优化口岸监管执法流程和通关流程,简化通关贸易手续,降低贸易成本。

第二十条　“一线放开、二线高效管住”监管模式

在区内的海关特殊监管区域,实行“一线放开、二线安全高效管住”的监管模式。根据自贸试验区发展需要,整合优化海关特殊监管区域,探索口岸监管制度创新。

【解读】

本条是关于在自贸试验区内的海关特殊监管区域实施“一线放开”“二线安全高效管住”的通关监管服务模式的规定。

一、“一线放开、二线高效管住”监管模式

(一)我国海关特殊监管区域的概念

我国海关特殊监管区域是经由国务院批准建立,设立在中华人民共和国海关境内,以海关为主实施封闭监管的特定经济功能区域,在我国经济连接国内市场和国际市场中扮演了重要的作用。2006年颁布的《海关对保税物流园区的管理办法》中,提出“海关特殊监管区域”概念,定义为保税区、出口加工区、自贸试验区等以产业集聚为发展方式的特定经济发展区域的总称。

海关特殊监管区域的设立是为了更好地方便产业转移,为承接产业转移和进行产业转移的企业提供便利,通过具有优惠性质的政策和相对宽松的法律规范,达到吸引外资和企业搬迁到特殊监管区域以及提高通关效率的目的,对发展提高我国改革开放,促进我国经济产业转型升级,引进外来资本、资金,引进先进技术

和先进管理水平起到了重要的窗口作用。

(二)“一线放开、二线高效管住”模式概述

上海自贸区是国内第一家符合国际惯例的海关特殊监管区,其最大特色是“境内关外”的特殊海关监管制度,即“一线放开、二线管住”。所谓“一线”,是指自由贸易区与国境外的通道口,“一线放开”,是指境外的货物可以自由地、不受海关监管地自由进入自由贸易区,自由贸易区内的货物也可以自由地、不受海关监管地自由运出境外,即自由贸易区内允许外国船舶自由进出,对外国货物实行免税进口,取消对进口货物的配额管制;所谓“二线”,则是指自由贸易区与海关境内的通道口,“二线管住”,是指货物从自由贸易区进入国内非自由贸易区或货物从国内非自由贸易区进入自由贸易区时,海关必须依据本国海关法的规定,征收相应的税收。

(三)“一线放开、二线高效管住”监管举措

为贯彻实施“一线放开、二线高效管住”监管模式,完成贸易转型升级所必需的基本制度建设,海关在自贸区推出“先入区、后报关”与“先出区、后报关”创新举措,将海关监管方式作以前推后移式变化,让企业不被卡在物流关,最大程度地尊重企业的生产活动。

“先入区、后报关”,是指企业可以凭进口仓单将货物直接入区,再凭进境货物备案清单向主管海关办理申报手续,实现在货物到达港口但未办结海关手续前就可以进自贸区的操作;“先出区、后报关”,是指在海关特殊监管区域及保税物流中心采用区域通关一体化方式申报出境的货物,允许出境货物经主管海关核准后,依托海关特殊监管区域辅助系统制发核放单先出区,后在海关规定的时限内向海关特殊监管区域或者保税物流中心主管海关或者货物实际出境地海关办理出境货物申报手续的作业模式。在过去的通关实践中,负责运输的船只能在港口停泊,等所有的报关手续完成后才能运输,而目前企业可以先运输再办理手续,这极大地节省了企业的时间和运输成本,更好地满足了自贸区货物便捷、快速、高效的流转需求。

二、整合业务流程与环节,探索创新通关便利化新举措

(一)企业报关报检资质合并

随着党和国家机构改革的进一步深化,海关贸易便利化改革不断推进,海关总署统一部署自2018年4月20日起,出入境检验检疫系统统一以海关名义对外开展工作。随着出入境检验检疫管理职责和队伍划入海关总署,海关原有管理职责和检验检疫管理职责有机融合,各地口岸海关以及业务现场均按照优化整合后

的业务流程开展工作。

出入境检验检疫管理职责和队伍划入海关总署之前,报检企业分为自理报检企业和代理报检企业,具备相应资格条件的企业在开展第一笔报检业务之前,需要办理对应的备案或注册登记手续,经检验检疫机构审批通过获得有效证明书后,方可开展报检业务。随着业务整合改革的推进,海关总署于2018 年4 月16 日发布《关于企业报关报检资质合并有关事项的公告》,对企业报关报检资质进行了优化整合,今后满足条件的企业或者企业分支机构在海关注册登记或备案后,将同时取得报关和报检资质,海关同时核发《中华人民共和国海关报关单位注册登记证书》和《出入境检验检疫报检企业备案表》。

(二)全面取消《入、出境货物通关单》

原出入境检验检疫部门划入海关后,新海关内部就可以完成对法定检验检疫进出口商品的检验与确认,大大简化了通关流程。根据海关总署下发的《关于全面取消入、出境货物通关单有关事项的公告》,自 2018 年 6 月 1 日开始,报关过程中不再需要办理《入、出境货物通关单》。

在出入境检验检疫职责划入海关前,通关单的办理主要针对法定检验检疫进出口商品而言。此类货物的进出口企业须先向原出入境检验检疫机构报检,申领到由原出入境检验检疫部门签发的通关单后才能报关,海关凭通关单接受申报,办理海关通关手续,通关单被视为是原出入境检验检疫机构对法检商品签发的已办理报验手续证明文书。以出口法定检验检疫进出口商品为例,企业提交检验申请后,提供有关单证和资料,由原检验检疫部门人员确定到厂抽样时间,对实际产品抽样检验。检验合格后,原检验检疫部门为产品出具《出境货物通关单》,在该单证规定时间内,该批次产品可凭《出境货物通关单》办理出口报关手续。关检业务融合后,全面取消通关单,由海关统一办理进出口货物通关手续,海关内部高效办理检验检疫业务与通关业务的衔接,法定检验检疫进出口商品进出口企业通过"单一窗口"报关报检合一界面录入报关报检数据向海关一次申报,简化申报环节,大大的缩短通关时间,加快了货物放行速度。

综上,辽宁作为东北地区唯一设立自贸试验区的省份,承担着国家赋予的东北振兴和自身改革发展的双重任务。应当充分发挥自贸试验区与大连"三个中心"建设的叠加效应,成为东北振兴改革发展的先行者和排头兵、东北亚开放合作的新高地。通过提升贸易主体能级和贸易服务功能,推进贸易便利化措施的实施,从而逐步完善适合东北老工业基地振兴发展的新型金融支撑体系。

第二十一条　贸易业务便利化监管制度

海关应当为区内的下列贸易业务建立便利化的监管制度：

(一)转口贸易；

(二)海运货物直接运输；

(三)中资非五星旗船沿海捎带业务；

(四)超大超限货物；

(五)企业研发所需进口设备及材料；

(六)其他可以实行便利化监管制度的贸易业务。

【解读】

本条是关于鼓励海关形成贸易便利化的创新举措的规定。

一、大力发展转口贸易

转口贸易,又称中转贸易或再输出贸易,是对外贸易的一种形式,是指国际贸易中进出口货物的买卖,不是在生产国与消费国之间直接进行,而是通过第三国转手进行的,这种贸易对于中转国来说就是转口贸易。传统转口贸易最初的动机,是由于境外卖家和买家互不熟悉或不便直接交易,中间商充当媒介,发挥渠道、信息、融资等方面的优势促成交易,并从中赚取差价。随着转口贸易的发展,转卖模式逐渐兴起,即我国贸易商先将货物运到保税区等海关特殊监管区再转口销售,当国际市场行情相比国内更加有利时,便将货物销往境外,反之则改做一般贸易,转向境内销售。

作为一种重要的贸易形式,转口贸易的发展拉动了交通运输、港口物流等现代服务业的发展,促进了产业结构的优化升级。我国之所以要求大力发展转口贸易,主要是因为转口贸易无须缴纳关税、增值税,具有交易成本低等优势,从而吸引了越来越多的企业加入,也推动了我国对外经济的发展。对于企业来说,转口贸易因其两头在外的特点,可以规避进口国对出口国的反倾销税、进口国对出口国某些商品的配额管理,以及出口国禁止向进口国出口某些商品等限制,或获得进口国的关税优惠等。对于辽宁自贸区来说,未必就一定要从事具体的生产加工业务,可以两头在外,内接区外出口加工企业,外联国外消费市场,努力打造区内市场营销、国际结算、研究开发和总部经济优势,打造以技术、品牌、质量、服务为核心的贸易竞争新优势。

二、复制推广放宽海运货物直接运输判定标准

为促进两岸经贸交流,福州海关率先在自贸试验区内放宽优惠贸易安排项下海运集装箱货物直接运输判定标准,明确在福建自贸试验区范围内,申请享受ECFA(海峡两岸经济合作框架协议)优惠关税待遇的进口货物收货人或其代理人在货物经第三方中转无法提交相关证明文件时,海关可以通过查验集装箱封志的方式判定货物是否符合直接运输要求,已获得总署批准。

根据有关规定,ECFA 项下的海运集装箱货物经过大陆、台湾地区以外的第三方运输至大陆的,应当提交在台湾地区签发的联运提单、第三方海关出具的证明文件以及海关认可的其他证明文件,经海关审查符合直接运输标准的,方可适用优惠关税待遇。由于判定标准严格,单证烦琐,加大了企业的申报难度,造成部分转运货物无法享受优惠税率。这项措施赋予海关以验核集装箱号及封志号方式判定直接运输的权力,将海关执法由被动审核单证,转化为主动服务作为,使企业在无法提供相关证明文件的情况下,仍有可能享受优惠税率,有效节省了企业为获取单证而往返奔波的外部成本,提高了通关效率。

三、优化沿海捎带业务监管模式,提高中资非五星旗船沿海捎带业务通关效率

沿海捎带政策属于沿海运输权的范畴,1993 年《海商法》最早规定了关于沿海运输权的问题,"中华人民共和国港口之间的海上运输和拖航,由悬挂中华人民共和国国旗的船舶经营。但是,法律、行政法规另有规定的除外。非经国务院交通主管部门批准,外国籍船舶不得经营中华人民共和国港口之间的海上运输和拖航",2002 年《国际海运条例》也要求"外国国际船舶运输经营者不得经营中国港口之间的船舶运输业务,也不得利用租用的中国籍船舶或者舱位,或者以互换舱位等方式变相经营中国港口之间的船舶运输业务"。从这两部法律来看,只能是中国籍船舶才能拥有沿海运输权。

2013 年 9 月 18 日,国务院发布的《中国(上海)自由贸易试验区总体方案》中指出"推动中转集拼业务发展,允许中资公司拥有或控股拥有的非五星旗船,先行先试外贸进出口集装箱在国内沿海港口和上海港之间的沿海捎带业务";2014 年 6 月 17 日,海关总署发布《关于调整内外贸集装箱同船运输以及中国籍国际航行船舶承运转关运输货物试点工作的公告》提出了中资航运公司全资或控股拥有的非中国籍国际航行船舶沿海捎带的做法;2014 年 9 月 28 日交通部公布的《交通部关于取消水运行业管理事项的公告》中提出"取消《关于同意国际班轮公司在我国

沿海主要港口之间调运空集装箱的函》中关于国际班轮运输公司调运空集装箱备案的相关规定,即取得我部核发的国际班轮运输经营资格登记证书的班轮公司均可从事我国沿海港口之间空集装箱调运”。自此,中资航运企业实行沿海捎带有了具体规定可循,沿海捎带业务开始出现。沿海捎带政策的放开,将吸引中转货物回归到自贸区进行装卸,为自贸区内允许开展此业务的港口带来中转货物,增加了港口吞吐量。

四、提升超大超限货物的通关、运输、口岸服务等综合能力

为进一步提升超大超限货物的通关、运输、口岸服务等综合能力,天津市口岸办、市交通运输委、天津海关、天津检验检疫局、天津海事局、市公安交管局、天津港集团共同制定印发《天津口岸提升超大超限货物通关运输和口岸服务综合能力的措施》,从大件货物运输组织管理能力、大件货物快速通关能力、大件货物船舶快速安全进出港能力、大件货物港口接卸能力四个方面提出优化措施。为了提高效率,更好地服务企业,设置专人跟踪办理,在大件货物起运前,完成勘验路线并制定合理科学的运输路线、及时签发有关证件等前期准备工作,大件货物通关放行后,立即实施运输护送,确保作业的安全与质量。

为贯彻《总体方案》对贸易便利化的要求,完善国际服务贸易功能体系,在执行现行税收政策的前提下,大连海关努力打造“通关高速路”,进一步提高货物通关效率。结合营口片区实际,重点支持“营满欧”中欧班列海铁联运业务,构建沈阳—营口陆海联运系统,专职对该线路办理通关业务,在中欧班列通关全程实施“优先办理、优先检查、优先放行”制度,最大限度压缩通关时间,从而实现贸易便利化。

五、降低企业研发成本,对所需进口设备及材料予以免税

2013 年 10 月 24 日,财政部发布有关上海自贸区进口税收政策通知,通知明确在现行政策框架下,对试验区内生产企业和生产性服务业企业进口所需的机器、设备等货物予以免税,但生活性服务业等企业进口的货物以及法律、行政法规和相关规定明确不予免税的货物除外。该项举措进一步提升了跨境研发活动的便利化,促使企业能够更好地开展跨境研发活动、深化国际研发合作,有利于促进企业与宏观经济发展,对于我国研发外包服务的国际竞争力至关重要,辽宁自由贸易试验区可以复制推广。

第二十二条　创新区内检验检疫监管制度

海关应当创新区内检验检疫监管制度,提供下列便利服务:

(一)施行保税展示交易货物分线监管、预检验和登记核销管理模式;

(二)推动建立检验检疫证书国际联网核查机制;

(三)逐步实行第三方检验鉴定机构检测结果采信制度;

(四)推动建立基于企业诚信评价的货物抽验制度;

(五)一线主要实施进出境现场检疫、查验、处理和重点敏感货物检验工作;二线主要实施进出口产品检验和监管;

(六)其他为市场主体提供的便利服务。

【解读】

本条是关于要求海关创新区内检验检疫监管制度,为市场主体提供便利服务的规定。

一、复制推广保税展示交易货物分线监管、预检验和登记核销管理模式

(一)保税展示交易创新举措

保税展示交易新模式,是叠加运用分线监管、预检验和登记核销管理,综合使用多种便利化措施,对保税展示交易实施监管。一线主要检疫,区内可以自由流转,保税展示交易货物预检验后,出区时分批核销登记,多次往返特殊监管区的保税租赁货物首次检验后只实施登记核销管理。

中国经济发展进入"新常态",保税展示交易行业作为一种新兴业态,已经进入快速发展期。辽宁海关需要与时俱进,对保税展示交易进行创新监管,优化业务流程,提升贸易便利化水平,防范质量安全风险,促进自贸试验区保税展示交易行业的发展,以便取得良好的成效。

(二)保税展示交易货物分线监管、预检验和登记核销管理模式实施方式

1. 实施分线监管。按照"一线放开、二线管住,严密防范质量安全风险和最大便利化"的原则,对保税展示交易和保税租赁货物进行检验检疫监管。保税展示的货物在一线实施检疫,出区展示时不再检疫,可以出区时检验,也可以展示交易前实施检验,检验合格后再完成交易环节,或者可以不实施检验,加强事中事后监管,做到通关便利、监管有效。保税租赁货物在一线实施检疫,首次出区进行检验,以后反复进出区不再实施检验检疫。对自贸试验区已获得我国检疫准入的保税展示食品、化妆品实施备案管理,免予实施检验,免予提供证书,免予注册备案

等前置准入要求。

2. 实施展示交易货物预检验。保税展示交易货物入区时，企业可申请预先实施检验，一次性集中完成检验检疫，货物实际出区进口时不再重复实施检验。保税展示交易货物可以实施“空检海放”预检验，即对同批次商品经空、海运先后抵港，对先抵港空运商品实施检验，对同批次海运商品在进口商承诺的基础上参考空运商品检验结果进行合格评定，减少重复检验工作，缩短大量海运货物通关时间，同时对海运商品进行验证性检测，合格后出具“预检验核销单”。

3. 实施核销出区。已实施预检验的保税展示货物，实施登记核销管理，出区时检验检疫部门核查比对货物申报信息与预检验合格货物信息，确认信息无误后，凭“预检验核销单”签发电子通关单，可分批放行出证。保税租赁货物首次出区检验后，以后多次往返进区出区只实施登记核销管理。

二、推动建立检验检疫证书国际联网核查机制

实施电子证书是国家质检总局推进贸易便利化、打击假冒证书、防止贸易欺诈、保证进出口产品质量的重要措施之一，为国际贸易实施无纸化创造了条件。我国检验检疫电子证书系统于 2010 年 1 月正式启用，该系统充分利用信息化手段，建立集中统一的检验检疫电子证书管理和数据交换平台，可以实现国际间的电子证书数据自动双向交换、联网核查和信息反馈。

检验检疫电子证书国际合作已成为我国对外贸易合作的一项重要内容，国家质检总局已与智利、新西兰、澳大利亚等国建立了官方检验检疫电子证书核查机制，实现电子证书系统的对接和在线数据实时交换，并与荷兰成功试行了乳制品证书的无纸化。此外，中方已与泰国、德国和俄罗斯等九国签署了电子证书合作协议，与韩国、美国、捷克等国家的有关机构达成合作意向，进行检验检疫电子证书联网核查方面的有效合作，以增加双方实时沟通的可能性。建立高效畅通的贸易便利化体系，消除贸易要素的跨境流动障碍，降低国际贸易的交易成本已成为世界各国的普遍共识和迫切需求。

三、实行采信第三方检验鉴定机构检测结果

(一)实施第三方检测结果采信制度

对于外贸企业来说，随着区内进出口贸易的激增，如何获得便利的检测服务，便成为企业最关心的问题。对此，为进一步提升自贸区对外开放程度和贸易便利化水平，上海自贸区率先试行第三方检验鉴定机构的检测结果采信制度。允许第三方检验鉴定机构参与进出口商品质量评价，是我国出口企业走向国外市场的有

益帮助,也是我国进出口商品质量检验鉴定的有益补充,意味着自贸区将开放进出口商品检验市场,企业必将由此获得便利。

(二)加强对第三方检验鉴定机构的行政监管

第三方检验鉴定机构独立从事检验鉴定工作,具有维护国际贸易公平、促进国际贸易繁荣、为政府分责的功能,即具有社会管理和社会服务的双重功能。国家质检总局于2016年修订发布《第三方检验鉴定机构管理办法》,从检验鉴定机构的设立、日常检查、年度检查、违法违规行为处理等方面明确管理要求,对于设立第三方检验鉴定机构行政许可制度,加强对其监管,对规范管理工作起到了积极作用。

对于被采信机构资质的申请,辽宁自贸区实行自愿登记原则,由辽宁出入境检验检疫局检验处受理辽宁地区第三方检验机构和关联方检验机构的登记申请。沈阳检验检疫局和沈阳综保区检验检疫局根据采信依据对货物实施符合性评估,符合要求的准予采信。

四、推动建立基于企业诚信评价的货物抽验制度

为践行诚信管理,广州海关于2015年已在广东自贸区南沙片区实现100%随机派单作业,随机抽查比例也高达90%,走在全国前列。“双随机”抽查机制(随机选择布控、随机派员查验)是利用计算机系统预设好的参数,随机抽取查验对象、随机选派查验人员,是加强事中、事后监管的一项重大改革。

实现“双随机”改革前,海关查验指令一般由海关关员根据一定的风险要素人工确定。实现“双随机”改革后,海关在风险分析的基础上,将进出口报关单按照明确的业务标准和规范的操作程序,加工转化为计算机编码,由计算机系统自动选定需要查验的报关单,并交由现场实施查验。此外,为了威慑不法企业,评估进出口企业的整体守法状况,还通过计算机系统对全部报关单进行一定比例的抽查,而负责查验的工作人员也将由计算机随机选派。可以说,企业不知道自己的货物是否需要查验,也不知道由谁负责查验。“双随机”促进公平公正执法,有效防范廉政风险,减少对布控查验的人工干预,克服“任性”检查,用机器代替人工作业,并自动记录作业信息,全程留痕,责任可追溯。与此同时,“双随机”还提高了通关效能,通过计算机自动识别风险,对高风险货物集中力量进行严格监管,对低风险货物快速放行。

五、深化检验检疫分线管理模式

检验检疫局在现有特殊监管区域检验检疫政策的基础上,结合自贸试验区特

点,确定了分线管理的具体要求和工作重点。按照严密防范质量安全风险和最大便利化的原则,一线主要实施进出境现场检疫、查验、处理和重点敏感货物检验工作;二线主要实施进出口产品检验检疫和监管,维护质量安全。即在出入境一线,检验检疫实施无豁免检疫,仅对废物原料、放射性检测等重点敏感货物实施入境检验检测,对其他货物暂免检验监管,最大程度放宽一线;在进出口二线,严密开展检验监管工作,配合“预检验及核销”“登记核销管理”等便利化措施,实现自贸试验区二线管得住、放得快。

第二十三条　推行便利保税货物贸易的监管机制

在区内的海关特殊监管区域,应当建立货物按状态分类监管制度,探索实行电子围网管理,推行通关作业无纸化、低风险快速放行;按照规定开展内销货物选择性征收关税制度试点,相关企业生产、加工并经内销的货物,可以按照货物对应进口料件或者实际报验状态征收关税;在执行货物进出口税收政策的前提下,可以设立保税展示交易平台。

海关应当支持保税油供应企业拓展业务,建设保税航油站和保税油基地,建立快速审批通道、预约通关服务等保税航油监管模式。

【解读】

本条是关于海关探索推行便利保税货物贸易的监管机制的规定。

一、建立货物实施状态分类监管模式

海关特殊监管区域内实施货物状态分类监管,是指海关根据货物的不同状态,实施相应的监管模式,确保对不同状态货物实施有效监管。根据区域内货物状态的内涵、分类及相应监管模式,设定保税货物、非保税货物两类不同状态货物:保税货物,是指经海关批准未办理纳税手续进境,在境内储存、加工、装配后复运出境的货物,即可暂缓征收关税;非保税货物,是指在国内购买带有增值税务、普通税务发票的货物,即已缴纳关税。

2016 年 11 月 29 日,海关总署公布《关于海关特殊监管区域“仓储货物按状态分类监管”有关问题的公告》,明确“仓储货物按状态分类监管”制度,是指允许非保税货物以非报关方式进入海关特殊监管区域,与保税货物集拼、分拨后,实际离境出口或出区返回境内的海关监管制度,该制度适用于各种类型的海关特殊监管区域。允许非保税货物进入自贸区储存,与保税货物一同集拼、分拨、管理和配送,实时掌控、动态核查货物进、出、转、存情况,在保税仓库增加非保税货物,通过“同仓共管”使得自贸区真正成为国际国内货物中转自由转换的综合物流服务平台。

《总体方案》要求在确保有效监管前提下,在海关特殊监管区域探索建立货物状态分类监管模式。货物状态分类监管有助于企业同库经营和集约化运作,统筹国内国际两个市场、两种资源,适应了一般贸易、加工贸易、转口贸易相混合及内外贸一体化要求,同时,这一制度创新也将推动海关特殊监管区域从物理围网向电子围网监管转变。

二、实现低风险快速放行,施行电子围网管理,推进通关作业无纸化

(一)探索实行电子围网管理模式

检验检疫电子围网,是利用中国电子检验检疫主干系统(ECIQ)智能审单规则,配以先进且成熟的在途监控手段,模拟物理围网划定虚拟的指定区域或路线,让货物物流在开放区域内低风险地快速流转,从而达到货物既通关便利又监管有效的目标。纳入电子围网模式的货物,在口岸机构完成必要措施后,进入运输环节,通过二维码及手机 APP、箱号识别、车牌识别、智能闸口对货物途径节点和时间进行记录,利用卫星定位和视频监控对货物运输范围和运输路径实时监控。电子围网满足了检验监管的数据化、无纸化、便利化和可追溯的要求,可以对同一批货物的多次流转进行反复监控核销,对数据等信息生成各式报表,在积累数据的基础上围网可进行下一步的大数据分析,为产业推动发挥重要作用,充分体现智慧城市的管理智慧,体现了科学监管、高效服务,实现了“方便进出、监管有效”的检验检疫目标。

经研究发现,检验检疫电子围网发展呈现出局部化、零散化的特点,一是体现在应用于局部封闭区域的案例较多,但未在大范围使用;二是体现在个别技术方法应用较为成熟,但未形成一整套体系标准,因此辽宁自贸区探索实行电子围网管理模式充满了机遇和挑战。

(二)推行通关作业无纸化作业

通关无纸化作业,是指海关以企业分类管理和风险分析为基础,按照风险等级对进出口货物实施分类,运用信息技术改变海关核验进出口企业递交纸质报关单及随附单证办理通关手续的做法,直接对企业通过中国电子口岸录入申报的报关单及随附单证的电子数据进行无纸审核、验放处理的通关作业方式。通关作业无纸化的主要内容是逐步以电子数据取代纸质单证、优化通关作业流程以及建立报关电子单证管理制度。

作为 2013 年 11 月 1 日启动的全面深化区域通关业务改革的一部分,海关总

署已将通关作业无纸化改革扩大至全国海关范围,改革后即便是深夜十一点装箱的货物,也可以通过网络向海关申报,节约了纸质单据传递于海关与码头之间的时间成本,进一步实现"让信息多跑路、让群众少跑腿"。2017 年 11 月 25 日,海关总署发布《优惠贸易协定项下进口货物以电子方式提交原产地单证操作规范》,进一步推进通关无纸化作业。

三、开展内销货物选择性征收关税制度

内销选择性征收关税政策,是一项税收优惠政策,是指对海关特殊监管区域内企业生产、加工并经"二线"内销的货物,根据企业申请,按其对应进口料件或按实际报验状态征收关税,进口环节增值税、消费税照章征收。企业选择按进口料件征收关税时,应一并补征关税税款缓税利息。2016 年 9 月 1 日,内销选择性征收关税政策试点扩大到天津、上海、福建、广东四个自贸试验区所在省(市)的其他海关特殊监管区域(保税区、保税物流园区除外),以及河南新郑综合保税区、湖北武汉出口加工区、重庆西永综合保税区、四川成都高新综合保税区和陕西西安出口加工区五个海关特殊监管区域。

在自贸区内实行的是特殊的经济政策,企业在区域内加工制造产品,其进口货物处于保税状态,在区内是不征收关税、进口环节增值税和消费税的。一般来说,这些企业加工生产出来的产品是出口到国外的,但有时企业也需要进口到国内,那么企业将海关特殊监管区域内的货物进口到国内市场这个过程,称为"二线"内销,在这个环节,按照原有规定,企业应当按照实际报验状态,也就是内销货物当时的状态缴纳各项税款,这个货物可能是料件也可能是半成品、成品。而在实行这个政策以后,企业可以根据自己经营情况和综合税负的高低,不论当时内销的产品是否已经加工成了成品货物,均可自主决定按照进口料件申报纳税还是按照产品当时的状态申报纳税,可以有效的降低税负、降低成本,更有利于区内企业灵活面对国际国内两个市场,在市场竞争中占据主动地位。该项政策的意义在于给企业更多的选择空间,企业可以自己测算选择何种纳税方式对自己更有利,从而更加灵活的适应市场。

四、允许设立保税展示交易平台

在传统的国际贸易中,进口商品需要缴纳进口关税、增值税,办结进口手续后才能进入国内。但对于一些企业来说,由于单个商品价值较高,一旦进口后无法按照预期销售,则需要将商品退回,再次办理出口手续,这不仅占用了企业大量资金,也影响了经营效率。为破解这个难题,自贸区推出了"保税展示交易"制度。

企业可将这类货物以保税的形式,即无须缴纳进口关税、增值税,在一定时间内、在指定地点进行展示和交易,待实际完成交易时再统一结算税款,大大降低了企业的经营成本。

保税展示交易平台实现了内外贸在零售环节的对接,促进国际商品进入国内市场,进一步增强了贸易便利化;通过品牌全球调拨,参与国际贸易的资源配置,进一步扩大了进口贸易,实践了自贸区“贸易自由”功能。因此,《总体方案》提出,在严格执行货物进出口税收政策的前提下,允许在海关特殊监管区域内设立保税展示交易平台,让辽宁民众享受自贸区红利,国外名酒、高端牛肉、名牌服饰、高档化妆品等都可以最优惠的价格购买。

五、支持保税油供应企业拓展业务,实现保税油供应体系建设重大突破

保税燃料油是销售给国际航行船舶的免税燃料油,它具有全球性、微利性的特点,即船东根据燃油价格、航线、运价、船期等因素,在全球主要港口中选择加油港,因此船东追求低价、比价压价是市场常态。中国港口主要存在保税燃料油价格偏高、经营企业税负较重、保税油加注耗时过长,口岸通关便利化程度不足等劣势。对此,《总体方案》提出,海关应当支持保税油供应企业拓展业务,建设保税航油站和保税油基地,建立快速审批通道、预约通关服务等保税航油监管模式。2017 年 10 月 9 日,海关总署发布《关于明确保税油跨关区直供业务有关事项的公告》,力争保税油供应体系建设实现重大突破,供油成本、效率、服务明显提升,从而带动供应量快速上升。

第二十四条　实行内外贸易一体化发展

自贸试验区实行内外贸易一体化发展,鼓励区内企业统筹开展国际贸易和国内贸易,探索开展境内外高技术、高附加值、风险可控的保税维修、检测和再制造业务,依托汽保产业、安全装备产业开展市场采购贸易方式试点。

自贸试验区支持建立国际国内大宗商品交易和资源配置平台,鼓励发展离岸贸易、跨境电子商务等新型贸易,支持企业在区内建立整合物流、贸易、结算等功能的营运中心和大数据管理中心。

自贸试验区推进对外文化贸易基地建设,深化艺术品交易市场功能拓展。推动检测维修、生物医药、软件信息、管理咨询、数据服务、文化创意等服务外包业务发展。

【解读】

本条是关于完善自贸试验区内国际贸易服务体系,推动货物贸易转型升级,推进文化贸易发展的规定。

一、鼓励自贸试验区内企业统筹开展国际国内贸易

(一)形成内外贸一体化发展促进机制

通俗地讲,内外贸一体化是在内贸和外贸分割的基础上,将内外贸的运作模式、中介整合结构与政府管理体制融合的一种经济发展历程,可以从企业市场和上层建筑两个角度来理解。基于企业市场角度,内外贸一体化是指企业主体依据本身的实际运行状况以及企业实力,在内外贸易分割的制约作用较小或无影响时,经营主体选择适当的运作模式;基于上层建筑角度,内外贸一体化主要是指政府对内外贸流通以及整体商贸流通体系进行统一规划、调整以及体制的管理。内外贸一体化具有以下三个特征:(1)内外贸一体化建立在国内流通业市场畅通可控的基础上,积极实施对外开放政策,因而商贸流通业具有国际国内两个市场、两种资源;(2)内外贸一体化使企业间进行公平竞争、合作,相关的制度、政策与市场秩序较完善,各个经营企业能够享受内外贸一体化带来的相同经营权限、市场;(3)政府为内外贸一体化流通制定科学合理的管理制度和政策,鼓励商贸流通业的快速发展。

内外贸一体化对区域流通产业结构调整有明显推动作用,能够通过产业结构、市场结构、贸易体系调整刺激国内需求,因此辽宁自贸区应制定更多的贸易方式,促进内外贸易共同发展,辽宁政府应根据实际情况制定更多制度,促进贸易便利化的发展,提高企业竞争力,走出适合中国国情的贸易便利化道路。

(二)试点开展境内外保税维修、检测和再制造业务

保税维修,是指保税工厂或指定的保税仓库(含公共保税仓、保税区、保税物流园区等特殊海关监管区域指定仓库)办理相关产品检测、测试、修理或维修业务。目前保税维修主要有两种模式:一种是企业以保税方式将待维修产品从境外运入海关特殊监管区域内工厂检测、维修后复运出境;另一种是企业将境内区域外的待维修产品运进区域内工厂检测、维修后复运回境内区外。维修、再制造业务是循环经济的重要组成部分,一方面是企业售后服务、提升品牌的需要,有利于企业延伸产业链、提高附加值,同时也符合建设资源节约型、开展绿色制造的要求,具有重要的经济价值和社会意义;另一方面,装备制造业企业可以通过此项业务累积大量产品性能、质量等数据信息,从而找出设计的优缺点,加强产品制造过

程中的工艺改进,带来产品制造水平的提升,增强企业竞争力。

2014 年 5 月 23 日,海关总署在《关于支持外贸稳定增长的若干措施》中指出,在自贸试验区范围内可开展“扩大企业售后维修试点范围,探索支持企业开展全球维修业务”工作,2017 年 3 月 15 日《总体方案》指出,试点开展境内外高技术、高附加值、风险可控的维修业务。

辽宁自贸区肩负着振兴东北老工业基地的重任,探索并发展保税维修的意义不言而喻。随着装备制造业参与国际分工的程度不断加深,东北装备制造企业入境维修、再制造业务的需求也不断加大,沈阳片区出台了一系列政策推动辽宁装备制造企业积极转型升级,形成了检验检疫支持装备制造业“全流程”集成式管理服务模式创新、“特殊监管区域 + 飞机维修”监管新模式、沈阳机床“内创业”模式、装备再制造等一批可复制的经验。通过构建各部门在内的再制造综合服务体系,为企业节约大量成本的同时,将进一步增强中国装备制造的国际竞争力,为振兴东北老工业基地开辟了新路径。

(三)探索开展市场采购贸易方式试点

市场采购贸易方式,是指由符合条件的经营者在经国家商务主管等部门认定的市场集聚区内采购的、单票报关单商品货值 15 万(含 15 万)美元以下、并在采购地办理出口商品通关手续的贸易方式。简单地说,原先需要通过第三方才能办理商品出口的,现在在试点市场上就可以直接办理。

《总体方案》中针对营口市汽保产业、安全装备产业聚集的特点,在开展国际贸易与国内贸易方面,探索设立市场采购贸易服务中心,可以为符合条件的企业提供更加便捷的通关服务,降低通关成本,并实现产品质量溯源。

二、完善贸易资源配置功能

(一)建立国际国内大宗商品交易平台

大宗商品交易平台在资源高效配置中具有关键作用,其有利于生产商规避价格波动风险,锁定成本或收益,合理安排生产销售计划,供应商拓宽销售,降低流通成本,有利于我国抢占国际贸易定价权。我国虽然作为大宗商品的消费大国和生产大国,拥有庞大的商品市场,但是,中国对世界大宗商品定价的影响力却非常有限,通过构建一套完整的大宗商品电子交易综合体系,能够更好地解决目前我国大宗商品行业所面临的问题。大宗商品交易平台的构建及发展将生产企业、流通企业、服务企业以及消费者高效连接起来,为交易商提供更加完善的一体化服务流程方案,从而实现产业聚集效应,带动各行业产业链的融合发展,增强我国大宗商品面向区域乃至全球的竞争优势。

(二)建立离岸贸易制度,发展离岸贸易

离岸贸易,是一种综合的全面的降低企业进出口运营成本的国际贸易操作方式,作为新型国际贸易形式,其关键在于物流、资金流、订单流的相互分离,贸易商所在地成为掌管贸易运营的控制中心,并可从中获取货物差价或服务利润。离岸贸易的发展可以为行业内企业的转型与发展开辟新的空间,为中国贸易的转型升级带来新的动力。离岸贸易涉及转口及转运,其核心要素是业务的资金结算,离岸公司作为第三方参与买卖双方的交易,其享有的优惠政策和便利措施,可以简化交易运营成本;利用优惠的税收优惠,可以减免税收负担,增加企业的营业利润;离岸贸易中离岸账户的建立,等同于在境外开设的银行账户,账户内资金可以自由汇给国内、国外及公司或者个人,实现自由汇兑,降低国际结算成本;运用离岸贸易操作方式,货物直接从生产出口国直接运往买方指定的目的地,无须经过第三方海关报关,所以只需一次出口和一次进口报关手续,免去了中间环节报关工作,降低了关税成本。

目前,离岸贸易在我国仍是处于初期发展阶段,以制度创新为使命的中国自由贸易试验区现已具有较为宽松便利的营商环境,具备了发展离岸贸易的基础设施和制度土壤,借助"一线放开、二线管住"政策理应承担起开拓创新离岸贸易、建设国际离岸贸易中心的历史使命。因此,应当以建设中国自由贸易试验区为历史契机,勇于探索符合中国国情的离岸贸易发展之路,在发展离岸贸易与建设自由贸易试验区之间形成良性互动态势。为鼓励投资人到辽宁自贸区注册公司,《总体方案》提出,培育跨国企业设立面对国内外两个市场的结算中心和区域性总部,建立整合物流、贸易、结算功能的营运中心。

三、推进对外文化贸易建设

(一)深化艺术品交易市场功能拓展

在海关特殊监管区,更多的是发挥通道服务的优势,为艺术品的进出提供流程上的便捷和保障,交易是艺术品产业链的高端环节,自贸区以通道服务为基础,通过完善其他运营环境,为交易环节提供保障,希望艺术品交易在自贸区形成集聚。在传统方式中,海外艺术品在境内进行展示和交易,仅港口货代、仓库需要停留 2 至 7 个工作日,但通过自贸区,当天就可以从停机坪进入艺术品保税仓库。考虑到艺术品交易大多是投资行为,国内买家拍卖成功之后,可以选择将拍品留在指定保管区,能够节省财务成本,但离开自贸区监管后需要缴纳关税、增值税等。

上海自贸区国际艺术品交易中心于 2015 年 11 月正式开业,在保税仓库的基

础上,上海自贸区国际艺术品交易中心将功能进一步延伸至展览展示、交易洽购、评估鉴定和金融服务等方面,收藏爱好者将迎来一条投资、收藏的新渠道。对此,辽宁自贸区应当创建对外文化贸易基地,深化艺术品交易市场功能,开展文化版权交易、印刷品对外加工等,大力发展知识产权专业服务业,促进文化走出去、扩大和鼓励中外文化贸易融通发展。

(二)推动服务外包业务发展

服务外包业务包括信息技术外包、业务流程外包、知识流程外包,广泛涉及金融、制造、零售、教育、公用事业等行业领域。由于服务外包领域新技术、新业态、新商业模式不断涌现,服务智能化、专业化已经成为产业组织新特征,服务外包产业从规模快速扩张向量质并举转型发展,从依靠低成本竞争向智力投入取胜转变。针对辽宁自贸试验区特点,《总体方案》提出,推动检测维修、生物医药、软件信息、管理咨询、数据服务、文化创意等服务外包业务发展,努力提升辽宁服务外包的规模和质量,承接跨国公司内部的离岸外包业务,吸引跨国公司地区总部、研发中心、服务中心及全球著名培训中心和咨询公司落户。

第五章　金融领域创新与服务

第二十五条　建立金融支撑体系的原则及基本内容

鼓励各类金融机构根据国家规定，按照风险可控、服务实体经济的原则，在自贸试验区开展金融产品、业务、服务和风险管理等方面的创新，建立与东北老工业基地振兴发展相适应的新型金融支撑体系。

【解读】

本条是关于建立金融支撑体系的原则及基本内容的规定。

一、金融支撑体系的概念

金融支撑体系是一个较为宽泛的概念，具体到建立自由贸易试验区，可以将其定义为：在产业政策的引导下，在公共财政税收、商业银行信贷、创业投资、资本市场等方面的配合下，对自由贸易活动提供金融支持以满足其资金需求的一种体系。

二、金融支撑体系的建立原则

（一）风险可控原则

因各国国情不同，其占主要地位的金融风险也各不相同，就我国发展中国家的基本国情而言，金融风险主要包括：债务风险、房地产风险、资本外逃风险、股市风险及政策风险。针对以上金融风险，我国应对策略仍然以去杠杆为主。

首先，去杠杆的方向是“经济去杠杆”。2017 年召开了全国金融工作会议，会议提出，“要推动经济去杠杆，坚定执行稳健的货币政策，处理好稳增长、调结构、控总量的关系。要把国有企业降杠杆作为重中之重，抓好处置‘僵尸企业’工作。各级地方党委和政府要树立正确政绩观，严控地方政府债务增量，终身问责，倒查责任”。由此可见，我国目前去杠杆的方向是“经济去杠杆”，并不是仅仅是“金融去杠杆”。2017 年上半年，央行以及银监会频频出招为金融去杠杆。然而，这样很容易导致实体经济的挤出效应:一方面,资金紧张,融资难、利率高;另一方面,经济新常态下,有限的资金不得不寻求更加安全保险的投资出路,而这个出路往往是有政府做担保的国有企业。两方面夹击,让国企以外非金融企业融资更加困难。因此,在金融政策上,国家提出采取“稳健”而不是“紧缩”的货币政策。

其次,去杠杆的主要对象是国企和“僵尸企业”。2016 年的中央经济工作会议提出,“去杠杆方面,要在控制总杠杆率的前提下,把降低企业杠杆率作为重中之重”;2017 年的金融工作会议对去杠杆的企业作出了更加明确界定,“要把国有企业降杠杆作为重中之重,抓好处置‘僵尸企业’工作”。因此,具体来讲,企业去杠杆主要从国企和“僵尸企业”下手。

最后,地方政府债务是去杠杆的新对象。国有企业债务持续上升的一个重要原因就是地方政府的投资冲动。为了追求高经济增长,政府通过融资平台举债,然后向国有企业投资。冲动投资和维系“僵尸企业”的行为,其实都是透支未来的做法,都留下了长期债务风险的隐患。为了减少地方政府自身负债和撮合的债务,我国现行政策强调严控地方政府债务增量,加强金融监管协调,并且实行终身问责,倒查责任。防控金融风险,从政府发起,解决政府过多干预问题,即从地方政府下手,减少在国有企业、“僵尸企业”上的错配资源,从而为非金融企业整体去杠杆,实现经济去杠杆的目的。

(二)服务实体经济原则

金融服务的实体经济是真实有效的实体经济。引导金融服务实体经济,并不意味着只要认定是实体经济金融就应无条件支持。在供给侧结构性改革的大背景下,金融支持实体经济要落实区别对待、有保有压的产业政策,对于不符合国家产业政策的产业,严重过剩的产业,破坏环境的产业,违法违规的灰色产业、黑色产业等,虽然是实体经济也坚决不能支持。同时,引导金融支持实体经济要坚持市场化的原则,要按实体经济的发展情况来定,任何情况下实体经济的规律都是第一性的,要根据实体经济发展规律改进金融服务实体经济的理念、机制,提升金融服务实体经济的能力。就目前的金融体系建设措施来看,推动金融体系服务实体经济主要体现在如下几个方面。

首先,改变金融业的服务理念、原则、员工结构。我国的金融业尤其是银行业的信贷原则、风险评价标准等,多是基于发达市场为基础的抽象金融理论,这与我国市场经济发展水平及实体经济发展状况存在一定的差别。从前,我国的金融从业人员特别是银行从业人员,大部分是学经济、金融、会计的出身,对产业、行业的特征及发展趋势不甚了解。为从根本上解决能力不强、效率不高的问题,需要从根本上改变服务理念、服务原则、员工结构。国家秉持引导和监管并举的原则,要求金融从业者尤其是银行机构中要充实、配备具有与产业、行业相关专业背景的技术人才,他们对行业的发展趋势、企业的需求、风险点有着深入了解,提供针对性服务,如此才能真正做到服务实体经济。

其次,健全多层次的金融机构体系,进一步明确机构的功能定位。当前社会上常说传统金融服务门槛高,很多实体经济尤其是经济发展薄弱环节如“三农”、小微企业、学生还有一些创业的群体无法覆盖,这就需要进一步加大金融服务实体经济的范围及深度。理论和实践研究已经表明,我国并不缺少大银行,而缺少为社区服务的中小金融机构。一方面须合理限制城市商业银行跨区经营,对农村金融机构、村镇银行跨区经营更要从严把握,防止中小金融机构通过规模扩张做大做强的冲动,从政策上创造条件,培养中小银行服务本地实体经济的能力;另一方面建立健全征信服务机构、担保机构等金融服务机构,强化配套体系建设,使金融机构能够有意愿、有能力、有保障服务实体经济。

再次,大力发展多层次的资本市场,充分发挥市场机制之基础的风险分散、价格发现、激励约束等功能。当前党中央国务院大力推进供给侧结构性改革,提倡大众创业、万众创新,供给侧结构性改革以及大众的需求是多样化的、个性化的,但以银行机构为核心的间接融资为主的金融体系,很难对这方面金融需求提供有效的支持。这就需要发展多层次的资本市场,畅通金融服务供求之间的信息渠道,为生产要素的重组提供便利,为创业、创新提供试错的金融机制。一方面要发展有效的股票市场,建立主板、创业板、三板市场有效支撑的资本市场,为企业提供权益资金;发展有效的债券市场,为企业提供长期和短期的债务性资金;另一方面要加快发展金融租赁市场,要促进产业和金融业进一步的深度融合。

最后,加快建立规则统一的金融市场,畅通政策传导渠道。金融支持实体经济,需要通过市场来配置资源,这就需要一个有效的金融市场来向各个领域去传递信息,并能够使资金顺畅有效地流动。但当前我国的金融市场是分割的,有银行间市场、场内市场,还有场外市场等,这些市场由不同的部门管理,规则也不尽相同,这就导致中央银行引导金融支持实体经济的政策传导存在阻碍、时滞甚至出现错乱,金融市场的条块分割也容易导致资金流转不畅、价格发现功能难以有效发挥,不同市场的套利还易产生金融风险。引导金融服务实体经济需要进一步加强金融市场监管协调,强化中央银行监管地位,统一监管规则,推进金融市场扩大对内对外双向开放,建立有效的优胜劣汰机制,畅通货币政策传导渠道,促使金融市场资金能够按照市场化原则在各部门、各行业、各企业之间高效的流动。

三、金融支撑体系的基本内容

(一)辽宁自贸试验区建立金融支撑体系的必要性

根据《国务院关于印发中国(辽宁)自由贸易试验区总体方案的通知》,辽宁自贸试验区的战略定位是:以制度创新为核心,以可复制可推广为基本要求,加快市场取向体制机制改革、积极推动结构调整,努力将自贸试验区建设成为提升东北老工业基地发展整体竞争力和对外开放水平的新引擎。辽宁自贸试验区的发展目标是:经过三至五年改革探索,形成与国际投资贸易通行规则相衔接的制度创新体系,营造法治化、国际化、便利化的营商环境,巩固提升对人才、资本等要素的吸引力,努力建成高端产业集聚、投资贸易便利、金融服务完善、监管高效便捷、法治环境规范的高水平高标准自由贸易园区,引领东北地区转变经济发展方式、提高经济发展质量和水平。

由此可见,辽宁自贸试验区任务重大,不仅要落实国家政策,实行金融创新,还要肩负振兴东北老工业基地的责任。因此,辽宁自贸试验区在金融领域的创新,应当围绕着振兴工业展开。

(二)辽宁自贸试验区建立金融支撑体系的内容

根据国家部署,辽宁自贸试验区金融改革的方向可以总结为以下几点:

1. 推动跨境人民币业务创新发展。探索建立与自贸试验区相适应的本外币账户管理体系,促进跨境贸易、投融资结算便利化。允许自贸试验区内企业的境外母公司或子公司按照有关规定在境内发行人民币债券。允许外资股权投资管理机构、外资创业投资管理机构在自贸试验区发起管理人民币股权投资和创业投资基金。允许自贸试验区内租赁公司在境外开立人民币账户用于跨境人民币租赁业务。扩大人民币跨境使用,自贸试验区内银行可按有关规定发放境外项目人民币贷款。开展跨国企业集团跨境双向人民币资金池业务。

2. 深化外汇管理体制改革。进一步简化经常项目外汇收支手续,在真实、合法交易基础上,自贸试验区内货物贸易外汇管理分类等级为A类企业的外汇收入无须开立待核查账户。银行按照"了解客户、了解业务、尽职审查"的展业三原则办理经常项目收结汇、购付汇手续。进一步简化资金池管理,允许经银行审核真实、合法的电子单证办理经常项目集中收付汇、轧差净额结算业务。支持商业保理业务发展,探索适合商业保理发展的外汇管理模式。允许自贸试验区内符合条件的融资租赁业务收取外币租金。支持发展总部经济,放宽跨国公司外汇资金集中运营管理准入条件。

3. 增强金融服务功能。进一步推进内资融资租赁企业试点,注册在自贸试验区内的内资融资租赁试点企业由自贸试验区所在省级商务主管部门和同级国家税务局审核;加强事中、事后监管,探索建立融资租赁企业设立和变更的备案制度、违反行业管理规定的处罚制度、失信和经营异常企业公示制度、属地监管部门对企业定期抽查检查制度。支持自贸试验区内符合互认条件的基金产品参与内地与香港基金产品互认。取消对自贸试验区内保险支公司高管人员任职资格的事前审批,由自贸试验区所在省级保监机构实施备案管理。逐步允许境外企业参与商品期货交易。结合自贸试验区产业基础和产业发展方向,围绕新型工业化方向和产业转型升级需求,创新金融产品和金融服务。进一步提升金融服务实体经济的能力,逐步完善适合东北老工业基地振兴发展的新型金融支撑体系。

4. 建立健全金融风险防控体系。落实风险为本的原则,探索建立跨境资金流动风险监管机制,强化开展反洗钱、反恐怖融资、反逃税工作,防止非法资金跨境、跨区流动。建立适应金融改革创新举措的事中、事后监管体系。

第二十六条 创新发展跨境人民币业务

支持自贸试验区推进跨境人民币业务创新发展,推进人民币资本项目可兑换、人民币跨境使用、经常项目外汇收支手续等方面的改革,探索建立与自贸试验区相适应的本外币账户管理体系,促进跨境贸易、投资融资结算便利化。

支持区内银行按照有关规定发放境外项目人民币贷款。在区内设立的法人机构可以按照规定,开展跨境人民币租赁业务和跨国企业集团跨境双向人民币资金池业务。

支持外资股权投资管理机构、外资创业投资管理机构在自贸试验区发起管理人民币股权投资和创业投资基金。支持区内企业的境外母公司或者子公司按照规定在境内发行人民币债券。

【解读】

本条是关于创新发展跨境人民币业务的基本内容的规定。

一、跨境人民币业务

(一)跨境人民币业务的概念

跨境人民币结算,是指经国家允许指定的、有条件的企业在自愿的基础上以人民币进行跨境贸易和投资的结算,商业银行在人民银行规定的政策范围内,可直接为企业提供跨境贸易和投资人民币相关结算服务。简单来说,就是在对外贸易和投资中以人民币作为支付手段。它是人民币"走出去"的重要起步,也是人民币"走出去"的切入点。

(二)跨境人民币结算业务的发展特点

1. 国内以东部地区为主

因各地区的优势不同,如经济发展、资源禀赋及产业结构等方面的差异,使得跨境贸易人民币结算有一定的地域特征。长期以来,国内分布不平衡,东部依然是跨境贸易人民币结算的主力,长期占境内结算总量的90%左右,中西部地区跨境贸易人民币结算发展相对落后,占比不到10%,这说明中西部地区在跨境贸易人民币结算方面具有很大的发展空间,所以应当充分发掘中西部地区的潜力。

2. 人民币离岸市场以香港为主

2012年3月2日,中国人民银行与多部委共同发布《关于出口货物贸易人民币结算企业管理有关问题的通知》,不再对出口的试点企业进行限制,任何拥有进出口经营许可的企业都能够用人民币进行结算。2013年我国1175.86亿美元的外商直接投资中有1025.23亿美元来自于亚洲地区,其中783.02亿美元来自于香港,占整个外商直接投资额的66.59%。而这一数据还在稳步上升中,根据香港金融管理局发布的统计数据,仅2017年下半年,香港的人民币贸易结算交易额就为21771亿元人民币,在2017年全年,人民币即时支付结算系统的日均成交金额高达9036亿元人民币。

3. 货物贸易结算占较大比重

人民币通过货物贸易、服务贸易以及投资三种方式进入经贸活动当中,从发展速度来看三种方式由快到慢依次是货物贸易、服务贸易和投资。整体来看,货物贸易的人民币结算量一直高于服务贸易,占绝对比重,呈现不平衡状态。

4. 进出口结算结构失衡

由于我国跨境贸易人民币结算试点开放较晚,高附加值产品占比不高,议价能力不足,导致进口付款多,出口收款少,呈现收付失衡的局面,影响我国的外汇储备调节。2016年第一季度,我国跨境贸易人民币结算的实付总额较上季度有所下降,为1.45万亿元,但同一季度的实收为9400亿元,实付为实收的1.54倍,说明我国在与世界各国进行贸易往来当中进口部分的人民币支付远远超过出口。进口付款多于出口收款导致的人民币结算结构的失衡,从侧面可以反映出与我国进行贸易的伙伴国家在贸易往来当中更乐于接受人民币,也表明人民币在国际经贸活动中地位提高。

(三)跨境人民币结算业务的发展现状

2010 年 6 月 22 日,国务院出台《关于扩大跨境贸易人民币结算试点有关问题的通知》,涉及增设试点地区问题,将其扩大至 20 个省、自治区和直辖市等,试点业务也由仅限于货物贸易延伸至其他经常项目,与此同时,境外由东盟国家扩大至世界各国及地区。2011 年 1 月 6 日,中国人民银行出台《境外直接投资人民币结算试点管理办法》,自此,境外直接投资人民币结算试点正式启动。2011 年 8 月 22 日,国务院发布了《关于扩大跨境贸易人民币结算地区的通知》,境内地域范围扩展至全国各地,由此我国跨境贸易人民币结算从纵深发展进入全面发展时期,但是针对出口贸易仍然只限于试点单位。2012 年 3 月 2 日,中国人民银行与多部委共同发布《关于出口货物贸易人民币结算企业管理有关问题的通知》,不再对出口的试点企业进行限制,任何拥有进出口经营许可的企业都能够用人民币进行结算。至此,人民币跨境结算业务中的有关贸易部分,从贸易的地域范围到业务范围都已经解除限制,全面放开。中国人民银行《人民币国际化报告(2015)》指出,将会继续完善人民币国际化的基础设施建设,不断扩大经常项目下的人民币跨境使用范围,加强对拓宽人民币跨境投融资渠道的重视,逐步提高双边货币合作紧密程度,增加各国将人民币作为储备货币的规模。

(四)跨境人民币结算业务的优势

1. 提高支付便利:(1)具有高效完备的资金清算网络;(2)无须开立外币账户;(3)凭付款指令直接在银行办理跨境人民币结算;(4)支持支付机构开展跨境人民币结算。

2. 降低财务费用:(1)省去汇兑环节,降低财务费用;(2)规避汇率风险,有效锁定交易成本;(3)低廉的国际清算费用;(4)部分业务享受政府补贴。

3. 丰富的产品体系:(1)政策试点推陈出新;(2)丰富的银行产品支持。

二、人民币贷款、租赁及双向资金池业务

(一)境外项目人民币贷款业务

中国人民银行 2011 年 10 月 24 日发布的《关于境内银行业金融机构境外项目人民币贷款的指导意见》(银发〔2011〕55 号)中指出:境外项目是指境内机构“走出去”过程中开展的各类境外投资和其他合作项目,包括但不限于境外直接投资、对外承包工程以及出口买方信贷等。其中,境外直接投资是指境内机构通过设立(独资、合资、合作)、并购、参股等方式在境外设立或取得既有企业或项目所有权、控制权或经营管理权等权益的行为;对外承包工程是指中国的企业或其他单位承包境外建设工程项目,包括咨询、勘察、设计、监理、招标、造价、采购、施工、

安装、调试、运营、管理等活动。银行境外项目人民币贷款是指银行向上述境外项目发放的人民币贷款。

(二)跨境人民币租赁业务

自贸试验区开放跨境人民币租赁业务,意味着自贸试验区内金融机构和企业可以按照相关规定,在境外发行人民币债券。在境外发行人民币债券的区内机构,可以在发行募集总金额内,将所筹资金根据实际需要的原则调回境内使用。但对于资金调回的规模,仍需要加以限制,实行宏观审慎管理,无须中国人民银行的事前批准,进一步便利区内主体拓宽境外直接融资渠道,并确保资金及时回流,供应区内机构使用。

(三)跨境双向人民币资金池业务

跨境双向人民币资金池,是指跨国企业集团根据自身经营和管理需要,在境内外非金融成员企业之间开展的跨境人民币资金余缺调剂和归集业务,属于企业集团内部的经营性融资活动。跨国企业集团总部可以指定在中华人民共和国境内依法注册成立并实际经营或投资、具有独立法人资格的成员企业(包括财务公司),作为开展跨境双向人民币资金池的主办企业。双向归集包括资金池境内主账户归集境内资金池成员资金对外放款,以及归集境外资金池成员资金对内借入外债。对外放款和借入外债都是公司之间的借款行为。跨境双向人民币资金池最早在上海自贸试验区试点,已于 2014 年在全国推广。但自贸试验区内企业开展跨境双向人民币资金池相较于自贸试验区外企业仍然有较多优势,如更低的门槛、更高的额度等。在自贸试验区,跨国企业集团可以指定区内一家成员企业作为主办企业,自贸试验区对该主办企业的要求更低,实行双向净流入(出)限额管理,便利跨国企业集团自主统筹配置境内外人民币资金,加强跨境资金流动的总体平衡。

三、区内企业境外子、母公司境内发放债券

根据其他自贸试验区的先行做法,已经放开区内企业在境外的母公司按照有关规定在境内发行人民币债券,如果募集资金用于区内全资子公司借款的,不纳入现行外债管理,如此可以吸引境外母公司在境内发行债券,支持区内成员企业经营发展。辽宁自贸试验区采取了更加果敢的改革政策,允许区内企业的境外子公司也可以按照规定在境内发行人民币债券,进一步拓宽了区内企业的融资手段,并且,在自贸试验区开展跨境双向人民币资金池没有额度限制,较全国通行的政策具有更大的灵活度。

第二十七条　创新发展自贸试验区金融业

自贸试验区引导和鼓励民间资本投资区内金融业;支持区内互联网金融依法合规发展,鼓励建设投融资服务平台;支持在区内建立完善信托登记平台,探索信托受益权流转机制。

自贸试验区允许区内符合互认条件的基金产品参与内地与香港基金产品互认。

【解读】

本条是关于创新发展自贸试验区内金融业的具体措施的规定。

一、允许民间资本投资区内金融业

(一)民间资本金融化发展趋势

以资本市场为核心的直接融资体制不断发展,为非金融企业持股金融企业并实现更高层次上的融合创造了制度条件和市场环境。民间资本向金融领域的渗透步伐加快,谋求控制金融机构的现象不断出现并渐成趋势,尤其在证券、保险、信托领域,已具有一定的掌控力。中国金融业处于高成长阶段,行业利润明显高于社会平均利润。一些较为稳健的民营集团通过投资金融业提升了集团的整体利润水平。

(二)自发性民间资本金融化的特点

1. 介入方式以直接投资为主。具体分为以下三种方式:一是直接出资设立;二是通过企业集团的财务公司或资产管理公司入股;三是通过二级市场股份交易进入。直接投资方式使产业集团对金融机构运营具有较强影响力。

2. 涉足全部领域。我国民间资本进入金融业大部分是全面开花,在股份制商业银行和城市商业银行总股本中,民间资本占比分别为41%和54%,而在农村中小金融机构股本中民间资本占比更高,这意味着这些金融机构大都已经建立起民营化的市场机制。

(三)自贸试验区的民间资本金融化政策

从自贸试验区的先行经验来看,各自贸试验区已经对民间资本金融化实行了更加开放灵活的落地政策。

自贸试验区内支持民间资本进入区内银行业。支持符合条件的民营资本在区内设立自担风险的民营银行、金融租赁公司和消费金融公司等金融机构。支持符合条件的民营资本参股与中、外资金融机构在区内设立中外合资银行。

二、支持互联网金融发展,建设投融资服务平台

互联网金融是互联网对金融的改变,也是新时代下国家经济发展的需求。互联网金融与自贸试验区具有开放与创新的共同特性,这使得互联网金融在对接自贸试验区的金融政策发展中更具潜力与优势。

为扩大自贸试验区金融政策宣传,中国人民银行沈阳分行在辽宁自贸试验区网站首页建立了"金融专区",及时向社会发布金融创新政策及创新案例,并运用"互联网+金融"思维,搭建"自贸金融在线服务平台",实现了自贸试验区新设企业注册登记和人民银行业务柜台网络互联,使业务办理时间从原来至少七个工作日缩短至当日办结。为促进贸易投资便利化,中国人民银行营口支行还在全省率先推出电子单证审核跨境收付汇业务,以智能化和无纸化操作开创货物贸易外汇收支的"自贸试验区速度"。

为鼓励金融创新,促进互联网金融健康发展,明确监管责任,规范市场秩序,经党中央、国务院同意,中国人民银行、工业和信息化部、公安部、财政部、国家工商总局、国务院法制办、中国银行业监督管理委员会、中国证券监督管理委员会、中国保险监督管理委员会、国家互联网信息办公室于2015年12月联合印发了《关于促进互联网金融健康发展的指导意见》,鼓励创新,支持互联网金融稳步发展;分类指导,明确互联网金融监管责任;健全制度,规范互联网金融市场秩序,为互联网金融健康发展营造良好环境。自贸试验区内的互联网金融也应在此框架下良性发展,以互联网金融为基础构建自贸试验区内的新型投融资服务平台。

借由国家对投融资服务平台的重视与投资,以国家建设辽宁自贸区的战略目标为前提,对建设投融资服务平台提出了符合本省实际情况的创新性政策,其主要内容如下:

(1)努力破解融资障碍,提高融资需求的有效性。加快新项目的引进与建设,扩大融资增量需求。尽快完善在建项目的相关手续,提高融资的可获得性。定期深入企业一线,在土地、房产、工商、税务等方面,及时解决因行政管理效能不足产生的企业融资障碍。协同当地金融管理部门、金融分支机构,对有市场、有效益但暂时遇到困难的企业保持或合理增加融资服务。完善政府、融资担保、银行、保险与企业紧密合作的融资担保服务体系,提供多样化的融资增信服务。财力较好的城市应列支专项资金,设立转贷基金、信贷风险补偿资金,协助企业缓解融资难。

(2)搭建网络信息平台,努力破解融资供需信息不对称。依托辽宁股权交易中心、沈阳票据资产交易中心,探索搭建网络信息平台,及时将企业金融需求送达各类金融机构。各市政府要做好需求信息采集整理,提高信息质量,跟踪、改进信

息交换的有效性。各市要结合实际,定期组织企业与金融机构的对接、推介说明会和交互式路演,促进供需双方有针对性地开展持续的银企对接。

(3)开展“群对群”的精准服务。以“金融精准服务企业库”为基础,对不同企业群分类施策,组织贴近、精准的金融服务,努力纾解企业融资难问题。对各市政府提供的大型重点企业和省政府确定的标杆企业,按照个案解决的方式,组织各类金融机构提供综合解决方案。对高成长性科技或新兴企业,利用融资服务平台开展常态化的交互式路演,促进企业与金融机构市场化对接。对流通、农业、科创等领域小微企业,组织小额贷款公司、融资担保机构,提供小额、分散、信用优先的对口服务。对停产、半停产企业,各市政府要组织金融、行业管理部门和各类金融机构逐户服务,及时化解融资难问题。

(4)建设产业金融服务平台。率先在沈阳金融商贸开发区建设产业金融服务平台,以线下、线上相结合的方式,定期组织各类股权投资基金为全省科技与新兴企业,提供持续的社会化股权投资服务。在经验积累、方法完善的基础上,逐步向具备条件的重点高新区、经济技术开发区、产业园区推广,探索建设覆盖全省、产融结合特点突出的产业金融服务平台序列。选择科技或金融活跃的金融商贸区或高新技术开发区,开展孵化器与金融相结合的联合招商活动,将金融服务直接嵌入双创活动密集区域。

三、探索信托受益权流转机制

(一)信托受益权流转的概念

信托受益权,是指信托受益人在信托中享有的权利,根据法律法规及实务操作,主要包括获取信托利益的权利,了解信托财产管理运用处分情况的权利,参加受益人大会并行使表决权,转让其所持有的受益权份额的权利等。信托受益权流转,是指一种基于信托受益权所产生的变化的概念,在信托受益权流转法律关系中,信托受益权的内容和性质没有变化,信托受益人可以将自身的受益权流转给其他人,或者让自身的受益权在信托市场内进行流动,以期获得更好的经济利益。信托受益权流转的概念,不仅包括信托受益权的转让,而且包括信托受益权的证券化和质押等。

(二)建立信托受益权流转机制的重要意义

1. 利于发挥利率市场化作用,提高金融资源配置效率

从融资方角度来说,产品流动性提高可有效降低融资成本,流动性增强,能够有效缓释流动性风险,降低转让人对流动性风险的补偿,融资成本的降低有利于更好服务实体经济,促进经济发展。而且信托受益权流转,使得信托产品在存续

期内,其收益也能够随着市场、资产等情况的变动而变动,进一步发挥利率市场化作用,提高金融资源配置效率。

2. 利于信托业在大资管时代提升竞争力

大资管时代竞争激烈,信托业面临转型发展,信托产品流动性缺失可能造成行业系统聚集及刚性兑付等一系列问题,与其他行业不断完善的流转制度相比,信托产品流动性缺失已经成为制约信托业发展的一大短板。信托受益权流转利于整个信托业的发展,是信托业在日益激励的金融市场竞争中提升竞争力的前提条件。

3. 有利于分散投资风险发挥信托功能

由于信托受益权很难完成流转,也造成投资者不愿长期持有较大规模的信托份额,信托产品规模的小型化和期限的短期化,严重制约信托制度中长期金融功能的发挥。信托受益权的流转,利于投资者转移分散风险,更好地发挥信托中长期金融功能。

4. 有利于提供更多投资渠道,培育高净值客户群

信托受益权流转的实现,一方面,能够利用流转平台,统一登记和信息披露标准,使得信托产品规范、公开、公平地呈现在投资者面前,提高信托产品透明度,也使信托产品一直持有到期变成可以多次流转,必将丰富和活跃信托产品市场,给金融市场带来更多的投资机会。另一方面,流转市场的建立将带来更多的投资者,信托公司通过流转市场能够不断积累高净值客户资源,而且通过对客户更多的接触和了解,有利于根据客户需求不断创新信托产品,树立品牌和行业形象,同时,通过更多的了解市场需求,也将反过来促进信托受益权流转市场机制的不断完善和良好运行。

四、允许基金产品互认

一般来说,基金的买卖是地区性的,内地和港澳市场是不相通的,而基金互认的出现打破了这一局面。基金互认,是指允许境外注册并受当地监管机构监管的基金向本地居民公开销售。中国证监会、香港证监会通过基金互认,将允许符合一定条件的内地及香港基金按照法定程序获得认可或许可在对方市场向公众投资者进行销售。

符合条件的香港互认基金经中国证监会注册后,可以委托内地基金销售机构进行公开销售,并遵守内地基金销售的法律法规。内地基金投资人可以到相关基金销售机构办理香港互认基金产品的申购业务,具体业务流程与申购内地基金产品相同。

自贸试验区允许基金产品互认,意味着内地与香港互认基金的范围进一步拓宽,金融开放程度进一步加大。目前,该政策仍处于试验阶段,但可以预见的是,通过加入内地与香港的基金互认,将会极大激发区内投资者的投资热情,活跃金融市场。

第二十八条　自贸试验区外汇管理制度改革

自贸试验区应当推行下列外汇管理制度改革:

(一)在真实、合法交易基础上,区内货物贸易外汇管理分类等级为A类的企业外汇收入无需开立待核查账户;

(二)银行按照"了解客户、了解业务、尽职调查"展业三原则办理经常项目收结汇、购付汇手续;

(三)探索建立适合商业保理发展和适合大型设备境内外维修业务的外汇管理模式;

(四)允许符合条件的区内融资租赁企业收取外币租金;

(五)国家规定的其他外汇管理制度改革。

【解读】

本条是关于自贸试验区外汇管理制度改革的具体内容的规定。

一、货物贸易外汇分类管理制度

货物贸易外汇分类管理制度最早由国家外汇管理局提出,2011年9月9日,国家外汇管理局发布《关于货物贸易外汇管理制度改革试点的公告》,《公告》指定江苏、山东、湖北、浙江(不含宁波)、福建(不含厦门)、大连、青岛地区为外汇管理试点,规定对试点地区企业实施动态分类管理。《货物贸易外汇管理试点指引》作为《公告》的附件,制定了货物贸易外汇分类管理的具体方法,其内容概括如下:

(1)外汇局根据现场核查结果,结合企业遵守外汇管理规定等情况,将企业分成A、B、C三类。

(2)外汇局发布B、C类企业名单前,应当将分类结果告知相关企业。企业可在收到外汇局分类结论告知书之日起七个工作日内向外汇局提出异议。外汇局应当对提出异议企业的分类情况进行复核。

(3)对在规定期限内未提出异议或提出异议后经外汇局复核确定分类结果的企业,外汇局将向金融机构发布企业分类管理信息。外汇局可将企业分类管理信息向相关管理部门通报,必要时可向社会公开披露。

(4)外汇局对B、C类企业设立分类管理有效期,并对分类结果进行动态调整。

(5)在分类管理有效期内,对A类企业贸易外汇收支,适用便利化的管理措施。对B、C类企业的贸易外汇收支,在单证审核、业务类型及办理程序、结算方式等方面实施审慎监管。

(6)外汇局建立贸易外汇收支电子数据核查机制,对B类企业贸易外汇收支实施电子数据核查管理。

(7)对C类企业贸易外汇收支业务以及外汇局认定的其他业务,由外汇局实行事前逐笔登记管理,金融机构凭外汇局出具的登记证明为企业办理相关手续。

根据《公告》的规定,A类企业进口付汇单证简化,可凭进口报关单、合同或发票等任何一种能够证明交易真实性的单证在银行直接办理付汇,出口收汇无须联网核查;银行办理收付汇审核手续相应简化。而辽宁自贸试验区规定,区内货物贸易外汇管理分类等级为A类的企业外汇收入无须开立待核查账户,与前述《公告》相比,范围更加广泛,有利于促进国际货物交易,减轻制度冗余。

二、银行按照展业三原则办理经常项目收结汇、购付汇手续

在我国,"展业三原则"也是源于反洗钱领域,后逐渐拓展到银行信贷、操作风险防控等领域。2013年"展业三原则"首次出现在外汇管理制度中,经过近几年的不断强化和发展,我国外汇业务监管模式也逐渐从规则监管向原则性监管的方向转变。

(一)了解你的客户原则

银行通过采取有效措施能够确保与其开展业务的客户是以真实身份参与相关金融活动,如可以要求客户提供身份证、驾驶证等有效且难以复制造假的证明文件,或借助系统或国家的其他相关系统来查询客户账户的开立、交易等信息,或在办理业务现场观察客户举止行为,或通过沟通询问客户相关的预留信息及关联的相关问题来对客户进行验证等,同时还要定期组织对客户信息的更新和维护,确保信息始终处于有效状态。

(二)了解你的业务原则

银行能依据客户开展业务相关需求或划归资金的目的、资金的来源和流向、采取的交易方式和途径等核心要素,合理确定所开展业务应关注的问题、可能存在的潜在风险,并能采取提前拟定的相对应的有效预防措施或应急措施。

(三)尽职审查原则

银行应有健全的内控机制、可行的规章制度和有力的执行部门、明确的岗位职责分工、具体的操作流程和要点,能够督促员工和部门始终坚持认真开展真实性审查,实现对客户业务的全程持续监测,能够及时合法合规地中止高风险客户业务或按照规定及时向有关监管部门进行报告。

三、探索建立适合商业保理发展和适合大型设备境内外维修业务的外汇管理模式

(一)商业保理

1. 商业保理的概念

保理,是指从他人手中以较低的价格购买债权并通过收回债权而获利的经济活动。保理合同,是指无论是否出于融资目的,供应商为实现应收账款分户管理、账款催收、防范坏账中的一项或多项功能,将已经或即将形成的应收账款转让给保理商的合同。商业保理又称承购应收账款、托收保付,是指保理商承担进口商的信用风险,进口国的政治风险以及转移风险的出口融资业务。它是国际贸易中以托收、赊账方式结算货款时,出口方为了避免收汇风险而采用的一种请求第三者(保理商)承担风险责任的做法。

2. 国内商业保理业务发展现状

2012 年商务部开启商业保理试点,当年注册的商业保理企业为 44 家,此后每年呈高速递增状态。

关于设立条件:目前,商业保理企业的设立的程序及条件对中外资本仍普遍存在区别对待的现象。广东省广州市、深圳市最开始是作为港澳服务提供者介入大陆商业保理行业的试点地区,市级相关商务主管部门也出台了外资商业保理企业设立及审批办法。后在商务部默许下,广东省自贸试验区内允许设立内资商业保理企业,但目前为止未针对内资商业保理企业出台专门的管理办法。

关于备案、变更程序:商业保理企业市场准入环节还涉及企业的备案、变更规则。商业保理行业不在我国企业市场准入负面清单规则所规范的范围内,目前备案、变更的程序和条件较为简单。自 2016 年 3 月 2 日起,广东省内资商业保理企业设立和变更无须审批,仅需备案。

3. 辽宁自贸试验区对于商业保理的政策

辽宁自贸试验区沈阳片区出台政策清单,支持商业保理业务发展,探索适合商业保理发展的外汇管理模式;允许融资租赁公司兼营与主营业务有关的商业保理业务。自贸试验区内设立的商业保理企业还可根据《中国(辽宁)自由贸易试验

区沈阳片区促进金融服务业发展的若干政策实施细则》的规定,享受政策规定的奖励和扶持。

(二)境内外维修业务

1. 境内外维修业务的概念

境内外维修制度,是指海关特殊监管区域内企业对来自境外、境内需进行维修处理的货物进行维修并复运出境、出区的经营活动,海关按规定进行监管。

2. 境内外维修业务的成功范例

伟创力集团本是电子代工企业,该企业在海关的支持下正式开展了境内外维修业务,一年维修基地的营业额达到1000万美元,相比前一年将整整翻十倍。在境内外维修制度正式推出前,区内企业只能开展区内生产出口产品的返区维修,而政策落实后,企业可以接受来自世界各地的维修订单,业务范围也大大拓宽。相比于单纯薄利多销的电子代工来说,境内外维修将给伟创力带来15%~20%的业务增长,不仅是深层产能的增加,而且是国际知名度和市场竞争力的提高,对企业的全球战略将起到至关重要的作用。

四、区内融资租赁企业收取外币租金

(一)融资租赁企业收取外币租金的发展进程

融资租赁,是指出租人根据承租人对租赁物的特定要求和对供货人的选择,出资向供货人购买租赁物,并租给承租人使用,承租人分期向出租人支付租金。对于融资租赁业务,由于其是以融资为目的,更具有金融业务性质,实质上相当于租赁公司对承租人发放了一笔贷款,所以参照对金融业务的相关管理原则对其进行管理。

金融租赁公司购买租赁物的资金有可能是公司自身的国内外汇贷款或外币外债。在这种情况下,其在境内开展融资租赁业务相当于是对承租人发放了一笔国内外汇贷款,承租人支付租金实质上就是偿还国内外汇贷款。考虑到相关管理规定中允许债务人以自有外汇偿还国内外汇贷款,同时为了减少融资租赁公司自身本外币资金错配的风险,外汇局于2012年明确,经银监部门批准成立的金融租赁公司,如果其用以购买租赁物的资金50%以上来源于自身的国内外汇贷款或外币外债,可以按规定以外币形式收取租金。

2014年,在《外汇管理支持上海自贸区建设实施细则》中,外汇局尝试将这一政策放宽至包含中资融资租赁公司在内的区内融资租赁类公司,并于2015年年底进一步将这一试点推广至天津、广东和福建等几个自贸试验区。这一政策在四个自贸试验区的试点取得了理想成效,租赁类公司及承租人普遍反映,这一试点降低了融资租赁业务的成本,也使资金错配风险得到了有效控制。

（二）融资租赁企业收取外币租金的优势分析

对企业而言,减少了结售汇环节,降低了企业财务成本和管理成本。租赁企业可直接收取美元租金,偿还美元贷款,减少了购汇环节,避免了汇兑风险,节约了换汇成本等财务费用;同时,还节省了每笔购汇发生的内部审批、银行单据、人员办事等管理成本,公司运营效率显著提高。

对行业而言,助推飞机等经营性租赁业务接轨国际惯例,为租赁资产的全球化流转奠定了基础。目前,受益于试点政策的实施,光大金融租赁、昆仑金融租赁、天合国际融资租赁、重庆明德租赁等多个租赁公司已经着手利用各自设立的东疆项目公司购买境外租赁公司在国内持有的飞机资产,实现了租赁资产权益的跨国流转。试点政策为购买人顺利、高效承接租赁业务提供了便利。

对国家而言,提升了国内租赁模式的国际竞争力,为国家培育了新的经济增长点。试点政策的实施,使国内经营性租赁模式具备了直接与境外模式竞争的比较优势,增强了国内租赁公司在中国市场的竞争力,进而吸引国内租赁公司并购境外租赁公司持有的国内租赁资产。这有助于中资租赁公司将海外租赁资产重组回归境内,促使境外租赁公司在中国加快业务布局,并将原在境外享有的租赁产业经济贡献留在国内;同时,也为国家培育了新的经济增长点,进一步加强了融资租赁服务实体经济的功能。

对外汇管理改革而言,这为在融资租赁等政策创新需求突出的行业进行大胆改革创新积累了有益经验,为继续深化融资租赁外汇管理政策试点内容和推广试点经验打下了坚实的基础。

第二十九条　支持发展总部经济

支持发展总部经济,放宽跨国公司外汇资金集中运营管理准入条件,简化资金池管理,允许经银行审核真实、合法的电子单证,办理经常项目集中收付汇、轧差净额结算业务。

鼓励跨国企业在区内设立整合物流、贸易、结算等功能的运营中心和区域性总部。

【解读】

本条是关于对发展总部经济的支持政策的规定。

一、放宽跨国公司外汇资金集中运营管理准入条件

(一)跨国公司

跨国公司就是从事跨国经营的公司,即业务范围超越了国界,并吸纳了当地资本,发展与当地的合作和有当地管理者参加经营的国际化企业。跨国公司一般具有以下几个特征:(1)公司经营活动的范围超越了国界;(2)公司的所有权实现了国际化;(3)公司的高级管理层由不同国籍的人员组成;(4)公司国外生产经营占总生产经营的一定比重;(5)公司组织方式及最高决策层的思想、决策行为实现了全球化。

(二)跨国公司外汇资金集中运营管理

1. 资金运营管理的概念

资金运营管理是一种为了获取高额回报,利用有限的资源,通过促使资金快速流动,优化资金的管理和使用,寻求合理的资金配置结构,以实现最大盈利的活动,其内容包括筹资管理、投资管理和营运资金管理。

2. 跨国公司外汇资金集中运营管理

跨国公司资金集中运营管理目的是实现境内外公司之间共享境内外资金,同时境内外资金流动减少了如交易真实性、支付结汇制等传统政策的限制,资金跨境流动具有“灵活性”。汇集统收统支、结算中心模式、财务公司和资金池等资金集中运营管理模式的部分功能,并结合跨国公司的资金管理需求,由此便形成了跨境资金集中运营管理模式。目前,跨国公司实行外汇资金集中运营管理的方式如下:

(1)开户银行。跨国公司账户所在银行,允许境内异地公司在所在地银行开立账户,实现资金跨地区的集中和调拨,以及实时到账。

(2)账户设置。跨国公司或资金集中运营主办企业和子公司、分公司分别在网上银行资金集中管理平台中下挂各自的结算账户和虚拟账户,便于进行资金汇划和记账统计。

(3)资金汇划方式。资金汇划方式分为两种:一是自动汇划,即设置自动汇划功能,按日、月、季等设置资金自动归集时间频率,实现归集资金零余额汇划进入跨国公司或资金集中运营主办企业的账户;二是手动汇划,即设置手动汇划功能,按自身和公司需要,实现资金手动集中上划或撤回,以及进行境内外交易对手间的资金轧差净额结算。

(4)技术支持。通过银行网络、集团内部网络以及手工操作支持资金集中管理平台的运转。

3. 外汇资金集中运营管理准入条件放宽的政策依据

在《跨国公司外汇集中运营管理规定(试行)》(汇发〔2014〕23 号)发布以前,除部分试点地区以外,跨国公司外汇资金集中运营管理的准入条件为上年度外汇收支规模超过 10 亿美元,文件发布后,这一标准降低为 1 亿美元,且 1 亿美元外汇收支规模中既包括经常项下收支,也包括资本项下收支。跨境人民币收支规模可以折算为美元计入。

2015 年 12 月,国家外汇管理局福建省分局印发《关于推进中国(福建)自由贸易试验区外汇管理改革试点实施细则的通知》,在福建自贸试验区内放宽跨国公司开展外汇资金集中运营管理业务的准入条件,将门槛从上年度本外币国际收支规模由超过 1 亿美元调整为超过 5000 万美元。

2018 年 1 月,经国家外汇管理局批准,辽宁省分局制定了《推进中国(辽宁)自由贸易试验区外汇管理改革试点实施细则》,同样放宽跨国公司开展外汇资金集中运营管理业务的准入条件为 5000 万美元。

二、电子单证审核业务

(一)电子单证审核业务相关概念

电子单证审核业务,即自贸试验区内企业经区内银行资格审核后,办理货物贸易项下收付汇及净额结算业务,可直接向银行提交网上电子单证,无须向银行提交纸质单证。

集中收付汇,是指主办企业通过国内外汇资金主账户集中代理境内成员企业办理经常项目外汇收支。

经常项目轧差净额结算,是指主办企业通过国内外汇资金主账户集中核算其境内外成员企业经常项目项下外汇应收应付资金,合并一定时期内外汇收付交易为单笔外汇交易的操作方式。原则上每个自然月轧差净额结算不少于 1 次。

(二)电子单证审核业务的政策依据

在国家政策层面,《国家外汇管理局关于印发〈跨国公司外汇资金集中运营管理规定〉的通知》(汇发〔2015〕36 号)表示,应当简化外汇收支手续。允许银行按照"了解客户""了解业务""尽职审查"等原则,审核相关电子单证真实性后办理经常项目外汇收支;允许经常项目和资本项目对外支付购汇与付汇在不同银行办理。该政策实施后,大大降低了国际贸易交易中的程序成本,取得了不俗的成果,因此得以在自贸试验区建设中进行更深入的尝试。《跨国公司外汇资金集中运营管理规定》则进行了具有很强操作性的细致性规定,其内容概括如下:

1. 境内成员企业办理货物贸易集中收付汇或货物贸易轧差净额结算时,应按规定办理“贸易外汇收支企业名录”登记手续(主办企业为财务公司除外)。A类成员企业外汇收支可不进入出口收入待核查账户,但应按货物贸易外汇管理规定,及时、准确通过货物贸易外汇业务监测系统(企业端)进行贸易信贷、贸易融资等业务报告。

2. 在自贸试验区优惠政策层面,根据《推进中国(辽宁)自由贸易试验区外汇管理改革试点实施细则》,在风险可控的前提下,自贸试验区内A类企业无须开立待核查账户,货物贸易收入可直接进入经常项目外汇账户,推进电子单证审核等便利化措施。

(三)电子单证审核业务已在辽宁自贸试验区落地

电子单证审核业务首先在营口片区落地。2018年4月下旬,国家外汇管理局营口市中心支局成功指导中国建设银行营口自贸试验区支行为自贸试验区企业营口东盛实业有限公司、辽宁嘉禧供应链有限公司办理了货物贸易外汇收支电子单证审核业务,实现了辽宁省自贸试验区外汇改革试点政策,货物贸易外汇收支电子单证审核业务的率先落地。该政策切实降低企业制度性交易成本和时间成本,提升贸易便利化程度,将对吸引资本、活跃市场起到重要作用。

三、鼓励跨国企业在区内设立运营中心和区域性总部

(一)跨国公司区域性总部的相关概念

跨国公司区域性总部,是指在境外注册的母公司在区内设立,以投资或授权形式对在一个国家以上区域内的企业履行管理和服务职能的唯一总机构。跨国公司须以外商独资的投资性公司、管理性公司等具有独立法人资格的企业组织形式在区内设立区域性总部。

总部经济,是指某区域由于特有的资源优势吸引企业将总部在该区域集群布局,将生产制造基地布局在具有比较优势的其他地区,而使企业价值链与区域资源实现最优空间耦合,以及由此对该区域经济发展产生重要影响一种经济形态。总部经济主要基于价值链理论、产业集群理论以及比较优势理论,集中各种区域资源,吸引各种企业总部,以此来促进总部企业与区域内各类企业之间、总部与总部之间的相互合作,从而提高区域创新能力。

目前,我国的很多城市都加入了对跨国公司地区总部的争夺之中,“总部经济”现象受到了广泛重视。发展总部经济,正成为区域中心城市“创新驱动、转型发展”的重要举措之一,是提高区域创新能力,构筑区域增长极的“新引擎”。

(二)辽宁省现行鼓励政策

根据《中共辽宁省委、辽宁省人民政府关于加快构建开放新格局以全面开放

引领全面振兴的意见》,对跨国公司地区总部的鼓励政策主要有以下几项:

1. 对跨国公司在辽宁设立地区总部,经审核认定并当年实际到位外资超过2000万美元的,省财政按其当年实际到位外资金额不低于2%的比例予以奖励,最高奖励1000万元。

2. 对当地经济社会发展贡献突出的外资跨国公司总部或地区总部,按照“一项目一议”方式予以重奖。对跨国公司在辽宁设立采购中心、财务管理中心、结算中心等功能性机构,经审核认定并当年实际到位外资超过200万美元的,省财政给予100万元开办补助。

3. 对实际投资金额超过10亿元的制造业外资和省外资金投资项目用地以及世界500强企业、全球行业龙头企业总部或地区总部自建办公物业用地,由省、市共同安排土地利用计划指标。

第三十条　支持内外资、民营资本设立金融机构

在符合现行法律法规及政策导向的前提下,支持内外资在区内设立银行、证券、保险等金融机构。

支持民营资本依法进入金融业,依法设立财务公司、汽车金融公司和消费金融公司等金融机构。

【解读】

本条是关于内外资、民营资本设立金融机构的开放政策的规定。

一、开放非国有资本设立金融机构的历史原因

较之于一般工商企业,由于银行业具有高风险性、公共性和外部性,世界上几乎所有的国家和地区皆对银行业的市场准入规定了较高的门槛。相较于国外,我国对银行业的市场准入采严格的核准主义,并始终被国有资本掌控,同时,因为行政垄断和政府管制具有惯性力量,民间资本进入银行业将会遭遇体制性和政策性的限制。

近年来,党中央、国务院高度重视民间投资发展问题,出台了一系列支持民间投资健康发展的政策规定,2012年5月26日,银监会发布《中国银监会关于鼓励和引导民间资本进入银行业的实施意见》(银监发〔2012〕27号),提出“支持民间资本与其他资本按同等条件进入银行业、为民间资本进入银行业创造良好环境”等意见。近年来,国务院要求“放开更多民间资本进入准入领域,鼓励和引导民间

投资的积极性,让民间经济发挥活力”,银监会明确表示支持民营资本进入银行业金融机构,支持成立民营银行,社会各界对此反响强烈。《中共中央关于全面深化改革若干重大问题的决定》提出,允许具备条件的民间资本依法发起设立中小型银行等金融机构。总体来看,得益于相关政策的引领和支持,民间资本进入银行业速度加快、规模扩大,渠道拓宽、形式多样,有力促进了银行业改革发展,但进入需求持续旺盛、期望较高,已不满足于现有政策空间,需采取措施予以响应。

从辽宁省的指导性政策来看,根据《辽宁省人民政府关于进一步提高金融服务实体经济质量的实施意见》,政府鼓励民营资本参与发起设立民营银行等金融机构。组成专项协调推进工作组,确保2017年辽宁振兴银行开业。加快推进大连“中佳银行”筹建申报准备工作。加快推进全省农信社股份制改革,鼓励民营资本参与组建农商行。择机推动设立新的法人金融机构。

二、鼓励非国家资本设立金融机构的制度设计要求

(一)非国家资本发起设立金融机构的重点是自担风险

目前,国内商业银行包括新设立的村镇银行在内,无论其股权构成中国有资本和民间资本的比例高低,全部属于股份有限公司或者有限责任公司。按照我国《公司法》的规定,“公司以其全部资产对公司的债务承担责任,股东对公司债务承担有限责任”。因此,对于我国现有的商业银行来讲,股东仅需以其出资额为限对银行经营失败承担风险,银行也仅需以其全部法人资产为限对其负债承担责任。

例如,按照“金十条”(即国务院办公厅发布的《关于金融支持经济结构调整和转型升级的指导意见》)由民间资本发起设立的民营银行,其自担风险的要义在于发起人必须承诺风险兜底,即民营银行经营失败时,在用银行资本承担风险之后,还要由发起人对剩余风险承担连带责任,对存款人进行适当赔付,避免损害存款人、债权人和纳税人的利益。也就是说,发起人要对办银行所带来的全部风险承担无限连带责任,并自主确定可行的风险兜底模式。因此,从企业组织形式上讲,按照“金十条”原则由民间资本发起设立的民营银行无法采取有限责任的公司制,而只能实行无限责任的独资或者合伙制。

(二)非国家资本发起设立金融机构的试点范围应大范围铺开

国务院“金十条”明确要求加快发展民营金融机构,鼓励民间资本进入金融业,特别是银行业的大方向,并明确指明由银监会牵头制订相关实施方案。在国家政策导向已经十分清晰,要求和任务目标都已十分明确的情况下,作为牵头负责部门,试点范围足够广泛以及具有代表性,方能体现对中央和国务院政策贯彻

落实的决心和力度。自"金十条"公布以来,全国多省市密集出台地方金改版表示支持设立民营银行,北上广温等多地民营企业扎堆宣布要涉足民营银行,在全国预期一片向好、民资热情持续高涨的情形下,如果试点的覆盖面选取过窄,可能挫伤民间资本发起设立民营银行的积极性。近年来,社会上关于银行垄断、银行暴利的负面言论此起彼伏,不但影响我国银行业整体声誉,而且给监管部门施加了巨大压力。充分利用此次试点时机,向社会彰显监管部门加快推动金融改革决心,有助于以明确态度和实际行动淡化当前社会上的负面舆论,也有助于进一步推动和深化金融改革、发展与创新。

(三)非国有资本发起设立金融机构应当明确股东资格限定

银行业是专业性强的高风险行业,尤其是民间资本发起设立的民营银行,由于股权结构的相对特殊性,不但面临商业银行无法回避的信用、市场、操作等常规风险,还面临公众信任、资本金短缺、关联交易和内部人控制等诸多特殊风险。根据国外民营银行发展实际,民营银行经营的稳健与否与作为股东的企业密切相关,股东企业一旦发生财务问题将直接影响到其所主导的银行。因此,对民营银行股东资质和实力的把关至关重要。监管部门必须对股东资质设定明确的准入条件和禁入情形,严格评估和把握准入门槛,确保股东有足够能力持续补充资本,有足够能力承担风险兜底任务,并将那些可能对存款人、债权人、纳税人利益或金融体系的健康发展造成危害的不合格成员拒之门外。试点民营银行股东至少应具备三大基本要素:一是社会声誉良好,无违法、违规、违约、欠税、欠息等基本诚信记录;二是资金实力雄厚,净资产规模大、财务状况好、资产负债率低和入股资金来源真实合法;三是未来发展稳健乐观,公司治理和组织管理良好、有较强的经营管理能力、有较长的发展期和稳定的经营状况。在禁入条件方面,对影响股东持续出资和风险兜底能力,可能引发关联贷款的核心主业不突出且其经营行业过多、公司治理结构与机制存在明显缺陷、资产负债率、财务杠杆率高于行业平均水平、现金流量波动受经济景气影响大、关联交易频繁且异常以及关联企业众多、股权关系复杂且不透明的企业都应严格限制其成为民营银行股东的资格。

三、其他地区对于开放金融机构设立条件的现行政策

(一)自贸试验区先行试点城市——上海

上海作为全国金融活动最为活跃的城市之一,将金融改革作为自贸试验区建设的重点工作。2013 年,中国银监会发布《关于中国(上海)自由贸易试验区银行业监管有关问题的通知》,对开放非国有资本投资金融业提出了具体可行的规定。相关性规定主要包括以下几个方面:

1. 支持区内设立非银行金融公司。支持区内符合条件的大型企业集团设立企业集团财务公司;支持符合条件的发起人在区内申设汽车金融公司、消费金融公司;支持上海辖内信托公司迁址区内发展;支持全国性金融资产管理公司在区内设立分公司;支持金融租赁公司在区内设立专业子公司。

2. 支持外资银行入区经营。允许符合条件的外资银行在区内设立子行、分行、专营机构和中外合资银行。允许区内外资银行支行升格为分行。研究推进适当缩短区内外资银行代表处升格为分行以及外资银行分行从事人民币业务的年限要求。

3. 支持民间资本进入区内银行业。支持符合条件的民营资本在区内设立自担风险的民营银行、金融租赁公司和消费金融公司等金融机构。支持符合条件的民营资本参股与中、外资金融机构在区内设立中外合资银行。

4. 简化准入方式。将区内银行分行级以下(不含分行)的机构、高管和部分业务准入事项由事前审批改为事后报告。设立区内银行业准入事项绿色快速通道,建立准入事项限时办理制度,提高准入效率。

(二)金融改革试点城市——温州

除自贸试验区外,国家在全国选取金融改革试验区,也对开放非政府资本设立金融机构作出了大胆尝试,对自贸试验区进行金融创新改革具有示范性意义。2012 年年初,温州地下银行体系的系统风险转变为一场“跑路”债务危机。这场债务危机凸显了国内民间金融和影子银行体系的脆弱性。2012 年 3 月,国务院批准温州作为金融改革新的试点城市,以切实解决温州经济发展存在的突出问题、规范民间借贷行为、治理地下借贷市场,并将其作为全国金融改革的试验地。自此,温州致力于推进建设金融综合改革试验区,促使当地地下银行体系朝着合法化的方向发展。就此,温州推行了一系列金融政策。首先,温州鼓励当地企业家设立小型金融公司、注资本地银行、投资其他金融产品(私募股权公司)。其次,温州设立金融交易所,为借贷双方提供一个对接平台,还允许民间资本设立银行,规范当地大量非法地下银行,还为民间资本建立登记体系,私人企业和个人可以参与“阳光民间借贷”计划,使更多的民间资本可以出借给个人或企业。最后,温州市政府还设立了中介公司,在资本管制方面鼓励更宽松的外汇管制和海外直接投资,以加快中国民间借贷的立法进程。

第三十一条　鼓励保险机构服务中小微企业

鼓励保险机构开发为中小微企业服务的保险产品,发展信用保险,鼓励保险机构向中小微企业提供贷款保证保险服务。

【解读】

本条是关于解决中小微企业融资困难的具体措施的规定。

一、开发中小微企业贷款保险产品的重要意义

中小微企业是我国经济发展的主力军,同时也是推动经济转型与创新的核心,但融资问题一直是其面临的难题,由于多数中小微企业抵押物不足,信用不佳,在向银行融资时困难重重,而通过担保公司融资的成本达到15%左右甚至更高,民间借贷融资成本超过30%已经很平常,对盈利微薄的中小微企业来说压力很大。对于商业保险公司而言,利润是发展推广一个产品的核心追求,因此风险高、利润低的产品一定不会受到青睐,而目前来说,中小微企业贷款保证保险就是这样一款产品。由于目前社会信用体系不健全,针对中小企业的信用审核体系更是纸上谈兵,因此保险公司无法彻底审核大部分的中小微企业的资信情况。银行相较于保险公司,拥有更完善审核体系和企业信息,尚且不愿意贷款给信息不透明的中小微企业,保险公司在企业数据方面更是不清楚,对于贷款风险也不如银行了解,而且目前来说中小微企业贷款坏账率较高,保险公司在这种情况下若没有政府的支持与银行的合作,很难会有推广贷款保证保险的意愿。

因此,要发展中小微企业贷款的保险业务,必须坚持政府引导、政策支持的原则。发挥政府的引导作用,创造良好的政策环境,建立多部门协调机制支持小微企业发展。以信用保证保险产品为载体,创新经营模式,营造良好发展环境,坚持改革创新,调动各方参与主体的积极性,发挥信用保证保险的融资增信功能,缓解小微企业融资难、融资贵问题。同时,还要坚持市场运作、鼓励创新的原则。发挥市场在资源配置中的决定性作用,坚持市场化运作,鼓励保险产品服务创新,提高服务质量。发挥保险业风险管理的优势,优化风险处置流程,提高风险处置能力,强化责任追究,守住风险底线,持续稳定地服务小微企业发展。

二、开发中小微企业贷款保险产品的指导意见

2015年1月8日,保监会、工业和信息化部、商务部、中国人民银行、银监会联合印发《关于大力发展信用保证保险服务和支持小微企业的指导意见》,对发展中小微企业贷款的保险服务提出了多项指导意见,其主要内容可以概括为以下几点:

1. 创新保险产品。鼓励保险公司与银行合作,针对小微企业的还贷方式,提供更灵活的贷款保证保险产品。鼓励保险公司针对自主品牌、自主知识产权、战

略性新兴产业等小微企业,细化企业在经营借贷、贸易赊销、预付账款、合约履行等方面的风险,创新开发个性化、定制化的信用保证保险产品。发挥保险机构风险管理优势,探索开展融资性担保机构中小企业担保贷款保证保险业务,扩大保险业服务小微企业规模。

2. 创新经营模式。鼓励各地结合当地实际情况,积极探索以信用保险、贷款保证保险等保险产品为主要载体,“政府 + 银行 + 保险”多方参与、风险共担的合作经营模式。鼓励各地在小微企业需求旺盛的地区先行试点,总结经验,完善机制,逐步推广。

3. 创新资金运用。鼓励保险公司发挥专业化投资及风险管控的优势,投资符合条件的小微企业专项债券及相关金融产品。鼓励保险资产管理机构探索设立夹层基金、并购基金、不动产基金等私募基金,支持小微企业、科技型企业等新兴产业、新兴业态发展。支持保险资金投资创业投资基金。

4. 扩大金融机构网点,延伸金融服务小微企业的地区,拓宽服务范围。各银监局、保监局应积极协调地方政府,提供政策优惠措施,鼓励银行、保险等金融机构在商业自愿原则的基础上到金融服务薄弱地区有序设立分支机构。鼓励地方金融机构将经营网点从省会及大中型城市向县域和乡镇等小微企业集中的地区延伸。

5. 完善风险评估政策,合理确定授信额度,提高金融机构风险容忍度。鼓励保险公司对优质小微企业提高信用保险承保额度。鼓励银行细化小微企业的风险评估指标,提高优质小微企业的风险容忍度,对优质小微企业购买信用保险进行保单融资给予支持,发挥保单对贷款的增信作用。

6. 充分运用中央和地方对小微企业信用保证保险支持政策,扩大保险覆盖面。保险公司要用好中央支持中小企业发展专项资金的奖励政策,积极拓展国内贸易信用保险业务,做好中小企业发展专项资金国内贸易信用保险奖励项目申报工作。鼓励地方政府建立小微企业信用保证保险基金,用于小微企业信用保证保险的保费补贴和贷款本金损失补贴。保险公司要用好各地政府贷款保证保险、出口信用保险的财政支持政策,向小微企业做好投保政策解读和宣导工作,扩大信用保险和贷款保证保险的覆盖面。

7. 推动银保合作,共同分担和防范化解小微企业贷款风险。推动银行和保险公司合作,引入贷款保证保险机制,对购买贷款保证保险进行贷款的小微企业,引导银行合理确定贷款利率,提高审贷效率。加强银保双方在客户开发、信息共享、欠款追偿等多个环节紧密合作。完善银保双方信息系统配套建设,实现银保信息互通互联。强化银保双方在信息披露、贷后管理、业务培训等方面的合作,全面排查风险,防范虚假贸易融资和骗贷骗赔风险。

8. 积极搭建小微企业信用信息共享平台,提升信息透明度。人民银行会同银监会、保监会、地方政府及相关部门推动小微企业信用体系建设,整合小微企业注册登记、生产经营、纳税缴费、劳动用工、用水用电等信息资料,建立信用信息共享平台,依法向征信机构开放。试点放开经营小微企业业务达到一定规模的保险公司接入人民银行征信系统,实现信息共享。

9. 鼓励再保险公司为小微企业提供再保险支持。鼓励再保险公司加强对小微企业信用风险的研究,引进国外成熟产品,帮助保险公司完善产品开发和风险分散,提供承保、理赔、精算和风险管理等技术支持,扩大保险公司对小微企业的承保能力。

三、对中小微企业贷款保险服务的监督措施

因保险公司为民间资本,其具有灵活性和开放性,但也因此更加需要来自外部的监督监管,对此,《关于大力发展信用保证保险服务和支持小微企业的指导意见》也提出了一般性的指导意见:

1. 加强监督,规范管理。各保监局要加强对小微企业相关保险业务的监督管理,依法查处保险公司条款费率报行不一、非理性价格竞争等行为。打击欺瞒、误导和出险后惜赔、少赔、拖延不赔等侵害小微企业利益的行为。各银监局要监督辖区内的银行机构规范与保险公司的业务合作,加强内控管理,切实提高银保双方小微企业合作业务的质量。

2. 加强组织领导,密切沟通协作。各部门要充分认识小微企业发展的重要性和紧迫性,建立务实高效的工作联系机制,加强部门间、地区间的协同联动,保持政策的一致性,切实将各项工作落到实处,取得实效。各保监局要加强与地方政府的沟通,会同当地有关部门,结合本地区发展实际,因地制宜地制定和细化各项政策措施,总结典型做法,完善各项制度,做好宣传,不断加强和改进对小微企业的金融支持和服务工作。

四、辽宁省对解决中小微企业融资困难的创新政策

针对中小微企业的融资困难问题,辽宁省独具创新性地提出建立“银政企保”紧密合作的融资担保体系,提升对民营和中小微企业的融资担保服务能力。鼓励地方政府、产业园区建立政府性融资担保机构,尝试设立支持投资、信贷、保险、担保、保理联动的投贷保联动引导基金。以辽宁政融担保中心为核心,组织30户优质融资担保机构建立融资担保服务体系,通过开展直保、再担保、分保、联保和代

出保函等多种业务,明显提升担保增信服务能力。推动建立由银行机构、信用评级机构和融资担保机构共同参与的商业化银担合作新模式,创新担保业务,探索产业链、供应链担保以及投保联动业务。完善政府、融资担保、银行、保险与企业紧密合作的融资担保服务体系,提供多样化的融资增信服务。财力较好的城市应列支专项资金,设立转贷基金、信贷风险补偿资金,协助企业缓解融资难。

第三十二条　创新发展自贸试验区企业融资租赁

自贸试验区应当支持企业拓展融资租赁经营范围、融资渠道,推进融资租赁证券化,发展工程建设、飞机、船舶等大型设备融资租赁,建设区域性融资租赁集聚区。

【解读】

本条是关于创新发展区内企业融资租赁的具体措施的规定。

一、融资租赁

(一)融资租赁的概念及发展背景

融资租赁是指出租人根据承租人的请求,与第三方订立供货合同,根据此合同,出租人出资购买承租人选定的设备。同时,出租人与承租人订立一项租赁合同,将设备出租给承租人,并向承租人收取一定的租金。融资租赁是集融资与融物、贸易与技术于一体的新型金融产业。由于其融资与融物相结合的特点,出现问题时租赁公司可以回收、处理租赁物,因而在办理融资时对企业资信和担保的要求不高,所以非常适合中小企业融资。

(二)区内企业融资租赁业务的操作流程

根据《推进中国(辽宁)自由贸易试验区外汇管理改革试点实施细则》的相关规定,辽宁自贸试验区对企业融资租赁业务的操作流程有以下规定:

1. 允许融资租赁类公司融资租赁业务境内收取外币租金

(1)区内金融租赁公司、外商投资融资租赁公司及中资融资租赁公司(以下简称融资租赁类公司)办理融资租赁业务时,如用以购买租赁物的资金50%以上来源于自身国内外汇贷款或外币外债,可以在境内以外币形式收取租金。

(2)承租人凭出租人出具的支付外币租金通知书、能够证明“用以购买租赁物的资金50%以上来源于自身国内外汇贷款或外币外债”的证明文件等,到银行办理对出租人的租金购付汇手续。

(3)区内融资租赁类公司收取的外币租金收入,可以进入自身按规定在银行开立的外汇账户(应划入其他资本项目专用账户);超出偿还外币债务所需的部分,可直接在银行办理结汇。

(4)融资租赁采用回租结构的,出租人可选择以外币或人民币形式向承租人支付租赁设备价款。承租人收取外币的,可以办理结汇。

2. 便利融资租赁项目货款支付

(1)允许区内融资租赁项目公司从境外购入飞机、船舶和大型设备并租赁给承租人时,凭合同、商业单证等材料办理付汇手续。

(2)单证审核要求。①区内融资租赁公司或其项目公司,从境外购入飞机并租赁给境内承租人的,凭国家发展改革委出具给航空公司的飞机购买或租赁批文、购买合同、商业单证等办理付汇手续。支付预付款时无法提供国家发展改革委批文的,可事后向银行补充提供。②区内融资租赁公司或其项目公司,从境外购入船舶和大型设备并租赁给境内承租人的,凭合同、商业单证等办理付汇手续。③区内融资租赁公司或其项目公司,从境外购入飞机、船舶和大型设备并租赁给境外承租人的,凭合同、商业单证等办理付汇手续,外汇局可按照无关单外汇支付方式进行核查。④区内融资租赁公司或其项目公司支付预付货款后须按规定通过货物贸易外汇业务监测系统(企业端)进行相应的企业报告。⑤付汇银行根据与境外签订的购买合同,办理对外支付手续时,若购买合同由联合购买人签订的,付汇银行根据合同办理融资租赁项目公司对外支付手续。⑥区内融资租赁公司或其项目公司购入飞机、船舶和大型设备并租赁给境内承租人,依据相关规定收取外币租金。

(3)监测管理。融资租赁项目公司支付预付货款后,由付汇银行办理相应的台账登记,跟踪项目进境或转租境外的情况,并及时报告外汇局。

二、融资租赁证券化

(一)融资租赁证券化的概念

融资租赁证券化是指融资租赁公司以一系列性质相同或相近,并可以产生稳定且持续的现金流的租赁资产作为基础资产进行证券化的过程。简单地说,融资租赁资产证券化的过程为,融资租赁公司将其拥有的租赁债权打包卖给租赁资产证券化的特殊目的载体,并取得转让租赁债权的资金,然后以该债权为抵押支持,发行租赁资产支持证券,二级市场的销售机构把该类证券销售给投资者,投资者以所持证券享有相应权益并承担相关风险。

(二)融资租赁证券化的运行原理

融资租赁证券化的核心原理是基础资产的现金流分析原理。进行证券化的资产可以是多种类别的资产,然而它们必须具备同样的先决条件,未来能产生可预见的现金流。资产证券化表面上看似是以基础资产作为支撑的,然而资产证券化的本质是将未来可预期的现金流进行重组后打包出售,因此是以基础资产产生的现金流为支撑的,这一点是证券化的精髓和本质,同时稳定的现金流是对资产支持证券进行评级和定价的重要依据。由此可见,可预见的现金流是资产证券化的基础,被证券化的对象是基础资产所产生相应的现金流,对基础资产的现金流进行分析,是产品设计是否成功的关键所在。

从当前市场机制来看,证券化产品的信息披露机制尚不完善,透明度还不够,基础资产信息的不透明使得资本市场不能准确地对产品的质量和风险水平做出判断,这使得产品的市场定价变得比较困难,其风险得不到有效释放,进而会影响流动性。因此,建议资产池中对应的每笔租赁业务的明细信息要对市场参与方公开,使得市场参与方能够直接根据公开信息评估产品的风险水平,同时也使得第三方估值机构能够提供更准确、公允的估值或风险判断。

三、自贸试验区内开展融资租赁业务的政策依据

(一)国家政策

2017 年 6 月 6 日,商务部、税务总局联合发布《关于辽宁等 7 个自由贸易试验区内资租赁企业从事融资租赁业务有关问题的通知》,通知要求各自贸试验区所在的省级商务主管部门会同同级国家税务局负责对融资租赁试点企业提交的相关材料进行审核,符合条件的企业将被纳入内资融资租赁试点范围企业名单,与商务部、税务总局发布名单的内资融资租赁试点企业享受同等待遇。

根据《商务部、国家税务总局关于从事融资租赁业务有关问题的通知》,内资融资租赁试点企业需要满足的条件为:最低注册资本金应达到 17000 万元;具有健全的内部管理制度和风险控制制度;拥有相应的金融、贸易、法律、会计等方面的专业人员,高级管理人员应具有不少于三年的租赁业从业经验;近两年经营业绩良好,没有违法违规记录;有与所从事融资租赁产品相关联的行业背景。并且融资租赁试点企业的风险资产(含担保余额)不得超过资本总额的 10 倍,若违反国家税收法律法规,偷逃税款,税务机关将依据《税收征收管理法》及有关税收法律法规的规定予以处罚,同时取消对该企业执行的融资租赁税收政策。

(二)辽宁自贸试验区沈阳片区优惠政策

在沈阳片区挂牌成立之日起,就开始实行《中国(辽宁)自由贸易试验区沈阳

片区促进融资租赁业发展的若干政策》，沈阳如今已经形成规模化的融资租赁集聚区。根据《政策》，在沈阳片区开展融资租赁业务、设立融资租赁公司，可以享受以下几个方面的优惠政策：

1. 简化市场准入程序。支持资信良好和业务成熟的融资租赁企业在沈阳片区设立项目子公司，不设最低注册资本金限制。

2. 鼓励企业落户增资、扩大业务规模。对于在沈阳片区注册，实缴注册资本金1.7亿元以上，且当年业务额达500万元以上的融资租赁企业给予落户奖励。对于已在沈阳片区落户，当年开展业务额达500万元以上，增加注册资本金3000万元以上的企业给予增资。对于当年融资租赁业务额比上年新增5000万元以上的企业给予奖励。

3. 支持融资租赁企业与小微企业、装备制造业、科技创新型企业、公共服务型企业合作。融资租赁企业对沈阳市小微企业免收融资租赁物保险费的，按照签订合同金额的1%给予补助，单笔合同补助金额不高于30万元，对每户企业年度补助总额不超过200万元。融资租赁企业对沈阳市装备制造企业免收融资租赁物保险费的，按照签订合同金额1%给予补助，单笔合同补助金额不高于40万元，对每户企业年度补助总额不超过300万元。融资租赁企业对科研院所或科技创新型企业免收融资租赁物保险费的，按照签订合同金额1%给予补助，单笔合同补助金额不高于50万元，对每户企业年度补助总额不超过400万元。融资租赁企业对沈阳市城市公交、公共医疗、地铁、水务、燃气、垃圾处理、污水处理、再生资源等公共服务型企业免收融资租赁物保险费的，按照签订合同金额的1%给予补助，单笔合同补助金额不高于60万元，对每户年度补助总额不超过500万元。

4. 吸引、培养融资租赁业高端人才。对于当年业务规模达5000万元以上，年度纳税总额进入沈阳片区同业前十名的企业，其聘用年薪30万元(含)以上的高级管理人员，按其缴纳个人所得税形成地方本级财力的100%给予奖励。鼓励行业协会、高校、企业和相关政府部门联合组建中国租赁业东北创新服务基地和东北融资租赁研究院。对于以中国租赁业东北创新服务基地为平台，开展信息交流、专业论坛、项目对接等活动，给予50万~100万元补贴。对于以东北融资租赁研究院为平台开展专业培训活动，给予100万~200万元补助。

第三十三条　创新应对金融风险

金融监管部门应当完善自贸试验区金融风险监测、评估、防范和处置制度，健全风险监控指标和分类规则，建立跨境资金流动风险全面监管机制。

【解读】

本条是关于自贸试验区创新应对金融风险的具体措施的规定。

一、金融风险的概念

建立自贸试验区所面对的金融风险,主要是指系统性金融风险,而不是个体风险。系统性金融风险,是指金融风险从一家金融机构传递到多家金融机构,从一个金融市场蔓延到多个金融市场,进而威胁整个金融体系的安全和稳定,并影响金融服务经济功能的正常发挥的情况。目前国际上对系统性金融风险还没有统一公认的定义,但是大部分人认为,系统性金融风险中的"系统性"有两方面含义:一是指一个事件影响整个金融体系的功能;二是指一个事件让看似不相干的第三方也付出了一定的代价。金融改革和创新是金融发展的根本动力和重要手段。防范和抵御金融风险、保持金融稳定是金融发展和改革的重要前提。众所周知,金融改革与金融风险往往相伴而生,因此金融创新与风险防范要并举并重。

二、金融风险的主要内容

自贸试验区金融改革中主要面临着以下五方面风险:

1. 政策风险。即政策设计中,存在瑕疵,导致政策实施中引发风险。

2. 操作风险。随着自贸试验区简政放权力度不断加大,银行办理业务复杂度不断提高,加之自贸试验区虹吸效应带来的业务规模扩大,金融改革带来的产品创新,都对金融机构提出了更高的要求,也使金融机构面临着更大的操作风险。

3. 跨境资金流动风险。自贸试验区作为推进资本项目可兑换的前沿,随着外汇管理改革进一步深化以及跨境人民币使用进一步扩大,资金受国内外经济形势影响程度加深。资金的跨境流动会更加频繁、迅速,特别在利率汇率改革未完全到位的情况下,资金流动与境内外利差、汇差相互作用,可能引起国际收支不平衡。

4. 统计监测风险。目前仅有上海自贸试验区"一行三会"通过两年的摸索建立了金融安全网、事中事后监管体系以及信息监测系统,较好地实现了自贸试验区金融一体化统计监测。其他自贸试验区目前尚未建立统一的监测系统,更没有针对四地自贸试验区整体金融数据的统计监测系统,技术支持不到位,难以及时识别风险,弱化了金融风险监测效果和防控。

5. 监管风险。随着自贸试验区不断开放,金融机构创新动力增强,跨区和跨境金融业务的复杂性也将大大增加。现行分业监管方式难以有效应对越发复杂的金融风险,对创新金融产品易产生监管盲区。

此外,自贸试验区不是一个独立的金融系统,而是衔接境外与境内“两种资源”和“两个市场”的通道,也是金融风险传递的跳板。跨境、跨区域造成的信息不对称以及资金来往过程中可能存在的“热钱”和洗钱活动,将使风险逐步体现,自贸试验区内的金融风险会通过跨境、跨业和跨市场等渠道对境内区外金融体系进行渗透。

三、其他国家对于应对金融风险的有益经验

1. 建立健康稳定的经济基础。金融开放的基础条件之一是健康稳定的宏观经济环境。金融开放需要强大的经济实力和强有力的货币地位支撑。美国是金融开放主要受益国,战后美国强大的经济实力,保证了金融开放的平稳进行,而开放的金融体系也促进了美元国际储备货币地位的形成,产生了美国的货币国际化、资本账户开放、实行浮动汇率制度、国内利率市场化这一比较特殊的开放路径。

2. 施行渐进式金融开放路径。世界上多数金融开放较为成功的国家基本采取“先内后外”顺序。新加坡、韩国这些国家先改革国内的金融市场、增强国内金融机构经营实力、奠定牢固的经济基础后,再逐步建立市场化的利率机制,鼓励资本市场的深化。在此基础上,建立一个比较有弹性的汇率制度,进而取消资本账户的管制。这种渐进式金融改革对国内冲击较轻,成为一种更加有效的开放路径。

3. 金融开放水平与监管水平要同步提高。从新加坡经验和墨西哥、泰国教训来看,金融开放水平提高的同时,金融监管能力也应同步加强。墨西哥、泰国的金融开放在给市场主体提供新机遇的同时,未有效应对新的金融风险,监管体系发展相对滞后,监管力量薄弱,金融系统无法吸收巨大的负面冲击,引发金融危机。若我国自贸试验区内与境内区外尚未建立有效的防火墙时,资本项目开放过快,步子迈得过大,大量资本无限制地进出,国际金融形势的任何变化或套利空间,都会导致资本的如潮水般单向流出或流入,冲击国内金融体系。当前,我国外汇储备在短期内迅速下降,便引起了监管当局对前期金融开放过快导致资本外流的担心。

4. 高度重视资金流动风险。从墨西哥、泰国、韩国改革后发生的金融危机来看,资金流动尤其是短期资金的大量进出,是引起金融市场动荡的重要因素。一方面,这些国家对短期资本引发风险缺少足够重视,放松短期资金流动限制,金融机构将借入的大量短期外债投放于国内长期项目,导致负债水平过高和资产负债

期限错配,增加了金融脆弱性。另一方面,监管层未充分意识到资金流动风险,经常项下逆差和资本项下资金流入的巨大顺差导致本币高估,而且汇率制度缺乏弹性,无法经受住国际游资的冲击。

四、自贸试验区应对金融风险的创新性措施

在自贸试验区金融创新制度设计以及金融改革过程中,采取了一系列措施,建立健全自贸试验区金融风险防控体系,防范化解金融风险,为金融改革顺利推进保驾护航。主要体现在以下七个方面:

1. 强化金融机构内控制度建设及管理要求。银行作为金融交易经办主体,抓住银行的牛鼻子对防控风险将起到事半功倍的效果。比如,国家外汇管理局下发自贸试验区外汇管理改革试点实施细则中,明确要求注册在自贸试验区内的银行以及办理自贸试验区内业务的省(直辖市)所属地区其他银行,应切实按照实施细则规定制定完善的内控管理制度并报外汇局备案。天津市各银行机构开办自贸试验区外汇业务时,均向外汇管理部门报备其相关内控管理制度和操作规程。内控制度的建立及管理要求的明确,有效降低金融机构业务办理中合规性操作风险。

2. 强化履行"三反"义务。为防止企业、个人借助自贸试验区相对宽松的金融监管环境与多元化金融创新工具非法转移资金,四地自贸试验区人民银行金融支持意见中均明确要求,经办自贸试验区业务的金融机构和特定非金融机构,按照法律法规要求切实履行反洗钱、反恐融资、反逃税义务。2014 年 2 月中国人民银行上海总部发布了《关于切实做好中国(上海)自由贸易试验区反洗钱和反恐怖融资工作的通知》,明确提出了相关措施及要求,防范非法资金跨境、跨区流动,确保各项金融改革与发展政策措施在自贸试验区的平稳运行。

3. 构建自贸试验区金融宏观审慎管理体系。探索在自贸试验区建立境外融资与跨境资金流动宏观审慎管理政策框架,设定灵活的、切合实际的、可根据宏观经济形势灵活调节的宏观审慎系数,根据不同的宏观经济形势,调节宏观审慎系数,实现对风险的管控。如 2018 年 1 月在各个自贸试验区同时落地的全口径跨境融资宏观审慎管理政策,通过调节相关系数和因子来直接调控市场主体的跨境融资规模。探索在自贸试验区内建立和完善跨境资金流动风险监测预警指标体系,全面监测分析跨境资金流动,完善跨行业、跨市场的金融风险监测评估机制,加强对重大风险的识别和系统性金融风险的防范,防止跨境资金大进大出。

4. 加强金融监管协调。为加强自贸试验区金融开放创新试点的统筹协调,四地自贸试验区通过不同形式加强金融监管协调。如天津、上海分别成立了自贸试

验区金融工作协调推进小组,均由市政府分管领导担任组长,国家金融管理部门派出机构和市政府有关部门作为成员单位,共同做好创新促进、监管协调、风险防范、环境营造工作。

5. 建立完善金融监管机制和风险监测体系。加强金融风险防范、完善跨境资金流动监测分析机制,建立和完善系统性风险预警、防范和化解体系,守住不发生系统性、区域性金融风险底线是自贸试验区金融改革创新的基础。人民银行上海总部会同上海市政府有关部门和金融监管部门建立了跨部门的跨境资金监测分析与应急协调机制,综合运用自贸试验区信用平台和各金融监管部门的信息,提升风险联合防范和处置能力,共同应对跨境资金流动的风险,营造良好金融发展环境。

6. 探索建立本外币一体化管理机制。当前跨境本外币交易同质业务政策存在差异,监测系统不同、监管分属不同部门。相关主管部门以自贸试验区为切入点,试点本外币一体化管理政策,如在自贸试验区推出全口径跨境融资宏观审慎管理,统一了本外币外债管理要求。与此同时,不断深化跨部门联合监管的深度和广度,综合利用金融机构及企业主体的本外币数据信息,对企业、个人跨境收支进行全面监测、评价并实施分类管理。

7. 加强自贸试验区金融消费权益保护。自贸试验区内金融机构逐步建立健全金融消费权益保护工作体系,不断完善客户权益保护机制,担负起保护消费者的主体责任。加强自贸试验区金融创新产品相关知识普及,重视风险教育,提高消费者的风险防范意识和自我保护能力。尝试建立金融机构、金融监管、行业组织以及司法部门间协调机制,探索构建和解、专业调解、仲裁和诉讼在内的多元化金融纠纷解决机制。

第六章　老工业基地结构调整

第三十四条　国有资产监管与改革

自贸试验区探索完善以管资本为主的国有资产监管体系，实行分类监管、分类改革。省级以下国有创投企业实行国有资产评估报告事后备案制，简化其股权投资退出程序。

【解读】

本条是关于国有资产监管与改革原则的规定。

一、国有企业在提升东北老工业基地发展整体竞争力的作用

一个地区的整体竞争力要看该地区重要的支柱产业市场竞争力强弱，国有企业比重高，企业活力不足，管理落后，是东北老工业基地的特点，因此，国有企业如何改革，就成为涉及整个东北地区企业活力增强，整体竞争力上升的重要环节。

据2015年9月《经济日报》报道，东北经济急剧下滑的一个重要原因，就是传统产业比重过高，而新兴产业成长缓慢。政府投资的国企往往都集中在传统产业，因为新兴产业的发展，常常是不依政府指令性计划为转移的市场行为。传统产业占比过高，也意味着国企数量巨大。根据统计资料，辽宁省的国有经济占比超过30%，吉林省超过40%，黑龙江省超过50%，都远远高出全国平均水平。黑龙江省现有规模以上企业4113家，国有企业比重接近70%。国有经济比重过大，使得经济运行内生动力不足、结构调整艰难，这是东北三省政府官员、企业领导、专家学者的共同看法。当然，这并不是说国有经济就没有效率，并不是要将所有国企都私有化。习近平总书记指出："推进国有企业改革，要有利于国有资本保值增值，有利于提高国有经济竞争力，有利于放大国有资本功能。"国有企业是推进现代化、保障人民共同利益的重要力量，是实现公平正义、共同富裕的经济基础。国有企业不仅在锻造国家工业体系、上缴税收等方面做出巨大贡献，而且在抗险救灾、抵御国际金融危机过程中，显示出强烈的历史担当。把国有企业做大做强做优是

改革的目标,但由于历史的原因,不可能所有国企都能够具有市场竞争力,一些已经丧失市场竞争能力的国有企业,应该尽早重组或出清。而民营经济具有相当的市场活力,这是社会主义市场经济实践所验证的。民营经济活跃的广东、浙江、福建等省份,早于东北出现经济增速小幅下滑,但经过市场调整初步度过转型阵痛后,增长速度迅速回升,成为全国稳增长的中坚动力,就充分说明了市场的力量。

以黑龙江为例,该省现有 13 个地级市,除了 1 个油城大庆,还有 4 个煤城、2 个"林城";没上"榜单"的哈尔滨、齐齐哈尔等,则是集中了一批历史悠久、负担沉重的大型国企的老工业基地。黑龙江的现状是整个东北的缩影。也正是这种结构,导致"大庆'打喷嚏',全省就'感冒'"。大庆油田每年减产 150 万吨的消息,加剧了人们对黑龙江乃至东北经济的担忧。150 万吨原油的产值,相当于东北一个中等城市的 GDP,仅此一项就拉低了黑龙江全省工业增加值 1.5 个百分点。"不能再唱'工业一柱擎天,结构单一'的'二人转',要做好加减乘除的四则运算。"2015 年全国"两会"期间,习近平总书记风趣地说。在不久前召开的长春座谈会上,总书记提出"四个着力"的要求,其中之一就是"着力推进结构调整"。在全面深化国企改革中加快结构调整,是东北振兴的破题之举,也是辽宁自由贸易试验区探索创新体制机制,进而为国有企业改革提供可复制可推广经验的必由之路。

二、立法依据

本条的规定在上海、广东、天津、福建四个自贸试验区条例中均有可参考的条文。自由贸易试验区按照 1 +3 +7 的走势(注:2018 年又增加了海南自由贸易试验区),各自的战略定位是不同的,国务院印发的《总体方案》中对辽宁自贸试验区的战略定位规定是:以制度创新为核心,以可复制可推广为基本要求,加快市场取向体制机制改革、积极推动结构调整,努力将自贸试验区建设成为提升东北老工业基地发展整体竞争力和对外开放水平的新引擎。这就确定了提升东北老工业基地发展整体竞争力是战略定位之一。

本条主要参考了《总体方案》第三部分主要任务中的"(五)加快老工业基地结构调整"。该部分内容中的第十一条规定:"深化国资国企改革。完善国有企业治理模式和经营机制,实施分类监管和改革,探索健全以管资本为主的国有资产监管体系。稳妥推进自贸试验区内企业混合所有制改革,探索各种所有制资本优势互补、相互促进的体制机制。建立健全产权清晰、权责明确、政企分开、管理科学的现代企业制度。推进经营性国有资产集中统一监管,优化国有资本配置,放大国有资本功能,大力推进国有资产资本化。简化地方国有创投企业股权投资退出程序,地方国有创投企业使用国有资产评估报告实行事后备案。"

三、与自贸试验区国企改革相关的国家政策

自2012年11月8日党的十八大召开以来,中共中央、国务院及其有关部门对东北老工业基地振兴特别关注,2014年8月8日,国务院颁布了《关于近期支持东北振兴若干重大政策举措的意见》(国发〔2014〕28号)。2015年12月30日,中共中央政治局召开会议,审议通过《关于全面振兴东北地区等老工业基地的若干意见》,该文件于2016年4月26日以中共中央、国务院的名义全文发布,即“中发〔2016〕7号文件”。2016年8月22日,国家发展改革委印发《推进东北地区等老工业基地振兴三年滚动实施方案(2016－2018年)》,分年度明确了137项重点工作和127项重大项目,预计总投资规模在1.6万亿元左右。努力保持投资需求稳定增长,打好投资组合拳是《实施方案》的一大亮点。《实施方案》提出了拟于2016～2018年开工建设的对东北振兴有全局性重要影响的、能够有效补短板和培育新动能的重大项目,共127项,其中2016年62项、2017年33项、2018年32项,主要涉及交通(含铁路、高速公路、机场、轨道交通)、能源、水利、工业、农业、城乡建设等多个领域。在着力完善体制机制方面,《实施方案》明确了加快完善政府管理体制、深化国企改革,促进民营经济发展等领域工作任务,包括制定和组织实施东北地区国有企业改革方案,在东北地区改组组建一批国有资本投资公司和运营公司,在部分转制科研院所和高新技术企业开展股权和分工激励工作等。多项政策可谓一脉相承。

其中,国发〔2014〕28号文件中对深化地方国有企业改革作了如下规定:“地方政府要分类推进国有企业改革,拿出本级国有企业部分股权转让收益和国有资本经营收益,专项用于支付必需的改革成本。充分利用各类资本市场,大力推进国有资产资本化、证券化。有序推进混合所有制企业管理层、技术骨干、员工出资参与本企业改制。”中发〔2016〕7号文件关于进一步推进国资国企改革作了以下规定:“深化国有企业改革,完善国有企业治理模式和经营机制,真正确立企业市场主体地位,解决好历史遗留问题,切实增强企业内在活力、市场竞争力和发展引领力,使其成为东北老工业基地振兴的重要支撑力量。东北各省区要根据党中央、国务院统一部署,研究制定深化国有企业改革具体实施意见。按照不同国有企业功能类别推进改革,以产业转型升级为引领,改组组建国有资本投资、运营公司,扎实推进国有经济布局战略调整,创新发展一批国有企业,重组整合一批国有企业,促进国有资产保值增值。支持人才资本和技术要素贡献占比较高的转制科研院所、高新技术企业和科技服务型企业通过增资扩股、出资新设等方式开展员工持股试点。加强国有企业党的建设,强化国有资产监督,严格责任追究,防止国

有资产流失。支持总部设在东北地区的中央企业先行开展改革试点。研究中央企业与地方协同发展、融合发展的政策,支持共建一批产业园区。加大中央国有资本经营预算对东北地区中央企业的支持力度。加快推进地方国有企业改革,支持探索发展混合所有制经济的具体模式和途径。”与此相同的是,在国务院颁布的《总体方案》中,对国有企业改革又做了进一步的描述,三个文件叠加,结合自由贸易试验区有先行先试的政策优势,可以想象,自由贸易试验区内的国资监管和改革的思路及创新脉络,应该相对明确和清晰。

四、自贸试验区内国有资产改革的重点和难点

首先,我们要了解辽宁自贸试验区的分布状态:辽宁自贸试验区的实施范围119.89平方公里,涵盖三个片区:大连片区59.96平方公里(含大连保税区1.25平方公里、大连出口加工区2.95平方公里、大连大窑湾保税港区6.88平方公里),沈阳片区29.97平方公里,营口片区29.96平方公里。可以说,除大连片区外,沈阳片区和营口片区都处于新开发的区域,国企改革的基础是要有国企,否则,自贸试验区的这项任务就成为空谈,《条例》有关国有企业改革的规定的用途就会大打折扣,甚至归于无用,法律的生命力在于适用,解决这一问题的关键不在于片区之内原本有无国有企业,其实,各级政府完全可以经过仔细甄别,确定相应需要改革试点的国有企业,将注册地变更为相应的自贸试验区内片区内,进行改革试点,这样反而更有针对性和方向性。

其次,要彻底改变以往管理国有企业的惯性思维。作为国有企业的投资主体绝大部分是国有资产管理部门和财政部门。按照本条规定,要脱离管人管事的管理方式,实质上就是将国有企业彻底推向市场,仅仅从管理国有资本的角度出发,以适应市场经济以及公司治理的观念去管理企业,也就是说,要按照公司治理体系,将权利完全分解为股东会、董事会以及总经理,各司其职,各尽其责,摆脱出资机构大包大揽的管理方式。此外,国有企业的管理者也应该改变思路,管理者也应该从观念上改变企业的全部事务完全依赖政府及出资部门的理念,在公司章程及公司法范围内规定的权利缩手缩脚,不敢为不愿为,盈利与己无关,亏损有出资部门兜底,有这种理念的人,根本不适合国有企业改革试点工作;显然,要想改革试点取得成效,除了政策以外,人才必将起到决定性作用,政府确定改革方向后,完全可以通过人才流动将有识之士招聘到国有企业履行管理职责,甚至是高级管理人员,也可以由高管自行组织管理团队,自行提出改革方案。当然,根据本条规定,也可以通过创投企业在片区内进行投资,按照改革试点的需要,从头进行完全市场化的公司制设立模式,从而对相关创新措施进行试验。

最后,必须摒弃国有企业在自贸试验区外同样在推进改革,区内区外没有区别的思维模式。一是,辽宁自由贸易试验区不属于辽宁,属于国家经济发展战略的重要组成部分,至少肩负着东北地区先行先试的作用,从这一点来看,区内改革试验意义与区外不能同日而语;二是,切不可认为国家有关国企改革的政策在区内和区外是一样的,无须将国企转入自贸试验区内进行试验,如果我们研究之后,仍然认为没有不同,只能说明我们没有找到试验的突破口,国家关于国企改制的有关政策,是国企改制的基础性政策,深挖国企改革,让国企充满活力才是试验区先行先试的真正要义;三是,要掌控国企改革的风险和机遇,敢于担当,敢于试错。改革就必然会触碰一些既得利益和局部利益,按照国家政策,要处理好有关企业改革的历史遗留问题,该移交的移交,该分离的分离,长痛不如短痛;四是,及时总结可复制可推广的经验,在辽宁乃至东北地区可以成熟一条,推广一条,成熟一批推广一批,在推广中,只要不违反国家法律的,要根据不同行业,不同规模,适当调整,待彻底成熟后,再行将可复制可推广经验上报国家实施。

第三十五条　推进自贸试验区国企混合所有制改革

自贸试验区以建立资本优势互补、相互促进的体制机制为目标,推进区内国资国企的混合所有制改革。鼓励各类投资者以出资入股等方式参与国有企业改制重组,鼓励改组组建国有资本投资、运营公司,开展国有企业职业经理人试点。

【解读】

本条是关于国资国企混合所有制改革的相关规定。

一、混合所有制与国资国企改革的关系

十八届三中全会通过的《中共中央关于全面深化改革若干重大问题的决定》明确指出:"积极发展混合所有制经济。国有资本、集体资本、非公有资本等交叉持股、相互融合的混合所有制经济,是基本经济制度的重要实现形式,有利于国有资本放大功能、保值增值、提高竞争力,有利于各种所有制资本取长补短、相互促进、共同发展。允许更多国有经济和其他所有制经济发展成为混合所有制经济。国有资本投资项目允许非国有资本参股。允许混合所有制经济实行企业员工持股,形成资本所有者和劳动者利益共同体。完善国有资产管理体制,以管资本为主加强国有资产监管,改革国有资本授权经营体制,组建若干国有资本运营公司,

支持有条件的国有企业改组为国有资本投资公司。国有资本投资运营要服务于国家战略目标,更多投向关系国家安全、国民经济命脉的重要行业和关键领域,重点提供公共服务、发展重要前瞻性战略性产业、保护生态环境、支持科技进步、保障国家安全。”这是党确定的混合所有制改革的方向。

截至2015年年底,中央企业混合所有制企业户数占比已达67.7%。截至2016年11月,有十多个省市制定了监管企业重组整合的实施方案或意见,十七个地方监管企业及各级子企业中混合所有制企业数量占比已经超过50%。

所有这些都表明,混合所有制改革是国资国企改制的一种重要方式,但是,在自贸试验区内进行的国资国企混合所有制改制,如果和区外的方式方法上一致,这明显不属于自贸试验区先行先试的目的,所以,既要坚持国家有关国资国企改制的文件要求,还要进行大胆创新,激发国资国企的活力,这才是自贸试验区内的混合所有制企业改制目标所在。

二、立法依据

本条主要参考《总体方案》主要任务与措施部分中有关“加快老工业基地结构调整”第十一条的规定:“深化国资国企改革。完善国有企业治理模式和经营机制,实施分类监管和改革,探索健全以管资本为主的国有资产监管体系。稳妥推进自贸试验区内企业混合所有制改革,探索各种所有制资本优势互补、相互促进的体制机制。建立健全产权清晰、权责明确、政企分开、管理科学的现代企业制度。推进经营性国有资产集中统一监管,优化国有资本配置,放大国有资本功能,大力推进国有资产资本化。简化地方国有创投企业股权投资退出程序,地方国有创投企业使用国有资产评估报告实行事后备案。”

三、混合所有制改革的相关政策

《中共中央关于全面深化改革若干重大问题的决定》无疑是混合所有制改革的纲领性文件,《中国(辽宁)自由贸易试验区总体方案》既是本条法律立法参考依据,也是正确适用法律应当参考的文件。

2015年8月24日颁布的《中共中央、国务院关于深化国有企业改革的指导意见》对深化混合所有制改革提出了具体部署和推进意见,2015年9月23日国务院印发了《关于国有企业发展混合所有制经济的意见》,2016年2月26日、2016年8月2日,相关部委分别印发了《国有科技型企业股份和分红激励暂行办法》《关于国有控股混合所有制企业开展员工持股试点的意见》,政策体系日趋成熟。

2014年10月28日,辽宁省国资委下发的《关于印发〈关于深化省属企业劳动用工和收入分配制度改革的实施方案〉》,2014 年,省委、省政府印发了《关于进一步深化全省国资国企改革的意见》(辽委发〔2014〕12 号),2015 年 6 月 8 日,辽宁省人民政府下发《关于深化国有企业改革的政策意见》,辽宁省发改委下发了《辽宁省组建省属企业集团工作规则(试行)》,辽宁省国资委还出台了《深化省属国有企业负责人薪酬制度改革的意见》《辽宁省国资委权责清单》《省属企业专项改革试点工作方案》等 16 个改革配套文件和方案。

四、混合所有制改革的难点和热点

虽然混合所有制改革已经日趋完善,实践推进也有了进展,但是,改革首先要了解误区,这样才能更加大胆地进行试验和改革。

(一)混合所有制改革的本质

不能狭隘地理解为将单一制的国有企业股权改制成多个国有持股的股权制企业,混合所有制改革的本质在于财产权属于不同性质所有者的企业所有制改革,其形式既可以是国有股份或集体股份与外资股份联合的股份制企业,也可以是国有企业或集体企业与民营企业联合组成的企业,还可以是国有股份与个人出资联合组成的混合所有制企业。

(二)混合所有制改革的方式

混合所有制改革一定要信息透明公开、定价符合市场规律、交易程序公平、杜绝“暗箱操作”,这是长期以来困扰在国有企业改革中的难题,也是国有资产流失或者被怀疑国有资产流失的主要成因,程序公正、交易公平、信息公开、法律严明是确保混合所有制改革的基础。那种宁愿将国有股份在静态中化掉,也不愿意通过交易进行股权最优配置,进而实现更大的国有资产保值增值,“因噎废食”的观念必须予以摒弃。

(三)国有企业改革并非全部国资国企改革

既不能认为只有推进国有企业混合所有制改革才是深化国有企业改革,将混合所有制改革等同于国有企业改革;也不能因为混合所有制改革推进“获得感”不明显,进而否认国资国企混合所有制改革的进展。

(四)要切实把握分类分层改革

当前,在一定程度上存在对国有企业混合所有制改革政策理解不透,或者工作不够仔细,对国有企业改革仅仅笼统掌握,忽视了新时期国有企业改革“分类分层”的前提,必须掌握新时期国企改革是以国企功能分类为前提,甚至可以概括为“分类阶段改革”,不同类型的企业,国有持股比例要求不同,企业治理机制也有差异,甚至是否进行改革,如何改革,这些问题必须围绕功能定位和类型确定、并以向社会公开透明为前提。

(五)国有企业改革必须在法律的框架内进行

混合所有制改革是一项非常复杂的系统性工程,涉及股权结构设计、各方利益调整、激励机制重构、产权市场交易以及资本价值判断等企业内外的各种活动,要求各类产权得到公平保护,无论是加快推进还是全面推进,对混合所有制改革既有紧迫感,还要有足够的耐心,改革推进要以相关法律法规建设和完善为前提,所以,在自贸试验区内改革试点的空间和范围应该更大、更广一些。

此外,国有企业改革还要摒弃"重股权、轻治理""重约束、轻激励""重结果、轻过程"等一些误区,以企业市场化演进为要点,掌握国有企业混合所有制改制的根本所在。

第三十六条 推进一体化协同发展

自由贸易试验区应当优化内陆无水港布局,增强自贸试验区口岸服务辐射功能,探索开展货物通关、贸易统计、"经认证的经营者"互认、检验检测认证等方面合作。

加快实现自贸试验区与东北其他地区口岸间互通互联,推进东北地区在研发设计、生产销售、物流配送、人才交流、教育培训等方面的协同配合。

【解读】

本条是关于推进一体化协同发展原则的规定。

一、推进东北一体化协同发展

推进东北一体化协同发展具体体现在区域监管、区域合作两方面。

站在自由贸易区企业的角度,总是期望以最小的资金成本、最快捷的通关速度、最便利的交通物流把货物入库。达成如此美好的期望,推进东北一体化协同发展是实现美好愿望的强大助力,准确来说需要的是监管部门良好的、成熟的体制机制为依托,企业良好的运作模式,优良的交通腹地,以及监管部门和企业间双方的充分信任,甚至需要政府监管部门之间的沟通合作、政府与企业之间的信任合作、企业与企业之间的业务合作。

(一)实现推进东北一体化协同发展,区域监管是基础

由于自由贸易区是通过贸易伙伴之间签署协定,互相之间开放市场,逐步取

消绝大部分货物的关税和非关税壁垒,并允许船舶自由进出,在服务业领域改善市场准入条件,实现贸易和投资的自由化。进入自由贸易区的行业、各个企业享有充分的经济自由,区内可进行制造、加工、装配、和贸易业务活动,货物进入可不缴纳关税、不受配额限制,并具有无期限地储存等经济自由化特征,据此,区域监管尤为重要。在2016年11月国务院印发的《关于做好自由贸易试验区新一批改革试点经验复制推广工作的通知》中提出,“国际海关经认证的经营者(AEO)互认制度”“国际航行船舶检疫监管新模式”等14项贸易便利化试点经验;以及“引入中介机构开展保税核查、核销和企业稽查”“海关企业进出口信用信息公示制度”2项事中事后监管经验,这些成熟的自由贸易区的经验是建设和发展辽宁自由贸易试验区可以复制并参考学习的。

辽宁自由贸易试验区主要包括沈阳片区、营口片区、大连片区,是东北地区海陆联运中心,是我国东北地区走向世界的海空门户,是东北亚国家经贸往来和开放合作的重要枢纽。营口片区和大连片区有成型的对外贸易港口,以营口港和大连港为依托,增强港口口岸服务辐射功能,以带动辽宁乃至东北进出口业务,在此基础上,优化建设内陆无水港布局。辽宁自由贸易试验区在东北三省地区具有举足轻重的作用,依托营口片区、大连片区以及沈阳片区现有的物流服务和交通体系等,完善辽宁自由贸易试验区的建设,在辽宁自由贸易区内外形成水运、空运、铁路、公路、管道等多式联运衔接顺畅、完善的交通服务体系,推动营口、大连口岸与内陆口岸的通关协作,完善多式联运体系,增强对东北地区乃至京津冀地区的转口贸易服务功能,推动东北亚国际航运中心、国际物流中心建设进程,形成面向东北亚开放合作的战略高地,并进一步提升对东北地区以及京津冀地区的辐射服务能力。

(二)实现推进东北一体化协同发展,区域合作是核心

任何一个区域合作都有其自身特点,只有适应该区域特点,合作才能取得成效。区域经济与全球化已成为当今世界经济发展的两大重要趋势。区域合作通过区域内各地区之间的分工协作,可以更有效地利用资源和市场,促进区域经济的共同发展和繁荣。东北三省处于同一经济发展水平,可以在产业、产品间按照区域进行集约化生产,区域内各企业可在更大的市场范围内进行水平分工。目前,区域的产业合作还处于很低的水平,产业合作是促进区域内生产要素合理配置的重要举措。区域合作将成为推进东北一体化协同发展的重要支撑点。

加快实现自由贸易试验区与东北其他地区口岸间互通互联,推进东北一体化协同发展可以从研发设计、生产销售、物流配送、人才交流、教育培训等方面协同配合。辽宁地区有营口港、大连港,并有着较为完善的内陆物流线路;东北三省有

着全国知名的高校,从人才培养、教育培训、设计研发有着强大后盾。各方面相互配合,以实现推进东北一体化协同发展。

二、立法依据

根据国务院印发的《总体方案》中对战略定位的规定可得出,提升东北老工业基地发展整体竞争力是战略定位之一,而推进东北一体化是提升东北老工业基地发展整体竞争力的主要措施之一。

本条主要参考了《总体方案》第三部分主要任务中的“(五)加快老工业基地结构调整”,该部分内容中的第十五条规定:“推进东北一体化协同发展。增强自贸试验区口岸服务辐射功能,完善海关通关一体化改革,开展货物通关、贸易统计、‘经认证的经营者’互认、检验检测认证等方面合作,逐步实现信息互换、监管互认、执法互助。优化内陆无水港和物流网络布局,加速实现自贸试验区与东北其他地区口岸间互通互联,推进东北地区在研发设计、生产销售、物流配送、人才交流、教育培训等方面的协同配合。”

三、与自由贸易试验区推进一体化发展相关的国家政策

自2012年11月8日十八大召开以来,中共中央、国务院及其有关部门对东北老工业基地振兴特别关注,并多次强调抓好新一轮东北老工业基地振兴,重点要在四个方面着力,其中之一是着力推进结构调整。2014年8月8日,国务院颁布《关于近期支持东北振兴若干重大政策举措的意见》,即国发〔2014〕28号文件对区域合作、推进一体化发展作了如下规定:扩大向东北亚区域及发达国家开放合作、打造一批重大开放合作平台、加强区域经济合作,推动东北地区与环渤海、京津冀地区统筹规划,融合发展。完善东北三省区域合作与协同发展机制,探索部门与地方协同推进合作的有效渠道,健全推进落实措施,深化多领域务实合作。大力推进东北地区内部次区域合作,编制相关发展规划,推动东北地区东部经济带以及东北三省西部与内蒙古东部一体化发展。2016年11月国务院印发《关于做好自由贸易试验区新一批改革试点经验复制推广工作的通知》,即国发〔2016〕63号文件对自由贸易区的事中监管和事后监管作出了指导性的建议。在国务院颁布的《总体方案》中,对推进东北一体化协同发展又作了进一步的细化规定,从海关、物流、人才、检验检测等多方面进行了不完全列举,要求从多个方面进行协同配合,以达到实现一体化发展的目的。

四、自由贸易试验区内推进一体化发展的重点和难点

自由贸易试验区内推进一体化发展的重点和难点是区域监管,包括物流中心的建设、经营者信息的认证等,自由贸易试验区要与国际市场进行深入融合,就必须改变现有的一些行政管理模式,建设适应国际化、市场化、法治化要求和贸易投资便利化需求的服务体系。自由贸易试验区中有很多行政职能改革措施,如行政方面实行审管分离,建立综合统一的行政审批机构,建立“事中事后”的管理模式和“一口受理”的服务模式等,对有资质的服务型行业进行认证过的企业,予以免除二次认证。辽宁自由贸易试验区的建设对于我们来说是新的事物,许多改革、创新仍处于探索阶段,我们应大胆试验、勇敢创新、包容试错,同时完善法律、改进法规、谨慎操作,以有效管控系统性风险。

第三十七条　创新发展自贸区物流、贸易

自贸试验区建立整合物流、贸易等功能的运营中心,探索发展大宗商品国际贸易,拓展新交易品种。加快推进跨境贸易电子商务平台建设,推进跨境电子商务综合试验区与自贸试验区协同发展,支持开展跨境电商综合试验试点,探索合作共建、政策共享新机制。

自贸试验区建立服务于东北区域的现代化物流服务体系,开展专属物流园区建设,完善东北地区集疏运体系和保税物流网络。

【解读】

本条是关于自贸区物流、贸易的发展方向的规定。

一、整合并建立新式自贸区物流、电子商务贸易

从2012年开始我国相继在上海、重庆、深圳、苏州、青岛、郑州等城市进行跨境电商物流试点,并取得了很大成效。我国2015年跨境电商交易规模5.4万亿元,占进出口总额的19.5%,同比增长28.6%;2016年跨境电商交易规模达6.7万亿元,占进出口总额的25.5%,同比增长24%;2017年跨境电商整体交易规模(含零售及B2B)达7.6万亿元人民币。有研究预计,到2020年,跨境电商交易总额将达到12万亿元,占中国进出口总额的约37.6%。相比之下,我国对外贸易从2010年开始每年增幅不超过10%,2015年和2016年连续两年为负增长。通过以上数据分析,跨境电子商务发展模式是未来对外贸易快速发展的引擎。

电子商务的发展离不开完善的现代信息化的物流配套设施。物流包含了运输、储存、流通加工、配送、装卸搬运、包装和信息处理等内容,现代信息化物流是指采用现代物流信息技术和智能化物流信息系统,利用国内和国外的物流网络,选择最佳的方式与路径,以最低的费用和最小的风险,实现货物在国内外的流动与交换。跨境电商是指分属不同关境的交易主体,通过国内外电子商务平台达成交易、进行支付结算,并通过跨境物流送达商品、完成交易的一种国际商业活动,其具有交易成本低、速度快、简便、高效等特点。高效低价的物流存储、运输、配送等是现代化电子商务贸易实现高效生产和大量销售的必备条件。通过现代化物流体系运输将商品运送到更远的地方销售、运用现代化交通使商品更快到达客户手中,这就产生了空间效用和时间效用,大大地增加了企业的发展机会。因此物流也被称为"第三利润源"。可以说物流就是自贸区的流动血脉,自贸区的发展离不开完善的现代信息化物流体系。

近些年我国东北老工业基地受产业转型变革、能源枯竭等问题影响,经济发展缓慢,人才流失严重。辽宁省相对其他两省有很大的地理优势,辽宁省海岸线长,与朝鲜、韩国、日本、俄罗斯、蒙古距离近,处于贸易中心地位,海、陆、空交通运输便利,发展国际贸易有非常大的优势。辽宁工业基础完善、设施齐全,鼓励商贸和快递等现代化物流发展,培育大数据、云计算、工业互联网等新一代信息技术产业发展,优化物流网络布局,积极加强国际交流与合作,对升级东北经济结构、发展东北经济、振兴东北老工业基地具有强劲的推动作用。

二、立法依据

本条参考了上海、广东、天津、福建四个自贸试验区中有关物流和跨境电子商务中的有关规定。制定依据主要是《总体方案》第三部分主要任务和措施中的"(三)推进贸易转型升级"和"(六)加强东北亚区域开放合作"。该部分内容中的第五条规定:"实施贸易便利化措施。依托电子口岸公共平台,完善国际贸易'单一窗口'的货物进出口和运输工具进出境的应用功能,实现贸易许可、资质登记等平台作用,将涉及贸易监管的部门逐步纳入'单一窗口'管理平台,进一步优化口岸监管执法流程和通关流程。将出口退税申报功能纳入'单一窗口'建设项目。推进自贸试验区内各区域之间通关一体化。大力发展转口贸易,放宽海运货物直接运输判定标准。优化沿海捎带业务监管模式,提高中资非五星旗船沿海捎带业务通关效率。在执行现行税收政策的前提下,提升超大超限货物的通关、运输、口岸服务等综合能力。鼓励企业参与'自主报税、自助通关、自动审放、重点稽核'等监管制度创新试点。加快形成贸易便利化创新举措的标准化制度规范,覆盖到所有符合条件的企业。自贸试验区内的海关特殊监管区域实施‘一线放开’‘二线安全高效管住’的通关监管服务模式。在确保有效监管前提下,在海关特殊监管区域探索建立货物状态分类监管模式。在严格执行货物进出口税收政策的前提下,允许在海关特殊监管区域内设立保税展示交易平台。试点开展境内外高技术、高附加值、风险可控的维修业务。对注册在自贸试验区海关特殊监管区域内的融资租赁企业进出口飞机、船舶和海洋工程结构物等大型设备涉及跨关区的,在确保有效监管和执行现行相关税收政策的前提下,按物流实际需要,实行海关异地委托监管。”第六条规定:“完善国际贸易服务体系。建立离岸贸易制度,发展离岸贸易。培育跨国企业设立面对国内外两个市场的结算中心和区域性总部,建立整合物流、贸易等功能的营运中心。依托大连商品交易所,支持拓展新的交易品种,促进发展大宗商品国际贸易。探索建立与国际大宗商品交易相适应的外汇管理和海关监管制度。鼓励国内期货交易所在自贸试验区海关特殊监管区域内开展期货保税交易、仓单质押融资等业务。在总结期货保税交割试点经验基础上,扩大期货保税交割试点的品种。推动自贸试验区内符合条件的原油加工企业申请原油进口及使用资质。鼓励自贸试验区内企业统筹开展国际国内贸易,形成内外贸一体化发展促进机制。推进对外文化贸易基地建设,深化艺术品交易市场功能拓展。推动检测维修、生物医药、软件信息、管理咨询、数据服务、文化创意等服务外包业务发展。依托中国(大连)跨境电子商务综合试验区,加快推进跨境贸易电子商务配套平台建设。按照公平竞争原则,完善海关监管、检验检疫、退税、物流等国际贸易支撑系统。鼓励设立第三方检验鉴定机构,积极推进采信第三方检验鉴定结果。”第十九条规定:“建设现代物流体系和国际航运中心。打造面向东北亚的现代物流体系和具有国际竞争力的港航发展制度与运作模式。深化自贸试验区多港区联动机制,推进海陆空邮联动发展。建立航空物流枢纽中心,促进港航要素集聚,增强空港服务功能。加快东北亚区域性邮轮港口和国际客轮中心建设。加强邮政和快递集散中心建设,依托日韩海运和中欧班列(辽宁)海铁联运运输邮件、快件,建设有影响力的国际邮件互换局。在交通运输领域,完善快件处理设施和绿色通道。将外资经营国际船舶管理业务的许可权限下放给辽宁省。建设保税航油站和保税油供应基地。支持开展船员管理改革试点工作,在船员培训方面按规定给予政策支持。推动与旅游相关的邮轮、游艇等旅游运输工具出行的便利化。”

三、相关的国家政策

2016 年 8 月 22 日,国家发展改革委印发《推进东北地区等老工业基地振兴三年滚动实施方案(2016－2018年)》,提出了拟于2016～2018年开工建设的对东北振兴有全局性重要影响的、能够有效补短板和培育新动能的重大项目,共127项,其中2016年62项、2017年33项、2018年32项,主要涉及交通(含铁路、高速公路、机场、轨道交通)、能源、水利、工业、农业、城乡建设等多个领域。

四、自贸试验区内建立现代化物流体系和跨境电子商务的重点和难点

(一)我国跨境进出口比例失衡

我国东北地区跨境电商交易发展缓慢,企业和个人对跨境电子商务缺乏必要的认识,更多的是依赖传统的贸易模式。我国跨境电子商务交易数据显示国内的跨境电商交易主要集中在eBay、亚马逊、速卖通等大型电商平台,卖家主要集中在东部发达地区,买家主要集中在美国、欧盟、东盟、日本等发达市场。辽宁自贸区要依托地理优势,发展对周边国家的跨境电子商务贸易,首先要转变观念,加深对这种新式贸易的研究,这就需要政府、相关部门、专家、学者以及企业的相互配合,制定并研制出符合辽宁地区发展的跨境电子商务模式。

(二)跨境电子支付在通关、跨境支付等方面的制约因素

我国跨境电子商务贸易在通关、跨境支付等方面都存在很多问题。我国对外贸易采用的都是传统的通关模式和商检模式,而部分跨境电商企业或卖家不具备传统跨境贸易的资格,难以进行正常的外汇核销和货款收付;只能通过传统结算方式进行结算。我国东北地区跨境电子商务刚刚起步,没有统一的综合的电子支付平台,更多的是依赖第三方支付平台如支付宝、微信等,在支付过程中存在信息被泄露、密码被盗等问题。

(三)跨境电商和相关物流的监管问题

目前我国跨境电商准入机制宽松,对相关进出口商品的质量要求和保障、售后服务等都没有明确规定,相关争议解决机制也不健全,一旦出现问题相关的维权十分困难;出口跨境电商物流环节复杂烦琐,各国的法律法规以及政策等相关规定又有很大差异,跨境物流由于政策、自然等原因可能导致存在物流配送时间长、包裹无法全程追踪等问题。而且在包裹运输的过程中也存在货物破损、顾客要求退换货等情况,针对以上问题,都没有统一的解决机制和明确的维权机构。

(四)与周边国家的跨境电子商务合作少,开拓相关市场困难大

我国东北地区的自贸区成立时间较短,入驻的企业较少、上下游企业不集中、基础设施不完善,跨境电子商务贸易相比较我国东部地区起步晚、发展慢,缺乏懂国际贸易、跨境电子商务、外语、相关政策、国际买卖的复合型人才,想要主动走出

去开发国外市场与相关国家进行跨境电子商务贸易合作具有很大的局限性,且国际局势瞬息万变,我国至今尚未形成一条线的国际物流服务体系,相关预防机制也不健全。因此在短时间内很难形成电商集聚、跨境电子商务贸易蓬勃发展的效果。

第三十八条　推动自贸试验区与其他产业园区协同发展

自贸试验区政策应当与国家东北振兴重大政策举措,以及沈阳经济区新型工业化综合配套改革试验总体方案等政策相衔接。

推动自贸试验区和沈抚新区、金普新区、营口经济技术开发区等重点产业园区的协同发展,实现优势互补、政策互惠、资源共享、相互促进。

【解读】

本条是关于园区协同发展的规定。

一、自贸试验区政策与其他重大政策衔接的背景和意义

自党中央、国务院决定实施东北地区等老工业基地振兴战略以来,东北地区经济社会发展取得巨大成就,但当前国际政治经济形势纷繁复杂,我国经济发展已经进入新常态,东北地区经济下行压力逐渐增大,部分行业和企业生产经营困难,体制机制的深层次问题进一步显现,经济增长新动力不足和旧动力减弱的结构性矛盾突出,整个东北发展迎来新的困难和挑战。

为应对东北面临的新困难与挑战,党中央、国务院作出建立中国(辽宁)自由贸易试验区的重大决策,由自贸试验区自主制定政策,在《总体方案》指导下,大刀阔斧的进行改革,自贸试验区在制定政策时要紧扣辽宁自贸试验区的定位,并充分考虑东北地区近些年发展受限的原因和面临的问题,与国家重大战略对接,构建与其他区域之间协调发展的新格局。

辽宁是东北地区唯一设立自贸试验区的省份,承担着国家赋予的东北振兴和自身改革发展的双重任务,新建的自贸试验区将依托现有的经国务院批准的新区、园区、技术开发区的有利资源更好更快的发展,国务院批准的新区、园区、技术开发区也将受益于新设立的自贸试验区的相关政策,区域之间形成整体,互相配合,共同发展。并紧扣制度创新这一核心,进一步对接高标准国际经贸规则,在更广领域、更大范围形成具有特色、侧重的试点格局,推动东北地区全面协同发展。

二、立法依据

本条规定在《中国(天津)自由贸易试验区条例》中有可参考的条文,以国务院印发的《总体方案》中对辽宁自由贸易试验区规定的“以制度创新为核心,以可复制可推广为基本要求,加快市场取向体制机制改革、积极推动结构调整,努力将自贸试验区建设成为提升东北老工业基地发展整体竞争力和对外开放水平的新引擎”的战略定位为出发点,参考《总体方案》第三部分主要任务中的“(五)加快老工业基地结构调整”第十五条制定而成,第十五条规定:“推进东北一体化协同发展。增强自贸试验区口岸服务辐射功能,完善海关通关一体化改革,开展货物通关、贸易统计、‘经认证的经营者’互认、检验检测认证等方面合作,逐步实现信息互换、监管互认、执法互助。优化内陆无水港和物流网络布局,加速实现自贸试验区与东北其他地区口岸间互通互联,推进东北地区在研发设计、生产销售、物流配送、人才交流、教育培训等方面的协同配合。”

三、相关国家政策

2011 年 9 月,国家发改委印发《沈阳市经济区新型工业化综合配套改革试验总体方案》,即发改经体〔2011〕2094 号文件,文件确定沈阳经济区(以沈阳为中心,由沈阳、鞍山、抚顺、本溪、营口、阜新、辽阳、铁岭八市构成)开展国家新型工业化综合配套改革试验,以进一步贯彻落实科学发展观、加快转变经济发展方式和调整经济结构、坚持走有中国特色新型工业化道路、推进东北地区等老工业基地全面振兴、促进东中西部地区协调发展。方案明确提出五个着力的主要任务:一是着力构建现代产业体系,二是着力完善科技创新体系,三是着力构建资源节约、环境友好的生产方式和消费模式,四是着力处理好资本技术密集型与劳动密集型产业的关系,五是着力推进统筹城乡改革。“五个着力”对当今辽宁地区乃至东北地区发展及改革仍具有重要意义。

2014 年 8 月,国务院发布《国务院关于近期支持东北振兴若干重大政策举措的意见》(国发〔2014〕28 号),该文件从激发市场活力、深化国有企业改革、依靠创新驱动发展、提升产业竞争力、增强农业可持续发展能力、推动城市转型发展、加快推进重大基础设施建设、保障和改善民生、加强生态环境保护、扩大开放合作、强化政策保障和组织实施十一个方面对东北改革发展进行指导,文件的出台对于促进东北地区经济社会持续健康发展,巩固扩大东北振兴成果,加快东北地区全面振兴有着重要的指导意义。文件充分体现了党中央、国务院领导对东北振兴工作的重视和关心,同时也体现了党中央、国务院有关稳增长、促改革、调结构、惠民生的总体要求。

2016 年 4 月,中共中央、国务院发布《中共中央、国务院关于全面振兴东北地区等老工业基地的若干意见》(中发〔2016〕7 号),该意见指出,东北地区当前面临的主要问题有:市场化程度不高、国有企业活力不足、民营经济发展不够充分、产业结构和产品结构不适应市场变化,社会保障和民生压力较大,思想观念不够解放等。这一系列问题归根结底是体制机制的问题,是产业结构、经济结构问题。结构调整既是国家任务,又是辽宁乃至东北的主要诉求。2017 年 3 月国务院发布的《总体方案》指出了结构调整的方向,通过深化国资国企改革、促进产业转型升级、发展生产性服务业、构筑科技创新和人才高地等措施,为东北老工业基地振兴发展探索路径。

2016 年 8 月,国家发展改革委印发《推进东北地区等老工业基地振兴三年滚动实施方案(2016 ~ 2018 年)》,分年度明确了 137 项重点工作和 127 项重大项目,按照统筹推进、突出重点、远近结合、滚动实施的原则,就有关部门、有关地方做好 2016 ~ 2018 年东北地区等老工业基地振兴工作做出了具体部署,对东北振兴的全局性具有重要影响。

四、制定自贸试验区政策的重点和难点

(一)政策先试先行

应党中央、国务院的要求,中国(辽宁)自由贸易试验区需要承担起先行先试的主体责任,形成可推广、可复制的政策经验以发挥示范带头、引领东北经济发展的积极作用。李克强总理曾强调:“自贸试验区不是政策洼地,而是改革高地。”中国(辽宁)自由贸易试验区能够先行先试哪些事项,通过什么方式先行先试,都需要上升到制度层面,归根结底还是顶层设计层面的制度创新。只有高标准完成政府职能、投资、贸易和金融等领域的改革任务,才能破解辽宁深层次的体制机制矛盾。辽宁自贸试验区在东北建设是一种新的探索,无法照搬以往的先例和经验。先试先行的探索性、前瞻性决定了其制定政策的艰巨性,需要极大的政治勇气和智慧,是衔接国家政策的重点和难点。

(二)转变政府职能

切实转变政府职能是行政体制改革领域持续推进的重大举措,其是指行政机关在一定时期内,根据地区和社会发展的需要,对其应担负的职责和所发挥的功能、作用的范围、内容、方式的转移与变化,是全面深化改革和扩大开放进程中探索新途径、积累新经验的重要“推手”。事实证明,把经济决策权归还给市场主体,同时提供各类市场主体自由竞争、公平交易的市场环境,让市场主体分散决策并

独立承担经济后果和社会影响，政府专注于市场环境和市场秩序维护，更有利于市场经济的发展。社会主义市场经济的完善，要求政府把企业的经济活动交给市场调节，政府由原来对企业的指令性管理转换到为企业生产经营创造良好发展环境上来。这一重大转变是艰难的，但却是完善社会主义市场经济必须要渡过的难关，也是关乎自贸试验区建设成败的关键问题。纵览十一个自贸试验区总体方案的首要任务，均为“切实转变政府职能”，对于辽宁来说，切实转变政府职能更具有现实紧迫性和挑战艰巨性，是制定自贸试验区政策、衔接国家其他重大决策的主要问题和关键所在。

（三）区域协调共同发展

近年来，我国区域经济分化态势明显。加大力度推进区域协调发展战略，建立更加有效的区域发展新机制意义更加凸显。振兴东北是我国区域发展“四大板块”之一，习近平总书记指出，要以东北地区与东部地区对口合作为依托，深入推进东北振兴与京津冀协同发展、长江经济带发展、粤港澳大湾区建设等国家重大战略的对接和交流合作，使南北互动起来。从东北振兴的角度来看，关键是自贸试验区需要与国家重大战略对接和借力，联动起沈抚新区、金普新区、营口经济技术开发区等重点产业园区乃至通过与北京、天津对口合作，积极融入京津冀协同发展，通过与江浙等地合作，积极融入长江经济带发展，推动资源和市场要素自由流动，最后达到推动东北振兴的目的。

第三十九条　推动产业集群发展

自贸试验区应当完善推动产业集群发展的体制机制，支持先进装备制造业、生物医药等产业在区内集聚。

自贸试验区鼓励和支持大数据、云计算、工业互联网等信息技术产业，融合发展先进装备制造业、战略性新兴产业和现代服务业产业布局，开展高技术、高附加值产品的维修再制造业务试点。

【解读】

本条是关于自贸试验区产业聚集与先进装备制造业等产业发展方面的规定。

一、自贸试验区将在推动产业升级方面，为老工业基地转型探索有益经验

东北地区是中华人民共和国成立以来，最早建立、规模最大的老工业基地。

在计划经济时代,东北地区依赖其优良的工业基础、丰富的能源供给,在国家政策的引导下进入发展快车道。随着我国经济发展整体向好,产业升级成为必然趋势,在这样的背景下设立自贸试验区,有利于结合东北地区老工业基地的优势力量,寻求新的经济增长点,确保本地区经济稳定、可持续发展。

应当肯定东北地区自1949年以来近七十年来取得的卓越成绩。东北人民充分发挥勤劳智慧,在国家政策的支持下,快速建立起较为完整的工业体系,以重工业为主、轻工业为辅,各工业门类齐全,为巩固新政权作出了突出的贡献,并被誉为“共和国长子”。在相当长的一段时间里,东北工业基地是我国大型国有企业最为集中的地区,重化工业基础十分雄厚,即使是在今天,东北地区仍然是我国重要的石油化工、钢铁、机床、汽车、大型成套机电设备、船舶、飞机等制造基地。在此背景下,本条所述先进装备制造业、生物医药产业、云计算、工业互联网等信息技术产业等新兴产业在自贸试验区落地生根便有了坚定基础。

在先进装备制造业领域,近年来涌现出一大批高新技术企业,如沈阳新松机器人自动化公司、沈阳机床股份有限公司等。以本土工业发展经验为基础,结合“互联网+”策略,颠覆了传统工业形态下由人操作机器的思维定式,布局于人工智能、智能制造、智能决策技术、高性能本体、人机交互,结合工业4.0发展模式,实现了“中国智造”,为老工业基地华丽转身作出榜样。在汽车、船舶、飞机等传统重工业制造领域,主要以新能源、新材料的应用为重点。众所周知,新能源汽车指采用非传统能源,结合新型车辆驱动、控制系统的汽车。在全球传统能源陷入紧张,环境保护日益受到重视的背景下,新能源汽车迎来发展的关键节点。自贸试验区可积极整合原有汽车工业基础,结合新能源技术,创造新的增长机会,最大限度地利用现有资源,盘活老旧产业。

“现在很多新兴产业扩张,对装备需求巨大。东北要发挥自身优势,在尊重市场规律的基础上,与相关地方省份加快衔接。要把装备产业和市场需求结合起来,加快带动东北装备转型发展。”国务院总理李克强曾这样说。宝马汽车在我国有两座工厂,均坐落于沈阳市。由于其汽车生产追求高精度、高效率,故已基本实现了全自动化生产,而想要实现全自动化,智能机器人就必不可少。前文所说的沈阳新松机器人便是宝马公司的长期客户,相信这种强强结合不仅会为企业发展带来巨大效益,也会为老工业基地的转型注入内生动力。

二、立法依据

本条规定主要参考了《中国(广东)自由贸易试验区条例》第四十八条、《中国(浙江)自由贸易试验区条例》第二十六条的规定。前者规定,自贸试验区规划建设粤港澳创新产业基地和现代服务业集聚发展区,促进粤港澳服务要素便捷流动,推进粤港澳服务行业管理标准和规则相衔接,逐步试行粤港澳认证及相关检测业务互认制度、服务业人员职业资格互认制度;后者规定,支持自贸试验区建设舟山航空产业园,发展飞机总装组装和制造、零部件保税物流及配套产业,形成航空产业集群。自贸试验区对入境航空器、货物及木包装等专用件,实施高效便捷的查验监管模式;对自贸实验区内使用的飞机零部件等专用件,免予实施强制性产品认证。另外,在《中国制造 2025》(国发〔2015〕28 号)中,组织实施大型飞机、航空发动机及燃气轮机、民用航天、智能绿色列车、节能与新能源汽车、海洋工程装备及高技术船舶、智能电网成套装备、高档数控机床、核电装备、高端诊疗设备等一批创新和产业化专项、重大工程得以明确。开发一批标志性、带动性强的重点产品和重大装备,提升自主设计水平和系统集成能力,突破共性关键技术与工程化、产业化"瓶颈",组织开展应用试点和示范,提高创新发展能力和国际竞争力,抢占竞争制高点。

具体到东北地区实际情况,应力求因地制宜,利用好本地区优势资源与经验,让传统重工业在互联网与其他新技术、新理念的共同作用下得到新发展。

三、与自贸试验区产业转型相关的国家政策

进入 21 世纪以来,党和国家高度重视东北老工业基地振兴有关工作。2016 年 4 月,《中共中央、国务院关于全面振兴东北地区等老工业基地的若干意见》发布,该意见系统阐述了当前振兴东北地区所面临的形势及振兴东北的重要意义,明确了总体思路和发展目标。在意见的第(十一)点中,提出了促进装备制造等优势产业提质增效。准确把握经济发展新常态下东北地区产业转型升级的战略定位,控制重化工业规模、练好内功、提高水平、深化改革,提高制造业核心竞争力,再造产业竞争新优势,努力将东北地区打造成为实施《中国制造 2025》的先行区。做优做强电力装备、石化和冶金装备、重型矿山和工程机械、先进轨道交通装备、新型农机装备、航空航天装备、海洋工程装备及高技术船舶等先进装备制造业,提升重大技术装备以及核心技术与关键零部件研发制造水平,优先支持东北装备制造业走出去,推进东北装备"装备中国"、走向世界。提升原材料产业精深加工水平,推进钢铁、有色、化工、建材等行业绿色改造升级,积极稳妥化解过剩产能。推进国防科技工业军民融合式发展,开展军民融合创新示范区建设。加快信息化和工业化深度融合,推进制造业智能化改造,促进工业互联网、云计算、大数据在企业研发设计、生产制造、经营管理、销售服务的综合集成应用。加强质量、品牌和标准建设,打造一批具有国际竞争力的产业基地和区域特色产业集群。设立老工

业基地产业转型升级示范区和示范园区,促进产业向高端化、集聚化、智能化升级。研究制定支持产业衰退地区振兴发展的政策措施。

由上述不难看出,围绕东北老工业基地和自贸区沈阳片区的发展规划,无不与东北的工业基础息息相关。在政策层面上,东北老工业基地谋发展须找准方向,紧密联系东南沿海先进地区,积极吸取优秀经验。

四、自贸试验区内产业转型难点

现阶段,整个东北地区经济处于相对低谷,自贸试验区作为改革的排头兵,须正视东北地区存在的问题:市场化程度相比东南沿海地区仍较低,国有企业缺乏发展动力,民营经济活力不佳;受多因素制约,高新科技与经济发展融合程度较低,传统的资源型、重化工型产业结构和产品结构无法适应新经济形势下的发展需要,新兴产业发展较慢。

(一)产业转型期间内在发展动力不足

东北地区拥有丰富的矿产、能源资源,在这样的区位优势引导下,本地区形成了一大批能源为主导的资源型产业。在绝对的资源优势和老旧观念尚存的双重因素影响下,以重型机械、资源开发为主导的大型国有企业成为东北地区经济发展的主力军。改革开放以后,受经济形势变化影响,东北地区的经济实力和在全国所占比重,均呈现出迅速下降和停滞的态势。虽然近年来在国家政策的扶持下有所好转,但由于资源的急剧消耗和传统工业化程度不断加深,产业发展的后劲不足,投资动力缺乏,经济下行压力与产业转型难度持续增大。2014 年,东北地区固定资产投资 46096 亿元,增长 2.7 个百分点,低于全国平均水平 13 个百分点,分别低于东、中、西部地区 12.7、14.9、14.5 个百分点。

自贸试验区应具体问题具体分析,着手造成问题的内部原因,引入新技术、新设备的同时,也要积极引入新思维、新理念,摒弃固有的“靠山吃山”观念,降低能源导向产业占比,逐步实现产业升级与转型。

(二)缺乏自主核心技术

产业转型的关键是技术进步,即科学技术是第一生产力。技术进步可以推进传统产业的快速升级,还可为现有产业结构优化增强活力,以此加快产业转型步伐。在新中国发展史上,东北地区的整体工业水平在改革开放以后逐渐落后,产业发展主要依赖于资源优势,特别是由于长期不重视自主知识产权的开发,大多数高新技术企业缺乏核心技术,智能依附于技术进口或承接基础零部件加工,产业发展对外依存度较高。

核心技术在于创新能力,而自贸试验区存在的意义就在于大胆创新模式,寻求全新的发展路径。自贸试验区应尽可能为园区内企业提供大胆创新的必要条件,包括提供相关审批、政策支持,必要时提供合理的经济补助等。

(三)产业转型技术装备水平落后

技术装备是产业转型发展的硬件保障。东北地区产业技术装备水平比较落后,由于长期未能得到系统性改进,产业转型缺乏高技术装备的有力支撑。总体上看,东北地区的技术装备大多还是20世纪60年代以来投资形成的,多数设备都属于超期服役、超负荷运转。例如,沈阳市只有十分之一左右的大中型企业技术装备得到了必要改造,其中具备国际先进水平的生产设备仅为13.4%;长春市工业设备的平均役龄在20年以上的约占60%,在2.4万多台机床中,80年代水平的约占17%,70年代水平的占47.2%,60年代水平的占19.7%,50年代水平的占15.4%。从数据来看,技术装备的落后是不可回避的问题,在这样的情况下,很难产出符合现代市场需要的新型产品。

第四十条 充分利用产业投资引导基金及对接其他基金

自贸试验区应当充分利用产业(创业)投资引导基金、加强与国家科技成果转化引导基金、战略性新兴产业创业引导基金、国家中小企业发展基金对接。

【解读】

本条是关于自贸试验区的资金引导的规定。

一、充分利用产业(创业)投资引导基金

产业(创业)投资引导基金是由政府设立并按市场化方式运作的政策性基金,吸引有关金融、投资机构和社会资本联合设立,交由专业投资管理机构进行管理,主要通过扶持特定阶段、行业、区域目标的企业,或者创业投资企业发展的引导性投资基金。

《总体方案》的指导思想包括"着力推进结构调整,着力鼓励创新创业",辽宁作为东北老工业基地的重要组成部分,落后的发展模式已经无法适应高速发展的经济形式。企业缺乏创新,资金不足等因素均是企业落后的主要原因。产业(创业)投资引导基金作为由政府设立并按市场化方式运作的政策性基金,主要通过扶持产业及创业投资领域,所以辽宁自贸试验区应当充分利用产业(创业)基金,扶持自贸试验区内的产业创业企业,有助于自贸区内企业的快速良好发展。

在自贸试验区内充分利用政府职能,发挥财政资金的杠杆放大效应,引导基金扩大推广,吸收更多的社会资金加大对自贸试验区范围内新兴产业和高端服务业,让更多优质企业更好地走向资本市场,促进优质产业资本、项目、技术和人才向自贸试验区集聚。

二、加强与国家科技成果转化引导基金、战略性新兴产业创业引导基金、国家中小企业发展基金对接

(一)国家科技成果转化引导基金

国家科技成果转化引导基金是为贯彻落实《国家中长期科学和技术发展规划纲要》,加速推动科技成果转化与应用,引导社会力量和地方政府加大科技成果转化投入,由科技部、财政部设立国家科技成果转化引导基金。国家科技成果转化引导基金的支持方式包括设立创业投资子基金、贷款风险补偿和绩效奖励等。

(二)战略性新兴产业创业投资引导基金

战略性新兴产业创业投资引导基金是为了助力创业创新和产业升级;部署加快发展服务贸易,以结构优化拓展发展空间而设立的基金。重点支持处于"蹒跚"起步阶段的创新型企业,对于促进技术与市场融合、创新与产业对接,孵化和培育面向未来的新兴产业,引导并规范资本市场的投资行为,推动经济迈向中高端水平,具有重要意义。

(三)国家中小企业发展基金

创立国家中小企业发展基金是为了政府与市场携手增强创业创新动力。中央财政预算将安排150亿元,分五年到位;基金主要用于引导地方、创投机构及其他社会资金支持处于初创期的小微企业。

《总体方案》的战略定位为"以制度创新为核心",加强与国家科技成果转化引导基金、战略性新兴产业创业引导基金、国家中小企业发展基金对接,正是对资本投入方式的财政科技创新。争取在最短的时间内,提升自贸试验区内企业资本等要素的吸引力,努力建成高端产业集聚、投资贸易便利、金融服务完善、监管高效便捷、法治环境规范的高水平高标准自由贸易园区,引领东北地区转变经济发展方式、提高经济发展质量和水平。

三、立法依据

《总体方案》的战略定位是:"辽宁省主要是落实中央关于加快市场取向体制机制改革、推动结构调整的要求,着力打造提升东北老工业基地发展整体竞争力和对外开放水平的新引擎。"

本条主要参考了《总体方案》第三部分主要任务中的“（五）加快老工业基地结构调整”。该部分内容中的第十四条规定：“构筑科技创新和人才高地。推动科研机构、高校、企业协同创新。按市场化方式，加强与国家科技成果转化引导基金、战略性新兴产业创业投资引导基金、国家中小企业发展基金的对接，设立一批专业化创业投资子基金。依托现有交易场所开展科技成果转化交易。引进境外优质教育资源，推动教育国际化。探索适应企业国际化发展需要的创新人才服务体系和国际人才流动制度。完善创新人才集聚和培育机制，推进人才、项目、资金深度融合。加大对海外人才服务力度，提高境内外人员出入境、外籍人员签证和居留、就业许可、驾照申领等事项办理的便利化水平。”

四、与自贸试验区资金引导相关的国家政策

为规范辽宁省产业（创业）投资引导基金（以下简称引导基金）管理，根据《国务院办公厅转发〈发展改革委等部门关于创业投资引导基金规范设立与运作指导意见〉的通知》（国办发〔2008〕116 号）和《国务院关于大力推进大众创业万众创新若干政策措施的意见》（国发〔2015〕32 号）有关规定，2016 年 4 月 24 日辽宁省人民政府制定了《辽宁省产业（创业）投资引导基金管理办法（试行）》及《辽宁省产业（创业）投资引导基金直接投资管理办法（试行）》，旨在通过扶持商业性股权投资基金的设立与发展，全面对接国家部委设立的各类产业投资基金和股权投资引导基金，引导社会资本投向经济结构调整、产业升级、创新驱动类投资项目，鼓励对初创期企业投资，支持中小微企业发展，鼓励境内外投资者向本省投资。通过提高引导基金的使用效率和政策效益，有效控制引导基金运作风险，扶持股权投资基金企业健康快速发展。

为贯彻落实《国务院关于印发〈中国（辽宁）自由贸易试验区总体方案〉的通知》（国发〔2017〕15 号），加快推进中国（辽宁）自由贸易试验区沈阳片区（以下简称自贸试验区）建设，制定《中国（辽宁）自由贸易试验区沈阳片区实施方案》。方案第二十八条规定：“充分利用产业（创业）投资引导基金。支持自贸试验区与有实力的企业、大型金融机构等合作设立先进装备制造业等产业投资引导基金。基金实行市场化运作、专业化管理，公开招标择优选定基金管理公司负责运营、自主投资决策，重点投向战略性新兴产业、高技术产业早中期、初创期的创新型企业，并在收益分配等方面按照国家和省、市相关政策优先给予支持。”

辽宁自贸区大连片区发布百项政策清单，包括大连片区开发区区块设立了促进金融业发展专项资金，通过落户奖、经营贡献奖、高级管理人员奖等形式兑现，用于支持小窑湾国际商务区金融产业和金融人才集聚发展。大连片区开发区区

块还设立总部经济发展专项资金支持小窑湾总部经济发展等政策。

为推动自贸区对外开放,营造优良营商环境。根据《中共中央、国务院关于构建开放型经济新体制的若干意见》和《国务院关于扩大对外开放积极利用外资若干措施的通知》(国发〔2017〕5 号)文件精神,特制定《中国(辽宁)自由贸易试验区营口片区产业扶持政策》。

此外,科技部、财政部制定的《国家科技成果转化引导基金管理暂行办法》、《国家科技成果转化引导基金设立创业投资子基金管理暂行办法》等政策规范国家科技成果转化引导基金。国务院制定的《关于加快培育和发展战略性新兴产业的决定》(国发〔2010〕32 号)、《中小企业发展专项资金管理办法》等均为自贸试验区资金引导提供政策依据。

五、自贸试验区财政科技创新的重点和难点

1. 充分发挥政府职能,扶持自贸区企业发展政府投资引导母基金,切实加大对重点产业的支持力度。充分发挥宏观指导与调控的职能,保障创业投资良好的外部环境,为创业投资提供政策、法律上的支持。

2. 鼓励在自贸试验区内创业,鼓励在自贸试验区内打造创新企业发展平台,发展新型创业孵化机构,为有发展的新兴创业企业提供资金扶持。

3. 通过提供资金扶持提升中小企业融资能力。改革开放以来,中小企业已成为我国国民经济和社会发展的重要力量,鼓励自贸试验区内中小企业发展,有助于提升东北老工业基地发展整体竞争力,切实解决中小企业融资贵、融资难问题。

4. 充分利用财政资金引导作用,制定自贸试验区内的优惠政策,加大对自贸试验区内企业资金政策扶持。

5. 发挥财政资金杠杆与引导作用,提升项目吸引力,财政资金可适当参与前期的基础性工作,引导和撬动企业及社会资本进入。

第四十一条　推进企业创新及发展知识产权服务

自贸试验区支持和推进专业技术研发、工业设计等集成创新载体及工程研究中心、科研实验室、企业技术中心建设。建立便利化的知识产权公共服务平台,发展知识产权服务业。

【解读】

本条是关于推进企业创新及发展知识产权服务的原则的规定。

一、推进企业创新及发展知识产权服务对东北企业转型升级的重要意义

工程研究中心、科研实验室、企业技术中心等建设均为企业科技创新体系建设方面的事宜,南方企业投入研发的经费 R&D 占比大部分已经达到销售收入3%以上了,小微企业平均水平只会更高,而研发费用投入占比情况是创新体系建设的核心,以前企业研发投入后形成的专利仅实现“确权”服务(这种服务有巨大的短板,而目前东北的知识产权代理平台绝大部分也仅仅只能提供这种低端的服务,连专利预警系统、专利挖掘、专利维权等大量高端知识产权服务基本未真正开展),而在知识产权公共服务平台来说,是实现知识产权的全域服务,也就是“确权”“用权”“维权”三权服务,知识产权服务平台的建设对东北企业转型升级具有重要意义:

1. 便于企业健全核心竞争力,更好地将核心技术创新点进行知识产权保护,从而更好地保护科技创新成果,并且构建技术壁垒,对于企业发展潜在的风险进行规避。

2. 通过对企业自有技术知识产权相关数据的挖掘,找到潜在的发展方向,对东北企业转型升级发展有重要意义,提升科技创新能力。

3. 知识产权服务平台的构建能对促进东北知识产权高端服务业有帮助,基于“确权”的基础,更多促进“用权”“维权”服务在企业中的普及。

4. 对培养服务型人才有大量帮助,知识产权服务业从业人员需要具备一定的技术专业背景,同时须有一定的法律专业背景,属于高端服务业一种,支持知识产权服务平台的构建能吸引更多这种复合型人才的发展。

5. 知识产权服务平台的搭建对留住当地的科技工作者具有举足轻重的作用,特别是对技术转移、成果转化等工作有深远的影响。

二、立法依据

本条主要参考了《总体方案》第三部分主要任务中的“(一)切实转变政府职能”。该部分内容中的第二条规定:“打造更加公平便利的营商环境。开展知识产权综合管理改革试点。紧扣创新发展需求,发挥专利、商标、版权等知识产权的引领作用,打通知识产权创造、运用、保护、管理、服务全链条,建立高效的知识产权

综合管理体制,构建便民利民的知识产权公共服务体系,探索支撑创新发展的知识产权运行机制,推动形成权界清晰、分工合理、责权一致、运转高效、法治保障的体制机制。搭建便利化的知识产权公共服务平台,设立知识产权服务工作站,大力发展知识产权专业服务业。探索建立自贸试验区跨部门知识产权执法协作机制,完善纠纷调解、援助、仲裁工作机制。探索建立自贸试验区重点产业专利导航制度和重点产业快速协同保护机制。"

同时,本条也参考了《总体方案》第三部分主要任务中的"(五)加快老工业基地结构调整"。该部分内容中的第十三条规定:"发展生产性服务业。鼓励自贸试验区内企业开展系统集成、设备租赁、提供解决方案、再制造、检验检测、远程咨询等增值服务。推进专业技术研发、工业设计等集成创新载体及工程研究中心、科研实验室、企业技术中心建设。搭建科技成果推广、科技管理咨询、市场营销等公共服务平台。支持设立符合规定的加工贸易产品内销平台和加工贸易采购、分拨中心。鼓励金融机构、装备制造企业集团在自贸试验区内设立租赁公司或专营租赁业务的子公司,重点开展飞机、船舶、海洋工程结构物、轨道交通车辆、农用机械、高端医疗设备、大型成套设备等融资租赁服务。"

三、与自贸试验区企业创新及知识产权服务相关的国家政策

李克强总理在2016年中央经济工作会议上提出"激发市场转化科技成果强力,培育技术和股权期权市场,拓展技术和知识产权交易平台,发展科技服务业"的新要求。

2016年7月8日,《国务院办公厅印发〈国务院关于新形势下加快知识产权强国建设的若干意见〉重点任务分工方案的通知》。

2016年8月11日,辽宁省政府新闻办举行《辽宁省关于新形势下加快知识产权强省建设的实施意见》。该实施意见从推进知识产权管理体制机制改革、实行严格的知识产权保护、促进知识产权创造运用、加强重点产业知识产权海外布局和风险防控、提升知识产权对外合作水平以及加强组织实施和政策保障六个方面提出30项具体工作措施。

2017年4月14日,《科技部关于印发〈"十三五"现代服务业科技创新专项规划〉的通知》,通知写明总体目标:"到2020年,初步形成现代服务科学体系,理论技术水平大幅提高,生产性服务业、新兴服务业、文化与科技融合、科技服务业领域服务科学研究与实践能力进入世界前列。在重点领域攻克一批关键核心技术,形成一批国际、国家标准和行业解决方案,支持建设10-20个国家级现代服务业工程技术研究中心、国家重点实验室和企业技术中心,大幅提高科技在现代服务

业增加值中的贡献度,全面提升现代服务业的规模、质量、效率和品质,实现我国现代服务业总体水平与发达国家并跑,在部分领域达到领跑水平。”

2017 年 5 月 21 日,《辽宁省知识产权局印发〈关于加强中国(辽宁)自由贸易试验区知识产权工作的若干意见〉的通知》。通知提出的工作目标:“经过二至三年改革探索,紧扣创新发展需求,发挥专利、商标、版权等知识产权的引领作用,开展知识产权综合管理改革试点,打通知识产权创造、运用、保护、管理、服务全链条,建立高效的与国际接轨的知识产权综合管理体制,构建便民利民的知识产权公共服务体系,探索支撑创新发展的知识产权运行机制,推动形成权界清晰、分工合理、责权一致、运转高效、法治保障的体制机制;搭建便利化的知识产权公共服务平台,设立知识产权服务工作站,大力发展知识产权专业服务业;探索建立辽宁自由贸易区跨部门知识产权执法协作机制,完善纠纷调解、援助、仲裁工作机制;探索建立辽宁自由贸易区重点产业专利导航制度和重点产业快速协同保护机制,显著提升辽宁自由贸易区知识产权创造、运用、保护、管理和服务能力。”通知还提出:“建设知识产权综合信息公共服务平台。整合知识产权信息资源,建设涵盖专利、商标、版权、植物新品种等信息和服务于一体的知识产权信息库和公共服务平台,免费或低成本发布和共享知识产权基础数据信息;以政府购买服务的方式,为中小微企业提供知识产权托管、价值评估、预警、云存证等服务。”

四、自贸试验区内推进企业创新及发展知识产权服务的重点和难点

自贸试验区内推进企业创新及发展知识产权服务的重点有以下几个方面:(1)企业知识产权意识的构建和培训体系的建立;(2)知识产权全域服务(一站式服务)的建设;(3)人才体系及梯队的搭建;(4)创新的盈利模式。

同时,在自贸试验区内推进企业创新及发展知识产权服务也存在以下难点:

1. 服务创新型盈利模式困难。知识产权属于黏性低、低频、需线下深度沟通的服务,基本上目前靠国家各种补贴来生存,东北知识产权服务机构盈利模式较差,发展规模均非常小。

2. 服务内容单一,全域服务链不够,专业人才匮乏。从业人员复合型(能有“确权”“用权”“维权”意识的知识产权工作者)技能较单一,复合型人才极度匮乏,在东北目前人才外流严重的情况下,知识产权服务业的发展面临非常严峻的考验。

3. 本地化真正能做全域服务的机构或联盟严重不足。本地化的知识产权服务平台没有能形成较大影响力的,而省级以上知识产权技术联盟及知识产权交易

平台基本没有,从业人员在缺少的情况下,越来越少,关注度不够,导致好的专业人才无法留在本地发挥自己的技能特长。

4. 东北政府对知识产权的宣传远远不够,知识产权市场重视度意识培养不够,导致知识产权违法成本非常低,市场培育动能不足。

第四十二条　完善、创新税收政策

自贸试验区应当完善配套税收政策,逐步推行上海、天津、广东、福建等自贸试验区已经试点的税收政策。

在符合税制改革方向和国际惯例,以及不造成利润转移和税基侵蚀的前提下,积极研究完善境外所得税收抵免的税收政策。

【解读】

本条是关于完善配套税收政策,并通过创新税收政策促进投资和贸易的规定。

一、完善并创新配套税收政策的作用

通过接轨国际通行规则,推进税收现代化建设,打造自贸试验区税收服务创新高地。其中,完善配套税收政策是共性,目的是健全同国际贸易投资规则相适应的税收体制机制,增强自贸区经济活力,助力东北老工业基地的结构调整;创新税收政策是个性,目的是将吸引境外股权投资作为重点领域,进一步促进利用外资企业与对外投资相结合的政策。通过税收政策这一翘板,激发市场潜在活力,倒逼东北老工业基地的产业结构调整,为东北振兴注入一剂良药。

习近平总书记在东北三省考察并主持召开深入推进东北振兴座谈会时强调解放思想,锐意进取,深化改革,破解矛盾,以新气象、新担当、新作为推进东北振兴。因此,在中国经济改革进入攻坚克难阶段的历史时期,我们根据辽宁自贸区的定位与使命,将税收政策创新作为东北振兴改革的“深水区”。首先,结合东北特殊的地缘优势,选择适用上海、天津、广东、福建等自贸试验区已经试点的同时适应东北经济发展的税收政策,将中国实践与全球经验相结合,将辽宁自贸区税收政策快速高效的落地。其次,重大改革都要于法有据,一方面要有适度的税收优惠政策,才能在国际上取得竞争优势;另一方面要符合我国国情以及辽宁片区的定位与特点,有的放矢的完善境外所得税收抵免的税收政策,进一步吸引境外股权投资。

二、立法依据

辽宁自贸区重点在于深化国资国企的改革和提升东北老工业基地发展整体竞争力。自贸试验区的蓬勃发展离不开税收政策的支持,充分利用我国自贸区可复制、可推广的政策“试验田”特性,借鉴其他自贸区的相关政策作为典型性税收政策,同时,结合辽宁自贸区的发展历史和区位特性,将政策创新作为非典型性税收政策,既体现共性,又重视个性。

本条主要参考了《总体方案》第四部分“保障机制”中的“(二)完善配套税收政策”。主要内容为:落实现有相关税收政策,充分发挥现有政策的支持促进作用。中国(上海)自由贸易试验区、中国(广东)自由贸易试验区、中国(天津)自由贸易试验区和中国(福建)自由贸易试验区已经试点的税收政策原则上可在辽宁自贸试验区进行试点,其中促进贸易的选择性征收关税、其他相关进出口税收等政策在自贸试验区内的海关特殊监管区域进行试点。自贸试验区内的海关特殊监管区域范围和税收政策适用范围维持不变。此外,在符合税制改革方向和国际惯例,以及不导致利润转移和税基侵蚀的前提下,积极研究完善境外所得税收抵免的税收政策。

三、与自贸试验区税收政策相关的国家政策以及参考依据

1.《中国(上海)自由贸易试验区条例》第三十三条规定:“自贸试验区按照国家规定,实施促进投资和贸易的有关税收政策;其所属的上海外高桥保税区、上海外高桥保税物流园区、洋山保税港区和上海浦东机场综合保税区执行相应的海关特殊监管区域的税收政策。”

遵循税制改革方向和国际惯例,积极研究完善不导致利润转移、税基侵蚀的适应境外股权投资和离岸业务发展的税收政策。

2.《国务院关于近期支持东北振兴若干重大政策举措的意见》(国发〔2014〕28 号)第(八)项内容规定:“加强创新基础条件建设。研究在吉林省布局综合极端条件试验装置、在黑龙江省布局空间环境地面模拟装置重大科技基础设施,支持东北地区建设一批国家工程(技术)研究中心、国家工程(重点)实验室等研发平台。推动大型企业向社会和中小企业开放研发和检验检测设备,研究给予相应优惠政策。在东北地区率先启动创新企业百强试点工作。支持中科院与东北地区加强‘院地合作’,建设产业技术创新平台。继续组织开展东北地区等老工业基地院士专家科技咨询活动。国家‘千人计划’‘万人计划’等重大人才工程要对东北地区给予重点支持,对高端装备制造、国防科技等领域予以倾斜。”

3.《中国制造2025》(国发〔2015〕28号)第四部分“战略支撑与保障”中的“(四)加大财税政策支持力度”。主要内容为:充分利用现有渠道,加强财政资金对制造业的支持,重点投向智能制造、“四基”发展、高端装备等制造业转型升级的关键领域,为制造业发展创造良好政策环境。运用政府和社会资本合作(PPP)模式,引导社会资本参与制造业重大项目建设、企业技术改造和关键基础设施建设。创新财政资金支持方式,逐步从“补建设”向“补运营”转变,提高财政资金使用效益。深化科技计划(专项、基金等)管理改革,支持制造业重点领域科技研发和示范应用,促进制造业技术创新、转型升级和结构布局调整。完善和落实支持创新的政府采购政策,推动制造业创新产品的研发和规模化应用。落实和完善使用首台(套)重大技术装备等鼓励政策,健全研制、使用单位在产品创新、增值服务和示范应用等环节的激励约束机制。实施有利于制造业转型升级的税收政策,推进增值税改革,完善企业研发费用计核方法,切实减轻制造业企业税收负担。

4.财政部、国家税务总局下发《关于完善企业境外所得税收抵免政策问题的通知》(财税〔2017〕84号),该通知赋予纳税人选择权,对境外投资所得可自行选择综合抵免法或分国抵免法。实行综合抵免法,对同时在多个国家投资的企业可以统一计算抵免限额,有利于平衡境外不同国家(地区)间的税负,增加企业可抵免税额,有效降低企业境外所得总体税收负担。同时,综合抵免依然遵守限额抵免原则,不会侵蚀所得税税基。2011年,财税部门根据企业所得税法授权已发文明确对石油行业企业实行综合抵免法,在实际执行中对我国石油行业企业“走出去”起到了积极推动作用,石油行业企业的实践也为扩大综合抵免范围起到了试点和基础性作用。同时在税收征管操作方面,根据石油行业企业的实践,相对于分国抵免法而言,企业实行综合抵免法汇总计算境外所得抵免限额的复杂性和工作量大大降低,企业税法遵从度也得到提高。此外,通知规定,企业选择采用不同于以前年度的抵免方法计算可抵免境外所得税税额和抵免限额时,对该企业以前年度尚未抵免完的余额,可在税法规定结转的剩余年限内,按新选择的抵免方法计算的抵免限额中继续结转抵免。即企业此前在分国抵免法下还有尚未抵免完的余额,可在税法规定5年结转期的剩余年限内,按照综合抵免法计算的抵免限额继续结转抵免。

四、自贸试验区税收改革的重点和难点

自贸试验区通过实施先行先试税收政策,努力创建开放、公平、公正的税制环境,在促进投资、贸易等多个方面发挥了示范引领作用,有力辐射和带动了区域经济发展,提升了地区开放水平,越来越显现其极强的“外溢效应”。因此,辽宁自贸

区的税收政策应重点鼓励投资快速发展,推动贸易进一步发展,大力引进高层次人才,推进鼓励类产业高速发展以及积极改善营商环境。但同时也面临一些实际的问题和挑战,诸如税收优惠政策力度、广度、深度不够,就面临无法充分发挥吸引投资的作用。另外,税收法治化建设亦可能存在不足,因为从顶层设计来看,我国目前尚缺乏一套相对成熟、稳定的自贸区税收法规体系。最后,自贸区是否具备国际化标准的法治环境尤为重要,因为自贸区建设具有开放的特性,为“走出去、引进来”企业提供国际化标准的法治环境,必然要求自贸区税收法规、征管、服务对接国际标准,这样才能提升国际竞争力,才能真正发挥自贸区的作用。

第四十三条　自贸试验区内税收体系规划

税务部门应当在自贸试验区营造有利于企业发展、公平竞争的税收法治环境。建立便捷的税务服务体系,开展税收征管现代化试点,加强信息化建设,逐步实现跨区域税务便利化。

【解读】

本条是关于自贸试验区内税收体系规划的基本原则的规定。

一、在立法层面统一规范税收标准,有限度地合理运用税收杠杆调整各片区内企业公平竞争能力

税收是国家财政收入的主要来源也是企业生存和发展的命脉,在自贸区内应灵活、规范地运用税收作为一个重要的经济杠杆,扶持自贸区内企业发展、壮大,以企业带动企业,以片区带动地区,从而使自贸区真正成为东北老工业基地振兴和发展的“发动机”。

税收具有的调节功能,用税收作为自贸区宏观调控的重要政策工具,在自贸区内营造有利于企业发展、公平竞争的税收法治环境,合理的参考各个片区的地理位置、用工成本、物流成本等因素,在法律的框架内灵活调整不同片区的征税标准,利用税收杠杆使不同片区内的企业拥有公平的竞争环境,避免“一刀切”“大头沉”的情况发生,促进各个片区共同发展。

因地理位置的不同势必会导致同样的企业在不同的片区其用工成本、货物运输成本等有所不同。比如,同样的企业将货物通过海运发往国外,在大连片区和营口片区的企业运输成本将少于沈阳片区,因沈阳片区没有港口,货物需要通过陆路运送到附近的港口,而距离沈阳最近的出海港口的陆路距离也要在150公里以上,物流价格约为:重货 0.15 元/公斤 ~0.35 元/公斤,轻货 40 元/立方米 ~120 元/立方米左右。因物流的成本增加,导致货物本身成本增加,这样就拉开了同样的企业生产的同样的货物的成本价格,使沈阳片区的企业缺乏了竞争力,就会导致这种运输量大的企业流失到大连片区或者是营口片区,从而导致沈阳地区这样的企业极少,甚至没有。同样,地理位置不同,企业的用工成本也有很大差别。比如,大连片区因整个地区的经济水平高,员工工资普遍高于沈阳片区和营口片区,产品的成本价格就因用工成本高于沈阳片区和营口片区,就会导致用工量大的企业选择沈阳片区或是营口片区。这种企业因成本的原因导致企业在某个片区畸形集中存在或者没有的情况,会影响这种企业的上游企业和下游企业生存发展,不利于整个片区的整体发展,乃至会影响到整个地区的全面发展,会削弱自贸区在东北老工业基地振兴中的“发动机”作用。

为了避免这种某个企业在某个片区“畸形”存在的情况发生,应在法律框架内,充分考虑某一种企业或者某一种行业的实际情况,通过税收杠杆营造有利于企业发展,公平竞争的税收法治环境,避免或者减少因地域原因导致的某地区的某行业的企业集中。通过片区内企业的整体发展,带动片区辖区附近的上下游企业共同发展,促使整个辽宁自贸区内的企业能够共同的,平等的健康发展,带动整个东北老工业基地所有企业共同健康发展。

二、建立灵活、高效的服务型税务管理体系,有效地利用现代化的信息网络技术,通过大数据、云计算等现代化管理模式,建立科学的税务便利化管理模式

服务型的政府部门是在公民本位、社会本位理念的指导下,在整个社会民主秩序的框架下,通过法定程序,按照公民意志建立起来的以为公民服务为宗旨并承担着服务责任的政府。税务部门也不例外,本条就规定了自贸区内的税务部门应建立以企业为服务本位的税收征管服务体系,放下“架子”为自贸试验区内的企业提供高效、便捷的现代化税收征管服务,把“服务”二字落实在每个税收征管环节上,通过税收和服务的有效结合,助力片区内企业健康高速发展。国家税务总局于 2002 年提出税收征管工作要从“监督打击”型向“管理服务”型转化,明确地要求全国税务机关采取有力措施,转变服务理念,创新工作思路,为纳税人依法提供全方位和高水平的税收征管服务。随着时代的发展,互联网技术水平的提高,税务部门应有效利用现代化技术,科学高效地为自贸区内企业提供以企业为本位的税收征管服务,减少企业缴税、报关环节,为企业提供多样化、现代化缴税方式,从而适应企业的高速运营模式,避免企业因缴税环节烦琐而影响企业运营,实现

企业发展与税收的良性循环。根据《总体方案》，有效推动税收服务创新，包括一窗国地办税、一厅自助办理、培训辅导点单、缴纳方式多元、业务自主预约、税银信息互动、税收遵从合作、创新网上服务等举措。推进产业预警、信息公开、公平竞争、权益保障制度创新。

三、立法依据

本条借鉴了上海、广东、天津、福建四个自贸区建设中成功的税收政策经验，依据国务院印发的《总体方案》“第四部分保障机制”中的“（二）完善配套税收政策”。该部分内容指出：“落实现有相关税收政策，充分发挥现有政策的支持促进作用。中国（上海）自由贸易试验区、中国（广东）自由贸易试验区、中国（天津）自由贸易试验区和中国（福建）自由贸易试验区已经试点的税收政策原则上可在自贸试验区进行试点，其中促进贸易的选择性征收关税、其他相关进出口税收等政策在自贸试验区内的海关特殊监管区域进行试点。自贸试验区内的海关特殊监管区域范围和税收政策适用范围维持不变。此外，在符合税制改革方向和国际惯例，以及不导致利润转移和税基侵蚀的前提下，积极研究完善境外所得税收抵免的税收政策。”在法律的层面上和框架内制定适应辽宁老工业基地市场环境的税收办法和以企业为本位的便捷的、科学的现代化征税管理模式。

四、与自贸试验区税收体系规划相关的国家政策

上海、广东、天津、福建四个自由贸易试验区的成功建设与蓬勃发展离不开税收政策的支持，上海作为我国第一个自贸区自成立以来，其税收政策就成为被重点关注的内容之一。自贸试验区的税收政策对投资、贸易、周边经济都有着重大的影响。而我国自贸区更多定位于成为可复制可推广的“试验田”，而不是政策“洼地”。从税收角度看，自贸试验区的相关税收政策，在条件成熟时是可以在自贸区外乃至全国实施的。

辽宁自贸试验区有效的借鉴和适用了国家对上海等四个自贸区的税收政策，国家针对自贸区建设制定了规范的税收政策，涉及企业所得税、个人所得税、出口退税、增值税、关税等，《国家税务总局关于创新自由贸易实验区税收服务措施的通知》（税总函〔2015〕208 号）就明确了多项方便企业的便民措施，要以服务企业为根本实施出口退税无纸化、税控发票领用网上申请、一窗国地税、一厅自助办理、培训辅导点单化、缴纳方式多元化、业务自主预约、税银信息互动、税收遵从合作、预先约定明确化、风险提示国际化、涉税事项网上审批备案、网上自主办税等方便企业的税收管理模式，减少了企业办事环节。另外，海关还对自贸区内企业

自用研发设备和进口研发耗材实施进口税收优惠政策、仓储货物按状态分类监管、一次备案多次使用、保税展示交易制度等便民举措,有效提高了通关速度,为以后向自贸区外推广做好准备。

五、自贸试验区内税收体系建立的重点

改革开放四十年,我国的经济特区、保税区所取得的成就有目共睹,但是经济特区、保税区所实施的政策只能在区内适用,不能与国际市场无缝对接,尤其是制度政策开放程度上还存在很大差距。这就要"制度创新",要将自贸区内税收优惠政策作为核心定位之一,探索法制、税制和管制三大制度的创新,来促进贸易、投资、金融三大领域开放。辽宁自贸区税收建设主要依据国务院下发的《总体方案》及下级部门的规范性文件,尚无更高层级的中央立法支撑。其中《总体方案》本身也不属于行政法规,原则上并不能成为自贸区实施税收优惠的直接依据,并不能充分体现"税收法定"原则。

与区域性税收优惠不同,我国自贸试验区是经济市场化的"试验田",不是要发展巨型的免税区或者经济特区,也不适合走大幅降低关税的税收竞争路线,应该掌握一个"度"。从以往的国际经验来看,各国自贸试验区的税收管理制度都相对宽松,这就给不法企业预留了可乘之机,其中包括利用虚假贸易进行洗钱、设计结构复杂的交易进行偷逃税犯罪。如何避免以上情况发生,使企业的违法风险加大,使自贸区内企业合法健康发展,就需要尽快建立完善的自贸区税收风险防控系统,建立健全有关税收征管的法律法规。

第七章　东北亚区域开放与合作

第四十四条　推进自贸区对外合作

推进自贸试验区与"一带一路"沿线国家及日、韩等国家的国际产能和装备制造合作，促进由装备产品输出为主向技术、资本、产品、服务和标准输出并举转变，推动东北亚国家先进制造业、战略性新兴产业、现代服务业等产业在区内集聚发展。

【解读】

本条是关于"一带一路"沿线国际合作和自贸试验区产业聚集发展方向的规定。

一、辽宁自贸试验区与"一带一路"沿线国家的开发与合作

十八大以来，辽宁省委、省政府坚持从辽宁振兴发展的大局出发，主动融入国家"一带一路"倡议，大力推进以港口为核心的大枢纽建设，着力打造内连外通、设施完备的交通运输大通道，为辽宁全方位对外开放提供了重要载体和有力支撑。一方面，加快大连东北亚国际航运中心建设，打造东北亚国际航运枢纽。2016 年，辽宁省对"一带一路"沿线国家境外投资项目 54 个，中方投资额 13.79 亿美元，占全省同期投资总额的 34%；外贸出口 132.5 亿美元，进口 106.9 亿美元，分别占全省外贸出口总额的 30.8% 和进口总额的 24.6%。截至 2017 年年底，全省港口基础设施建设累计投资 704 亿元，比上一个五年增长 8.1%。应该说，大投资推动了港口基础设施更加完备、港口集疏运功能的全面提升，大连东北亚国际航运中心基础设施基本建成，辽宁沿海港口作为我国北方对外开放的门户作用显著增强。五年来，全省新增港口生产性泊位 49 个、总数达到 421 个，其中新增万吨级及以上泊位 44 个、总数达到 231 个，集装箱班轮航线达到 152 条。全省建成一大批大型专业化深水泊位，煤、油、矿、箱、粮等大宗货物的装卸能力和效率处于全国先进水平，油品吞吐量位居国内沿海省份首位，特别是大连港集装箱吞吐量于 2013 年突破 1000 万标准箱、混矿国际中转业务于 2017 年突破 1000 万吨。全省港口货物

吞吐量达到 11.2 亿吨,其中集装箱吞吐量 1950 万标准箱,年均增长 4.8% 和 5.2%。另一方面,推进综合交通运输大通道建设,构建纵贯南北的国际运输走廊。编制了《“辽满欧”综合交通运输大通道建设发展规划》,建立了辽吉黑蒙“三省一区”交通运输推进物流业合作发展机制,积极研究制定多式联运标准规范,推进“辽满欧”“辽蒙欧”“辽海欧”三条国际运输大通道建设。“辽满欧”大通道自 2014 年开通以来一直保持良好运营,平均每周开行中欧班列 15 列,截至 2017 年年底,集装箱运量累计突破 10 万标准箱,年均增长 27% 以上,占满洲里口岸出境货物的 50% 以上。如今,“辽满欧”已经成为承南启北、连接国内外,历经境外 5 个国家 9 个城市的公铁海联运大通道。2017 年 5 月,第一班“辽蒙欧”中欧班列从盘锦港顺利发出,经二连浩特口岸出境到达欧洲。中远集团“永盛轮”已分别于 2013 年和 2015 年从大连港起航,穿越北极通往欧洲,实现了往返双向通航。这三条国际运输通道的建设和运营,大大缩短了辽宁与欧洲的区域时空距离,促进了人流、物流、信息流在更大范围内、以更快的速度流动,成为辽宁全方位扩大开放的重要战略支点。

二、辽宁省的相关政策

(一)推进与沿线国家战略对接

辽宁省委、省政府高度重视辽宁参与“一带一路”建设工作,加强高层交流互访,主要领导同志分别会见德国、南非等外国驻华使节及重要经贸团组。省政府经贸代表团赴新加坡、印度和伊朗进行访问,开展战略对接、经贸洽谈和友好交流活动,签署了一批合作项目。成功邀请德国总理默克尔、韩国国务总理黄教安来辽宁省访问,推进中德高端装备制造产业园建设,强化中韩经贸互利合作。先后接待了俄罗斯、法国、英国、韩国、蒙古等国友好省州代表团,进一步推动双方务实合作。

(二)强化辽宁省参与“一带一路”顶层设计和总体部署

辽宁省委、省政府制定了《辽宁省参与“一带一路”实施方案》和《辽宁省参与“一带一路”战略“十三五”建设规划》两个纲领性文件,先后出台了周边基础设施建设方案、国际产能和装备制造实施方案、境外安全保障方案、国别投资指南、“一带一路”项目储备库等专项方案,对辽宁省全面参与“一带一路”倡议进行了总体安排和统筹布局。

(三)国际产能和装备制造合作取得积极成效

辽宁出台了《关于推动辽宁省装备制造和国际产能合作工作指导意见》,发布了《辽宁省国际产能和装备制造合作行业指导目录》,建立了国际产能合作重点项目库,成功争取将“辽蒙欧”交通运输大通道建设等重点项目纳入国家“一带一路”中蒙俄经济走廊规划。成立了辽宁“走出去”企业联盟,现已有120余家企业加入,引导关联企业、关联产业抱团出海。积极争取国家支持,省政府与国家发展改革委建立了省部国际产能和装备制造合作协同机制。支持一批重点企业和项目纳入国家间合作机制,帮助远大集团纳入中巴经济走廊能源合作机制、联立铜业纳入中哈合作机制。

(四)三条运输通道建设取得突破性进展

“辽满欧”交通运输大通道:自大连、营口、沈阳、盘锦经满洲里至俄罗斯及欧洲的陆海联运铁路大通道,已先后开通了中欧集装箱直达班列,与莫斯科、华沙、明斯克、卡卢加以及新西伯利亚等城市实现了点对点班列运输。2016年,辽宁省中欧班列完成3.22万标准箱,占满洲里口岸出境货物的一半以上。

(五)构建高端对外开放平台

在辽宁省内,依托对外开放经济转型升级,积极推进辽宁自贸试验区、沈抚新区、金普新区、沈大国家级自主创新示范区、中德(沈阳)高端装备制造产业园、大连中日韩循环经济示范基地等一批对外开放战略平台建设。在境外,通过推进国际产能合作战略,谋划建设了辽宁省企业投资的印尼镍矿产业园、印度特变电绿色能源产业园、中俄尼古拉保税物流加工园区等一批境外园区,积极构建辽宁省产业“走出去”的境外投资载体和参与国际产业竞争的前沿基地。

(六)国际人文交流工作不断深化

推进友好省州及友城交往,深化辽宁省与俄伊尔库茨克州、蒙古国苏赫巴托省等地区的友好合作关系。加强对外文化交流与合作,辽宁在莫斯科中国文化中心成功举办了《中国汉字发展史图片展》,赴蒙古、俄罗斯举办“大美辽宁”精品艺术展交流活动,赴韩国国立大邱博物馆交流互访。开展教育合作,全省高校2016年留学生总规模为2.4万人,持续保持全国前列水平,其中“一带一路”沿线国家的留学生约占1/3左右。推进教育国际化,向“一带一路”沿线国家派出汉语教师和志愿者100余人,省内30多所高校与俄罗斯高校建立了长期交流合作关系。深化旅游合作,与印度、巴基斯坦、罗马尼亚、捷克等国家建立了合作交流机制。参与联合国计划署大图们旅游合作项目,推动中俄、中蒙旅游项目落地实施。

第四十五条　加强与“一带一路”沿线国家自由贸易园区合作

自贸试验区应当加强与“一带一路”沿线国家自由贸易园区的合作,探索建立园区之间税收互惠制度;支持与“一带一路”沿线国家开展海关、

认证认可、标准计量等方面的合作与交流,以及贸易供应链安全与便利合作;支持在区内建设国别产业合作园区,推进创新创业、产业升级。

【解读】

本条是关于“一带一路”沿线自由贸易园区及通关合作的规定。

一、自由贸易园区之间的合作与“一带一路”建设

自由贸易区一般是指两个以上的国家或地区,通过签订自由贸易协定,在WTO最惠国待遇基础上,相互进一步开放市场,分阶段取消绝大部分货物的关税和非关税壁垒,在服务业领域改善市场准入条件,开放投资,促进商品、服务、资本、技术、人员等生产要素的自由流动,实现贸易和投资的自由化,实现优势互补,促进共同发展,从而形成涵盖所有成员的一种特殊的功能区域。目前世界上并没有一个国际性的组织,从国际贸易层面研究自由贸易区,并作为自由贸易区之间沟通的桥梁,加强各自由贸易区之间的合作。成立世界自贸区联合会,旨在补充这一角色空缺,加强世界各国自由贸易区的合作。通过为各自由贸易区提供咨询支持等服务,使得各自由贸易区的信息沟通更加便捷,提高合作效率,加速各国之间的自由贸易,最大程度地发挥自由贸易区的作用。

当前,世界各国都非常重视通过建立和发展自由贸易区来为自己国家的经济发展服务,而自由贸易区的产生和发展也有着深刻的原因和独特的作用。全球范围内自由贸易区的数量不断增加,涵盖议题快速拓展,自由化水平显著提高。

加勒比自由贸易区响应世界经济发展新形势,正在筹备发起世界自贸区联盟。世界自贸区联盟将有利于提升世界各自由贸易区的整体自由化水平,积极推动世界范围内建立自由贸易区,促进世界各国对外贸易额的大幅度提升,辐射五大洲国家的全球自由贸易区网络,使大部分对外贸易、双向投资实现自由化和便利化。

所谓世界自由贸易区联盟(World Federation of Free Trade Zones),定位为非营利性组织,其会员组成主要有:(1)自由贸易协议组织;(2)自由贸易协会组织;(3)自由贸易园区;(4)自由贸易区服务企业;(5)自由贸易区园区企业;(6)自由贸易区监管机构。联盟愿景是:促进世界自由贸易区合作,做自由贸易区的推动者。联盟目标:联合国经济社会发展组织特殊咨询机构。其主要作用是:(1)可以充分利用自由贸易区作为商品集散中心的地位,进一步扩大地区和国家的出口贸易和转口贸易,从而提高其在全球贸易中的地位和能级,并且创造更多的外汇收

入;(2)可以充分利用自由贸易区作为国际投资中心的地位,利用区内税收、外汇使用等优惠政策,进一步吸引外资,引进国外先进技术与管理经验;(3)可以充分利用自由贸易区作为国际物流中心的地位。一般来讲,通过在港口、交通枢纽和边境地区设立自由贸易区,可起到繁荣港口、刺激所在地区和国家交通运输、物流业发展的作用。世界自由贸易区联盟作为国际性的非营利组织,将充分贯彻自由贸易的精神,促进自由贸易区之间的深度合作,充分挖掘各国自由贸易区的协同效应。并通过对各国自由贸易区的深度研究和交流,发展成为联合国经济社会发展组织特殊咨询机构。

"一带一路"建设涉及国与国之间的合作,同样也涉及类似于国际联盟的合作关系,在自由贸易试验区或者自贸园区的基础上,加强各国之间自贸园区的合作关系,既可能涉及国与国之间的合作,也可能涉及多国之间的联盟与合作,这就要看合作方是一国主办的自贸园区还是本身就是多国合作的自贸园区,因此也可看出,自贸园区之间的合作,在"一带一路"建设中的作用,完全可以通过一个园区,将政策的互联互通延伸到多个国家,从而在多个国家开花结果。

二、立法依据

本条在起草的建议稿中,最初的条文规定是:(境外通关合作)支持自贸试验区建设现代物流体系、国际航运中心和国际邮件互换局,依托日韩海运和中欧班列(辽宁)海、陆、铁联运运输邮件、快件,建立沿线国家合作机制,加强相互间在海关、检验检疫、认证认可、标准计量等方面的合作与交流,开展贸易供应链安全与便利合作。

《总体方案》第十九条规定:"建设现代物流体系和国际航运中心。打造面向东北亚的现代物流体系和具有国际竞争力的港航发展制度与运作模式。深化自贸试验区多港区联动机制,推进海陆空邮联动发展。建立航空物流枢纽中心,促进港航要素集聚,增强空港服务功能。加快东北亚区域性邮轮港口和国际客轮中心建设。加强邮政和快递集散中心建设,依托日韩海运和中欧班列(辽宁)海铁联运运输邮件、快件,建设有影响力的国际邮件互换局。在交通运输领域,完善快件处理设施和绿色通道。将外资经营国际船舶管理业务的许可权限下放给辽宁省。建设保税航油站和保税油供应基地。支持开展船员管理改革试点工作,在船员培训方面按规定给予政策支持。推动与旅游相关的邮轮、游艇等旅游运输工具出行的便利化。"这是本条起草的主要文件依据。

此外,本条的起草参考了:(1)《中国(浙江)自由贸易试验区条例》(征求意见稿)第二十八条(境外通关合作)的规定:"支持自贸试验区建设国际合作平台,与

‘一带一路’沿线国家和地区建立合作机制。自贸试验区应当加强与‘一带一路’沿线国家和地区在海关、检验检疫、认证认可、标准计量等方面的合作与交流,开展贸易供应链安全与便利合作。”(2)《国务院关于近期支持东北振兴若干重大政策举措的意见》(国发〔2014〕28 号)规定:“(二十七)扩大向东北亚区域及发达国家开放合作。加强东北振兴与俄远东开发的衔接,启动中俄远东开发合作机制,推动在能源、矿产资源、制造业等领域实施一批重大合作项目,按照国务院批复方案加快筹备中俄地区合作发展(投资)基金,支持哈尔滨打造对俄合作中心城市。发挥地缘和人文优势,务实推进对韩、蒙、日、朝合作,支持大连设立中日韩循环经济示范基地。扩大面向发达国家合作,建立中德政府间老工业基地振兴交流合作机制,推动中德两国在沈阳共建高端装备制造业园区。提升中新吉林食品区合作层次。(二十八)打造一批重大开放合作平台。支持大连金普新区建设成为我国面向东北亚区域开放合作的战略高地,根据需要将省、市经济管理权限下放至新区。研究设立绥芬河(东宁)、延吉(长白)、丹东重点开发开放试验区,支持满洲里、二连浩特重点开发开放试验区和中国图们江区域(珲春)国际合作示范区建设,在具备条件的地区建设综合保税区和跨境经济合作区。加强重点边境城市建设,增强对周边地区的辐射力和吸引力。支持铁岭等地建设保税物流中心,促进东北腹地与沿海产业优势互补、良性互动。”由此也可以看出,自由贸易试验区的政策不是鼓励存在的,其他相关政策如果能够借助自贸试验区先行先试的条件,创新发展,恰恰是将其他政策进一步发挥的良好举措。

三、与自由贸易园区间合作有关的政策

除《总体方案》的相关规定外,国家发展改革委、外交部、商务部联合发布的《推进共建丝绸之路经济带和 21 世纪海上丝绸之路的愿景与行动》、《国务院关于近期支持东北振兴若干重大政策举措的意见》(国发〔2014〕28 号)、《中共中央、国务院关于全面振兴东北地区等老工业基地的若干意见》,国家知识产权局、发展改革委、科技部、工业信息部、农业部、文化部、海关总署、工商总局、版权局印发了《关于支持东北老工业基地全面振兴深入实施东北地区知识产权战略的若干意见》等文件都是与此相关的国家政策。

从税收、海关监管层面,《国家税务总局关于创新自由贸易试验区税收服务措施的通知》(税总函〔2015〕208 号)、《财政部、海关总署、国家税务总局关于扩大启运港退税政策试点范围的通知》(财税〔2014〕53 号)、《保税区助力自贸区建设 53 项创新举措》、《大连自贸试验区海关 25 项新举措》、《辽宁检验检疫局支持中国(辽宁)自由贸易试验区建设发展的 28 项措施》等相关政策文件已经实施。

四、自贸试验区之间合作的难点和重点

从立法层面角度来看,本条的规定完全体现了一种解放思想,放眼世界的格局,条文的内容也比起草之处进步了许多,但是,国家或国际之间园区合作、税收互惠、相互认证等工作,许多工作需要国家层面,我国“一带一路”建设影响越来越广泛,这种园区之间的合作也会越来越多,而且,在合作过程中,完全可以实现优势互补,使得产业凝聚、产能输出甚至在辽宁自贸试验区建立特色的其他国家贸易园区也是可能的,这就需要在立法解放思想的同时,在正确适用法律上进一步解放思想,在政策层面上广开门路,除国家层面的合作机遇外,政府与政府之间、园区与园区之间、民间组织之间都可以打开通道,推动或者实施这种良性合作,从而使制度红利惠及企业及个人。

第四十六条　港口合作与口岸服务

自贸试验区应当加强与“一带一路”沿线国家港口合作,建立跨区域港口联盟、港航联盟,推进海陆空邮联动发展。加强与区外物流产业聚集区协同发展,推进实施多式联运等创新发展模式。

【解读】

本条是关于有关港口合作与口岸服务的规定。

一、自贸试验区与“一带一路”沿线港口合作

“一带一路”贯穿亚欧非大陆,一头是活跃的东亚经济圈,另一头是发达的欧洲经济圈,中间广大腹地国家经济发展潜力巨大。丝绸之路经济带重点畅通中国经中亚、俄罗斯至欧洲(波罗的海);中国经中亚、西亚至波斯湾、地中海;中国至东南亚、南亚、印度洋。21 世纪海上丝绸之路重点方向是从中国沿海港口过南海到印度洋,延伸至欧洲;从中国沿海港口过南海到南太平洋。其中包括新疆、陕西、甘肃、宁夏、青海、内蒙古等西北的 6 省,黑龙江、吉林、辽宁等东北 3 省,广西、云南、西藏等西南 3 省,上海、福建、广东、浙江、海南等 5 省,内陆地区则是重庆。如果将“一带一路”的“带”和“路”分解的话,可以分成以下几条:(1)北线 A:北美洲(美国,加拿大)—北太平洋—日本,韩国—日本海—扎鲁比诺港(海参崴,斯拉夫扬卡等)—珲春—延吉—吉林—长春—蒙古国—俄罗斯—欧洲(北欧,中欧,东欧,西欧,南欧)。(2)北线 B:北京—俄罗斯—德国—北欧。(3)中线:北京—西

安—乌鲁木齐—阿富汗—哈萨克斯坦—匈牙利—巴黎。(4)南线:泉州—福州—广州—海口—北海—河内—吉隆坡—雅加达—科伦坡—加尔各答—内罗毕—雅典—威尼斯。(5)中心线:连云港—郑州—西安—兰州—新疆—中亚—欧洲。“一带一路”是“丝绸之路经济带”和“21 世纪海上丝绸之路”的简称,它将充分依靠中国与有关国家既有的双多边机制,借助既有的、行之有效的区域合作平台,“一带一路”旨在借用古代丝绸之路的历史符号,高举和平发展的旗帜,积极发展与沿线国家的经济合作伙伴关系,共同打造政治互信、经济融合、文化包容的利益共同体、命运共同体和责任共同体。

“一带一路”开辟了中国与世界各国构建人类命运共同体的美好前景。港口,是海上丝绸之路的起点和支点。2000 多年前,中华民族的先辈从福建泉州港、浙江宁波港、广东广州港、江苏扬州港、山东蓬莱、广西北海驾船出海,扬帆远航,穿越惊涛骇浪,闯荡出连接东西方的海上丝绸之路。港口发展始终是习近平总书记考察、关注的重点之一。在习近平总书记关于“一带一路”建设的指示精神指引下,各级党委和政府以及交通运输部门建设港口,经略航线,打造港口“朋友圈”,推动基础设施互联互通,港口这个“一带一路”上的重要支点必将联动世界,书写出海上丝绸之路新篇章。

“加强合作”“绿色发展”“调整组织形式”,习近平总书记的指示切中要害,对全国港口的发展有很强的针对性,推动我国港口行业走上集约发展之路。交通运输部和地方各级党委、政府深刻领会习近平总书记的重要指示精神,积极促进港口资源整合、港口间互动联合、港产城深度融合,加快推进港口枢纽化、集约化、现代化发展。在港口供给侧结构性改革的推动下,我国沿海已经形成环渤海、长三角、东南沿海、珠三角和西南沿海 5 个现代化港口群,基本建成了包括集装箱、煤炭、石油、铁矿石、粮食、商品汽车、陆岛滚装和旅客运输等在内的综合性、立体式运输系统。

由此可见,加强“国家港口合作,建立跨区域港口联盟、港航联盟,推进海陆空邮联动发展”在辽宁自由贸易试验区建设中的作用是非常重要的。

二、立法依据

本条起草的送审稿做了如下规定:(港口合作与口岸服务)自贸试验区应当与“一带一路”沿线国家港口合作,建立跨区域港口联盟、港航联盟。增强海陆铁联运中转、分拨、配送等服务功能,发展国际航运与物流业。加强与区外物流产业聚集区协同发展,探索形成具有国际竞争力的多式联运发展制度和协同发展模式。自贸试验区应当与沿线口岸监管部门协作配合,开发海陆铁联运公共信息平台,与港口电子数据交换系统、国家交通物流公共信息平台共同完善联运信息与数据服务体系,实现与沿线港航、物流、货主、口岸监管之间的信息共享;推动与旅游相关的邮轮、游艇等旅游运输工具出行便利化。

立法参考依据是《总体方案》主要任务和措施的第十九条规定:“建设现代物流体系和国际航运中心。打造面向东北亚的现代物流体系和具有国际竞争力的港航发展制度与运作模式。深化自贸试验区多港区联动机制,推进海陆空邮联动发展。建立航空物流枢纽中心,促进港航要素集聚,增强空港服务功能。加快东北亚区域性邮轮港口和国际客轮中心建设。加强邮政和快递集散中心建设,依托日韩海运和中欧班列(辽宁)海铁联运运输邮件、快件,建设有影响力的国际邮件互换局。在交通运输领域,完善快件处理设施和绿色通道。将外资经营国际船舶管理业务的许可权限下放给辽宁省。建设保税航油站和保税油供应基地。支持开展船员管理改革试点工作,在船员培训方面按规定给予政策支持。推动与旅游相关的邮轮、游艇等旅游运输工具出行的便利化。”

此外,还参考了以下地方性法规及国家文件:

《中国(广东)自由贸易试验区条例》第四十七条规定:“自贸试验区应当在国家确定的框架下,推进粤港澳服务贸易自由化,在金融服务、交通航运服务、商贸服务、专业服务、科技文化服务和社会服务等领域,取消或者放宽对港澳投资者资质要求、股比限制、经营范围等准入限制措施。”

国家发展改革委、外交部、商务部联合发布《推动共建丝绸之路经济带和21世纪海上丝绸之路的愿景与行动》中规定:“六、中国各地方开放态势:西北、东北地区。发挥新疆独特的区位优势和向西开放重要窗口作用,深化与中亚、南亚、西亚等国家交流合作,形成丝绸之路经济带上重要的交通枢纽、商贸物流和文化科教中心,打造丝绸之路经济带核心区。发挥陕西、甘肃综合经济文化和宁夏、青海民族人文优势,打造西安内陆型改革开放新高地,加快兰州、西宁开发开放,推进宁夏内陆开放型经济试验区建设,形成面向中亚、南亚、西亚国家的通道、商贸物流枢纽、重要产业和人文交流基地。发挥内蒙古联通俄蒙的区位优势,完善黑龙江对俄铁路通道和区域铁路网,以及黑龙江、吉林、辽宁与俄远东地区陆海联运合作,推进构建北京—莫斯科欧亚高速运输走廊,建设向北开放的重要窗口。”

三、与“一带一路”沿线国家港口合作的相关政策

国家发展改革委、外交部、商务部联合发布《推动共建丝绸之路经济带和21世纪海上丝绸之路的愿景与行动》既是“一带一路”的一份重要文件,同时也是加强与“一带一路”沿线国家合作的主要文件。

随着“一带一路”建设的全面展开,我国港口将迎来新的发展契机和历史使命。2017年5月,“一带一路”国际合作高峰论坛召开之际,作为共建“一带一路”倡议的发起者,中国发布《共建“一带一路”:理念、实践与中国的贡献》,指出,“六廊六路多国多港”是共建“一带一路”的主体框架,为各国参与“一带一路”合作提供了清晰的导向。其中“多港”是指若干保障海上运输大通道安全畅通的合作港口,通过与“一带一路”沿线国家共建一批重要港口和节点城市,进一步繁荣海上合作。

此外,辽宁省有关部门印发了《辽宁省参与“一带一路”实施方案》和《辽宁省参与“一带一路”战略“十三五”建设规划》,辽宁省委、省政府印发了《中共辽宁省委、辽宁省人民政府关于加快构建开放新格局以全面开放引领全面振兴的意见》(辽委发〔2018〕20号)等文件,也是发展国家间港口合作的重要政策性文件。

四、港口合作的重点和难点

在本条例中,包括本条在内的许多条款都彰显出立法者大胆解放思想的出发点,也贯穿了辽宁省委的经济振兴的精神,体现了辽宁在经济不景气的时期敢于突破的创新精神,尤其符合“长子情怀、忠诚担当、创新实干、奋斗自强”的新时代辽宁精神。

从这一条可以看出,有关多式联运、海陆空邮联动发展、区外物流协同发展等方面,实质上已经突破了狭隘的自贸试验区建设范围,但是,如果仔细思考就会发现:这种规定,又完全在自贸试验区范围之内,将互联互通、贸易便利等措施运用到区外甚至有关通关手续等相互认可,本身就是自贸试验区创新发展用于实践的最终目的,一个好的方式,在流通领域仅在区内实施,一旦走出区外,回归原样,从而形成流动过程中的“瓶颈”,实施上与没有这种政策和方式差距并不是太大,有时候可能因为手续的不同,反而带来了不便和麻烦,所以,本条执行的难点在于,适用法律者需要进一步解放思想,而且有灵活多变的外事能力,从而吸取国家上许多港口好的做法为我所用,还能将自己的方式让对方接受,从而使“一带一路”进一步畅通无阻。

在港口建设中,不仅要按照本条的规定加强港口合作,还要采取有效措施,实施港、产、城联动发展。辽宁省现在已经实现了沿海港口整合,一是,要着眼于打造东北亚地区一流的现代化枢纽港。一方面,积极推进智慧港口建设,进一步完善港口物流、贸易、航运服务功能,以有效提升港口软实力。另一方面,加快实施“走出去”战略,推进跨区域发展,推动组建海上丝绸之路港口合作秘书处,积极布局沿海“一带一路”的沿海合作投资。二是,要着力打造东北亚一流的航运服务基地。一要加快发展港航物流业。包括加快发展冷链物流、汽车整车物流、保税物流等特色物流业，延长物流价值链，提升附加值。培育大型的新型物流企业，鼓励发展第三方、第四方物流企业，加快发展贸易电子商务服务试点，逐步在海关监管区形成跨境电子商务的集聚区。二要培育发展港航服务业。包括支持培育船舶代理、客货代理品牌企业，争取放宽外资股的比例限制，吸引外资；鼓励发展港航科技研发、教育培训、船舶管理，另外，还要培育航运金融服务市场，引导国内外金融机构落户，加力发展航运金融、信托、担保、投资资金管理，商业保理、信用评级等服务业。三要加快发展多式联运。加快进一步完善江海联运、海铁联运、海河联运、海空联运，突出多式联运服务的智慧化发展，加快建设一批急需的航道、锚地、进港铁路支线等集疏运项目，解决海港集疏运节点问题和“断头路”问题，降低工作集疏运分担比例，进一步推进港口集疏运的网络。三是，着力打造全球一流的大宗商品储运交易加工基地。要扩大大宗商品储备功能，充分分析辽宁港口货运特点，有方向地吸引商家就地投资办企业，提升大宗商品交易，在自贸试验区内建设大宗商品交易中心和互联网交易平台。

第四十七条　中蒙俄经济走廊建设与推进境外园区建设

自贸试验区在国家确定的框架下，全面融入中蒙俄经济走廊建设，引导优势企业开展境外工程承包，推进境外园区建设。

【解读】

本条是关于中蒙俄经济走廊建设与对外投资的规定。

一、中蒙俄经济走廊在辽宁自贸试验区建设中的作用

中国提出推动共建“一带一路”的愿景与行动方案，围绕共同建设丝绸之路经济带和21世纪海上丝绸之路，构建高度互信、开放包容、普惠多赢的区域经济合作平台，重点打造“六大经济走廊”，其中，中蒙俄经济走廊、中国—中亚—西亚经济走廊将形成“西出北上、东西互动、南北相连”的两翼核心圈，贯穿了跨欧亚大陆，东边连接亚太经济圈，西边进入欧洲经济圈，这将不仅在基础设施、贸易物流、农畜产品、文化旅游、能矿产业合作、新兴产业投资等领域为沿线各国蕴含了大量的机会，也将在跨境基础设施互联互通、发掘区域内市场潜力、创造更多需求和就业、提升经贸技术合作水平等共享发展方面为中、蒙、俄三国带来机会和福祉。

(一)“中蒙俄经济走廊”为全面更好地发挥各国优势提供了机遇

共建共享“一带一路”发展的机遇,是沿线各国合奏交响曲的大舞台,是需要国与国之间战略对接和耦合的务实行动,是“从市场机制的角度出发,由商业驱动,推动产业协调和培育,实现合作双方的互利互赢”,也是通过“一带一路”建设促进共同发展、实现共同繁荣,达到合作共赢的目的,更是增进理解信任,加强全方位交流,打造政治互信、经济融合、文化通融的利益共同体、命运共同体和责任共同体的愿景与行动。由此,世界经济新的增长中心将形成于“一带一路”,作为“一带一路”建设的重要经济腹地——中蒙俄经济走廊,也将伴随着迈向经济社会持续健康和民生福祉的发展进程,在这个过程中,三国尽可能地凭借联接各自的优势和基础,培育发现一批战略性新兴产业,建立发展一套与产业结构相适应的高端装备制造业和现代服务业等配套支撑体系。

(二)“中蒙俄经济走廊”为全面构建经贸合作区、打造对外开放升级版提供了机遇

近年来,中国与俄、蒙之间以资源产品为主的边境地区贸易合作呈现出发展势头好、增长快和潜力大等特点。但也存在一些困难亟待解决,其中基础设施互联互通不畅问题尤为突出,口岸通关功能和法律依据亟待完善对接。需要把中蒙俄经济走廊作为“一带一路”建设的重要规划,加快推进中国与俄、蒙毗邻地区跨境铁路、公路等基础设施互通互联建设步伐,进一步增强中俄、中蒙区域间“亲诚惠容”的相互影响,并按照“兼顾共同需求、互利互惠、合作共赢、创新机制模式”的原则,推进中俄、中蒙贸易投资便利化制度安排和边境自由贸易示范区建设。

(三)“中蒙俄经济走廊”为加快建设连接欧亚经贸海陆联运大通道提供了机遇

一是依托中国内蒙古满洲里口岸和俄罗斯后贝加尔斯克口岸区域,共建连接俄罗斯远东和中国东北经济区、大连港、锦州港,以及俄罗斯欧亚大铁路至欧洲腹地,打造满洲里跨境自由贸易示范区和呼伦贝尔中俄蒙合作先导区;二是依托中国内蒙古二连浩特口岸和蒙古国扎门乌德口岸区域,共建连接中国京津冀经济区、天津港、秦皇岛港以及蒙古国乌兰巴托铁路,延伸与俄罗斯跨欧亚大铁路连接至欧洲腹地,推进中国内蒙古和蒙古国相邻区域协同发展,打造中蒙沿交通线经济带,进一步深化创新与俄罗斯、蒙古国开放合作机制;三是依托中国境内京包、包兰、兰西、临策—哈密铁路和蒙古国规划中的沿线交通干线,共建向西经新疆至中亚的经贸大通道、联通中国、中亚、西亚的经济走廊,推动中国、中亚、西亚城市群开发开放;四是依托中国内蒙古甘其毛都口岸和蒙古国嘎舒苏海图口岸区域,共建向北连接蒙古国新计划的铁路,联通蒙古国南部集聚区,向南连接中国陕西、

广西、广东经济腹地,贯穿长江经济带,延伸到海上丝绸之路;五是依托中国内蒙古珠恩嘎达布其口岸、二连浩特口岸和蒙古国毕其格图、扎门乌德口岸区域,共建二连浩特经锡林浩特至锦州港海陆联运大通道,连接锦州港、营口港及环渤海经济区,外接蒙古国东南部集聚区,直通俄罗斯欧亚大铁路,打造锡(林郭勒)赤(峰)朝(阳)锦(州)中蒙俄国际陆海经济走廊和合作示范区。

(四)"中蒙俄经济走廊"为各国产业和服务贸易提速升级提供了机遇

一是大力发展中俄蒙三国能矿电力等产业合作,加快跨境电力与输电通道建设,积极推动天然气、太阳能等清洁、可再生能源合作;二是促进农牧业产业合作、水资源合作、生态保护、新一代信息技术、生物制药、蒙医药、新材料等新兴行业产业领域的深入合作;三是加快边境口岸"单一窗口"建设,发展跨境电子商务等新的商业业态;四是加强自由贸易区建设和通关条件改善方面的合作,通过这些合作推动产业和贸易双提速,让产业与贸易双引擎拉动各国经济持续稳步发展。

(五)"中蒙俄经济走廊"为构建多层次的政府间关联政策沟通交流机制提供了机遇

一是创新合作机制,吸引能够在投资地大规模带动就业、增加税收、改进公共和服务设施的投资项目,构建良好完善的投资经营大环境。二是各自从中蒙俄三方的相关利益角度,用同理心去倾听、判断和研究,根据相关国国情差异来推动发展、深化合作。要以市场机制为原则,形成合力,同时,通过管用、好用的关联政策推进创造良好的经商环境。三是围绕政策沟通、设施联通、贸易畅通、资金融通、民心相通等合作重点,以务实的行动来推进经贸、技术、人文等多领域、多层次的合作。

(六)"中蒙俄经济走廊"为智库联盟合作与共同拓展公共外交提供了机遇

一是倡议广泛加强各国智库之间人员交往和接触,宣传解读各国相关政策法律,充分了解彼此的政策意图和深层次问题,进而提出有建设性的意见和建议供决策参考;二是倡议通过开展跨国议题的政策研究、国际合作、国际会议和论坛等活动,利用各种传播媒介与方式,与国外智库精英和公众进行进一步对话与沟通,使公众深入认识和理解相关国家各自的诉求和正面观感;三是倡议通过不同渠道以不同形式在不同场合,加强与更多国家智库和公众进行广泛接触,实现充分对接,包括文化对接、贸易对接、规则对接以及情感对接,增强各自国家文化的吸引力和政治影响,寻求国际社会特别是民间社会对各自国家立场、声音和价值的理解和支持。

由此可见,辽宁自由贸易试验区建设在中、蒙、俄经济走廊中的重要作用,既有区位优势,也有港口、交通运输便利,但是,还要充分认清形势,以时不待我的饱满热情,全身心融入中蒙俄经济走廊建设中去。

二、立法依据

在提交《草案》建议稿中,本条的规定如下:(国际间经济发展和对外投资)自贸试验区应当在国家确定的框架下,全面融入中蒙俄经济走廊建设,巩固对日、韩合作,探索建立国家间自由贸易区。自贸试验区在金融服务、交通航运、商贸服务、专业服务、科技文化服务和社会服务等领域,取消或放宽对蒙、俄、日、韩投资者资质要求、股比限制、经营范围等准入限制规定,引导优势企业开展境外工程承包,投资建设境外园区。

该条规定的参考依据主要来源于《中国(辽宁)自由贸易试验区总体方案》主要任务和措施的第十六条规定:"推进与东北亚全方位经济合作。充分发挥辽宁作为全国重要的老工业基地和欧亚大陆桥东部重要节点的区位、交通、产业及人文等综合优势,推进国家自主创新示范区、全面创新改革试验区、大连金普新区、国家级经济技术开发区、国家级高新技术产业开发区与自贸试验区的互动发展。"

加快融入"一带一路"建设,不断扩大和丰富东北亚区域合作内涵,全面融入中蒙俄经济走廊建设,巩固对日、对韩合作,加速利用国际国内两个市场、两种资源,进一步扩大东北亚国际合作,在更大范围、更宽领域参与国际竞争。第十九条规定:"建设现代物流体系和国际航运中心。打造面向东北亚的现代物流体系和具有国际竞争力的港航发展制度与运作模式。深化自贸试验区多港区联动机制,推进海陆空邮联动发展。建立航空物流枢纽中心,促进港航要素集聚,增强空港服务功能。加快东北亚区域性邮轮港口和国际客轮中心建设。加强邮政和快递集散中心建设,依托日韩海运和中欧班列(辽宁)海铁联运运输邮件、快件,建设有影响力的国际邮件互换局。在交通运输领域,完善快件处理设施和绿色通道。将外资经营国际船舶管理业务的许可权限下放给辽宁省。建设保税航油站和保税油供应基地。支持开展船员管理改革试点工作,在船员培训方面按规定给予政策支持。推动与旅游相关的邮轮、游艇等旅游运输工具出行的便利化。"

另外,还参考了以下地方性法规和国家文件:

《中国(上海)自由贸易试验区条例》第十二条规定:"自贸试验区在金融服务、航运服务、商贸服务、专业服务、文化服务、社会服务和一般制造业等领域扩大开放,暂停、取消或者放宽投资者资质要求、外资股比限制、经营范围限制等准入特别管理措施。"

《中共中央、国务院关于全面振兴东北地区等老工业基地的若干意见》(九)

主动融入、积极参与“一带一路”建设倡议。协同推进战略互信、经贸合作、人文交流，加强与周边国家基础设施互联互通，努力将东北地区打造成为我国向北开放的重要窗口和东北亚地区合作的中心枢纽。推动丝绸之路经济带建设与欧亚经济联盟、蒙古国草原之路倡议的对接，推进中蒙俄经济走廊建设，加强东北振兴与俄远东开发战略衔接，深化毗邻地区合作。以推进中韩自贸区建设为契机，选择适宜地区建设中韩国际合作示范区，推进共建中日经济和产业合作平台。推动对欧美等国家（地区）相关合作机制和平台建设，高水平推进中德（沈阳）高端装备制造产业园建设。推进沿边重点开发开放试验区建设，推动黑瞎子岛保护与开发开放。提升边境城市规模和综合实力。进一步加大对重点口岸基础设施建设支持力度。在中央预算内投资中安排资金支持东北地区面向东北亚开放合作平台基础设施建设。提高边境经济合作区、跨境经济合作区发展水平。积极扩大与周边国家的边境贸易，创新边贸方式，实现边境贸易与东北腹地优势产业发展的互动，促进东北进出口贸易水平不断提高。支持有实力的企业、优势产业、骨干产品走出去，重点推进国际产能和装备制造合作，培育开放型经济新优势。

三、与中蒙俄经济走廊、境外园区建设、工程承包有关的政策

《中共中央、国务院关于全面振兴东北地区等老工业基地的若干意见》以及国家发展改革委、外交部、商务部《推动共建丝绸之路经济带和21世纪海上丝绸之路的愿景与行动》是本条相关政策的重要参考材料。

需要注意的是，国务院在2008年颁布了《对外承包工程管理条例》，这部行政法规是我国企业对外承包工程活动的法律依据，应当遵照执行，当然，由于自贸试验区先行先试的任务，许多便利条件和政策是完全可以适用的，由此也可以看出，区内建筑施工企业与区外建筑施工企业在对外投资建设方面还是有区别的。沈阳不仅组织企业参加“一带一路”沿线国家展会，还出台了《沈阳市国际产能合作重点项目库》《推进沈阳市境外投资健康发展工作方案》，政策出台不久已经初见成效。

四、中蒙俄经济走廊、境外园区建设、工程承包重点和难点

仔细分析本条就可以看出，辽宁自由贸易试验区融入中蒙俄经济走廊要在国家确定的框架下进行，但是，这并不表示自贸试验区对此只能等、靠、要，这也完全不符合现代辽宁发展理念。首先，国家确定的框架同样需要有为才能有位，自贸试验区应该在这方面进行研究，正如在辽宁确定中日韩自贸区实质可能比大连自贸园区更重要一样，将中蒙俄经济走廊的重点延伸到辽宁或者自贸试验区内，需

要我们提高认识,提高站位,以东北对外开放新引擎的发展目标去创造机遇和条件;其次,除国家顶层设计外,辽宁同样需要按照李克强总理的要求:转身向海,政府有关部门通过对外交往,积极打造融入中蒙俄经济走廊的条件甚至促进签署不同层级的合作协议;最后,要鼓励和支持民间机构参与中蒙俄国别投资及相关研究,即为党和国家政府提供有力的智库支撑,也为企业走出去提供有价值的参考,所以,中、蒙、俄经济走廊的发展,应该把握在国家确定框架下不同组织和机构的积极作为,共同推进。

实际上对外工程承包目前是我们强项,也是“一带一路”沿线国家基础建设所需要的,自贸试验区还应该具体研究相关政策,一方面吸引相关企业到区内注册,另一方面为区内注册企业走出去提供条件和信息服务;当然,境外园区建设不仅涉及工程承包,实际还涉及园区经济发展,这同样是个大课题,解决的好,自贸试验区就可以吸引有实力的企业入驻,或者联盟式入驻,因为只有这种有实力的企业或联盟体,才有能力在境外建设一个行业或者种类的园区。

第四十八条　加强国际文化交流与合作

自贸试验区应当加强国际文化交流合作,搭建交流平台,建设文化产业基地,鼓励社会资本以多种形式参与文化产业项目;探索与东北亚国家在文化、教育、体育、卫生、娱乐、旅游等专业服务领域,建立投资合作体制机制。

【解读】

本条是关于国际文化交流与合作机制的规定。

一、国际文化交流与“一带一路”建设

国际文化交流和科技合作是对外开放工作的重要组成部分,也是推进“一带一路”建设的重要抓手。2017 年,习近平总书记在“一带一路”国际合作高峰论坛开幕式上的讲话中提出,要将“一带一路”建成创新之路,搞好“一带一路”建设要向创新要动力。为深入推进辽宁省国际科技合作,省科技厅重点围绕科技人文交流、共建联合实验室、科技园区合作、国际技术转移四个方面,加快推进辽宁省企业、高校、院所与俄罗斯、罗马尼亚、美国、德国、日本等“一带一路”沿线国家和科技发达国家,在装备制造、电子信息、新材料等领域,联合开展一批国际科技创新合作项目,集成运用国际国内优势创新资源,促进辽宁省重点产业和关键领域的

科技创新。积极组织开展发展中国家技术培训班、发展中国家杰出青年科学家来华工作计划、JST中日青少年科技交流计划、JICA中日基层友好技术合作项目等各类计划,加强科技人才的交流交往。以“项目—人才—基地”相结合的模式进一步推进国际科技合作基地、联合实验室等国际科技合作平台的建设和发展。充分利用好科技外交官的渠道,并引导科技中介机构和技术转移机构重点围绕生物医药、能源化工、电子信息等方向,加紧引进一批国外先进适用技术,充分发挥国际科技合作在辽宁省对外开放工作中的引领作用和示范效果。

辽宁的全面开放需要各类优秀人才,特别是要集聚海内外高层次人才。为此,我们按照20号文要求,立足省人力资源社会保障厅的工作职能,近期重点推动“两个计划”、采取“两项措施”,加速集聚吸引海内外优秀人才到辽宁创新创业。两个计划是:

一是大力实施外国人才引进计划。第一是实施外国专家百人计划。利用三年时间,围绕重点产业、重点工程和重大项目需求,引进100名左右高精尖外国专家,并由省财政给予每人20万元资助。第二是实施重点外国专家项目计划。利用三年时间,依托辽宁产业发展需要的项目,引进紧缺外国人才3000人次,对其获得国家资金支持的,省里最高给予1:1配套资金资助,对其获得省级项目支持的,给予20万元项目资助。第三是建设俄罗斯院士专家工作站、中俄(辽宁)创新创业基地。打造柔性引才的新载体,支持辽宁省企业、高校、科研院所引进中东欧国家院士等高层次人才、项目和智力,对经认定的外国院士工作站和创新创业基地,给予50万元资助。第四是举办“2018年海外高层次人才项目洽谈对接会”。2018年6月,我们围绕辽宁省五大区域发展战略、“一带五基地”建设,邀请外国高端专家和海外高层次人才来辽宁开展项目推介、考察对接活动,促进产业、人才、项目及资本的有效对接。第五是为来辽外国高端人才提供便利化服务。经认定的外国高端人才,不受年龄、学历、工作经历等限制,实行“容缺受理”,可享受优先办理外国人工作许可证、放宽外国人才签证有效期、签发多次入境签证等便利化服务。

二是大力实施“青年英才储备计划”。依托博士后工作载体,大力引进海内外青年英才。第一是不断扩大招收规模,每年新招收350名博士后,给予每人10万元生活补贴。第二是在省重点发展区域、重点产业领域、重点企业设立博士后科研工作站或博士后创新实践基地,并给予10万~15万元经费资助,力争每年为重点企业、重点产业领域引进100名博士后。

“两项举措”是:一是着眼于破除一切制约人才发展的制度藩篱和政策壁垒,在管理机制上着力“放权”,畅通高层次人才引进“绿色通道”。继续扩大高校、公立医院、科研院所在招人、选人、用人方面的自主权,省属高校、医院、科研院所可到国内“双一流”大学等重点院校、知名院校,现场考核、现场签约、现场聘用博士或紧缺专业硕士毕业生,提高引进高层次人才效率、扩大引进高层次人才规模。二是个性化政策创新。主要是为引进的国内外高端人才和拥有良好发展前景产业化项目等人才、智力和项目,进行“一事一议”,研究“一人一策”,量身定制“保姆式”服务政策措施,系统满足高层次人才各项需求。例如:围绕引进的顶尖人才及其团队的实际需求,给予特殊的人才政策,赋予省属高校、科研院所引进的院士、长江学者等顶尖人才团队人才引进评价自主权,单独设立专业技术岗位,自主选人、自主用人、自主评聘,依托顶尖人才及团队集聚人才、用好人才,充分调动顶尖人才及团队投身振兴、服务发展的积极性和主动性。

二、立法依据

本条主要参考了《总体方案》第十七条规定:“加快构建双向投资促进合作新机制。推进自贸试验区与‘一带一路’沿线国家及日、韩、朝等国的国际产能和装备制造合作,完善国际产能合作金融支持体系,促进由装备产品输出为主向技术输出、资本输出、产品输出、服务输出和标准输出并举转变,加大优势产业‘走出去’拓展国际市场的步伐。充分利用自贸试验区国际化贸易规则,提升优势产品在‘一带一路’沿线国家及日、韩、朝等国的市场占有率。引导优势企业开展境外工程承包,投资建设境外园区。推动日、韩、俄等国先进制造业、战略性新兴产业、现代服务业等产业在自贸试验区内集聚发展。探索与东北亚各国在文化、教育、体育、卫生、娱乐等专业服务领域开展投资合作。”

三、与文化交流和合作有关的政策

国家发展改革委、外交部、商务部《推动共建丝绸之路经济带和21世纪海上丝绸之路的愿景与行动》是文化与交流的重要文件,本条规定看起来没有参考《中国(辽宁)自由贸易试验区总体方案》的战略定位,但涉及“一带一路建设”必然有文化交流的内容,作为东北对外开放新引擎的辽宁自贸试验区文化交流与合作必然是先行先试的一项重要任务。

2001年12月24日,国家广电总局发布《关于广播影视“走出去工程”的实施细则》,明确了培育我国影视节目国际竞争力是发展的未来重要目标。这也是我国加入世贸组织之后文化产业发布的第一个明确提出走出去工程的专项政策文件。第二个明确作为“走出去工程”行业专项规划出现在2011年4月20日,国家新闻出版总署颁布《新闻出版业“十二五”时期走出去发展规划》。几乎是同时,文化部于2011年4月颁布《关于促进文化产品和服务“走出去”2011－2015年总体规划》。2012年1月9日新闻出版总署再次颁布《关于加快我国新闻出版业走出去的若干意见》落实上述新闻出版“走出去工程”的“十二五”规划。上述几个文件构成了我国文化产业“走出去工程”政策体系的主体。这些也是文化交流与合作机制的重要文件。

四、文化交流与合作机制的重点和难点

首先,要彻底转变固有的“文化搭台、经济唱戏”观念。对这一观念的反驳,已经常见,但是,常见的错误更有可能根深蒂固,尤其在追求经济效益的目标指引下,要真正重视文化引领,需要从长远角度转变思想,这样才是文化走出去以及发展文化产业的根基。

其次,文化产业发展需要政府舍得,对文化产业要舍得投入,要给予更加宽松的发展政策,许多文化产业并不是经济卖点,但是,缺少了文化产业一个城市似乎缺少了灵魂,一个民族更是没有了脉络,这种发展很难出现核心竞争力和取得话语权,所以,在文化产业发展中,相关部门应该放开眼光,制定出有利于本地特色文化产业发展的政策,并鼓励“一带一路”沿线国家文化交流,请进来也要走出去。

最后,文化产业的发展不仅依靠政府,还要依靠企业、民间组织,有关民间交流是文化交流与发展非常重要的一个方面,政府应当予以支持,旅游企业既是旅游产业的载体,也是文化输出输入的载体,要注重旅游企业自律和文明出行的培养,还要充分发挥民间组织的作用,有针对性地研究不同国别的民情、商情、法律,从而实现立体化交流,也为我国企业走出去奠定交流和了解的基础。

第八章　综合监管与法治环境

第四十九条　坚持法治原则

自贸试验区应当坚持运用法治方式在行政体制、管理机制、投资、贸易、金融等各领域推动改革创新。依法保护区内各类市场主体平等地位和各项权利，保障其在区内监管、税收和政府采购等方面依法享有公平待遇。

【解读】

本条是关于自贸试验区改革创新的法治原则及各类市场主体的平等地位和发展权利的规定。

一、法治先行，强化保障

《总体方案》在保障机制中“强化法制保障”被放在了首要位置。辽宁自贸区条例据此明确，在行政体制、管理机制、投资、贸易、金融等各领域推动改革创新应坚持运用法治方式。法治化意味着在自贸试验区创设新规则，建立符合国际化和法治化要求的跨境投资和贸易规则体系，形成规则治理模式，为国际化和法治化的营商环境奠定基础。

法治先行是深入贯彻党的十八届四中全会《中共中央关于全面推进依法治国若干重大问题的决定》中“重大改革要于法有据”要求的重要体现，也是根据上海自贸试验区等前两批自贸试验区制度创新经验、推进辽宁自贸试验区改革和建设的根本要求。只有“法治化”的引导和推动，才能保证自贸试验区制度创新、科学、持续、稳定的运行，确保自贸试验区改革试验的根本成功。法治先行推动自贸试验区制度创新，有利于梳理、整顿政府权责、社会利益等复杂关系，使营商环境建设归回正道，并以此为契机辐射带动全面深化改革大局。在辽宁自贸试验区法治化建设过程中，要全面牢固树立制度创新过程中的法治观念和法治精神。要充分意识到法治化是调动、盘活全社会动力的机制基础。政府部门、事业单位改革创新动力不足的困局需要以法治思维和法治方式进行突破,通过健全激励机制和容错纠错机制使想作为、敢创新的机构和人员充分发挥能动性;通过树立强化法治形象、法治精神和价值逐步培育和改善全民守法的社会生态。

法治环境建设是一项系统工程,不仅涉及执法、立法理念等法治意识的革新,而且涉及诸多具体制度的创设。就法治意识培育而言,自贸试验区要形成尊法、学法、守法、用法的良好氛围。自贸试验区管委会等综合管理机构要恪守依法行政的理念。各相关部门应彻底下放权力,严格按照负面清单和权力清单的要求行使行政职权。自贸试验区各类市场主体可按照“法无明文规定即可为”的要求遵守国际惯例和规则,依法开展民商事活动,依法维护自身的合法权益,共同营造自贸试验区良好的法治环境。

二、自贸试验区内各类市场主体平等地位和各项权利依法得到保护

在社会主义市场经济的条件下,主体不再局限于单一的所有制形式,呈现出多元化发展态势。在自贸试验区内,各类市场主体都在市场上运作并发生相互关系,各种权利主体均按照私法自治的理念开展交易。这些市场主体处于平等地位,享有相同权利,遵守相同游戏规则,承担相同责任。重申市场主体的平等地位和发展权利显得较为重要。[①] 平等地位、发展权利的保护,要求自贸试验区在相关民商事事务上采取一视同仁的态度,不得因国籍、身份、能力、性别、年龄等因素歧视任何市场主体。

在监管方面,辽宁自贸区借鉴上海、福建等自贸区的监管措施和机制,并结合当地特色进行了监管制度创新,这些监管制度涉及海关、检验检疫、金融财税等各方面。监管部门在对这些事务实施事中、事后监管的过程中,对同等事项应采取相同标准,不得采取变相的监管歧视态度,或对不同的监管对象采取不同的监管措施。在税收政策方面,按照《总体方案》的要求,辽宁自贸区原则上可适用中国(上海)自由贸易试验区、中国(广东)自由贸易试验区、中国(天津)自由贸易试验区和中国(福建)自由贸易试验区已经试点的税收政策。辽宁自贸区在税收管理上,应适用明确的、平等的、规范的统一标准,确保对各类市场主体适用正当的、合法的税收征管措施,对特定区域适用特殊的税收政策,其他税收措施也要适应境外股权投资和离岸业务发展的实际情况。在政府采购方面,应当按照《政府采购法》《合同法》及相关法律法规,引入招投标等竞争机制,各类适格主体均可参与政

---

① 宋晓燕、王利平:《〈中国(福建)自贸试验区条例〉解读》,福建人民出版社 2016 年版,第 102 ~ 103 页。

府采购事务，不得存在人情采购、关系采购等不正当现象。对各类市场主体的保护范围不应局限于条文明确列举的事项，不应拓展到与经济活动相关的各类事项。对各类市场主体的保护，还应当适用《反不正当竞争法》《反垄断法》《产品质量法》《消费者权益保护法》等相关法律法规。

第五十条　建设自贸试验区综合监管体系

自贸试验区应当建设统一的监管信息共享平台，促进监管信息的归集、交换和共享。

自贸试验区应当提高公众参与监管的水平，建立行政监管、行业自律、社会监督、公众参与的综合监管体系。

自贸试验区实行以事中事后为主的市场监管方式，构建事前诚信承诺、事中评估分类、事后联动全链条信用监管体系。

自贸试验区探索建立市场主体违法经营行为提示清单、经营行为法律责任清单发布制度，引导市场主体合法经营。

【解读】

本条是关于监管信息共享，建设社会力量参与的市场综合监管体系，事前、事中、事后联动链条信用监管体系，探索建立违法提示、法律责任清单发布制度的规定。

一、建设监管信息共享平台，促进监管信息的归集、交换和共享

《总体方案》提出“完善信息网络平台，建立企业信用信息采集共享机制，实现跨部门协同管理”。

监管信息共享平台是不同部门之间实现监管信息的互通、交换和共享的信息网络平台，这类平台可以实现不同部门的协同管理，优化管理流程，提供高效便捷的服务，加强事中事后监管。该平台涉及海关、检验检疫、海事、金融、发展改革、商务、工商、质检、财政、税务、环境保护、安全生产监管、港口航运等。自贸试验区管理委员会应组织建立该平台，并为其正常运行提供必要的协调工作。

在信息共享机制建设中需处理好以下关系。一是处理好信息共享与部门利益的关系。为构建综合监管体系，各相关部门必须打破部门意识，建立有效的对接机制，简化自贸试验区与同一部门多个内设机构协调的流程和环节，共享相关的监管信息，解决监管中信息不对称的问题。二是处理好信息共享与信息安全的关系。信息生成、修改、存储、传输等环节中，容易产生信息被篡改、丢失等可能性,部门间信息共享存在安全隐患,必须进一步加强信息安全防护措施。

二、建设社会力量参与的市场综合监管体系

行业自律,就是要发挥行业协会的自律作用,形成督促企业依法合规经营的行业舆论环境。自贸试验区应采取以下措施加强改革创新:推动健全行业经营自律规范、自律公约和职业道德准则,规范会员企业的经营行为;鼓励行业协会商会制定发布产品和服务标准,参与制定国家标准、行业规划和政策法规;支持相关组织依法提起公益诉讼,开展专业调解;增强行业协会商会自身建设,增强其参与监管的能力。

社会监督则需要市场专业化服务组织发挥监督作用。自贸试验区应支持会计师事务所、税务师事务所、律师事务所等专业组织依法对企业财务、纳税情况、资本验资等事项的真实合法性进行鉴证,加强对上市公司信息披露的核查和审查。自贸试验区还可探索有序放开检验检测认证市场的有关做法,采取措施促进市场中介组织的发展,建立健全对市场专业化服务机构的监管制度。《中国(上海)自由贸易试验区条例》对支持市场专业化服务组织发展、监管等作出明确规定,辽宁自贸试验区应借鉴相关做法。

公众参与主要是发挥公众和舆论的监督作用。综合监管体系也需要公众参与,公众既包括在自贸试验区从事投资、交易、经营的外商等职业经理人群体,也包括普通的社会公众,他们可以就其关心的问题提出批评、建议和意见,有助于改造自贸试验区的营商环境,督促企业规范经营行为。在具体措施方面,自贸试验区可健全公众参与监督的激励机制,确保消费者、社会公众的投诉举报权利。发挥消费者组织维护消费者权益的作用,整合优化各职能部门的投诉举报平台功能,逐步建设统一便民高效的消费投诉、经济违法行为举报行政效能投诉平台。同时,强化舆论监督,通过曝光典型案件对违法犯罪行为形成心理威慑,宣传普及相关知识,提高公众认知和防范能力。新闻媒体要恪守职业道德,正确引导舆论。市场监管部门也应认真调查核实群众举报、新闻媒体反映的问题,及时处理相关问题,并及时公示处理结果。另外,自贸试验区还应落实领导干部接待群众来访制度,健全信访举报工作机制,畅通信访渠道,使其发挥作用。

三、实行事前、事中、事后联动链条信用监管体系

《总体方案》提出"推进政府管理由注重事前审批向注重事中事后监管转变,构建事前诚信承诺、事中评估分类、事后联动奖惩的全链条信用监管体系"。

党的十九大和十九届二中、三中全会提出深化简政放权、放管结合、优化服务

改革,即“放管服”改革。在“放管服”改革过程中,政府把大量不该管的事项交给市场或社会,工作重点和更多行政资源从以审批发证为主转向创新宏观调控、加强事中事后监管和提供公共服务,长期存在的重审批、轻监管、弱服务得到很大改变,政府管理理念在进步、管理方式在变革、管理手段在创新、管理效率在提高,公平竞争的市场环境逐步形成。在简政放权的同时,加强和创新事中事后监管,对新兴产业实行包容审慎监管,为其成长留下充分空间。除关系国家安全和重大公共利益等的项目外,市场机制能有效调节的经济活动不再保留审批和许可。一些审批和许可事项改为备案、登记、行政确认、征求意见等方式后,能取消审批的予以取消,有些可改为备案、告知承诺;加快投资项目承诺制改革,政府定标准、强监管,企业作承诺、守信用,最终实现“零审批”管理。只有管得好,才能放得开,也只有放得开、减下去,政府才有更多的精力创新和加强事中事后监管。在放权的同时,必须强化事中事后监管。要以公平、有序为方向加强和创新监管,不断提高监管效能。借鉴国际通行做法,实行事前承诺制,政府依据申请人承诺办理各类事项,事后进行随机抽查,一旦发现申请人承诺存在虚假,给予严厉处罚并纳入信用记录。

根据《总体方案》精神,《中国(辽宁)自由贸易试验区沈阳片区实施方案》提出“放管结合,强化监管职能。构建起事中事后全方位的综合监管体系,推动管理方式由事前审批向事中事后监管模式转变,利用新技术、新机制加强监管体制创新。”

四、探索建立市场主体违法经营行为提示清单、经营行为法律责任清单发布制度,引导市场主体合法经营

自贸试验区内各类市场主体对于各自经营行为的合法性的认知能力存在差异,将各行业各领域市场主体可能存在的违法经营行为,以清单的方式,定在指定地点宣示,对各种违法经营行为可以承担的法律责任同时进行宣传。在此基础上,对已经发现并查处的市场主体的违法经营行为及承担的法律责任以清单的方式公布,以此引导市场主体合法经营。

第五十一条　自贸试验区行政管理

自贸试验区建立权责清单并实施动态管理,以清单管理规范权力运行。

除法律、行政法规规定征收的行政事业性收费项目外,自贸试验区内的省级以下行政事业性收费一律免收。

除国家和省有关规定外,各级政府及其有关部门不得对自贸试验区内的企业开展评比、达标等活动。

【解读】

本条是关于自贸区行政管理的相关规定。

一、建立权力清单制度

《总体方案》提出："深入推进简政放权、放管结合、优化服务改革。辽宁省能够下放的经济社会管理权限，全部下放给自贸试验区。建立权责清单制度、行政审批管理目录制度。"

党的十八届四中全会通过的《中共中央关于全面推进依法治国若干重大问题的决定》明确提出，加快建设职能科学、权责法定、执法严明、公开公正、廉洁高效、守法诚信的法治政府。而"推行政府权力清单制度，坚决消除权力设租寻租空间"是实现全面履行政府职能的重要措施，也是加快建设法治政府的重要内容。

所谓权力清单制度，就是政府及其部门在对其所行使的公共权力进行全面梳理的基础上，依法界定每个部门、每个岗位的职责与权限，然后将职权目录、实施主体、相关法律依据、具体办理流程等以清单方式进行列举和图解，并公之于众。推行政府权力清单制度的基本程序，一是全面厘清政府权力的底数；二是明确权力清单，即在权力入单的基础上，编制权力目录和优化权力流程，确保权力只能在依法赋予的职责和权限之内运行，最大限度地压缩政府机关工作人员行使权力的自由裁量空间，做到清单之外无职权；三是根据权力清单推进政府机构内部优化整合，加快政府职能转变。

推行权力清单制度，必须遵循职权法定、边界清晰、主体明确、运行公开原则，使政府机关职权的设定依照法律、法规、规章进行，严格实行法无授权不可为。各级政府和部门实施行政管理、开展行政执法、提供行政服务，都要在法定范围内进行，体现法治政府对行政主体行使权力的要求。

推行政府权力清单制度的一个重要目的，就是使政府从微观事务的干预中解脱出来，从要素资源的配置中解脱出来，把生产经营权交给企业，把资源配置权交给市场，把专业性服务交给社会；凡是企业能够自主解决的，市场能够自行调节的，行业组织或中介机构能够自我管理的问题，政府就不应通过行政手段加以干预；严格按照市场规律办事，严格约束职权行使界限，切实把政府的职能转到规划制定、制度设计、市场监管、公共服务、环境保护、社会治理上来；不该政府机关管的事情不能越位，该政府机关管的事情不能缺位，在把该管的事情管好的前提下，办事手续越简单越好。

推行权力清单制度与实行问责制是紧密联系在一起的。权力与责任是对等的,权力意味着责任,权力越大责任越重。对于各级政府及其工作部门来说,明晰权力的过程也是明确责任的过程,公布了政府的权力也就公布了政府的责任,这样人们就可以通过权力清单了解政府的权力范围和责任界限,促使政府更加审慎地对待和行使权力。因此,推行政府权力清单制度,可以强化行使权力的责任意识,加大违规和违法用权的成本,从而降低和减少权力滥用的概率。

权力清单制度是推动依宪执政、依法行政,建设法治政府的重要改革举措,其核心是一切权力出自法律,法无授权不可为。权力清单制度首先就是要以法律为准绳,对现有的行政权力来一次彻底衡量,合于法的明确之,不合于法的去除之。就像公布法律一样,也将权力的"家底"公之于众,接受公众的监督。

为推行权力清单制度,强化对行政权力运行的监督和制约,结合辽宁省实际,辽宁省人民政府于 2016 年 11 月 20 日制定出台了《辽宁省权责清单管理办法》,该办法明确规定"行政机关应当严格按照权责清单行使行政权力、承担责任,不得行使或者变相行使未列入权责清单且无法定依据的行政权力,不得推诿或者怠于履行责任。""对于权责清单中的行政权力,行政机关要逐项编制行政职权运行流程图,并向社会公开。行政职权运行流程图应当明确每项行政权力的运行过程、承办机构、办理要求、办理时限、监督方式等。"

自贸区内同样要按照"放管服"改革的总体要求,坚持和深化简政放权,加快形成职权法定、运行规范、公开透明、权责统一、廉洁高效的行政权力运行机制,监督政府权力运行和实施。完善行政权力依法、规范、公开运行电子监察平台,对服务事项办理实施全程电子监察、远程监控和动态管理。强化对行政职权运行情况的监督,建立预警和纠错机制。建立行政行为审查制度,赋予投资者对行政行为提请审查的权力,促进政府在法定职权范围内行使权力。《中国(辽宁)自由贸易试验区沈阳片区实施方案》提出"深入推进'清单式'简政放权,激发市场主体活力。按照权责法定原则,制定权责清单,明确履职范围,理顺职责关系,清晰责任边界。制定政务服务清单,推进管理型政府向服务型政府转变。建立行政审批管理目录制度,以及新设立行政审批事项公示、听证制度,严格控制新增审批事项"。

二、行政事业性收费清理

在当前供给侧结构性改革的大背景下,该项规定主要目的在于给自贸试验区内企业减负,组织开展涉企行政事业性收费清理,除法律法规和规章规定不能减免的之外,所有行政事业性收费省级及省级以下收入在辽宁自贸试验区免收。

省以下行政事业性收费"零收费"这项减轻企业行政收费负担的举措,是一项力度很大的改革,体现了自贸区对区内企业的支持。

三、清理评比、达标活动

由于利益驱动等多种原因,一些地方和单位热衷于搞评比达标表彰活动,甚至把举办评比达标表彰活动作为履行管理职责的重要手段,突出表现为:有的未经批准擅自举办评比达标表彰活动;有的直接向基层、企业和群众收费或变相摊派,谋取小团体的利益;有的评比达标表彰活动不切实际,演变成为一些干部谋取政绩的“形象工程”“政绩工程”;还有的表彰项目设置随意性大、奖励面过宽。过多过滥的评比达标表彰活动,干扰了各地区、各部门的正常工作秩序,影响了企业正常的生产经营管理活动,加重了基层、企业和群众负担。清理评比达标表彰活动,是进一步转变政府职能、改进机关作风的迫切需要,是构建社会主义和谐社会,减轻基层、企业和群众负担的一项重要举措。

辽宁自贸试验区条例规定除国家和省有关规定外,各级政府及其有关部门不得对自贸试验区内的企业开展评比、达标等活动。该规定即是清理评比、达标活动,给企业减负的举措。

第五十二条　建设自贸试验区市场主体信用信息体系

自贸试验区应当建立与省、市的企业信用信息平台相对接的自贸试验区企业信用信息数据库及信用公示平台,完善守信激励和失信惩戒机制,建立市场主体信用信息记录、公开、共享制度,实现司法信息、政务信息和商务信息的互通、高效。

【解读】

本条是关于自贸区市场主体信用信息体系建设的规定。

一、信用体系的内容

信用信息能够引导和督促各类市场主体规范经营、诚信经营。市场主体包括作为个体的自然人,也包括法人及其他组织,有限责任公司、股份有限公司、非公司企业法人、合伙企业、个人独资企业及其分支机构、来华从事经营活动的外国(地区)企业等各类企业及其他经营单位都可以成为市场主体。社会信用体系涉及信用信息的记录、获取、共享、使用及信用管理平台建设等内容,需要制定相关配套措施对守信激励和失信惩戒联动机制作出明确、具体的规定。《中国(福建)自由贸易试验区外商投资项目备案管理办法》第十五条规定,对具有拆分项目或提供虚假材料等情形的外商投资项目,除采取一些处罚手段外,应将相关情况纳入企业诚信记录,这是企业失信惩戒的一项机制。

二、信用体系的建立

上海及福建自贸区通过构建企业年度报告公示制度和企业经营异常名录制度形成对企业的约束,督促企业恪守诚信、规范经营。辽宁自贸试验区可借鉴此做法,进一步完善相关机制。福建自贸试验区还建立了企业年度报告公示制度,该制度规定企业按年度在规定期限内,通过市场主体信用信息公示系统向工商部门报送年度报告,并向社会公示,任何单位和个人均可查询。通过此制度,既可以为政府监管部门提供依据,加强对不良企业的监管;也有利于在政府监管和法律之外形成对不良企业的约束,鼓励优秀企业,形成良性的市场循环。企业应当在规定的时间内,通过市场主体信用信息公示系统向登记机关报送年度报告,并向社会公示。当年设立登记的企业,自下一年起报送年度报告。企业对年度报告的真实性、合法性负责。自贸试验区登记机关对企业年度报告进行抽查,在检查中发现或者事后接举报查实有违法行为、申报不实、隐瞒真实情况或者虚假承诺的,责令限期改正,并将企业纳入不良信用体系;对于有违反登记管理规定的行为的,除责令改正外还可以依照有关企业登记管理规定予以处罚,并将法定代表人、负责人等信息通报相关部门。并建立经营异常名录制度,将未按规定期限公示年度报告或者通过登记的住所无法取得联系等的企业载入经营异常名录,并通过市场主体信用信息公示系统向社会公示。企业自被载入经营异常之日起三年、已履行年度报告公示义务的,可以向登记机关申请恢复正常记载状态;超过三年未履行年度报告公示义务的,登记机关将其永远载入经营异常名录,不得恢复正常记载状态,并列入严重违法企业名单。

第五十三条　科学监管外商投资

自贸试验区建立外商投资信息报告和公示制度,加强对外商投资全周期的科学监管。

自贸试验区应当配合国家有关部门实施外商投资国家安全审查,建立健全境内外追偿保障机制。

【解读】

本条是关于自贸试验区建立外商投资信息报告公示制度及外商投资国家安

全审查、境内外追偿保障机制的规定。

一、建立与国际规则相适应的投资管理体制,促进双向投资

建立外商投资信息报告制度和外商投资信息公示平台。提升外商投资全周期监管的科学性、规范性和透明度,完善企业信用信息公示系统,实施企业年度报告公示、经营异常名录和严重违法企业名单制度,开展使用第三方信用服务机构的信用评级报告试点,形成外商投资全程监管体系。对外商投资实行"准入前国民待遇 + 负面清单"管理模式,对负面清单之外的外商投资项目(国务院规定对国内投资项目保留核准的除外)及外商投资企业设立、变更实行备案制,完善投资者权益保障制度,允许符合条件的外国投资者自由转移其投资收益。

二、依法实施外商投资国家安全审查

根据《国家安全法》的规定,经济安全是国家总体安全的基础,国家对影响或者可能影响国家安全的外商投资建立国家安全审查和监管的制度和机制。但《国家安全法》只是对国家安全相关问题进行了原则性规定,自贸试验区外商投资的国家安全审查问题具有一定的特殊性,需相关部门结合实际情况作出详尽规定。2015 年 4 月 20 日,国务院办公厅发布了《自由贸易试验区外商投资国家安全审查试行办法》,专门对上海、福建等四个自贸试验区如何做好外商投资国家安全审查方面的相关工作进行了规定。根据《自由贸易试验区外商投资国家安全审查试行办法》的规定,自贸试验区外商投资国家安全审查的总原则是对影响或可能影响国家安全、国家安全保障能力,涉及敏感投资主体、敏感并购对象、敏感行业、敏感技术、敏感地域的外商投资进行安全审查。

实施外商投资国家安全审查,还需明确安全审查的基本种类,做好安全归口管理,并合理配置安全审查的事权。安全审查的事权主要在中央,地方政府在安全审查中主要进行信息汇总、筛选,并及时上报及协助审查等工作。自贸试验区管委会需与相关部门积极沟通,构建适用于自贸试验区的隐患识别机制、反馈机制和协调机制等。

第五十四条　建立反垄断工作机制

自贸试验区建立反垄断工作机制。对垄断协议,滥用市场支配地位以及滥用行政权力排除、限制竞争等行为,依法配合开展调查和执法。

【解读】

本条是关于自贸试验区建立反垄断工作机制的规定。

一、反垄断的含义

反垄断工作是综合监管中重要工作之一,强制反垄断执法是转变政府职能、加强事中事后监管的重要措施,有利于为企业营造一个公平竞争的环境。根据《反垄断法》第三条的规定,垄断行为包括"经营者达成垄断协议;经营者滥用市场支配地位;具有或者可能具有排除、限制竞争效果的经营者集中"。反垄断工作主要包括对垄断行为的审查工作和执法工作。反垄断审查工作的事权在国务院。

二、反垄断的执法体制

《反垄断法》第九条明确规定:"国务院设立反垄断委员会,负责组织、协调、指导反垄断工作,履行下列职责:(一)研究拟订有关竞争政策;(二)组织调查、评估市场总体竞争状况,发布评估报告;(三)制定、发布反垄断指南;(四)协调反垄断行政执法工作;(五)国务院规定的其他职责。国务院反垄断委员会的组成和工作规则由国务院规定。"反垄断行政执法工作主要涉及商务部、国家发改委及国家工商行政管理总局。其中,商务部反垄断局负责经营者集中行为的反垄断审查工作;国家发改委价格监督检查与反垄断局负责依法查处价格垄断行为;国家工商行政管理总局反垄断与反不正当竞争执法局负责垄断协议、滥用市场支配地位、滥用行政权力排除限制竞争的反垄断执法(价格垄断协议除外)等方面的工作。根据执法需要,对于区域性垄断案件,国家工商行政管理总局采取个案授权的方式,授权省级工商行政管理局开展反垄断执法工作。福建与上海自贸试验区条例对反垄断工作的规定不同,上海自贸试验区条例规定,在自贸试验区内实施经营者集中的企业需事先申报相关情况,对垄断行为依法开展调查和执法。该条文虽未明确规定由上海市工商行政管理局或自贸区管委会进行调查和执法,但无论哪个单位开展反垄断相关工作,都是对个案授权方式的变通。鉴于上海自贸试验区本身具有制度创新的目标,这种是得到法律、法规及相关政策认可的。福建自贸试验区条例没有规定上述事项,表明其仍适用个案授权的做法。辽宁自贸试验区的反垄断工作的体制创新有待国家发改委、商务部和国家工商行政管理总局采取相应举措,在吸收和借鉴上海、福建自贸试验区实践的基础上,积极探索创新相关体制机制,实现相关工作机制的有效对接。

第五十五条　探索完善知识产权保护制度

自贸试验区应当加强知识产权保护工作，完善与国际接轨的知识产权保护制度，探索支撑创新发展的知识产权运行机制。

探索建立自贸试验区跨部门知识产权执法协作机制，实现知识产权行政保护与司法保护的有效衔接。

【解读】

本条是关于自贸试验区的知识产权保护制度的完善及探索的规定。

《总体方案》提出："开展知识产权综合管理改革试点。紧扣创新发展需求，发挥专利、商标、版权等知识产权的引领作用，打通知识产权创造、运用、保护、管理、服务全链条，建立高效的知识产权综合管理体制，构建便民利民的知识产权公共服务体系，探索支撑创新发展的知识产权运行机制，推动形成权界清晰、分工合理、责权一致、运转高效、法治保障的体制机制。搭建便利化的知识产权公共服务平台，设立知识产权服务工作站，大力发展知识产权专业服务业。"

一、我国自贸区知识产权保护现状

自贸区是一块"境内关外"的特殊区域，随着自贸区改革一步步走向正轨，全国范围内目前共有11个自贸区，其中福建自贸区定位于对台经贸合作，采用"一区三片"模式，由福州、厦门、平潭三个片区组成，借鉴上海，对接我国台湾地区。作为区域经济高度一体化的产物，自贸区的知识产权不仅在总量上走在其他地市的前面，而且在创造价值方面也处在全国领先地位。但目前有很多企业甚至是跨国企业仍然没有知识产权保护意识，还有些科研成果由于脑力产出的量化难以界定的缘故也没有申请专利保护。在市场竞争激烈的情况下，对于智力劳动者的保护与智力财富在社会财富中的比重不成正比，特别是智力财富在社会财富中的比重逐步增大，而其所拥有的价值却远远得不到完整的保护，这已然成为自贸区知识产权保护的一个重大问题。

由于自贸区战略定位的特殊性，自贸区侵权案件主要表现为涉外案件比例较高、涉及出口环节案件多、涉及电子商务案件比例高等情况，并且未来在涉外电子商务、文化产业、定牌加工商标、平行进口等方面的纠纷案件可能呈增长趋势。另外，在法律制定方面，目前我国知识产权法律的分散性问题较为普遍，如对于商号权的保护，我国的《反不正当竞争法》《产品质量法》《民法通则》等对商号权分别作了规定，但没有统一的一部保护商号权的法律。对于商业秘密的保护，在我国的《反不正当竞争法》《合同法》《民法通则》《刑法》等都有相关规定,这些法律的起草者不同,颁布的时间也各不相同,因此对于知识产权保护水平也各不相同。同时,我国法律和部分知识产权保护的单行法之间还存在部分法条抵触的问题,可以说,对知识产权保护还不够统一规范。在执法有效性方面,知识产权纠纷产生之后,国家权力机关在打击违法犯罪方面力度不足,一些发达国家对于侵犯知识产权的违法行为是规定需要承担刑事责任的;而在我国,知识产权侵权的成本比较低,对知识产权侵权的打击力度不够,这使得侵权人侵权所获得利益远远大于其违法成本。目前我国法律当中权力机关仅能凭借《行政处罚法》进行违法打击,2016 年专利的行政执法办案达到 49000 件,同比增长 36.5%。除此之外,法律上对于被侵权人的赔偿力度也不高,这些原因共同造成了我国知识产权侵权案件频发。

版权和专利权及商标权是知识产权的主要组成部分,在管理机构比较分散和独立的情况下,就很容易出现管理程序的混乱,给自贸区经济发展造成阻碍。所以,上海自贸区率先完成了对于版权和专利权以及商标权等的统一管理,这种“三合一”的模式极大地提高了行政执法的效率,这种模式也逐渐被各个自贸区所借鉴,不断进行知识产权的改革和创新。

2014 年 12 月 12 日,国务院决定设立中国(福建)自由贸易试验区,包括了福州片区、厦门片区和平潭片区。和全国其他自贸区一样,福建自贸区知识产权也存在立法、执法和企业自身不够重视等普遍性难题,对此,福建自贸区针对以上问题进行了相应改革。第一,在立法方面,针对知识产权保护和申报难的问题,2016 年 4 月,厦门自贸区出台《知识产权扶持与奖励办法》,规定凡在该片区注册、经营的各类商事主体均可按办法规定申请相关扶持与奖励,实现了知识产权主要领域全覆盖,体现自贸试验区知识产权集中管理和综合管理的职能。第二,在执法有效性方面,厦门自贸区于 2017 年 5 月成立知识产权执法协作互助中心,为企业提供知识产权维护援助。第三,从企业自身角度来说,福建自贸区地处福建东南沿海,交通和区域便利等因素对人才的吸引力较强,且有国家的政策支持,高素质人才的引进对公众整体知识产权保护意识的提升有促进和帮助作用。

自贸区知识产权保护机制、知识产权行政保护协调机制的设立,成了目前我国很多自贸区进行知识产权改革与创新的主要手段,能够为改革和创新创造良好的基础环境。此外,完善的服务体系和知识产权纠纷解决机制,也是目前我国在进行自贸区知识产权改革和创新中的重要部分,为了能够为改革和创新注入源源不断的活力,还需要建设完善的运营平台,来保障改革创新工作的有效进展。

二、辽宁自贸区知识产权保护制度的完善探索

在借鉴我国已经成功的自贸区知识产权保护制度的基础上,应该结合辽宁自贸区的实际发展需要及国际需求,进行知识产权保护制度的完善。

1. 关于探索建立自贸试验区跨部门知识产权执法协作机制,实现知识产权行政保护与司法保护的有效衔接。

我国的知识产权保护体系由行政保护体系和司法保护体系组成。在行政保护方面,行政保护职能、行政执法职能分散。专利、商标和版权的授予及注册和登记管理等事务分别由知识产权局、工商行政管理部门和版权局管理,而进出口知识产权、科技项目和成果管理等事项分别由海关、知识产权局等相应的职能部门管理。总之,我国的知识产权保护体系具有鲜明的行政管理与执法一体化的特点,由此产生了“分散执法、多头保护”的问题。在司法保护方面,存在法院执法调查、取证困难及判决后执行困难等问题。

当前中国自贸区均将知识产权综合管理改革、推进与海关等相关部门的执法协作作为知识产权战略的基本内容,登记、授权、信息服务等方面的知识产权行政管理也不断精简、高效、便捷。然而,这种知识产权战略的具体执行尺度仍待进一步的探索。例如,逐步将国家、省属的知识产权行政管理审批权限下放到自贸区,由自贸区管委会承担行政审批权、拥有自贸区内具体事务的管理权,并且集中行使行政处罚权,但具体如何处罚和监督都尚待明确化和法治化。此外,推动自贸区知识产权公共服务也构成了自贸区知识产权战略的重要内容。譬如,中国自贸区现正在积极建立或促进行政司法执法机构高效运转,为了知识产权保护行政执法协同机制能够有效运转,需要在信息共享、案件备案等方面进行协调工作,对于日常监管、信用评定和行政许可管理等信息要建立完善的信息共享平台进行管理。另外,还应当建立信用管理制度来促进自贸区的良性竞争。自贸区知识产权行政管理部门的建立,要充分协调版权、专利权和商标权之间的关系,完善“三合一”模式。还应当建立高效的执法队伍,对于知识产权进行严格管理;对于责任和权力的划分要明确清晰,保障各项工作的有序进行。

2. 推进知识产权国际合作

自贸区承担着与国际接轨的职能,并服务国家的“一带一路”倡议,因此其知识产权战略必然也强调国际合作。譬如,《中国(福建)自由贸易试验区总体方案》明确提及“发展知识产权服务业,扩大对台知识产权服务,开展两岸知识产权经济发展试点”;广东自贸区实施粤港澳大湾区概念下的知识产权合作;天津、四川、陕西自贸区也都在其《自由贸易试验区总体方案》中专门明确加强知识产权跨

境交易。相应地,自贸区知识产权战略应具体化并深入推进,不仅需应对不断加强的跨境经贸合作中的知识产权保护困境,更需要协调和创新跨境知识产权业务。

3. 完善知识产权运营机制

在自贸区知识产权进行登记、运用和交易等服务时,应该建立完善知识产权运营机制,根据目前国际发展趋势对当前我国自贸区知识产权进行改革和创新,对于知识产权运营平台的功能也应该进行不断地完善。为了能够使知识产权市场化,需要利用先进的技术手段,对于知识产权交易中心的建立至关重要,在其功能上加入分析咨询和司法鉴定等,以确保知识产权交易的公平性及合理性。

为了促进我国自贸区的稳定发展,符合当前国际的发展趋势,需要对其知识产权进行改革和创新,这样才能为自贸区注入源源不断的发展活力,促进我国经济的快速发展。借鉴我国自贸区知识产权改革创新经验,辽宁自贸区应当在知识产权保护制度、行政司法执法机构、知识产权运营机制、知识产权服务机制、知识产权纠纷解决机制和知识产权行政管理和执法机制方面进行不断完善,实现辽宁自贸区知识产权的改革与创新。《中国(辽宁)自由贸易试验区沈阳片区实施方案》对自贸试验区的知识产权保护制度的完善及探索提出了具体的实施方案。

第五十六条　加强自贸试验区环境保护

自贸试验区依法加强环境保护工作,提高环境保护管理水平和效率,严格查处环境违法行为。自贸试验区可以对区内企业采用国际通行的能源管理体系标准、先进环保设备技术和自愿签订环境协议等方面制定鼓励政策。

【解读】

本条是关于环境保护工作的规定。

一、有关环境保护的法律法规

2015 年 1 月 1 日正式颁布施行的新环保法,明确了新世纪环境保护工作的指导思想,加强政府责任和责任监督,衔接和规范相关法律制度,以推进环境保护法及其相关法律的实施。新的环境保护法在总则中进一步强化环境保护的战略地位,依照《国务院关于落实科学发展观加强环境保护决定》以及《国务院关于加强环境保护重点工作的意见》确定的总体要求,将环境保护融入经济社会发展。新法增加规定“保护环境是国家的基本国策”,并明确“环境保护坚持保护优先、预防为主、综合治理、公众参与、污染者担责的原则”。新法在第一条立法目的中增加“推进生态文明建设,促进经济社会可持续发展”的规定,进一步明确“国家支持环境保护科学技术的研究、开发和应用,鼓励环境保护产业发展,促进环境保护信息化建设,提高环境保护科学技术水平”。2015 年 1 月 4 日,环境保护部发布了《环境保护法》五个新实施细则,使新环保法中原则性的规定具有了可操作性。2018 年,国家再次颁布实施《水污染防治法》《环境影响评价法》《建设项目环境保护管理条例》等新规定,大力加强环境保护方面的监督管理工作和司法力度。这些规定为辽宁省自贸试验区开展环境保护制度创新提供法律依据。加强自贸试验区环境保护,是建设生态文明的内在要求,更是贯彻新《环境保护法》的需要。本条明确了加强自贸试验区环境保护工作,进一步申明严格查处环境违法行为,相关部门必须严格依据新环保法及实施细则等相关规定,加强对自贸试验区环境保护的监管力度,督促自贸试验区内相关企业事业单位及时公开环境信息,对违法企业事业单位依法进行检查、处理和处罚。

二、自贸试验区的环境保护工作应当与负面清单管理相结合

“负面清单”是指政府规定哪些经济领域不开放,除了清单上的禁区,其他行业、领域和经济活动都许可,是一种国际通行的外商投资管理办法。从 2013 年公布实施的首张自贸区负面清单到最新的 2018 年版负面清单,特别管理条例从最初的 190 项大幅缩减至 45 项。2018 年 6 月 30 日,国家发改委、商务部发布了《自由贸易试验区外商投资准入特别管理措施(负面清单)(2018 年版)》。修订后的负面清单由 2017 年版 95 条措施减至 2018 年版 45 条措施。除了与全国负面清单一致的开放措施外,新修订的负面清单在种业、油气、矿产资源、增值电信、文化等领域进一步扩大开放。这份负面清单自 2018 年 7 月 30 日起施行,适用于所有自由贸易试验区,其中环境资源投资方面的禁止性规定是重要组成部分,包括:(1)农林牧渔业方面。种业方面的特别管理措施有 3 条,渔业方面的特别管理措施有 1 条。(2)采矿业方面。有色金属矿和非金属矿采选及开采辅助活动的特别管理措施有 3 条。(3)制造业方面。关于中药饮片加工及中成药生产的特别管理措施有 1 条,关于其他制造业的特别管理措施有 1 条。(4)电力、热力、燃气及水生产和供应业方面。关于核力发电的特别管理措施有 1 条,关于管网设施的特别管理措施有 1 条。(5)科学研究和技术服务业方面。关于专业技术服务业的特别管理措施有 1 条。(6)水利、环境和公共设施管理业方面。关于野生动植物保护的特别管理措施有 1 条。

三、关于环保的鼓励政策

除特别管理措施之外,自贸试验区应当在环境保护方面制定鼓励政策,开展制度创新。一是创新投资管理制度,实施以负面清单为核心的投资管理模式,形成开放透明的投资管理制度。按照国家发改委、商务部发布的《自由贸易试验区外商投资准入特别管理措施(负面清单)(2018 年版)》有关环境保护方面的规定,结合辽宁自贸试验区的实际情况,制定切合实际的外商投资准入的管理制度,进一步提高开放度、增加透明度并与国际通行规则相衔接。二是加强环境信息公开工作,鼓励全民参与监督。推动环境信息公开,提高环境信息的透明度,加强环境信息公开的准确性、全面性和科学性。充分尊重公众对环境信息的知情权,调动公众参与环境保护的积极性和主动性。在关涉环境保护方面的重大决策上充分尊重民意,可以吸收公众代表参与重大事项的研究与决策,可对积极参与环境保护监督活动的公众给予适当奖励等。三是鼓励自贸区内企业采取国际通行的标准,采用先进环保设备技术、自愿签订环境协议等措施,积极主动适用、适应相关国际环境规则和管理制度,主动承担国际上的环境保护义务。自贸试验区应当建立有效的鼓励机制,制定相应的区内规则,给予企业一定的优惠政策,设立奖惩措施,促进区内企业主动、积极与国际接轨。

第五十七条　自贸试验区人才引进及保障机制

自贸试验区应当按照国际惯例实施更加积极的人才引进和激励政策,在人才引进培养、科技成果转化、股权激励、创业孵化、创投融资、产业扶持等方面先行先试。

自贸试验区对符合条件的境内外人才在入境出境、签证、停留居留、永久居留、项目申报、创新创业、子女入学、社会保障等方面提供便捷服务。

【解读】

本条是关于人才保障的规定。

创新是引领发展的第一动力,人才是支撑发展的第一资源。促进自贸试验区发展,构建增长新动力,引领经济新常态,关键在于能否集聚和培养一批素质优良、结构合理、支撑发展的创业创新人才队伍。深入实施人才优先发展战略,推进人才发展体制改革和政策创新,加快形成更具竞争力的人才聚集制度,对自贸试验区的建设与发展至关重要。高层次人才紧缺,体制机制还存在一些障碍,人才创新、创造的活力不强,这是自贸区面临的现实问题,亟须解决,这就需要自贸区建立人才引进激励体制机制,制定配套人才政策,细化自贸区在人才引进方面的规定。

一、对外籍人才的引进与保障措施

《中国(辽宁)自由贸易试验区沈阳全面创新改革示范区外籍高层次人才认定标准(试行)》中对外籍高层次人才标准进行界定,包括入选国家重大人才工程的外籍人才、符合国内外公认的专业成就认定标准的外籍人才、创新创业型外籍人才、优秀青年外籍人才和经副省级以上人才主管部门认定的外籍人才。

2018 年 8 月 1 日,辽宁省公安厅召开全面支持中国(辽宁)自由贸易试验区及沈阳全面创新改革示范区发展实行七项出入境政策措施新闻发布会,为进一步便利海外高层次人才来辽宁发展,激发外籍华人在辽宁创新创业的热情,服务辽宁经济社会发展,辽宁自由贸易试验区和沈阳全面创新改革示范区外国人签证、入境出境、停留居留和永久居留等七项出入境政策措施正式实施。出入境政策措施适用范围是:辽宁自由贸易试验区,包括沈阳片区、大连片区、营口片区,以及沈阳全面创新改革示范区。七项出入境政策措施主要服务于四类外籍人员,即外籍高层次人才、长期在华工作人员、外籍华人、外籍留学生和外籍学生等群体。主要内容如下:

(一)促进外籍高层次人才引进工作提档加速

政策要求,对符合认定标准的外籍高层次人才及其配偶、未成年子女,经自贸区管委会等单位推荐,可直接申请在华永久居留。目前,推荐职权下放到辽宁省商务厅和沈阳人才管理办公室。

(二)增强外籍工作人员居留预期

政策中 3 项针对外籍技术人才、管理人才以及拥有长期稳定工作的普通外籍人员,增加口岸签证种类,特别是允许其配偶、未成年子女随同申请,使其对在华工作有着稳定的居留预期。

外籍人员已在当地连续工作满 4 年,每年在中国境内实际居留不少于 6 个月,有稳定生活保障和住所,可以申请在华永久居留,并允许其配偶和未成年子女随同申请。辽宁省确定的 2017 年工资性收入标准为 35 万元人民币,纳税标准为 6.5 万元人民币;连续两次申请办理工作类居留许可,且无违法违规问题的,第三次申请工作类居留许可,可以按规定签发有效期 5 年以内的工作类居留许;有关企业选聘的外籍技术人才和高级管理人才,办妥工作许可证明的,可在入境口岸申请工作签证入境,来不及办理工作许可证明的,可凭企业出具的邀请函件申请人才签证入境。

(三)激发外籍华人回国创业热情

为回应外籍华人强烈的回国创业创新热情,此次给予外籍华人特殊便利政策。

政策规定,对来当地探望亲属、洽谈商务、科教文卫交流活动及处理私人事务的外籍华人,可以签发5年以内多次入出境有效签证;对在本省工作、学习、探亲以及从事私人事务需长期居留的,可以按规定签发有效期5年以内的居留许可;外籍华人具有博士研究生以上学历在当地工作,或外籍华人在本地连续工作满4年,每年在中国境内实际居住累计不少于6个月,可直接申请在华永久居留。

(四)促进了外籍留学生和外籍学生来辽创业

政策提出:对外籍留学生和外籍学生到辽宁创业实习,提供开放便利的口岸签证政策,2至5年有效的私人事务类居留许可及工作类居留许可。

二、对国内人才的引进与保障措施

除引进外籍人才外,自贸区还需要积极引进国内高层次人才,比如可以多渠道聘用紧缺专业人才完成特定的短期工作任务,如从其他单位、高校等聘请高层次的专业人才。在教育、医疗领域,支持用人单位采用退休返聘等方式,吸引退休专家回到工作岗位,充分发挥专家型人才的作用。大力拓宽人才柔性引进机制,通过与高等院校设立大学生实践基地等途径,使更多的人才服务于自贸区的发展。还可以实施大师级人才、杰出人才、领军人才引进计划。针对自贸区发展需要,及早编制年度人才引进计划,挑选引进相关人才,做到发现一批、引进一批、使用一批、储备一批。在建立人才引进机制同时,还要采取措施防止人才流失。

2018年6月15日,《辽宁省人民政府办公厅印发〈关于推进人才集聚的若干政策〉的通知》,为全面贯彻党的十九大和十九届二中、三中全会精神,以习近平新时代中国特色社会主义思想为指导,实行更加积极、更加开放、更加有效的人才政策,推动人才服务全面振兴三年行动计划实施,大力吸引人才、培养人才、留住人才和用好人才,激发人才创新创业活力,促进辽宁振兴发展,制定政策主要包括九个方面:

(一)开辟大中专毕业生等人才落户"绿色通道"

沈阳市、大连市对符合年龄条件的中专学历以上人员,省内其他地区对中专学历、初级工以上人员,凭居民身份证、毕业证或资格证,可在拟迁入地城镇地区办理落户;省内大中专院校录取的学生,凭录取通知书或学生证、居民身份证和户口迁移证,可在学校集体户办理落户;博士后研究人员凭进(出)站审批表、户口簿可在拟迁入地城镇地区办理落户。顶尖人才、国家级领军人才办理“居民身份证”“户籍”“来华工作许可”等事项时,提供上门采集信息、上门办证、上门送证、异地邮寄证件等“一对一”专属服务。

(二)积极吸引留学人员来辽宁创新创业

在沈抚新区、辽宁自贸试验区、沈大国家自主创新示范区等创新发展重点区域内从事创新创业活动1年以上的优秀海外留学人员,可比照高层次海外留学人员和科技专家,享受进境合理数量的科研、教学和个人生活用品等按规定予以海关免税放行优惠政策;其外籍配偶、未满18周岁子女可申请签发2至5年外国人居留许可或多次F签证。

(三)着力招揽全球优秀博士

对业内公认、招收单位认定的全球排名前200的国(境)内外高校优秀博士毕业生来辽宁全职从事博士后研究的,采取“核实认定、不限名额”的方式,省政府一次性给予每人20万元奖励;上述博士后研究人员出站后在辽宁工作并与用人单位签订5年(含)以上正式聘用合同的,省政府一次性给予每人30万元奖励。

(四)大力引进创新创业人才团队

对近3年累计获得5000万元以上(含)股权类现金融资的在辽宁创新创业人才团队,省政府一次性给予团队成员最高300万元奖励;近3年累计获得1亿元以上(含)股权类现金融资的在辽宁创新创业人才团队,省政府一次性给予团队成员最高700万元奖励。近3年内年主营业务收入首次超过2000万元,在辽宁创办企业或实施核心成果转化的各类人才,省政府按照其贡献程度一次性给予人才本人最高300万元奖励。

(五)扩大用人主体自主权

省属高校、公立医院和科研院所等事业单位引进或新入选的顶尖人才、国家级领军人才,可不受岗位比例限制,直评特聘到二级专业技术岗位。对其顶尖人才、国家级领军人才领衔的团队,可单独设立专业技术岗位,自主选人用人、自主评聘。企业为各类人才缴纳的“五险一金”、科研启动经费、工作生活补贴、租(购)房补贴、安家费等和高新技术企业发生的职工教育经费按税法有关规定予以税前扣除。

(六)加大人才培养平台建设力度

对新成功申请设立国家级重点实验室、工程实验室、工程研究中心、企业技术研究中心、技术创新中心、工业设计中心、国家工业设计研究院、制造创新中心、临床医学研究中心等国家级科技平台的主持人及其团队,视具体平台类别,省政府一次性给予主持人或团队成员最高500万元奖励。对新成功申请设立博士后科研流动站、工作站的单位,省财政一次性给予15万元建站经费资助。对在辽宁举办的全球性、国家级人才峰会等活动,省财政按照实际支出费用的50%给予补助,最高不超过50万元。其中高水平国际学术会议、专业论坛永久落户辽宁的,省政府一次性给予最高200万元奖励。

(七)提高人才科研资金使用效能

各类省级及以下科研项目经费中的劳务费预算不设比例限制,参与项目研究的各类人员均可按规定标准开支劳务费。科研项目实施期间,年度剩余资金可以结转下一年度继续使用,项目完成任务目标并通过验收后,结余资金按规定留归项目承担单位使用,在2年内由项目承担单位统筹安排用于科研活动的直接支出。对依法批准设立的非营利性科研机构、高校等单位的科技人员,通过科研与技术开发所创造的专利技术、计算机软件著作权、生物医药新品种等职务创新成果,采取转让、许可方式进行成果转化的,除国家另有规定外,在相关单位取得转化收入后三年内发放的现金奖励,减半计入科技人员当月个人工资薪金所得计征个人所得税。

(八)切实解决各类人才后顾之忧

提供人才安居保障。人才集中的单位可利用自有土地按照规定建设生活服务设施,各级政府可购买周转房、提供人才公寓或发放住(租)房补贴,用于解决各类人才住房问题。对新引进或培养的高级人才及以上人才,省政府一次性给予每人最高100万元奖励,其中辽西北地区引进的与用人单位签订5年(含)以上正式聘用合同的本科、硕士人才,省政府一次性给予每人最高5万元奖励。各市可提高各类人才住房公积金贷款额度达到现行额度的150%。

提供人才家属就学(业)保障。新引进或培养的顶尖人才和国家级领军人才的子女享受一次在全省范围内选择基础教育阶段学校的待遇,其中顶尖人才的第三代子女可参照执行;省部级领军人才及以上人才子女享受一次在其工作所在市选择基础教育阶段学校的待遇;省部级高层次人才及以上人才引进单位无法接收安置其配偶的,可为其发放生活补贴。

提供人才社会保障。新引进的省部级高层次人才及以上人才可根据个人意愿选择社会保险参保地。在辽宁工作的顶尖人才和国家级领军人才,出差乘坐火车、轮船、飞机等交通工具时,可根据个人意愿,选择相应等次的座位(舱位)。

(九)实行引才荐才奖励制度

全省范围内各类企事业单位或个人,每成功推荐并全职引进1名与辽宁各类用人单位签订5年(含)以上正式聘用合同的省部级高层次人才及以上人才,省政府一次性给予不超过30万元奖励。对1年内成功推荐并全职引进一定数量各类人才的单位或个人,省政府授予“辽宁引才大使单位”或“辽宁引才大使”称号,并适当给予物质奖励。

自贸区可以结合本区的实际需要,在上述人才引进政策的基础上,创新设立更适合本区发展的人才引进机制和保障制度。

三、建立完善人才培养机制

全面提高业务水平和综合素质,注重培养现有人才,加大教育、培养力度。一是充分利用现有的教育资源,全方位培养,提高培训质量和水平;二是根据自贸区的实际需要,开展一些“订单式”的“短、平、快”的培训项目,不定期推荐人员参加各类专业技术培训班,提高其业务水平;三是开展岗位练兵,不定期地举行岗位技能竞赛,提高解决实际问题的能力;四是可采取对外交流培训的方式,定期或不定期地组织业务交流与学习;五是鼓励符合条件的人员参加各类专业技术职务任职资格评审及执业资格考试;六是实施岗位成才计划,建立传帮带,以老带新制度。

四、全力支持人才创业,保障人才创新创业权益

全力支持人才创业。赋予用人单位充分的用人自主权,提升人才选聘的科学性和时效性。进一步精简人事行政审批事项,逐步下放行政审批权限,推进人才服务中介行业商事登记制度改革。改革专业技术职称制度,树立“不唯学历、不唯资历、不唯论文、不唯身份”的人才评价导向,将专利创造、标准制定及成果转化作为职称评审的重要依据。同时,建设人才创业“特区”,在人才引进培养、股权激励、成果转化、创业孵化、创投融资、产业扶持等方面先行先试,集聚国内外高端人才创新创业。支持事业单位专业技术人员在职、离岗创业和兼职从业。支持大学生创业就业,依法落实税收优惠政策。

推动科技成果转化。奖励贡献突出的企业家、成果突出科技人才、重大科技项目人才团队、技艺精湛的高技能人才、返乡创业的农村实用人才以及其他各类优秀拔尖人才,分类给予一定物质奖励,让人才“名”“利”双收,激发创新创业活力。同时,提供工作场所,给予资金支持,吸引域外科研成果本土转化,成果(产品)具备产业化条件的给予一定产业化专项支持资金,企业新引进的国家级和省级重大科技创新和成果转化项目给予资金资助。提高成果转化收益比例,对于科技成果在自贸区内转化所获净收益或成果形成股权、股权收益,以一定比例奖励给成果完成人(团队)和为科技成果转化作出重要贡献的人员。加强科技中介服务与金融支持,加强科技创业咨询、成果交易、融资孵化等服务,畅通科技成果转移转化渠道。

第五十八条　创新建立自贸试验区行政监管体制

自贸试验区片区应当创新事中事后监管体制,可以依法探索开展相对集中行政执法,建立集中统一、风险可控、信息化程度高的综合行政执法体系。

【解读】

本条是关于监管体制和集中行政执法的规定。

一、加强和完善自贸区事中事后监管体制

国务院在2015年10月13日下发的《关于先照后证改革后加强事中事后监管的意见》(国发〔2015〕62号)中全面提出了"先照后证"改革后加强事中事后监管的指导思想、基本原则和目标任务,构建了职责清晰、协同监管、社会共治的事中事后监管新模式,是新形势下建设新型市场监管体系的纲领性文件。

该意见是新形势下进一步深化商事制度改革的重要文件,既标志着商事制度改革"放、管、服"三位一体总体框架初步构筑完成,也标志着商事制度改革正式进入加强事中事后监管的新阶段。意见提出的职责法定、协同监管、信用约束、社会共治四项原则遵循了市场监管现代化的基本要求,为推进市场监管现代化奠定了坚实基础。但是,意见施行以来,虽然工商行政管理机关通过完善制度、落实责任、实施"双随机"抽查等形式,构建权责明确、透明高效的事中事后监管机制,提高监管效能,激发市场活力,但是,在事中事后监管工作实践中,工商行政管理机关依然存在制度不健全、落实不到位等问题。主要体现在:"先照后证"未提高工作效率,且导致新的监管难题;增加或变相增加行政审批事项现象依然存在;"双随机"抽查制度不健全,检查未达预期效果;信用监管工作力度不强,事中事后监管工作创新不足;基层市场监管执法协作机制不健全,部门协作有待加强。

针对上述问题,自贸区在事中事后监管制度中可以作如下创新:

(一)加强立法建设,完善监管工作程序

国家工商行政管理总局应按照《国务院关于"先照后证"改革后加强事中事后监管的意见》《无证无照经营查处办法》的规定,结合工商行政管理市场监管工作实际,通过制定(修订)规章、下发"答复"等方式,明确"有照无证"持照者市场退出的法定条件和程序,明确《无证无照经营查处办法》实施后工商行政管理机关将无管辖权案件线索告知许可部门应遵循的程序,制定相关法律文书,提高监管效能。同时,国家工商行政管理总局应对"有照无证"持照者信用监管工作进行规

范,将“有照无证”持照者纳入信用监管范围,以规范、限制其经营行为。

(二)精简行政许可事项,提高行政效率

国务院应当通过取消或者合并部分行政许可审批事项,或者将部分行政许可审批事项改备案制等方法,继续精简行政许可事项。同时,严查地方政府增加或者变相增加前置、后置审批事项行为。国务院有关部门、地方政府应继续推进相对行政集中许可权改革,通过制定法规规章或者行政命令等方式,改革审批程序,落实证照联办制度,推进行政审批标准化,提高行政效能。各级工商行政管理机关应继续深化商事制度改革,推进企业“五证合一、一照一码”登记制度改革,深入推进工商登记全过程电子化,降低市场准入门槛,落实群众和企业办事“最多跑一次”事项,提高服务质量。

(三)落实“双随机”抽查和失信惩戒措施,惊醒失信企业

工商行政管理机关应按照国务院、国家工商行政管理总局关于深化商事制度改革,推广随机抽查,强化“先照后证”改革后的事中事后监管工作要求,制定《“双随机”抽查检查人员随机选派规定》《随机抽查检查工作规范》等制度,规范检查人员随机选派工作,规范随机抽查检查的项目、程序、时限、文书、电子设备的使用和抽查结果公布等行为。探索跨部门跨行业联合随机抽查机制,构建统一的市场监管信息平台,推进随机抽查制度化、规范化,保障市场主体权利平等、机会平等、规则平等。同时,加强企业经营异常名录管理,严格落实违规企业列入(移出)企业经营异常名录,或者严重违法企业黑名单工作。政府及有关部门应当建立健全信用约束机制,严格落实失信惩戒措施,强化信用约束,在投融资、取得政府供应土地、招投标、生产经营许可等工作中,将市场主体信用信息作为重要考量因素;对列入经营异常名录和黑名单管理的失信市场主体,在银行借贷、政府采购、获得荣誉、资质审核等方面依法予以限制或禁入,使失信市场主体“一处违法,处处受限”,让失信惩戒措施惊醒失信市场主体,促使其强化主体责任,切实履行法定义务。在推进“双随机、一公开”监管改革方面,法律法规规章规定的对市场主体检查事项全部纳入随机抽查事项清单,法律法规规章没有规定的,不得擅自开展检查。打造政务服务“一张网”,加快推行“互联网+政务服务”,建立纵横全覆盖、事项全口径、内容全方位、服务全渠道的政务服务系统,与企业注册登记、项目投资、生产经营、税费办理等密切相关的服务事项,都要实现咨询、受理、审查、投诉、评价等网上一体办理。推进政务信息整合共享,打破“信息孤岛”,凡是能通过网络共享的材料,不得要求企业和群众重复提交;凡是能通过网络核验的信息,不得要求其他单位重复提供;凡是能实现网上办理的事项,不得要求必须到现场办理,努力实现“最多跑一次”“网上办、不见面”。

（四）完善基层市场监管执法协作机制，推进信息共享

各级人民政府应以《无证无照经营查处办法》实施为契机，建立由政府组织、协调，工商行政管理机关牵头，公安、食药监、安监、质监等职能部门为成员、涵盖所有市场监管领域的市场监管执法协作机制。定期召开会议，研判监管风险，加强部门监管协作，凝聚监管合力，提高监管效能。该市场监管执法协作机制应以工商行政管理机关电子政务管理信息系统、企业信用监管信息系统为依托，推进政府之间横向沟通，促进政府与职能部门之间、各职能部门之间的监管协作、信息实时传递和无障碍交换，最终达到统一协调、互相配合、处置及时的监管目标。另外，该市场监管执法协作机制要明确对重大处置事件、监管部门不明确事项的处置程序，确保协调工作的及时性、事件性质定性的准确性、处置方法的恰当性和处置结果的正确性。

（五）加强对社会的宣传，充分发挥行业协会监督作用

工商行政管理机关应加强对社会的宣传力度，要通过广播、电视、报刊、微博、微信等平台，宣传商事登记制度改革、事中事后监管的新精神、新动向，宣传法律法规，传递监管工作动态，通报企业抽查结果，激发人民群众投资办实体的热情，提高经营者守法经营自觉性，推进信用建设。同时，工商行政管理机关应鼓励行业组织、社团组织、公众和舆论对工商行政管理机关事中事后监管工作、企业信用公示信息情况进行监督，在事中事后监管的各个环节建立行业协会、商会的参与机制，支持行业协会、商会开展行业信用评价工作，完善行业信用体系建设，促进市场主体自我约束，诚信经营，实现市场主体自治、行业自律的社会共治格局。

二、探索开展相对集中行政执法，建立集中统一、风险可控、信息化程度高的综合行政执法体系

组建综合行政执法机构，实行“一支队伍综合执法”。在推进相对集中行政许可权改革方面，将市场准入、建设投资和权证办理等行政许可集中至一个机构行使，实行“一枚印章集中审批”。在推进相对集中处罚权改革方面，经省政府批准，自贸区管理机构可相对集中行使行政处罚权，实行综合行政执法，按照属地管理、权责一致的原则，组建综合行政执法机构，整合行政执法职能，将辖区内相关的监督检查、行政处罚、行政强制等职权交由综合行政执法机构承担，创新行政执法运行机制，实行“一支队伍综合执法”，进一步提高行政执法效率和水平。

第五十九条　建立并完善自贸试验区法律服务体系

自贸试验区鼓励建立专业化、国际化的律师、仲裁、调解、公证、鉴定等法律服务体系，鼓励境内外高端法律服务人才在区内开展优质、高效的国际化法律专业服务。

【解读】

本条是关于自贸试验区鼓励建立专业化、国际化、综合的法律服务体系的相关规定。

一、深化律师制度改革

辽宁省司法厅积极开展简政放权，将自身管理权限下放，授予自贸试验区实施7项省级行政许可权限，包括律师执业证书核发与换发、律师事务所及分所的设立许可、司法鉴定人执业登记等事项，自贸试验区管理部门可以根据需要合理规划区内法律服务业态。在司法部和当地党委、政府的指导下，可以效仿上海、天津等地制定的规范性文件，允许自贸试验区设立代表处的外国律师事务所可与中国律师事务所以协议方式相互派驻律师担任法律顾问，并允许外国律师事务所与中国律师事务所在自贸区内实行联营。自2014年1月司法部正式批复同意《上海市司法局关于在中国（上海）自由贸易试验区探索密切中外律师事务所业务合作方式和机制试点工作方案》以来，各地通过多种形式深化律师制度改革，推进中外律师交流合作。这些措施促进自贸区内形成“一站式”跨法域法律服务，扩展了律师服务的对外开放程度。截至目前，已有三家境外律师事务所在上海自贸试验区与中国律师事务所进行联营并互派法律顾问。

二、公证机构主动对接融入自贸试验区

辽宁省司法厅指导自贸区司法行政机关设立公证服务点，建立“绿色通道”，为进驻自贸区的企业提供全方位公证法律服务。组建自贸区公证服务中心，进驻综合服务大厅开展服务，办理区内企业在对台、对外贸易过程中的企业资质、知识产权保护、维权取证、融资担保等公证事项。司法局选派优秀公证人员参与自贸区“一门式”综合法律服务窗口建设，组织公证机构办理涉外公证业务，遴选专业公证人员开展海事合同、票据、证据保全等高端公证业务。

三、推进涉外专业调解组织建设

辽宁省结合自贸区纠纷类型特点全力打造专业优质、高效便捷的专业商事调

解服务。依托自贸区区位优势成立国际商事调解中心,组建商事调解中心,由自贸试验区内知名大陆籍、台籍企业家和资深律师组成调解员队伍。探索市场化纠纷调解调处服务方式,逐步建立起适应不同解纷组织、不同解纷方式特点的多层次、多样化经费保障体系。辽宁省营造自贸试验区内和谐稳定的商业环境,成立自贸区商事调解中心,选聘特邀调解组织。

四、合理优化司法鉴定行业布局

各地司法鉴定管理部门结合自贸区业务特点和优势,加强规划布局,为试验区提供优质司法鉴定服务。辽宁省司法厅根据自身特色打造区内区外差异化司法鉴定服务体系,将自贸试验区列为优先区域,引导高资质、高水平司法鉴定机构在自贸试验区内布局发展。辽宁省也以自贸区为重点,鼓励高端司法鉴定机构在区内发展,在自贸试验区登记设立鉴定机构。

五、支持仲裁机构扩展高端仲裁业务

仲裁作为一种争议解决方式,具有私密性、快速性、终局性的特点。而司法诉讼严格遵守程序,具有耗时长、成本高的缺点,仲裁因而成为许多商事主体处理纠纷的优选方式。“仲裁的秘密性与资源性优势,与司法裁判形成了有效的竞争,如此不仅可以使司法机构的裁决更加透明、更加中立和更有效率,而且可以使司法权的边界得以清晰化。”辽宁省自贸试验区内应设立专门仲裁机构,应在各片区设立仲裁委员会的分会,作为专职处理片区内民商事纠纷的机构;中国国际经济贸易仲裁委员会和中国海事仲裁委员会分别在天津自贸试验区成立自贸区仲裁中心,在区域商事、海事仲裁活动中发挥示范和引领作用。上海市支持国际知名商事争议解决机构入驻自贸区,引进香港国际仲裁中心在上海设立代表处,提高上海商事纠纷仲裁国际化程度。福建省在福州、厦门、平潭三个自贸试验片区分别设立福州国际商事仲裁院、厦门国际商事仲裁院和平潭海峡两岸仲裁中心。登记设立海峡两岸仲裁中心,拓展第三地仲裁,扩大仲裁机构的区域影响力。厦门仲裁委致力于发展第三仲裁地,通过选聘外地仲裁员,举办法律讲座论坛、走访企业等系列举措,增强涉外影响力。近年来厦门仲裁委受理的双方当事人均为外地的案件逐年增多。2013 年为 125 件(占当年受案量 21.57%),2014 年为 121 件(占当年受案量 17.21%),2015 年为 325 件(占当年受案量为 31.33%),2016 年为 435 件(占当年受案量为 36.43%),在国内处于领先的水平。2015 年 6 月 6 日至 2016 年 12 月 31 日期间,厦门国际商事仲裁院共受理仲裁案件 312 件,涉自贸区案件 138 件,案件标的共计 38.35 亿元,涉自贸区案件标的 12.43 亿元,涉外案件当事人分别来自美国、英国、意大利、加拿大、澳大利亚、新加坡、阿联酋、香港地区、我国台湾地区等多个国家和地区。

六、因地制宜构建差异化的自贸试验区法律服务体系

(一)重点扶持高端法律服务业

鼓励自贸试验区发展高端法律服务业,引导试验区内律师事务所、公证处、司法鉴定机构等法律服务机构做好涉外金融、投资法律服务,积极参与外资银行业务运作,主动对接各类新兴金融机构,协助区内企业准确理解、适用各国法律,积极开展国际贸易、跨境电子商务、涉外金融、国际知识产权保护、海事海商代理工作,为深化多边金融合作提供法律保障。要创新法律服务供给形式,引导专业法律服务团队运用代理诉讼、仲裁、调解等手段,为区内商业主体提供“一站式”法律服务,防范经营风险,化解矛盾纠纷,营造自贸试验区良性法治环境。各级司法行政机关要主动加强与各律师协会以及国外律师自治组织的沟通,宣传自贸试验区各项政策,鼓励、引导外资律师事务所采取变更境内住所地或增设代表处等方式在自贸区内开展业务,鼓励有实力的国内律师事务所在各自贸片区设立分所。要主动协调各自贸试验区管委会,明确制度措施,为参与试点的外资律师事务所以及派驻律师在开业、居留、办公场所等方面提供便利,吸引外资所在各自贸试验区内开展业务。鼓励和支持自贸试验区开展高端公证业务,遴选指派高层次、跨专业的复合型人才进驻自贸试验区,并根据服务对象和内容细分各类专业团队,提升公证机构的服务质量和水平。探索推行“互联网 + 公证”服务模式,提供云服务,针对不同行业的特点,打造个性化的行业综合公证服务平台,完善网上公证信息服务,提升服务效能和品质。拓展金融领域公证业务,推进公证处与金融机构建立稳定的合作关系,促进区内金融公证取得实质性突破。扎实推进司法鉴定服务自贸试验区建设的工作,着眼于自贸试验区建设对优质司法鉴定的需求,优化司法鉴定服务供给,重点发展知识产权、海事海损、信息数据、司法会计等新型司法鉴定业务。制订司法鉴定行业服务自贸试验区工作方案,创新监管举措,提升司法鉴定服务自贸试验区能力和水平。着力提升区内司法鉴定服务自贸试验区能力和水平。着力提升区内人民调解层次和水平,结合自贸试验区矛盾纠纷特点,建立行业性、专业性人民调解组织,运用专业知识,借助专业力量,提升调解的权威性和公信力。要加强与有关行业主管部门的协调配合,指导行业协会等社会团体和其他组织,为自贸试验区内的矛盾纠纷化解提供专业调解服务。要根据各自贸试验区产业特点,形成制度化、规范化的涉外调解工作机制,增强涉外调解工作的针对性和有效性,更好维护中外当事人合法权益。

(二)构建试验区内高效专业的法律服务团队

要选拔一批有资质、有水平的优秀青年法律服务人员进入自贸试验区法律服务领域,引导律师、公证员、司法鉴定人等法律服务队伍增加服务价值,积极为国际货物、服务和知识产权贸易提供法律咨询服务,做好重大项目的代理服务工作,做好尽职调查,防范投资风险。要加强教育培训,定期组织区内法律服务人员开展培训交流,形成常态化的培训和考核机制。要构建定期交流合作新机制,通过举办法律服务专业培训班、高端论坛等形式加强与各国法律服务行业、专业人员间的交流,凝聚合作共识,拓展合作领域。要引导区内法律服务人员树立正确的价值取向和行为方式,培育和践行法律服务行业核心价值观,加强行业行风建设,形成法律人特有的职业认同感和归宿感,确保法律服务人员始终充满活力,敢于创新,全面提升自贸试验区法律服务队伍专业素质和执业水平。

(三)深化仲裁制度改革

依托自贸试验区先行先试的政策优势,明确自贸试验区仲裁机构和设区市仲裁机关之间的定位,鼓励自贸试验区仲裁委开展与各片区纠纷特点相适应的高端涉外业务,与各地设区市仲裁委之间形成共同存在、差异服务、协同发展的局面。要大力推进仲裁机构去行政化改革,与行政机关脱钩,走中立、市场化的发展道路,提升知识和服务水平,优化管理体制机制,为仲裁机构开展业务创造良好环境和条件。

第六十条　建立自贸试验区纠纷解决机制

自贸试验区建立国际化的商事仲裁平台,制定适应自贸试验区特点的仲裁规则,建立商事纠纷多元化解决机制,建立调解与仲裁、诉讼的对接机制。

【解读】

本条是关于自贸试验区建立商事仲裁平台、建立商事纠纷多元化解决机制的相关规定。

一、建立商事仲裁平台

“仲裁的秘密性与资源性优势,与司法裁判形成了有效的竞争,如此不仅可以使司法机构的裁决更加透明、更加中立和更有效率,而且可以使司法权的边界得以清晰化。”辽宁省自贸试验区内应设立专门仲裁机构,应在各片区设立仲裁委员会的分会,作为专职处理片区内民商事纠纷的机构;以现有名册中熟谙国际投资经贸规则和仲裁规则的仲裁员为主体,并从境内外再选聘一批经验丰富且为业界认可的资深仲裁员,为区内提供优质高效的仲裁服务。充分发挥仲裁职能作用。自贸试验区内商事活动频繁,商事纠纷类型繁多,迫切需要建立与当地经济纠纷形态相适应的争端解决机制。仲裁作为在国际贸易和投资领域被广泛采用的争端解决方式,具有自治、公正、高效的特点,顺应了自贸试验区纠纷解决便利化的需求,逐步成为纠纷化解的首选形式。规范性文件也明确"支持仲裁机构依据法律、法规并借鉴国际商事仲裁惯例,完善自贸试验区仲裁规则,提高商事纠纷仲裁的国际化程度,并基于当事人的自主选择,提供独立、公正、专业、高效的仲裁服务。支持各类商事纠纷专业调解机构参与自贸试验区商事纠纷调解,发挥争议解决作用"。各有关部门要积极作为,依托自贸试验区区位优势,结合当地外向型经济特点,对接国家"一带一路"倡议,扩展涉外仲裁业务范围。

二、制定有特点的仲裁规则,可允许临时仲裁的存在

仲裁机构提供仲裁服务时,应当准确适用法律规则,同时吸收、采纳国际通行的商事仲裁惯例,在临时措施、开放仲裁员名册、合并仲裁、仲裁调解、友好仲裁等多方面进行突破与创新,同时注重现有制度和国际仲裁规则之间的衔接。仲裁机构应当根据法律法规,做出快速、准确、公正的裁决。同时,也应根据自贸试验区的新情况更新仲裁规则,提升商事仲裁水平。此外,还应开放临时仲裁,推动仲裁机构的多元化和专业化发展,建立起与自贸试验区相适应的仲裁法律制度,从而为自贸区提供有力的法律保障,建设国际化、法治化的营商环境。

仲裁程序的探索不应是国际仲裁标准的生搬硬套,而应符合我国自贸试验区的现实需要并与现有立法的配合。上海自贸区颁布了《上海自贸试验区仲裁规则》,在仲裁程序上做出了很多创新,其中有一项重大的创新就是"仲裁庭临时措施决定权",这一程序规则的创新出发点不仅在于与国际高水平的仲裁规则相接轨,更有意于裁判程序便利化,提高仲裁的效率。自贸试验区仲裁机构采取的临时措施会面临双重审查主体的双重审查,就算仲裁庭作出临时措施决定,法院还会进行审查,仲裁庭对于临时措施的决定权也就沦为了形式。进一步说,双重决定和双重审查的模式会带来一个问题,那就是两个决定机构的权责混乱,一旦无法达成一致意见,就会使得仲裁的进程更加缓慢,无法提升仲裁的效率。关于临时措施,国际仲裁通常采取三种模式,即法院独享、仲裁庭独享、仲裁庭和法院共享。该仲裁规则所采取的恰好是第三种模式,在现有的法律未做出源头性修改时,唯一有权采取临时措施的仍然只有法院,这就使得仲裁规则和国家立法有了

冲突。一个国家是否授予仲裁庭采取临时措施的权限,关键在于立法对仲裁契约性和司法性的态度,当契约性高于司法性时,仲裁庭的决定权大于法院,反之则法院对仲裁庭的监管权力更大。而今,我国仲裁机制存在的最显著的问题就是"仲裁的司法性高于契约性",当立法没有做出相应的变动,仲裁规则这一创新很容易被架空而成为一纸空文,甚至在实际操作中会产生更大的麻烦。

在仲裁机制的创新上,四大自贸试验区一直以上海自贸试验区作为排头兵,上海自贸试验区颁布的《仲裁规则》在程序上还有一个配合"仲裁高度意思自治"的创新,即"开放仲裁员名册制"。在我国只允许机构仲裁的背景下,我国仲裁庭采用严格的仲裁员名册制,即当事人只能从仲裁名册中选任仲裁员。实行开放仲裁员名册制后,当事人可选择名册之外的仲裁员,且不限于我国国际的仲裁员,这使得更高素质的符合条件的中外仲裁员可参与到仲裁活动中来,让辽宁省的仲裁机构更有国际竞争力。如此,与"开放仲裁员名册制"相对应的"临时仲裁"是否就具备了引进我国的条件?我们知道,《仲裁规则》的这一创新确实在为临时仲裁铺路。临时仲裁事先没约定常设仲裁机构,当事人根据仲裁协议,商定将某一争议提交给某一个或几个人作为仲裁人进行审理和裁决。国际商事仲裁在实践的初期,是以临时仲裁的形式存在的,临时仲裁单独存续了很久才逐渐产生机构仲裁。因此临时仲裁才是仲裁的最初形态,而今,国际上设立了很多常设仲裁机构,但临时仲裁并没有被彻底替代,反而在国际商事仲裁中占有很大的比重,有自己独立的发展空间,这也得益于它具备了机构仲裁所不具备的优势。具体表现在:能够实现高度的意思自治,对仲裁员选用及仲裁庭组成方式、仲裁地点、仲裁程序、仲裁规则的适用具有更大的选择空间,这使得仲裁结果更加具有确定性和预见性;仲裁的过程可依据争端双方的意愿和特定的争议事实来进行,这促使争端双方未达成预期的结果而进行完全的合作;无须严格遵循机构仲裁设定的程序规则,仲裁效率大为提升;无须缴纳机构仲裁中应交的仲裁费用,争端双方所支付的费用为仲裁人员的劳务费用,省去向仲裁机构缴纳的费用,争端双方的仲裁负担大为减轻,不仅仲裁更加高效,也更为惠民。正因为临时仲裁的这些优势,使得其并未被后起的机构仲裁所替代。除了其自身的优势,我国自贸试验区也具备引进临时仲裁的条件。我国仲裁机构的司法意味浓厚,其管理上行政化也很明显,在立法未对这一弊端进行修正之前,临时仲裁制度的引进对提升我国仲裁体制的竞争力是很有帮助的。投资争端解决机制的完善,可以增强投资者的预期,减少投资风险,消除投资者的投资顾虑。我国投资争端的解决离不开仲裁所能发挥的巨大作用,栖身之所超过了司法途径的诉求。而临时仲裁作为仲裁制度的一部分,它的优势使得它更适合解决某特定种类的争端,其灵活性和高度自治性更利于较为复杂的投资争端的解决。临时仲裁若缺位，仲裁的内在价值也无法得到充分的实现。正因为我国现有的仲裁制度的缺陷，以及我国自贸试验区对临时仲裁有切实的需求，且在我国力争与国际商事仲裁相同水平的仲裁服务的背景下，临时仲裁更显得很重要。我国自贸试验区有一个重要的使命，那就是国际先进制度的检验试点以备后续的制度创新，一旦检验通过可以复制、推广。而完成制度的创新，必须对原有的制度进行挑战、突破和改革。在自贸试验区建立临时仲裁制度，既可以响应我国学界日益高涨的呼声，也是一种低成本的试点，且在短期内可以见到效果，这为我国仲裁机制的完善以及以后可能进行的《仲裁法》修订提供实践的数据支撑。

随着辽宁自贸试验区的发展，区内案件尤其是新型案件将不断增多，这需要法院出台专门的争议解决规则以指导案件的审判。以上海自贸试验区为例，上海自贸试验区内商事纠纷主要有三大类：一是因传统商事交易产生的纠纷，如货物贸易产生的买卖、物流和仓储纠纷；二是在自贸试验区产业结构优化、逐步发展高端服务业时产生的纠纷，如信息技术、金融衍生品、专业服务等领域的纠纷；三是区内发生的带有浓厚自贸特征的商事纠纷，如境外股权投资、离岸金融等纠纷。从上海自贸区法庭的审判经验来看，投资贸易类商事纠纷案件居首。通过规范的程序、统一的审判指导意见，能更好地审理自贸试验区内的案件。当自贸试验区法庭审判的案件达到一定数量时，辽宁省有关法院应当及时总结审判经验，发布《涉中国(辽宁)自由贸易试验区案件审判指引》(以下简称《审判指引》)，指导自贸试验区法庭的审判工作。《审判指引》应当坚持问题导向，针对新型案件、知识产权保护、金融创新活动的行为定性等法律规定不明确、尚有争议的问题给出审判指导意见。

三、建立多元化的纠纷解决机制

辽宁省应在自贸试验区内建立专业化和高水平的多元化的纠纷解决机制。所谓多元化的解纷机制，是指商事领域的争议解决存在多种可供选择的方式，如行业协会、专门调解机构、中介服务组织等，当事人发生纠纷时可根据自身情况自由选择纠纷解决方式。尽管司法诉讼是解决纠纷的权威方式，但司法途径具有耗时长、成本高等特点。对于法院不适合审理的某些私密性案件，需要建立多元纠纷解决机制。例如，建立专门的商事争议调解机构、优化商事仲裁和司法诉讼的效率、引入国外专业仲裁机构。

商事调解机制多元化。基于辽宁自贸试验区“功能扩散效应”和“资本虹吸效应”，自贸试验区内的国际投资和贸易的交易量会大大增加，国际和涉外商业纠纷也会不断增加。商事调解具有高效便捷地服务于当事人等特点,因而成为许多企业解决纠纷的首选机制。行业协会、商会作为行业内部的自治组织,可以有效地调解内部纠纷。辽宁省应鼓励自贸试验区内各行各业的协会、商会发挥解决纠纷的作用。自贸试验区管理机构应支持各类商事纠纷调解机构依照国际惯例,采取多种形式来解决自贸试验区商事纠纷。

知识产权纠纷解决机制多元化。在市场经济中,知识产权对企业来说十分重要。没有一个知识产权保护得力的市场环境,高科技企业便不会前来投资。在知识产权纠纷发生时,纠纷的快速、高效解决至关重要。在自贸试验区建设过程中,辽宁省应建立解决知识产权纠纷的多元机制。辽宁省应依法支持和引导相关社会自治组织,如行业协会、仲裁机构、知识产权中介机构等,参与知识产权纠纷的解决。此外,一些专业服务机构如律师事务所,对于知识产权纠纷的调解也能起到很好的作用。辽宁省应制定激励办法,引导专业服务机构进行知识产权纠纷的调解、维权援助等服务。

第六十一条　自贸试验区试错容错机制

符合国家和省确定的改革方向的创新活动,出现失误或者造成负面影响和损失时,相关单位和个人尽职尽责、未牟取私利,主动挽回损失、消除不良影响或者有效阻止危害结果发生的,免除其相关责任。

【解读】

本条是关于符合改革方向的创新活动的试错容错机制的相关规定。

一、以开放促进改革,激发创新创业活动

自贸试验区应当优化创新创业制度环境,激发创新创业活力,建立健全投资者权益保障机制,法律法规未禁止的,投资主体可以在自贸试验区内创新开展各种投资活动。自贸试验区可以试行企业投资项目承诺制,整合、简化投资项目报建手续,建立先建后验的管理模式。此外,自贸试验区应当建立与国际惯例相衔接的商事登记制度,推行科学、高效、便利的管理模式,实行全程电子化登记,依法实行注册资本认缴登记制。找准自贸试验区与创新中心联动的切入点,进一步激发和释放整体协同效应。围绕“一条主线”,就是以自贸试验区制度创新服务全球科创中心建设。适应创新全球化日益深入的形势,坚持推动全面开放与强化自主创新相结合,充分发挥自贸试验区制度创新优势,努力营造更加适于创新要素跨

境流动的便利环境,吸引和集聚全球创新资源,推动形成跨境融合的开放创新新格局,逐步提高辽宁创新中心的全球影响力。突出"三个注重":一是注重制度引领,构建符合国际惯例的科技创新体制机制。坚持对标国际、全球视野,顺应全球创新网络深化和创新要素跨境流动的要求,注重借鉴发达国家科创中心的制度成果,构建与国际接轨、更加符合创新发展规律的体制机制。二是注重问题导向,消除自贸试验区服务科技创新的"瓶颈"和障碍。坚持精准施策、有的放矢,针对目前反映强烈的制约开放创新合作的实际问题,尤其是两大战略联动机制不健全、跨境研发监管手续复杂、FT账户融资功能受限、国际知识产权交易平台功能不明显、引进海外人才政策尚需完善等,切实加以解决。三是注重实际成效,确保改革措施真正取得应有效果。各项改革措施不能流于形式,要紧密结合基层和企业的需求,完善配套措施,解决好政策落地"最后一公里"问题,提高企业的感受度。对试点成熟的措施,要尽快从少数企业拓展到面上乃至全市,形成规模效应,防止成为"盆景"。

以开放促改革,成为新时期全国改革新高地和开放新标杆。顺应国际投资贸易规则新变化,探索建立简政放权、放管结合的新型开放格局。辽宁自贸试验区应时而生,积极探索与之相适应的以开放倒逼改革的新模式。一方面,通过实施准入前国民待遇、负面清单和投资备案管理,扩大开放领域、推动简政放权、实施高效监管;另一方面,建立事中事后监管、实施放管结合,以负面清单支撑政府权力清单、优化简化职能清单,明确政府和市场各自的边界,赋予市场更多的创新创业空间,提高市场整体开放水平。由此形成了万众创业和公平竞争的市场环境,发挥市场在资源配置中的决定性作用。辽宁自贸试验区强调处理好政府与市场的关系,通过打造公平、统一、规范的营商环境,推动在公平竞争的市场环境中推动改革开放;重视企业感受,明确企业的市场主体地位,激发市场主体的创新创业热情,推动区内产业的自身发展和跨界融合,促进区内新企业、新产业、新模式、新平台的不断涌现。

辽宁自贸试验区承载了为我国推进更加深入的改革和开放积累经验、增强信心的重要功能,是实现政策突围的重要试验田。辽宁自贸试验区在投资管理体制改革、贸易监管体制改革、政府监管体制改革、金融领域开放新体制和服务业扩大开放等领域,探索了一批新做法、试验了一批新制度、形成了一批新经验。

二、营造国际化和法治化的营商环境

良好的营商环境,可以给企业带来"预期",即企业只需依法经营而不用担心政府政策朝令夕改,甚至各种潜规则。这也就要求企业守法经营,政府依法管理。

政府管理需要依据现行的法律法规,以及经合法程序做出的行政行为。因为只有政府的管理活动依法依规进行,企业才能得到经营预期,才敢放手经营,这就要“在政府理念上由全能政府向有限政府转变”。同时,国际化和法治化的营商环境意味着经济管理的法律法规及其执行的国际化和法治化,这通常表现为投资者平等准入、平等保护,企业经营规则公正、透明、开放、宽松,政府与市场关系、政府与企业关系规范,市场公平竞争等诸多方面。培育国际化和法治化的营商环境,一方面,需要我们转变思想观念,及时修改相关的法律法规、政策以符合国际化、法治化营商环境的要求。法律法规国际化的一个重要表现就是“法无禁止即可为”,而我国法律以前采取“除非法律允许的否则就是禁止的”模式,将法律上“沉默”的部分也纳入禁止部分或地位不确定部分。通过实行“负面清单”制度,“转变外资管理模式”,经济主体便可以“法无禁止即可为”。这就需要制定好“负面清单”,既放开管制、激发经济活力又能有效监管、保证市场秩序,而且“负面清单”必须向社会公开。另一方面,国际化、法治化的营商环境也需要行政机关依法、公平执法,平等对待各类经济主体。相同情况相同对待,不同情况不同处理。政府要以法律规范为依据处理经济事务,如政府和市场的关系问题、政府和企业的关系问题。以往政府在管理经济活动时经常靠红头文件、领导讲话、行政命令。这些“政策治理”模式的行政干预尽管可以起到高效的监管和调控作用,但其具有不稳定、难持续、临时性、短视性的缺点。更关键的是,政策治理会损害市场主体的预期,导致投资者不敢进入,而法律具有稳定性、公开性的特点,依照法律法规处理经济活动的优势便是公开、稳定、普遍适用,以及可以预期。

三、法治框架下的试错容错机制

如何处理好制度创新与法律修改滞后之间的矛盾,是一个值得研究的问题。譬如,某些行为现在可能是违法的、被禁止的,但在改革后可能就是合法的、被提倡的。同时,如何在司法审判中准确适用辽宁自贸试验区的政策和国家正在修订的法律,也是值得研究的课题。解决上述问题的方法是“先行先试”。辽宁自贸试验区作为制度创新、扩大开放的“试验田”,法律的修改、调整需要时间来进行反复试验。只有通过先行先试,才能发挥自贸试验区转变政府职能、探索对外开放新格局的功能。比如,自贸试验区内的金融创新活动,在法律没有明确规定但相关部门和规范性文件认可的情况下,可以在风险可控、保证金融体系基本安全的条件下,允许当事人自行协商。

自贸试验区所进行的制度创新是对现行制度的突破,而改革必然产生挫折。为了鼓励自贸试验区进行制度创新,有必要通过立法建立起试错容错机制。试错,就是要允许自贸试验区在制度创新中出现风险和失败。容错,就是要允许在试错的过程中发现巨大问题和风险后,启动相应的程序,将问题和风险控制在合理的范围内,并不予追究相关领导干部的责任。为鼓励自贸试验区大胆创新,推进改革深化,辽宁省政府借鉴广东自贸试验区的经验建立自贸试验区改革的试错容错机制。首先,辽宁省应坚持"法无禁止即可为"的基本理念,鼓励自贸试验区内企业和个人积极尝试,不断探索制度创新,激发市场活力。其次,辽宁省还建立激励机制,对在制度创新、市场改革方面做出特别重大贡献的主体给予适当奖励。最后,辽宁省建立自贸试验区改革的试错容错机制。在发生制度创新的挫折和失败时,对于制度决策程序合法、实施过程合法、制度决策者未谋取私利的情形,不追究制度决策者和相关实施者的责任。

第六十二条　自贸试验区纠错机制

发生本条例第六十一条规定的情况时,省人民政府和片区所在市人民政府及其主管部门应当启动快速反应机制,及时核查,澄清是非;对诬告陷害者严肃查处;对免责的单位和个人,不作负面评价。

【解读】

本条是关于容错试错机制下的纠错机制的规定。

此规定意在对非主观故意发生工作失误、出现"试错"的干部不作负面评价,不影响提拔使用,激励干事创业者轻装上阵。

早在2006年,深圳市就制定了改革创新促进条例,其中明确规定,"只要改革创新方案制订程序符合规定,个人或单位没有牟取私利、没与其他单位或个人恶意串通,即使工作发生失误、改革创新未达到预期效果甚至造成一定损失,有关人员可予免责"。2009年,重庆市出台的促进开放条例中也有类似规定。党的十八大以来,试错免责的规定得到了更多地区的认同。2013年,上海市人大常委会出台关于促进改革创新的决定,其中规定:"本市保障改革创新,宽容失败。改革创新未能实现预期目标,但有关单位和个人依照国家和本市有关规定决策、实施,且勤勉尽责、未牟取私利的,不作负面评价,依法免除相关责任。"同年,佛山市顺德区赋予干部"试错权",得到广泛关注。2013年12月,泰州市出台《促进改革创新鼓励干事创业的责任豁免办法(试行)》,这一专门性规定明确了责任豁免的具体情形、认定程序、结果使用等,具有极大开创性。

一、先行先试出现失误、错误时应启动快速反应机制,及时核查

对于先行先试过程中的错误、失误,坚持有错必纠、有过必改,及时核查,对苗头性、倾向性问题早发现早纠正,对失误错误及时采取补救措施,在核查时可依照习近平总书记的"三个区分开来"为依据。

习近平总书记在2016年省部级主要领导干部贯彻党的十八届五中全会精神专题研讨班上的讲话中指出:"要把干部在推进改革中因缺乏经验、先行先试出现的失误和错误,同明知故犯的违纪违法行为区分开来;把上级尚无明确限制的探索性试验中的失误和错误,同上级明令禁止后依然我行我素的违纪违法行为区分开来;把为推动发展的无意过失,同为谋取私利的违纪违法行为区分开来。"这"三个区分开来"是面对新形势下全面从严治党的新挑战提出来的,最终目的是保护那些作风正派又敢作敢为、锐意进取的干部,严惩作风低劣又以公谋私、假公济私的干部;是为了最大限度调动广大干部的积极性、主动性、创造性。2018年,中共中央办公厅印发了《关于进一步激励广大干部新时代新担当新作为的意见》建立健全容错纠错机制,宽容干部在改革创新中的失误错误,进一步强调通过三个区分开来核查先行先试过程中的失误和错误。

1. 要把在推进改革中因缺乏经验、先行先试出现的失误和错误,同明知故犯的违纪违法行为区分开来。

由于各种主客观条件的限制,个人之间的能力和素质千差万别,有些接受新事物的能力比较强,但是由于历练不够,缺乏改革的经验,所以在改革的过程中就会出现一些失误甚至错误。对于这种失误或者错误,应该辩证地看待。要肯定他们勇于改革的精神,这种失误或错误是在改革中"无心"犯下的,应该给予理解。但是,应该从中积极吸取教训,加强理论学习和社会实践,争取在以后不犯类似的错误。

2. 把上级尚无明确限制的探索性试验中的失误和错误,同上级明令禁止依然我行我素的违纪违法行为区分开来。

应该允许干部在上级尚无明确限制的探索性试验中犯错误,这就是"无禁即可为"。只要法纪规章没有明确禁止的,就要允许大胆尝试,全力破除干部身上的思想枷锁。

而另一种错误则是"严禁"情况下犯的,是在明知党纪国法已经明令禁止后依然我行我素的行为,这种错误实际上就是违纪违法了。对于这种违纪违法行为应该严厉查处。

3. 把为推动发展的无意过失,同为谋取私利的违纪违法行为区分开来。随着

改革的深化,一些领域的改革出现了新的特点,一些理论素质高、实践能力强的干部勇做改革的弄潮儿,他们在改革中可能会出现无意的过失,但是其目的是国家和社会的发展,所以对于这种因"为公"而造成的改革过失,应该辩证对待,积极帮助他们分析出现失误的原因,同时党员干部自身也应该加强学习,掌握过硬的改革本领,以便在以后的过程中不犯同样的失误。

廊坊市委制定出台了《鼓励改革创新干事创业容错纠错办法(试行)》,明确了14种符合试错容错的具体情形。部分可试错容错的情形如下:在落实党委、政府决策部署中,出现工作失误或偏差,但出于公心,没有为个人、他人或单位谋取私利,且积极主动消除影响或挽回损失的;在推进改革和体制机制创新中,因缺乏经验,先行先试出现探索性失误或未达到预期效果的;法律、法规没有明令禁止,因政策界限不明确或不可预知的因素,按程序经集体研究、民主决策,在创造性开展工作中出现失误或造成影响和损失的;在争取项目、资金、招商引资中,积极作为,创造性开展工作,出现失误、错误和过失等。

江苏省出台《进一步健全容错纠错机制的办法》,该办法进一步明确了容错纠错中需要把握的具体问题,明确政策界限、规范实施程序,便于基层操作和实践。主要是在"三个区分开来"的基础上做到"六看":看问题性质,是探索创新还是有令不行、有禁不止,分清是失误错误还是违纪违法;看工作依据,是界限不明还是故意曲解、随意变通,分清是先行先试还是肆意妄为;看主观动机,是出于公心还是假公济私、以权谋私,分清是无心之过还是明知故犯;看决策过程,是民主决策还是个人专断、一意孤行,分清是依规履职还是滥用权力;看履职取向,是开拓进取还是无视规律、急功近利,分清是积极作为还是好大喜功;看纠错态度,是及时补救还是消极应对、放任损失,分清是主动纠错还是坐视不管。

在自贸区的容错试错机制下,应当对干部的失误错误进行综合分析,对该容的大胆容错,不该容的坚决不容。对给予容错的干部,考核考察要客观评价,选拔任用要公正合理。准确把握政策界限,对违纪违法行为必须严肃查处,防止混淆问题性质、拿容错当"保护伞",搞纪律"松绑",确保容错在纪律红线、法律底线内进行。坚持有错必纠、有过必改,对苗头性、倾向性问题早发现早纠正,对失误错误及时采取补救措施,帮助干部汲取教训、改进提高,让他们放下包袱、轻装上阵。

二、对诬告陷害者严肃查处,对免责的单位和个人不作负面评价

勇于先行先试者往往敢闯敢试敢干,但工作中难免会出现失误或差错。这时可能引起"心怀叵测"人的诬陷、暗算,甚至会被穷追不舍、不依不饶,工作中的"领

头羊”可能成为失误的“替罪羊”。此时,组织上应当挺身而出,旗帜鲜明地支持担当者、鼓励担当者、保护担当者,让他们能挺直腰杆、甩开膀子、迈开步子,让他们有底气、有干劲、有活力,能够“豁出去”,切实保护好勇于改革、敢于担当者干事创业的积极性和创造性。

对于恶意诬告陷害行为应当严肃查处,认真甄别举报线索,对胡乱猜测、恶语中伤、散布谣言、诬告陷害的,要坚决进行追溯调查,依法依纪严肃查处。涉嫌违法犯罪的,移送司法处理;同时,保障举报人的合法权益,严格区分诬告陷害行为与错告误告行为的政策界限,严禁借机打击报复举报人。对受到不实反映的干部,要及时澄清正名、消除顾虑。

要辩证地分析干事创业中的失误和偏差,综合考虑问题发生的背景原因、动机目的、政策依据、情节轻重和性质后果等方面的因素,具体问题具体分析。对于反映的问题失实或受到诬告的人,明确要予以澄清保护等一系列的保障措施。

当前的改革发展任务非常繁重,全面深化改革,每前进一步都会遇到风险,创新创业也难免出现失误。如果在改革和探索中出了一些差错就抓住不放,甚至无限上纲,只会造成思想障碍,束缚人们的手脚,最终阻碍改革创新的顺利进行。正确的态度是鼓励人们解放思想、更新观念,勇于探索和试错;同时积极引导人们善于总结经验,出了差错及时发现和纠正,避免和少走弯路。只有在全社会真正形成既鼓励创新、表扬先进,也允许试错、宽容失败的良好环境,才能使改革创新如虎添翼,引领我国经济社会发展全局深刻变革。

第九章　附　　则

第六十三条　施行日期

本条例自 2018 年 10 月 1 日起施行。

【解读】

本条是关于本条例的施行日期的规定。

在我国，法律法规的颁布与施行之间往往存在一定的时间间隔，此为法律法规实施前的准备时间。通过一段时间的宣传、学习，让民众知法而守法，才能更好地执行新法新规、实现立法目的。

第二部分　中国(辽宁)自由贸易试验区投资指南

辽宁自贸区成立一年多来,在深化“放管服”改革、试点负面清单管理模式、推进贸易便利化、金融领域开放创新、深入服务“一带一路”和健全法治保障等方面取得了阶段性重要成果。目前初步建立了以负面清单管理为核心的外商投资管理制度、以贸易便利化为重点的贸易监管制度、以资本项目可兑换和金融服务业开放为目标的金融创新制度,实际运营企业获得感强,营商环境得到明显改善。

辽宁自贸区在投资、贸易、金融、事中事后监管等领域,深入推进“放管服”改革,实施了一系列创新措施。省政府向自贸试验区首批下放了 133 项省级管理权限;对 95 项商事登记后置审批事项实施“证照分离”改革;企业登记注册实现“四十六证合一”;相关证照办理时间由 50 天缩减到 2 天;一般类工业建设项目 15 天领取施工许可证,达到国际先进水平。目前,在辽宁自贸区沈阳、大连、营口三个片区都已经建立了权责清单制度、行政审批管理目录制度、成立了综合服务大厅、推行了“一口受理”;创新“预约上门”、微信核名、“零拒绝 + 全容缺”等服务模式,提高政府服务效能。

沈阳、大连、营口三大片区以卓有成效的工作推进更高层次的开放。沈阳市已获批设立跨境电子商务综合试验区,沈阳片区正紧抓契机,积极推进跨境电商平台、进口商品体验展示中心建设,着力引进海外和国内知名电商企业落户自贸试验区;大连片区形成保税混矿、进境粮食全流程监管、服务贸易在线退税等多项全国首创的制度创新经验,并成功加入世界自由区组织,着力探索自由贸易港建设;营口片区对标世界银行营商环境标准,不断优化营商环境,提出了深化区域性国际物流中心建设六大体系。

第一部分　辽宁省政府及其各部门有关自贸区的政策法规

辽宁省政府及其各部门先后出台各类政策,支持自贸区三个片区的发展,主

要体现在以下方面:

一、减少外资的准入限制

辽宁省自贸区全面实施准入前国民待遇加负面清单管理制度,自由贸易试验区外商投资准入特别管理措施(负面清单),负面清单之外的领域,各地区各部门不得专门针对外商投资准入进行限制。

国家发展改革委、商务部发布《自由贸易试验区外商投资准入特别管理措施(负面清单)(2018 年版)》。此次修订后,自由贸易试验区负面清单由 2017 年版 95 条措施减至 2018 年版 45 条措施。2018 年版自由贸易试验区负面清单自 7 月 30 日起施行,适用于所有自由贸易试验区。

2018 年版自由贸易试验区负面清单,在全国负面清单开放措施基础上,在更多领域试点取消或放宽外资准入限制。农业领域,将小麦、玉米新品种选育和种子生产外资股比由不超过 49% 放宽至不超过 66%。采矿领域,取消石油、天然气勘探、开发限于合资、合作的限制,取消禁止投资放射性矿产冶炼加工与核燃料生产的规定。文化领域,取消演出经纪机构的外资股比限制,将文艺表演团体由禁止投资放宽至中方控股。增值电信领域,将上海自由贸易试验区原有 28.8 平方公里区域试点的开放措施推广到所有自由贸易试验区。

二、金融领域的开放创新

(一)跨境人民币业务

辽宁自贸区探索建立与自贸试验区相适应的本外币账户管理体系,促进跨境贸易、投融资结算便利化。允许自贸试验区内企业的境外母公司或子公司按照有关规定在境内发行人民币债券。允许外资股权投资管理机构、外资创业投资管理机构在自贸试验区发起管理人民币股权投资和创业投资基金。允许自贸试验区内租赁公司在境外开立人民币账户用于跨境人民币租赁业务。扩大人民币跨境使用,自贸试验区内银行可按有关规定发放境外项目人民币贷款。开展跨国企业集团跨境双向人民币资金池业务。

(二)外汇管理制度

经国家外汇管理局批准,辽宁省外汇管理局分局制定的《推进中国(辽宁)自由贸易试验区外汇管理改革试点实施细则》(以下简称《实施细则》)正式落地实施。《实施细则》从经常项目、资本项目和外汇市场业务三大领域提出了外汇管理支持辽宁自贸区建设的具体举措。经常项目方面,加大简政放权力度,提出了在风险可控的前提下,自贸区内 A 类企业无须开立待核查账户,货物贸易收入可直接进入经常项目外汇账户;推进电子单证审核等便利化措施。资本项目方面,为更好地支持东北老工业基地产业转型升级,促进融资租赁业发展,《实施细则》提出自贸区内的融资租赁业务可收取外币租金。外汇市场业务方面,《实施细则》明确,区内具备人民币与外汇衍生产品业务资格的银行,可按照外汇管理规定为试验区相关业务提供人民币与外汇衍生产品服务;对于境外机构按规定可开展即期结售汇交易的,注册且营业场所在自贸区内的银行可以为其办理人民币与外汇衍生产品交易。

保障境外投资者利润自由汇出。对于境外投资者在境内依法取得的利润、股息等投资收益,可依法以人民币或外汇自由汇出。

(三)外资参与国内企业重组

鼓励外资参与国内企业优化重组。简化程序,放宽限制,支持境外投资者以并购方式设立外商投资企业。支持国内企业多渠道引进国际先进技术、管理经验和营销渠道。鼓励外资参与国有企业混合所有制改革。

(四)融资租赁

进一步推进内资融资租赁企业试点,注册在自贸试验区内的内资融资租赁试点企业由自贸试验区所在省级商务主管部门和同级国家税务局审核;加强事中事后监管,探索建立融资租赁企业设立和变更的备案制度、违反行业管理规定的处罚制度、失信和经营异常企业公示制度、属地监管部门对企业定期抽查检查制度。

(五)基金产品

支持自贸试验区内符合互认条件的基金产品参与内地与香港基金产品互认。取消对自贸试验区内保险支公司高管人员任职资格的事前审批,由自贸试验区所在省级保监机构实施备案管理。逐步允许境外企业参与商品期货交易。

三、完善综合投资环境

根据《辽宁省人民政府关于印发〈中国(辽宁)自由贸易试验区“证照分离”改革试点方案〉的通知》及省行政审批制度改革工作领导小组办公室的决定,在辽宁自贸区沈阳、大连、营口片区实施“证照分离”改革试点。对95项行政许可事项,采取取消审批、审批改为备案、实行告知承诺制等措施,破解“办照容易办证难”“准入不准营”等突出问题。试点时间从2018年3月30日至12月21日。

实施“证照分离”改革试点事项及工作程序包括:

1. 取消审批事项:药品广告异地备案、医疗机构放射性药品使用许可(一、二类)。

2. 审批改为备案事项:首次进口非特殊用途化妆品行政许可(不包括17个国

家级“四类功能区”)、50 平方米以下小型餐饮的经营许可。

3. 实行告知承诺制事项:互联网药品信息服务企业审批、医疗器械广告审查。

4. 强化准入监管事项:化妆品生产企业卫生许可等 12 项。

此外,为统筹推进“证照分离”和“多证合一”改革,将“证照分离”改革后属于信息采集、记载公示和管理备查类的各类证照进一步整合到营业执照上,实行“多证合一、一照一码”。对市场机制能够有效调节、企业能够自主管理的事项以及通过事中事后监管可以达到原设定涉企证照事项目的的,要逐步取消或改为备案管理。

四、便利人才出入境

公安部研究决定,在国家有关自贸区及全面创新改革示范区推出 7 项出入境政策措施,全面支持区域经济社会建设发展。推广实施 7 项出入境政策措施有助于进一步便利海外高层次人才来华发展,激发外籍华人创新创业热情,支持外籍青年学生创业,将对有关区域进一步吸引聚集人才和经济社会发展发挥重要作用,也将进一步释放人才“红利”,解决制约束缚有关地区吸引聚集外籍人才的政策“瓶颈”和制度障碍,是公安机关全力支持国家自贸区及全面创新改革示范区建设的重要举措。

五、对外商投资的安全审查

为了维护国家安全,国务院办公厅对于除了外商投资金融领域的安全审查外,制定了与负面清单管理模式相适应的外商投资国家安全审查(以下简称安全审查)措施,以引导外商投资有序发展。

《自由贸易试验区外商投资国家安全审查试行办法》对外商投资的审查作了明确规定。总的原则是,对影响或可能影响国家安全、国家安全保障能力,涉及敏感投资主体、敏感并购对象、敏感行业、敏感技术、敏感地域的外商投资进行安全审查。审查的内容主要包括外商投资对国防安全、国家经济稳定运行、社会基本生活秩序、国家文化安全、公共道德、国家网络安全、涉及国家安全关键技术研发能力的影响。自贸区外商投资安全审查工作,由外国投资者并购境内企业安全审查部际联席会议(以下简称联席会议)具体承担。审查程序依照《国务院办公厅关于建立外国投资者并购境内企业安全审查制度的通知》(国办发〔2011〕6 号)第四条办理。

六、对自贸区知识产权的保护

参照国际做法和复制上海、福建等自贸区成功经验,在辽宁自由贸易区沈阳、大连、营口片区建立专利权、商标权、著作权、集成电路布图设计权以及商业与技术秘密权等知识产权综合行政管理和执法体制机制改革,设立知识产权保护机构(局),统筹负责各片区内知识产权创造、运用、保护以及规划编制、执法协调、风险审查、产权交易、信用建设、中介管理、教育培训、对外交流合作等职能。

为全面而有效地保护知识产权,服务自贸区经济,辽宁自由贸易区探索建立知识产权权利清单、责任清单、负面清单制度;设立知识产权行政服务中心,提升知识产权申请服务,实现知识产权"一站式"服务,为辽宁自由贸易区办理知识产权申请、缴费及专利合同备案与认定登记等业务开通"绿色通道",提高知识产权申请效率和质量。

第二部分 辽宁自贸区沈阳片区政策法规

辽宁自贸区沈阳片区享有国家全面创新改革试验区、国家自主创新示范区、国家高新技术产业开发区、国家产城融合示范区"四区"叠加的政策优势。沈阳片区围绕政府职能转变、投资领域改革、贸易便利化、产业转型升级和体制机制创新等方面,扎实工作,重点推进,积极开展多领域创新,市场主体的集聚效应已经显现。

一、辽宁自贸区沈阳片区先后发布两批政策清单

沈阳片区先后出台两批共200条政策清单,全面复制推广上海等自贸试验区改革经验。清单涵盖政府职能转变、投资领域改革、贸易转型升级、金融开放创新、老工业基地结构调整和加强对外开放合作六大方面。聚焦重点领域和关键环节,沈阳片区深入推进"放管服"改革,率先实现26证合一、网上企业注册登记、国地税一窗通办;率先启动"证照分离"改革和"集报集缴"通关改革。

二、辽宁自贸区沈阳片区促进"三大产业"发展政策

围绕产业集聚,沈阳片区制定了产业政策支持体系,发布了重点发展产业目录和促进先进制造、金融服务、融资租赁、科技创新等产业发展的"1+4"政策体系。

该政策"组合包"中的"1",指沈阳片区首批重点发展产业目录。目录涉及六大类70项产业,包括先进制造业17项、国际贸易5项、金融服务25项、现代物流业8项、商务服务7项、科技服务8项。重点发展产业目录是指导性文件,确定沈阳片区产业发展的方向和重点,在产业选择上突出沈阳优势和特色,以机器人、飞

机发动机和零部件、智能制造等产业为突破口,加快形成新亮点和增长点。

为进一步增强对高端产业和创新要素的集聚能力,推动产业支持的体系化、制度化,沈阳片区在出台促进先进制造、融资租赁、金融服务产业发展若干政策基础上,制定了配套的实施细则。重点对政策奖励标准、申报条件进行细化,对申报时间、申报要件、审核兑现流程进行规范,使产业政策更明晰、更系统、更具可操作性。相关产业政策均采用企业自主申报、第三方评估的方式进行审核。

(一)促进先进制造业发展的若干政策实施细则

1. 加大扶持力度。从企业设立的初始阶段就给予支持,对新设立的先进制造业内、外资企业,按照其实缴注册资本额度给予奖励。

2. 实施创新驱动。对于设立研发机构、国内首台(套)重大技术装备产品或核心部件,对于企业重点技术创新成果和企业科研成果转化,对拥有填补国内空白、国际领先技术的科技企业给予奖励,通过创新驱动,形成高质量发展。

3. 聚焦产业集群打造。对龙头企业、骨干企业在境内外资本市场上市等方面给予相应的扶持和奖励外,还大力鼓励企业引进产业链上下游关键配套项目,形成集群效应。

(二)促进融资租赁业发展的若干政策实施细则

融资租赁作为新型投资、融资方式,是服务实体经济发展,提高生产要素质量和效益的重要推手,是推进供给侧改革的重要手段。沈阳片区高度重视融资租赁企业发展,积极为融资租赁企业的业务开展创造条件:

1. 及时出台政策。为充分发挥自贸试验区先行先试的制度政策优势,促进融资租赁业发展,在市服务业委、金融办支持协助下,及时出台促进融资租赁业发展的若干政策和实施细则,加大对融资租赁企业扶持力度。

2. 着力做好试点申报备案工作。积极组织协助符合条件的融资租赁企业申报内资试点,加强与省市相关部门的沟通协调,取得融资租赁试点和备案,提高融资租赁企业的市场准入效率。

3. 积极搭建平台。结合自贸区"金融岛"建设,组织举办投融资研讨会、融资租赁业研讨会暨项目对接会、融资租赁企业座谈会、银行与融资租赁企业对接会等一系列活动,为融资租赁企业搭建平台,助力发展。

4. 扎实做好企业日常服务工作。在融资租赁企业和行业协会中建立联系机制,定期了解企业发展情况,不定期组织企业开展座谈,对企业经营中遇到的困难,积极协调相关部门予以解决,为企业发展提供有力保障。

(三)促进金融服务业发展的若干政策实施细则

辽宁自贸区沈阳片区的金融政策具有以下优势:

1. 政策门槛低。外省市政策只覆盖省、市级分支机构,而沈阳片区的政策覆盖省(市)、区级分支机构。

2. 手续简便。为了方便企业申报,每项政策申报要件都不超过3种,多数为1种,为企业提供便利化服务。

3. 补贴额度高。例如,高管个税形成本级财力部分100%奖励,外省市一般为50%。

4. 兑现及时。企业的落户奖励、开办费补贴、办公用房补贴、高管个税奖励等企业都可随时申报材料,将委托第三方机构在季度末审核,及时拨付资金。

(四)促进科技创新发展

为加快推进辽宁自贸试验区沈阳片区建设,促进科技创新,提高经济发展质量,辽宁自贸试验区沈阳片区制定了《中国(辽宁)自贸试验区沈阳片区促进科技创新发展的若干政策》,重点培育发展科技型企业、支持科技小巨人和高新技术企业发展、加强科技创新平台建设、支持企业加大研发投入、促进产学研协同创新、建立完善金融服务体系、加快"双创"孵化载体建设、促进军民融合发展、鼓励企业申请知识产权、发展知识产权中介服务,从以上各方面支持推动科技型企业的发展。

三、简化涉税事务流程

沈阳市国税局不断深化"放管服"改革,打造"322"(三办、三单、两平台)办税服务模式,最大程度便民惠企,创优营商环境,全力服务自贸区建设。

下放权力,涉税审批"一站办",在行政审批制度改革上进行突破,将90%的业务审批权,直接调整至办税服务厅,由办税服务厅承担相应的审核职能,最大限度减少审批环节,纳税人可以一个窗口受理并办结业务。

精简流程,九成业务"即时办"。对全部371项涉税业务进行梳理,对其中的限时办结业务进行精简优化。

联手服务,国税地税"一窗办"。通过人员培训、国地税互相授权、应用设备系统进行整合等措施,实现一个窗口、一名操作人员、一套设备可以通办国地税双方业务。

四、海关创新监管制度

沈阳海关以制度创新推动自贸试验区建设发展,累计推出委内加工、"特殊监管区域+飞机维修""以企业为单元加工贸易监管欧盟式改革"等33项自贸实验区监管创新制度。沈阳海关将以综合保税区为核心,拓展优化海关保税监管功效。推进保税展示交易、仓储货物按状态分类监管等制度落地;继续深化“放管服”改革、简化办事程序,坚持打造国际一流营商环境。推广深化“以企业为单元”加工贸易改革,实现顺势监管;推进扩大汇总征税企业范围、属地纳税人管理改革,继续深入支持和促进中德产业园核心区建设、跨境电子商务新兴业态发展及多式联运海关监管中心建设;坚持制度优化,促进服务提质增效。

第三部分　辽宁自贸区大连片区政策法规

自辽宁自贸区大连片区管委会挂牌以来,大连片区在贸易便利化方面,从通关、检验、外汇、退税等多个角度实施了制度创新。从效果来看,通关流程进一步简化,实现“提前申报、无纸化报关、货到自动验放”,80%检验项目实现网络报关报检即审即放,通关成本平均降低10%,国际贸易线下手续时间缩减1/3;形成了“海关归类智能导航”“三互大通关”、保税混矿监管、进境粮食全流程监管、服务贸易在线退税、进出口货物通关“英特尔模式”等全国首创的制度创新经验。

大连片区探索更大改革自主权,积极申办大连自由贸易港;按照辽宁自贸试验区总体方案和大连片区实施方案,落实各项工作任务;落实金融创新方案,打造“小窑湾金融城”;实施“双自联动”战略,支持创新创业创投中心建设。

一、中国(辽宁)自由贸易试验区大连片区管理办法

为了推进和保障中国(辽宁)自由贸易试验区大连片区建设,根据国务院批准的《中国(辽宁)自由贸易试验区总体方案》和有关法律、法规,制定了辽宁自贸区大连片区管理办法。该办法从大连自贸区的管理体制、投资和贸易便利、金融开放创新、老工业基地结构调整、东北亚区域开放合作、发展环境等方面对大连片区的基本制度作出指引和规定,引导辽宁自贸区大连片区建设有序发展。

二、大连金普新区权责清单

大连金浦新区公布权责清单,按照国务院、省、市关于简政放权、放管结合、优化服务协同推进的部署,动态调整各部门权责清单。确定权责事项2635项,权责清单不是对现有行政职权事项的固化,金浦新区管委会审改办将在听取社会各方面意见的基础上实施动态调整机制,进一步推动行政职权事项的承接、取消和调整工作。

三、推进自贸区金融及总部经济核心区建设

大连开发区以建设中国(辽宁)自由贸易试验区大连片区核心区为目标,重点在小窑湾国际商务区发展金融商务、总部经济、现代商贸等现代服务业产业集群,为辽宁自贸试验区和老工业基地振兴提供强有力的支持。

大连片区出台《大连开发区促进小窑湾国际商务区金融业快速发展实施意见》和《大连开发区促进小窑湾国际商务区总部经济发展实施意见》,根据实施意见,开发区将通过设立促进金融业发展专项资金和总部经济发展专项资金,为入区的金融和类金融企业、总部企业设立"落户奖""经营贡献奖""高管人才奖"等,使小窑湾国际商务区成为国内外投资者瞩目的兴业热土。

四、金融创新政策

辽宁自贸区获批后,中国人民银行大连市中心支行、外汇管理局大连市分局结合大连实际,积极申请复制推广成熟自贸区的金融创新政策,共有货物贸易收入、本外币跨境融资、直接投资外汇登记、外债结汇管理、资本项目外汇收入意愿结汇、境内股权投资、跨国公司外汇集中管理、完善投资者权益保障制度八项自贸区金融创新政策在大连落地实施,更好地满足和便利了大连企业的经营与资金运作。

在第一批金融政策落地实施后,中国人民银行大连市中心支行、外汇管理局大连市分局适时发布第二批自贸区金融改革创新政策,这些政策金量高、可操作性强、具有针对性;具体包括:允许区内融资租赁公司在境外开立人民币账户用于跨境人民币融资租赁业务;允许区内符合条件的融资租赁业务收取外币租金;拓展专用账户的服务贸易跨境收付和融资功能;支持银行为自贸区内企业的大宗商品衍生品交易提供结售汇业务;允许具有货物贸易出口背景的境内外汇贷款办理结汇;可通过向境内进行放贷、股权投资等方式将内保外贷项下资金直接或间接调回境内使用;进一步便利跨国公司外汇资金集中运营管理;允许自由贸易试验区内境外机构境内外汇账户结汇。

五、大连片区税务创新服务

大连国税局、地税局推出办税业务自助化、培训辅导点单化、税款缴纳多元化、出口退税无纸化、税银征信互动化、落实国地税办税一窗化、实现个体管理一局化、升级业务预约自主化、推进预先约定明确化、完善风险提示国别化十项创新服务举措,更好地满足纳税人的办税需求,持续优化纳税人的办税体验。

围绕深化国地税合作、大连开发区地税局加速推进“互联网 + 政务服务”、优化服务提质增效三方面，推出“国地税一站服务，国税代征地方税费”“国地税一次采集，涉税信息共享共用”“全面拓展网上办税业务”“开通银联缴税方式”等举措。打造自贸区纳税人专属服务，升级“智慧税务”，创新做好高端服务，并通过推行现代化税收管理方式，全方位优化营商环境、试行“一站式”退税审批服务，试行“主动支付”手续费给付服务，推进“事先裁定”高端税收政策服务，推进“智慧税务”互联网服务全面先行，全面提升办税效率，在全国自贸区建设中打造“大连税务速度”。

六、大连海关监管制度创新

为优化自贸区营商环境，大连海关提出三大方面 25 项具体支持措施，以深化监管制度创新为核心，以落实“三互”推进大通关建设为平台，以强化“互联网 + 海关”信息化应用为抓手，与口岸相关单位和部门携手打造新型口岸监管体系。

大连海关着力深化“三互”，依托国际贸易“单一窗口”建设，拓展与口岸单位合作的深度和广度，形成口岸整体协同效应。积极探索创新海关监管服务具体形式，拓展保税服务功能，支持企业开展保税混矿业务。积极推动大连、营口多式联运海关监管中心建设，促进海铁联运、空路联运、海空联动，提升中欧班列竞争力。

大连海关启动归类尊重先例改革试点，运用大数据技术对试点企业报关单数据进行有效搜集和整理，使其基本涵盖试点企业进出口商品，在此基础上建立归类尊重先例数据库并实现企业自主分类查询。

大连海关推进“互联网 + ”改革，打造“大连海关网上政务大厅”系统，提高海关服务质效引入“互联网 + ”思维，将“报关单修改与撤销”“滞报金减免申请与审核”等 28 项公共服务事项以及相关内部核批事项纳入网上办理。

七、大连自贸区外汇管理政策

为进一步促进自贸试验区跨境贸易投资便利化，全面提升外汇管理服务实体经济的效率和水平，国家外汇管理局大连市分局在大连片区实施《进一步推进中国(辽宁)自由贸易试验区大连片区外汇管理改革试点实施细则》。该细则在深化外汇管理改革、促进跨境贸易投资便利化方面推出了创新政策，并有针对性地增加了金融风险防控的具体措施。其主要包含以下几方面内容：

1. 进一步简化经常项目外汇收支手续。简化经常项目收结汇、购付汇单证审核，银行按照展业三原则自主办理经常项目购付汇、收结汇及划转等手续。放宽货物贸易电子单证审核条件。允许 A 类企业货物贸易收入无须开立待核查账户，可直接进入经常项目结算账户。

2. 支持融资租赁业务发展。允许符合条件的融资租赁公司融资租赁业务收取外币租金。

3. 支持银行外汇市场发展。对于境外机构按照规定能够开展即期结售汇交易的,允许辽宁自贸试验区大连片区内银行为其办理人民币与外汇衍生产品交易。允许注册且营业场所均在试验区内的银行为境外机构办理其境内外汇账户结汇业务。

4. 支持发展总部经济。放宽跨国公司外汇资金集中运营管理业务企业准入。

5. 加强统计监测与分析预警,强化跨境资金流动风险防控。区内银行、企业等应按现行外汇管理规定,及时、准确、完整地向外汇局报送相关数据信息。

八、对知识产权的保护

为了更好地推进辽宁自由贸易试验区大连片区发展,完善知识产权保护体系,优化自贸区法治化、国际化营商环境,发挥仲裁法律制度解决知识产权纠纷的专业、高效、保密独特优势,在辽宁自由贸易试验区大连片区内设立大连知识产权仲裁院。

大连知识产权仲裁院的成立,是以大连仲裁委员会二十二年的公信力为基础,以立足大连、服务东北地区、面向全国为目标,打造国内外具有影响力和公信力的知识产权仲裁平台。大连仲裁院的设立从保护知识产权的角度服务自贸区经济,保障自贸区的有序发展。

第四部分　辽宁自贸区营口片区的政策法规

营口片区挂牌以来,着力解决营口港与自贸区一体化的路径问题,推动中蒙俄经济走廊建设、贯通“辽蒙新”物流大通道、建设海关多式联运监管中心、启动营口港跨境电商海运直邮业务,带动多式联运和中欧班列扩量升级。

营口片区是在营口国家级高新技术产业开发区基础上建设的。2017 年 12 月,营口综合保税区获国务院批复,自贸区、综保区、高新区叠加于同一区域,开放层次更高、优惠政策更多、功能更齐全、手续更简便。

营口实施自贸区与营口港、开发区及各重点工业园区协同发展,着力打造对外开放的“六大体系”,即通道体系、物流体系、贸易体系、双向投资体系、金融体系、人才体系,为服务国家战略,构建对外开放新格局提供重要支撑。

一、包容免罚监管

《自贸区条例》建立起了创新容错机制,减免了创新承受的不当压力,让监管部门更敢于对企业“容错”。在此框架下,营口片区制定了《包容免罚监管及免罚清单实施办法》,全面推行“包容免罚监管”,明确了对一般性生产经营行为和非主观故意、轻微违法行为实行监管容忍,并详列 57 项内容的“免罚违法行为”清单。“包容免罚”监管模式是营口片区监管部门根据行政处罚法的有关规定,结合自贸区政策优势推出的一项首创监管制度。该项制度以“减轻负担、规范发展、宽严相济、重在纠正”为工作目标,实行清单化动态管理,坚持“清单之列不可罚,清单之外无减免”。

“包容免罚”创新监管,既是一项创新举措,同时也是服务企业的具体体现,改变了“重罚款、轻规范”的不良行政执法观念,通过宣传教育引导经营者纠正初次轻微的违法行为,在实现有效监管防控的同时,最大限度减轻企业负担,充分体现自贸区的人性化监管以及与服务相统一的监管理念,对推动自贸区法治环境建设具有积极作用。

二、产业扶持政策

为推动营口片区对外开放,营造优良营商环境,根据《中共中央、国务院关于构建开放型经济新体制的若干意见》和《国务院关于扩大对外开放积极利用外资若干措施的通知》(国发〔2017〕5 号)文件精神,制定《中国(辽宁)自由贸易试验区营口片区产业扶持政策》,从金融租赁、融资担保、金融总部扶持、商业保理、融资租赁、文化旅游等产业入手,对十八种行业给予相应的政策扶持,并对符合自贸区产业发展规划的其他行业企业也给予一定力度的支持。

三、优化建设项目审批机制

在学习借鉴福州、深圳前海等其他自贸区成熟经验的基础上,根据国家现有法律法规,营口自贸区探索建设程序严密、过程透明、结果公开、监督有力的“一站式”的审批机制,建立“一表申请、一口受理、一章审批、一口发照”的审批制度,制定《中国(辽宁)自由贸易试验区营口片区建设项目审批实施方案》。该方案适用于辽宁自贸区营口片区范围内新建、改建、扩建的政府投资建设工程项目和企业投资建设工程项目;该方案着力于为建设项目的审批简化流程,提高效率,为建设单位提供便捷高效的服务。

四、"多证合一"登记制度

营口片区制定《中国(辽宁)自由贸易试验区营口片区"多证合一"登记制度创新实施方案》,"多证合一"登记制度将片区内的39项行政审批事项统一集中到行政审批服务窗口,进行"联办"式的"一表申请、一口受理、一章审批、一口发照"的便捷审批服务。弱化事前审批与强化事中事后监管同步,将工商、食药监、质监、安监、物价、文体新广、知识产权、综合执法八个部门的312项监督管理权整合到一个部门集中行使,实施大综合执法。为片区企业提供高效便捷的商事登记制度。

五、强化事中事后监管

为了实施更加集中有效监管,营口片区出台《营口片区事中事后监管工作方案》和《中国(辽宁)自由贸易试验区营口片区事中事后监管办法》,推行"16+X"集中监管执法模式,原来由16个部门行使的446大项,共1469小项行政职权集中整合到1个部门行使,为营口片区执法体制改革开辟了新路径。

附：辽宁自贸试验区投资相关政策法规（第一部分）

中国（辽宁）自由贸易试验区总体方案

建立中国（辽宁）自由贸易试验区（以下简称自贸试验区）是党中央、国务院作出的重大决策，是新形势下全面深化改革、扩大开放和推动东北地区等老工业基地振兴的重大举措。为全面有效推进自贸试验区建设，制定本方案。

一、总体要求

（一）指导思想。

全面贯彻党的十八大和十八届三中、四中、五中、六中全会精神，深入贯彻习近平总书记系列重要讲话精神和治国理政新理念新思想新战略，认真落实党中央、国务院决策部署，统筹推进"五位一体"总体布局和协调推进"四个全面"战略布局，坚持稳中求进工作总基调，牢固树立和贯彻落实创新、协调、绿色、开放、共享的发展理念，进一步解放思想、先行先试，以开放促改革、促发展，着力完善体制机制，着力推进结构调整，着力鼓励创新创业，着力保障和改善民生，为全面深化改革和扩大开放探索新途径、积累新经验，发挥示范带动、服务全国的积极作用。

（二）战略定位。

以制度创新为核心，以可复制可推广为基本要求，加快市场取向体制机制改革、积极推动结构调整，努力将自贸试验区建设成为提升东北老工业基地发展整体竞争力和对外开放水平的新引擎。

（三）发展目标。

经过三至五年改革探索，形成与国际投资贸易通行规则相衔接的制度创新体系，营造法治化、国际化、便利化的营商环境，巩固提升对人才、资本等要素的吸引力，努力建成高端产业集聚、投资贸易便利、金融服务完善、监管高效便捷、法治环境规范的高水平高标准自由贸易园区，引领东北地区转变经济发展方式、提高经济发展质量和水平。

二、区位布局

(一)实施范围。

自贸试验区的实施范围119.89平方公里,涵盖三个片区:大连片区59.96平方公里(含大连保税区1.25平方公里、大连出口加工区2.95平方公里、大连大窑湾保税港区6.88平方公里),沈阳片区29.97平方公里,营口片区29.96平方公里。

自贸试验区土地开发利用须遵守土地利用、环境保护、城乡规划法律法规,符合土地利用总体规划,并符合节约集约用地的有关要求;涉及海域的,须符合《中华人民共和国海域使用管理法》有关规定和国务院印发的《全国海洋主体功能区规划》、国务院批复的海洋功能区划、辽宁省出台的海洋生态红线制度;涉及无居民海岛的,须符合《中华人民共和国海岛保护法》有关规定。

(二)功能划分。

按区域布局划分,大连片区重点发展港航物流、金融商贸、先进装备制造、高新技术、循环经济、航运服务等产业,推动东北亚国际航运中心、国际物流中心建设进程,形成面向东北亚开放合作的战略高地;沈阳片区重点发展装备制造、汽车及零部件、航空装备等先进制造业和金融、科技、物流等现代服务业,提高国家新型工业化示范城市、东北地区科技创新中心发展水平,建设具有国际竞争力的先进装备制造业基地;营口片区重点发展商贸物流、跨境电商、金融等现代服务业和新一代信息技术、高端装备制造等战略性新兴产业,建设区域性国际物流中心和高端装备制造、高新技术产业基地,构建国际海铁联运大通道的重要枢纽。

按海关监管方式划分,自贸试验区内的海关特殊监管区域重点探索以贸易便利化为主要内容的制度创新,开展保税加工、保税物流、保税服务等业务;非海关特殊监管区域重点探索投资体制改革,推进制造业转型、金融创新和服务业开放。

三、主要任务和措施

(一)切实转变政府职能。

1. 深化行政管理体制改革。深入推进简政放权、放管结合、优化服务改革。辽宁省能够下放的经济社会管理权限,全部下放给自贸试验区。建立权责清单制度、行政审批管理目录制度。深化商事制度改革。推进政府管理由注重事前审批向注重事中事后监管转变,构建事前诚信承诺、事中评估分类、事后联动奖惩的全链条信用监管体系。完善信息网络平台,建立企业信用信息采集共享机制,实现跨部门协同管理。实施“多规合一”改革。配合商务部开展经营者集中反垄断审查。

2. 打造更加公平便利的营商环境。开展知识产权综合管理改革试点。紧扣创新发展需求,发挥专利、商标、版权等知识产权的引领作用,打通知识产权创造、运用、保护、管理、服务全链条,建立高效的知识产权综合管理体制,构建便民利民的知识产权公共服务体系,探索支撑创新发展的知识产权运行机制,推动形成权界清晰、分工合理、责权一致、运转高效、法治保障的体制机制。搭建便利化的知识产权公共服务平台,设立知识产权服务工作站,大力发展知识产权专业服务业。探索建立自贸试验区跨部门知识产权执法协作机制,完善纠纷调解、援助、仲裁工作机制。探索建立自贸试验区重点产业专利导航制度和重点产业快速协同保护机制。

推动税收服务创新,包括一窗国地办税、一厅自助办理、培训辅导点单、缴纳方式多元、业务自主预约、税银信息互动、税收遵从合作、创新网上服务等举措。推进产业预警、信息公开、公平竞争、权益保障制度创新。建立健全国际仲裁、商事调解机制。

(二)深化投资领域改革。

3. 提升利用外资水平。对外商投资实行准入前国民待遇加负面清单管理制度,着力构建与负面清单管理方式相适应的事中事后监管制度。外商投资准入特别管理措施(负面清单)之外领域的外商投资项目(国务院规定对国内投资项目保留核准的除外)和外商投资企业设立及变更实行备案制,由自贸试验区负责办理。进一步减少或取消外商投资准入限制,提高开放度和透明度,做好对外开放的压力测试和风险测试。积极有效引进境外资金、先进技术和高端人才,提升利用外资综合质量。外商在自贸试验区内投资适用《自由贸易试验区外商投资准入特别管理措施(负面清单)》和《自由贸易试验区外商投资国家安全审查试行办法》。探索强化外商投资实际控制人管理,建立外商投资信息报告制度和外商投资信息公示平台,充分发挥国家企业信用信息公示系统作用,提升外商投资全周期监管的科学性、规范性和透明度。完善投资者权益保障机制,允许符合条件的境外投资者自由转移其投资收益。

4. 构筑对外投资服务促进体系。实行以备案制为主的境外投资管理方式。鼓励企业开展多种形式的对外投资合作。发挥优惠贷款作用,支持自贸试验区内企业参与大型成套设备出口、工程承包和大型投资项目。支持"走出去"企业以境外资产和股权、矿权等权益为抵押获得贷款,提高企业融资能力。完善"走出去"政策促进、服务保障和风险防控体系,扩大企业对外投资。

(三)推进贸易转型升级。

5. 实施贸易便利化措施。依托电子口岸公共平台,完善国际贸易"单一窗口”的货物进出口和运输工具进出境的应用功能,实现贸易许可、资质登记等平台作用,将涉及贸易监管的部门逐步纳入“单一窗口”管理平台,进一步优化口岸监管执法流程和通关流程。将出口退税申报功能纳入“单一窗口”建设项目。推进自贸试验区内各区域之间通关一体化。大力发展转口贸易,放宽海运货物直接运输判定标准。优化沿海捎带业务监管模式,提高中资非五星旗船沿海捎带业务通关效率。在执行现行税收政策的前提下,提升超大超限货物的通关、运输、口岸服务等综合能力。鼓励企业参与“自主报税、自助通关、自动审放、重点稽核”等监管制度创新试点。加快形成贸易便利化创新举措的标准化制度规范,覆盖到所有符合条件的企业。

自贸试验区内的海关特殊监管区域实施“一线放开”、“二线安全高效管住”的通关监管服务模式。在确保有效监管前提下,在海关特殊监管区域探索建立货物状态分类监管模式。在严格执行货物进出口税收政策的前提下,允许在海关特殊监管区域内设立保税展示交易平台。试点开展境内外高技术、高附加值、风险可控的维修业务。对注册在自贸试验区海关特殊监管区域内的融资租赁企业进出口飞机、船舶和海洋工程结构物等大型设备涉及跨关区的,在确保有效监管和执行现行相关税收政策的前提下,按物流实际需要,实行海关异地委托监管。

6. 完善国际贸易服务体系。建立离岸贸易制度,发展离岸贸易。培育跨国企业设立面对国内外两个市场的结算中心和区域性总部,建立整合物流、贸易等功能的营运中心。依托大连商品交易所,支持拓展新的交易品种,促进发展大宗商品国际贸易。探索建立与国际大宗商品交易相适应的外汇管理和海关监管制度。鼓励国内期货交易所在自贸试验区海关特殊监管区域内开展期货保税交易、仓单质押融资等业务。在总结期货保税交割试点经验基础上,扩大期货保税交割试点的品种。推动自贸试验区内符合条件的原油加工企业申请原油进口及使用资质。鼓励自贸试验区内企业统筹开展国际国内贸易,形成内外贸一体化发展促进机制。推进对外文化贸易基地建设,深化艺术品交易市场功能拓展。推动检测维修、生物医药、软件信息、管理咨询、数据服务、文化创意等服务外包业务发展。依托中国(大连)跨境电子商务综合试验区,加快推进跨境贸易电子商务配套平台建设。按照公平竞争原则,完善海关监管、检验检疫、退税、物流等国际贸易支撑系统。鼓励设立第三方检验鉴定机构,积极推进采信第三方检验鉴定结果。

(四)深化金融领域开放创新。

7. 推动跨境人民币业务创新发展。探索建立与自贸试验区相适应的本外币账户管理体系,促进跨境贸易、投融资结算便利化。允许自贸试验区内企业的境外母公司或子公司按照有关规定在境内发行人民币债券。允许外资股权投资管理机构、外资创业投资管理机构在自贸试验区发起管理人民币股权投资和创业投资基金。允许自贸试验区内租赁公司在境外开立人民币账户用于跨境人民币租赁业务。扩大人民币跨境使用,自贸试验区内银行可按有关规定发放境外项目人民币贷款。开展跨国企业集团跨境双向人民币资金池业务。

8. 深化外汇管理体制改革。进一步简化经常项目外汇收支手续,在真实、合法交易基础上,自贸试验区内货物贸易外汇管理分类等级为A类企业的外汇收入无需开立待核查账户。银行按照“了解客户、了解业务、尽职审查”的展业三原则办理经常项目收结汇、购付汇手续。进一步简化资金池管理,允许经银行审核真实、合法的电子单证办理经常项目集中收付汇、轧差净额结算业务。支持商业保理业务发展,探索适合商业保理发展的外汇管理模式。允许自贸试验区内符合条件的融资租赁业务收取外币租金。支持发展总部经济。放宽跨国公司外汇资金集中运营管理准入条件。

9. 增强金融服务功能。进一步推进内资融资租赁企业试点,注册在自贸试验区内的内资融资租赁试点企业由自贸试验区所在省级商务主管部门和同级国家税务局审核;加强事中事后监管,探索建立融资租赁企业设立和变更的备案制度、违反行业管理规定的处罚制度、失信和经营异常企业公示制度、属地监管部门对企业定期抽查检查制度。支持自贸试验区内符合互认条件的基金产品参与内地与香港基金产品互认。取消对自贸试验区内保险支公司高管人员任职资格的事前审批,由自贸试验区所在省级保监机构实施备案管理。逐步允许境外企业参与商品期货交易。结合自贸试验区产业基础和产业发展方向,围绕新型工业化方向和产业转型升级需求,创新金融产品和金融服务。进一步提升金融服务实体经济的能力,逐步完善适合东北老工业基地振兴发展的新型金融支撑体系。

10. 建立健全金融风险防控体系。落实风险为本的原则,探索建立跨境资金流动风险监管机制,强化开展反洗钱、反恐怖融资、反逃税工作,防止非法资金跨境、跨区流动。建立适应金融改革创新举措的事中事后监管体系。

(五)加快老工业基地结构调整。

11. 深化国资国企改革。完善国有企业治理模式和经营机制,实施分类监管和改革,探索健全以管资本为主的国有资产监管体系。稳妥推进自贸试验区内企业混合所有制改革,探索各种所有制资本优势互补、相互促进的体制机制。建立健全产权清晰、权责明确、政企分开、管理科学的现代企业制度。推进经营性国有资产集中统一监管,优化国有资本配置,放大国有资本功能,大力推进国有资产资本化。简化地方国有创投企业股权投资退出程序,地方国有创投企业使用国有资产评估报告实行事后备案。

12. 促进产业转型升级。完善有利于推动产业集群发展的体制机制,鼓励智能装备、海洋工程装备、航空制造、汽车(重点是新能源汽车)、新材料、高技术船舶、电子信息、生物医药和高端医疗器械、商贸及快递等现代物流、海水利用等产业向自贸试验区集聚。加快工业化与信息化深度融合,培育发展大数据、云计算、工业互联网等新一代信息技术产业,构建先进装备制造业、战略性新兴产业和现代服务业融合发展的产业布局。利用地方政府投资设立的产业(创业)投资引导基金,支持新兴特色产业集群式发展。鼓励自贸试验区内企业通过跨区域兼并重组推动产业整合。加快中德(沈阳)高端装备制造产业园、大连国家生态工业示范园区与自贸试验区协同发展,打造国际产业投资贸易合作平台。

13. 发展生产性服务业。鼓励自贸试验区内企业开展系统集成、设备租赁、提供解决方案、再制造、检验检测、远程咨询等增值服务。推进专业技术研发、工业设计等集成创新载体及工程研究中心、科研实验室、企业技术中心建设。搭建科技成果推广、科技管理咨询、市场营销等公共服务平台。支持设立符合规定的加工贸易产品内销平台和加工贸易采购、分拨中心。鼓励金融机构、装备制造企业集团在自贸试验区内设立租赁公司或专营租赁业务的子公司,重点开展飞机、船舶、海洋工程结构物、轨道交通车辆、农用机械、高端医疗设备、大型成套设备等融资租赁服务。

14. 构筑科技创新和人才高地。推动科研机构、高校、企业协同创新。按市场化方式,加强与国家科技成果转化引导基金、战略性新兴产业创业投资引导基金、国家中小企业发展基金的对接,设立一批专业化创业投资子基金。依托现有交易场所开展科技成果转化交易。引进境外优质教育资源,推动教育国际化。探索适应企业国际化发展需要的创新人才服务体系和国际人才流动制度。完善创新人才集聚和培育机制,推进人才、项目、资金深度融合。加大对海外人才服务力度,提高境内外人员出入境、外籍人员签证和居留、就业许可、驾照申领等事项办理的便利化水平。

15. 推进东北一体化协同发展。增强自贸试验区口岸服务辐射功能,完善海关通关一体化改革,开展货物通关、贸易统计、“经认证的经营者”互认、检验检测认证等方面合作,逐步实现信息互换、监管互认、执法互助。优化内陆无水港和物流网络布局,加速实现自贸试验区与东北其他地区口岸间互通互联,推进东北地区在研发设计、生产销售、物流配送、人才交流、教育培训等方面的协同配合。

(六)加强东北亚区域开放合作。

16. 推进与东北亚全方位经济合作。充分发挥辽宁作为全国重要的老工业基地和欧亚大陆桥东部重要节点的区位、交通、产业及人文等综合优势,推进国家自主创新示范区、全面创新改革试验区、大连金普新区、国家级经济技术开发区、国家级高新技术产业开发区与自贸试验区的互动发展。加快融入“一带一路”建设,不断扩大和丰富东北亚区域合作内涵,全面融入中蒙俄经济走廊建设,巩固对日、对韩合作,加速利用国际国内两个市场、两种资源,进一步扩大东北亚国际合作,在更大范围、更宽领域参与国际竞争。

17. 加快构建双向投资促进合作新机制。推进自贸试验区与“一带一路”沿线国家及日、韩、朝等国的国际产能和装备制造合作,完善国际产能合作金融支持体系,促进由装备产品输出为主向技术输出、资本输出、产品输出、服务输出和标准输出并举转变,加大优势产业“走出去”拓展国际市场的步伐。充分利用自贸试验区国际化贸易规则,提升优势产品在“一带一路”沿线国家及日、韩、朝等国的市场占有率。引导优势企业开展境外工程承包,投资建设境外园区。推动日、韩、俄等国先进制造业、战略性新兴产业、现代服务业等产业在自贸试验区内集聚发展。探索与东北亚各国在文化、教育、体育、卫生、娱乐等专业服务领域开展投资合作。

18. 构建连接亚欧的海陆空大通道。依托自贸试验区加快大连东北亚国际航运中心建设进程,推进营口港海铁联运和沈阳跨境铁路通道建设。加快沈阳内陆无水港建设步伐,支持海关多式联运监管中心建设,构建沈阳—营口陆海联运系统。支持自贸试验区与“一带一路”沿线国家开展海关、检验检疫、认证认可、标准计量等方面的合作与交流,探索与“一带一路”沿线国家开展贸易供应链安全与便利合作。

19. 建设现代物流体系和国际航运中心。打造面向东北亚的现代物流体系和具有国际竞争力的港航发展制度与运作模式。深化自贸试验区多港区联动机制,推进海陆空邮联动发展。建立航空物流枢纽中心,促进港航要素集聚,增强空港服务功能。加快东北亚区域性邮轮港口和国际客轮中心建设。加强邮政和快递集散中心建设,依托日韩海运和中欧班列(辽宁)海铁联运运输邮件、快件,建设有影响力的国际邮件互换局。在交通运输领域,完善快件处理设施和绿色通道。将外资经营国际船舶管理业务的许可权限下放给辽宁省。建设保税航油站和保税油供应基地。支持开展船员管理改革试点工作,在船员培训方面按规定给予政策支持。推动与旅游相关的邮轮、游艇等旅游运输工具出行的便利化。

四、保障机制

(一)强化法制保障。

自贸试验区需要暂时调整实施有关行政法规、国务院文件和经国务院批准的部门规章的部分规定的,按规定程序办理。各有关部门要支持自贸试验区在各领域深化改革开放试点、加大压力测试,辽宁省要通过地方立法,建立与试点要求相适应的自贸试验区管理制度。

(二)完善配套税收政策。

落实现有相关税收政策,充分发挥现有政策的支持促进作用。中国(上海)自由贸易试验区、中国(广东)自由贸易试验区、中国(天津)自由贸易试验区和中国(福建)自由贸易试验区已经试点的税收政策原则上可在自贸试验区进行试点,其中促进贸易的选择性征收关税、其他相关进出口税收等政策在自贸试验区内的海关特殊监管区域进行试点。自贸试验区内的海关特殊监管区域范围和税收政策适用范围维持不变。此外,在符合税制改革方向和国际惯例,以及不导致利润转移和税基侵蚀的前提下,积极研究完善境外所得税收抵免的税收政策。

(三)加强组织实施。

按照党中央、国务院统一部署,在国务院自由贸易试验区工作部际联席会议统筹协调下,由辽宁省完善试点任务组织实施保障机制,按照总体筹划、分步实施、率先突破、逐步完善的原则加快实施。各有关部门要大力支持,及时制定实施细则或办法,加强指导和服务,共同推进相关体制机制创新,把自贸试验区建设好、管理好。在实施过程中,要创新思路、寻找规律、解决问题、积累经验;要充分发挥地方和部门的积极性,因地制宜、突出特色,做好对比试验和互补试验;要抓好改革措施的落实,重大事项要及时向国务院请示报告。

(四)总结推广可复制的试点经验。

自贸试验区要及时总结改革创新经验和成果。国务院自由贸易试验区工作部际联席会议办公室要会同辽宁省人民政府及有关部门,及时总结评估自贸试验区改革开放创新试点任务实施效果,加强各领域试点经验系统集成,并委托第三方机构进行独立评估。对试点效果好、风险可控且可复制可推广的成果,实施分类审查程序后复制推广至全国其他地区。

国务院关于在自由贸易试验区暂时调整有关行政法规、国务院文件和经国务院批准的部门规章规定的决定

（2017 年 12 月 25 日　国发〔2017〕57 号）

各省、自治区、直辖市人民政府，国务院各部委、各直属机构：

为保障自由贸易试验区有关改革开放措施依法顺利实施，国务院决定，在自由贸易试验区暂时调整《中华人民共和国船舶登记条例》等 11 部行政法规，《国务院办公厅转发国家计委关于城市轨道交通设备国产化实施意见的通知》、《国务院办公厅关于加强城市快速轨道交通建设管理的通知》2 件国务院文件以及《外商投资产业指导目录（2017 年修订）》、《外商投资民用航空业规定》2 件经国务院批准的部门规章的有关规定（目录附后）。

国务院有关部门和上海市、广东省、天津市、福建省、辽宁省、浙江省、河南省、湖北省、重庆市、四川省、陕西省人民政府要根据有关行政法规、国务院文件和经国务院批准的部门规章的调整情况，及时对本部门、本省市制定的规章和规范性文件作相应调整，建立与试点要求相适应的管理制度。

根据自由贸易试验区改革开放措施的试验情况，本决定内容适时进行调整。

附件：国务院决定在自由贸易试验区暂时调整有关行政法规、国务院文件和经国务院批准的部门规章规定目录

附件

国务院决定在自由贸易试验区暂时调整有关行政法规、国务院文件和经国务院批准的部门规章规定目录

序号	有关行政法规、国务院文件和经国务院批准的部门规章规定	调整情况
1	**1.《中华人民共和国船舶登记条例》** 第二条第一款:下列船舶应当依照本条例规定进行登记: (一)在中华人民共和国境内有住所或者主要营业所的中国公民的船舶。 (二)依据中华人民共和国法律设立的主要营业所在中华人民共和国境内的企业法人的船舶。但是,在该法人的注册资本中有外商出资的,中方投资人的出资额不得低于50%。 (三)中华人民共和国政府公务船舶和事业法人的船舶。 (四)中华人民共和国港务监督机构认为应当登记的其他船舶。 **2.《中华人民共和国船舶和海上设施检验条例》** 第十三条:下列中国籍船舶,必须向中国船级社申请入级检验: (一)从事国际航行的船舶; (二)在海上航行的乘客定额100人以上的客船; (三)载重量1000吨以上的油船; (四)滚装船、液化气体运输船和散装化学品运输船; (五)船舶所有人或者经营人要求入级的其他船舶。	暂时停止实施相关内容,加快国际船舶登记制度创新,基于对等原则逐步放开船级准入,由国务院交通运输主管部门制定相关管理办法
2	**《印刷业管理条例》** 第十四条:国家允许设立中外合资经营印刷企业、中外合作经营印刷企业,允许设立从事包装装潢印刷品印刷经营活动的外资企业。具体办法由国务院出版行政部门会同国务院对外经济贸易主管部门制定。	暂时停止实施相关内容,允许设立从事其他印刷品印刷经营活动的外资企业,由国务院新闻出版主管部门制定相关管理办法
3	**《外商投资民用航空业规定》** 第四条第一款:外商投资方式包括: (一)合资、合作经营(简称"合营"); (二)购买民航企业的股份,包括民航企业在境外发行的股票以及在境内发行的上市外资股; (三)其他经批准的投资方式。 第六条第四款:外商投资飞机维修(有承揽国际维修市场业务的义务)和航空油料项目,由中方控股;货运	暂时停止实施相关内容,允许外商以独资形式投资设立航空运输销售代理企业和航空货运仓储、地面服务、航空食品、停车场项目;放宽外商投资通用飞机维修由中方控股的限制;取消外商投资飞机维修承揽国际维修市场业务

续表

序号	有关行政法规、国务院文件和经国务院批准的部门规章规定	调整情况
	仓储、地面服务、航空食品、停车场等项目,外商投资比例由中外双方商定。	的义务要求。由国务院民用航空主管部门制定相关管理办法
4	**《中华人民共和国认证认可条例》** 第十一条第一款:外商投资企业取得认证机构资质,除应当符合本条例第十条规定的条件外,还应当符合下列条件: (一)外方投资者取得其所在国家或者地区认可机构的认可; (二)外方投资者具有3年以上从事认证活动的业务经历。	暂时停止实施外商投资企业取得认证机构资质的特殊要求,由国务院质量监督检验检疫主管部门制定相关管理办法
5	**《娱乐场所管理条例》** 第六条:外国投资者可以与中国投资者依法设立中外合资经营、中外合作经营的娱乐场所,不得设立外商独资经营的娱乐场所。	暂时停止实施相关内容,允许设立外商独资经营的娱乐场所,在自由贸易试验区内提供服务,由国务院文化主管部门制定相关管理办法
6	**《中华人民共和国中外合作办学条例》** 第六十条:在工商行政管理部门登记注册的经营性的中外合作举办的培训机构的管理办法,由国务院另行规定。	暂时停止实施相关内容,由国务院教育主管部门会同有关部门就经营性的中外合作举办的培训机构制定相关管理办法
7	**《旅行社条例》** 第二十三条:外商投资旅行社不得经营中国内地居民出国旅游业务以及赴香港特别行政区、澳门特别行政区和台湾地区旅游的业务,但是国务院决定或者我国签署的自由贸易协定和内地与香港、澳门关于建立更紧密经贸关系的安排另有规定的除外。	暂时停止实施相关内容,允许在自由贸易试验区内注册的符合条件的中外合资旅行社经营中国内地居民出境旅游业务(台湾地区除外),由国务院旅游主管部门制定相关管理办法
8	**《直销管理条例》** 第七条:申请成为直销企业,应当具备下列条件: (一)投资者具有良好的商业信誉,在提出申请前连续5年没有重大违法经营记录;外国投资者还应当有3年以上在中国境外从事直销活动的经验; (二)实缴注册资本不低于人民币8000万元; (三)依照本条例规定在指定银行足额缴纳了保证金; (四)依照规定建立了信息报备和披露制度。	暂时停止实施外国投资者应当有3年以上在中国境外从事直销活动的经验的要求,由国务院商务主管部门制定相关管理办法

续表

序号	有关行政法规、国务院文件和经国务院批准的部门规章规定	调整情况
9	**《外商投资产业指导目录(2017 年修订)》** 限制外商投资产业目录 24. 加油站(同一外国投资者设立超过 30 家分店、销售来自多个供应商的不同种类和品牌成品油的连锁加油站,由中方控股)建设、经营	暂时停止实施相关内容,允许外商以独资形式从事加油站建设、经营,由国务院商务主管部门制定相关管理办法
10	**1.《中华人民共和国国际海运条例》** 第二十八条:经国务院交通主管部门批准,外商可以依照有关法律、行政法规以及国家其他有关规定,投资设立中外合资经营企业或者中外合作经营企业,经营国际船舶运输、国际船舶代理、国际船舶管理、国际海运货物装卸、国际海运货物仓储、国际海运集装箱站和堆场业务;并可以投资设立外资企业经营国际海运货物仓储业务。 经营国际船舶运输、国际船舶代理业务的中外合资经营企业,企业中外商的出资比例不得超过 49%。 经营国际船舶运输、国际船舶代理业务的中外合作经营企业,企业中外商的投资比例比照适用前款规定。 中外合资国际船舶运输企业和中外合作国际船舶运输企业的董事会主席和总经理,由中外合资、合作双方协商后由中方指定。 **2.《外商投资产业指导目录(2017 年修订)》** 限制外商投资产业目录 17. 国内水上运输公司(中方控股),国际海上运输公司(限于合资、合作) 23. 船舶代理(中方控股)	暂时停止实施相关内容,允许设立外商独资国际船舶运输、国际船舶管理、国际海运货物装卸、国际海运集装箱站和堆场企业,允许外商以合资、合作形式从事国际船舶代理业务,外方持股比例放宽至 51%
11	**《外商投资产业指导目录(2017 年修订)》** 限制外商投资产业目录 22. 稻谷、小麦、玉米收购、批发	暂时停止实施相关内容,取消外商从事稻谷、小麦、玉米收购、批发的限制
12	**《外商投资产业指导目录(2017 年修订)》** 限制外商投资产业目录 9. 干线、支线飞机设计、制造与维修,3 吨级及以上直升机设计与制造,地面、水面效应航行器制造及无人机、浮空器设计与制造(中方控股) 10. 通用飞机设计、制造与维修(限于合资、合作)	暂时停止实施相关内容,允许外商以独资形式从事 6 吨级 9 座以下通用飞机设计、制造与维修业务;取消 3 吨级及以上民用直升机设计与制造的投资比例限制

续表

序号	有关行政法规、国务院文件和经国务院批准的部门规章规定	调整情况
13	**1.《国务院办公厅转发国家计委关于城市轨道交通设备国产化实施意见的通知》(国办发〔1999〕20号)** 第三部分的有关规定:城市轨道交通项目,无论使用何种建设资金,其全部轨道车辆和机电设备的平均国产化率要确保不低于70%。 **2.《国务院办公厅关于加强城市快速轨道交通建设管理的通知》(国办发〔2003〕81号)** 第六部分的有关规定:要不断提高城轨交通项目设备的国产化比例,对国产化率达不到70%的项目不予审批。	暂时停止实施相关内容,取消外商投资城市轨道交通项目设备国产化比例须达到70%以上的限制
14	**《外商投资产业指导目录(2017年修订)》** 禁止外商投资产业目录 26.互联网新闻信息服务、网络出版服务、网络视听节目服务、互联网上网服务营业场所、互联网文化经营(音乐除外)、互联网公众发布信息服务	暂时停止实施相关内容,允许外商投资互联网上网服务营业场所
15	**《中华人民共和国外资银行管理条例》** 第三十四条第一款:外资银行营业性机构经营本条例第二十九条或者第三十一条规定业务范围内的人民币业务的,应当具备下列条件,并经国务院银行业监督管理机构批准: (一)提出申请前在中华人民共和国境内开业1年以上; (二)国务院银行业监督管理机构规定的其他审慎性条件。	暂时停止实施相关内容,取消对外资银行营业性机构经营人民币业务的开业年限限制
16	**1.《营业性演出管理条例》** 第十条第一款、第二款:外国投资者可以与中国投资者依法设立中外合资经营、中外合作经营的演出经纪机构、演出场所经营单位;不得设立中外合资经营、中外合作经营、外资经营的文艺表演团体,不得设立外资经营的演出经纪机构、演出场所经营单位。 设立中外合资经营的演出经纪机构、演出场所经营单位,中国合营者的投资比例应当不低于51%;设立中外合作经营的演出经纪机构、演出场所经营单位,中国合作者应当拥有经营主导权。 第十一条第二款:台湾地区的投资者可以在内地投资设立合资、合作经营的演出经纪机构、演出场所经营单位,但内地合营者的投资比例应当不低于51%,内地合作者应当拥有经营主导权;不得设立合资、合作、独资经营的文艺表演团体和独资经营的演出经纪机构、演出场所经营单位。	暂时停止实施相关内容,允许外国投资者、台湾地区的投资者设立独资演出经纪机构为设有自由贸易试验区的省、直辖市提供服务,由国务院文化主管部门制定相关管理办法

续表

序号	有关行政法规、国务院文件和经国务院批准的部门规章规定	调整情况
	2.《外商投资产业指导目录(2017 年修订)》 限制外商投资产业目录 35. 演出经纪机构(中方控股)	

注:第 1 项至第 9 项此前已经在上海、广东、天津、福建自由贸易试验区作了暂时调整,此次暂时调整适用于其他自由贸易试验区。第 10 项至第 16 项适用于所有自由贸易试验区。

自由贸易试验区外商投资准入特别管理措施（负面清单）（2018 年版）

说　　明

一、《自由贸易试验区外商投资准入特别管理措施（负面清单）》（以下简称《自贸试验区负面清单》）统一列出股权要求、高管要求等外商投资准入方面的特别管理措施，适用于自由贸易试验区。《自贸试验区负面清单》之外的领域，按照内外资一致原则实施管理。

二、《自贸试验区负面清单》对部分领域列出了取消或放宽准入限制的过渡期，过渡期满后将按时取消或放宽其准入限制。

三、境外投资者不得作为个体工商户、个人独资企业投资人、农民专业合作社成员，从事投资经营活动。

四、境外投资者不得投资《自贸试验区负面清单》中禁止外商投资的领域；投资《自贸试验区负面清单》之内的非禁止投资领域，须进行外资准入许可；投资有股比要求的领域，不得设立外商投资合伙企业。

五、境内公司、企业或自然人以其在境外合法设立或控制的公司并购与其有关联关系的境内公司，涉及外商投资项目和企业设立及变更事项的，按照现行规定办理。

六、《自贸试验区负面清单》中未列出的文化、金融等领域与行政审批、资质条件、国家安全等相关措施，按照现行规定执行。

七、《内地与香港关于建立更紧密经贸关系的安排》及其后续协议、《内地与澳门关于建立更紧密经贸关系的安排》及其后续协议、《海峡两岸经济合作框架协议》及其后续协议、我国与有关国家签订的自由贸易区协议和投资协定、我国参加的国际条约对符合条件的投资者有更优惠开放措施的，按照相关协议或协定的规定执行。

八、《自贸试验区负面清单》由发展改革委、商务部会同有关部门负责解释。

自由贸易试验区外商投资准入特别管理措施
(负面清单)(2018年版)

序号	领域	特别管理措施
一、农、林、牧、渔业		
(一)	种业	1. 小麦、玉米新品种选育和种子生产的中方股比不低于34%。 2. 禁止投资中国稀有和特有的珍贵优良品种的研发、养殖、种植以及相关繁殖材料的生产(包括种植业、畜牧业、水产业的优良基因)。 3. 禁止投资农作物、种畜禽、水产苗种转基因品种选育及其转基因种子(苗)生产。
(二)	渔业	4. 禁止投资中国管辖海域及内陆水域水产品捕捞。
二、采矿业		
(三)	有色金属矿和非金属矿采选及开采辅助活动	5. 禁止投资钨、钼、锡、锑、萤石勘查、开采。 6. 禁止投资稀土勘查、开采及选矿。(未经允许,禁止进入稀土矿区或取得矿山地质资料、矿石样品及生产工艺技术。) 7. 禁止投资放射性矿产勘查、开采及选矿。
三、制造业		
(四)	印刷业	8. 出版物印刷须由中方控股。
(五)	中药饮片加工及中成药生产	9. 禁止投资中药饮片的蒸、炒、炙、煅等炮制技术的应用及中成药保密处方产品的生产。
(六)	汽车制造业	10. 除专用车、新能源汽车外,汽车整车制造的中方股比不低于50%,同一家外商可在国内建立两家及两家以下生产同类整车产品的合资企业。(2020年取消商用车制造外资股比限制。2022年取消乘用车制造外资股比限制以及同一家外商可在国内建立两家及两家以下生产同类整车产品的合资企业的限制。)
(七)	通信设备制造	11. 卫星电视广播地面接收设施及关键件生产。
(八)	其他制造业	12. 禁止投资宣纸、墨锭生产。
四、电力、热力、燃气及水生产和供应业		
(九)	核力发电	13. 核电站的建设、经营须由中方控股。
(十)	管网设施	14. 城市人口50万以上的城市燃气、热力和供排水管网的建设、经营须由中方控股。

续表

序号	领域	特别管理措施
五、批发和零售业		
(十一)	烟草制品	15. 禁止投资烟叶、卷烟、复烤烟叶及其他烟草制品的批发、零售。
六、交通运输、仓储和邮政业		
(十二)	水上运输业	16. 国内水上运输公司须由中方控股。(且不得经营或租用中国籍船舶或者舱位等方式变相经营国内水路运输业务及其辅助业务;水路运输经营者不得使用外国籍船舶经营国内水路运输业务,但经中国政府批准,在国内没有能够满足所申请运输要求的中国籍船舶,并且船舶停靠的港口或者水域为对外开放的港口或者水域的情况下,水路运输经营者可以在中国政府规定的期限或者航次内,临时使用外国籍船舶经营中国港口之间的海上运输和拖航。) 17. 国内船舶代理公司须由中方控股。
(十三)	航空客货运输	18. 公共航空运输公司须由中方控股,且一家外商及其关联企业投资比例不得超过25%,法定代表人须由中国籍公民担任。(只有中国公共航空运输企业才能经营国内航空服务,并作为中国指定承运人提供定期和不定期国际航空服务。)
(十四)	通用航空服务	19. 通用航空公司的法定代表人须由中国籍公民担任,其中农、林、渔业通用航空公司限于合资,其他通用航空公司限于中方控股。
(十五)	机场和空中交通管理	20. 民用机场的建设、经营须由中方相对控股。 21. 禁止投资空中交通管制。
(十六)	邮政业	22. 禁止投资邮政公司(和经营邮政服务)、信件的国内快递业务。
七、信息传输、软件和信息技术服务业		
(十七)	电信	23. 电信公司:限于中国入世承诺开放的电信业务,增值电信业务的外资股比不超过50%(电子商务除外),基础电信业务须由中方控股(且经营者须为依法设立的专门从事基础电信业务的公司)。上海自贸试验区原有区域〔28.8平方公里〕试点政策推广至所有自贸试验区执行。
(十八)	互联网和相关服务	24. 禁止投资互联网新闻信息服务、网络出版服务、网络视听节目服务、互联网文化经营(音乐除外)、互联网公众发布信息服务(上述服务中,中国入世承诺中已开放的内容除外)。

续表

序号	领域	特别管理措施
八、金融业		
(十九)	资本市场服务	25. 证券公司的外资股比不超过51%,证券投资基金管理公司的外资股比不超过51%。(2021年取消外资股比限制) 26. 期货公司的外资股比不超过51%。(2021年取消外资股比限制)
(二十)	保险业	27. 寿险公司的外资股比不超过51%。(2021年取消外资股比限制)
九、租赁和商务服务业		
(二十一)	法律服务	28. 禁止投资中国法律事务(提供有关中国法律环境影响的信息除外),不得成为国内律师事务所合伙人。(外国律师事务所只能以代表机构的方式进入中国,且不得聘用中国执业律师,聘用的辅助人员不得为当事人提供法律服务;如在华设立代表机构、派驻代表,须经中国司法行政部门许可。)
(二十二)	咨询与调查	29. 市场调查限于合资、合作,其中广播电视收听、收视调查须由中方控股。 30. 禁止投资社会调查。
十、科学研究和技术服务业		
(二十三)	研究和试验发展	31. 禁止投资人体干细胞、基因诊断与治疗技术开发和应用。 32. 禁止投资人文社会科学研究机构。
(二十四)	专业技术服务业	33. 禁止投资大地测量、海洋测绘、测绘航空摄影、地面移动测量、行政区域界线测绘,地形图、世界政区地图、全国政区地图、省级及以下政区地图、全国性教学地图、地方性教学地图、真三维地图和导航电子地图编制,区域性的地质填图、矿产地质、地球物理、地球化学、水文地质、环境地质、地质灾害、遥感地质等调查。
十一、水利、环境和公共设施管理业		
(二十五)	野生动植物保护	34. 禁止投资国家保护的原产于中国的野生动植物资源开发。
十二、教育		
(二十六)	教育	35. 学前、普通高中和高等教育机构限于中外合作办学,须由中方主导(校长或者主要行政负责人应当具有

续表

序号	领域	特别管理措施
(二十六)	教育	中国国籍(且在中国境内定居),理事会、董事会或者联合管理委员会的中方组成人员不得少于1/2)。(外国教育机构、其他组织或者个人不得单独设立以中国公民为主要招生对象的学校及其他教育机构(不包括非学制类职业技能培训),但是外国教育机构可以同中国教育机构合作举办以中国公民为主要招生对象的教育机构。) 36. 禁止投资义务教育机构、宗教教育机构。
十三、卫生和社会工作		
(二十七)	卫生	37. 医疗机构限于合资、合作。
十四、文化、体育和娱乐业		
(二十八)	新闻出版	38. 禁止投资新闻机构(包括但不限于通讯社)。(外国新闻机构在中国境内设立常驻新闻机构、向中国派遣常驻记者,须经中国政府批准。外国通讯社在中国境内提供新闻的服务业务须由中国政府审批。中外新闻机构业务合作,须中方主导,且须经中国政府批准。) 39. 禁止投资图书、报纸、期刊、音像制品和电子出版物的编辑、出版、制作业务。(但经中国政府批准,在确保合作中方的经营主导权和内容终审权并遵守中国政府批复的其他条件下,中外出版单位可进行新闻出版中外合作出版项目。未经中国政府批准,禁止在中国境内提供金融信息服务。)

商务部、税务总局关于辽宁等 7 个自由贸易试验区内融资租赁企业从事融资租赁业务有关问题的通知

（2017 年 6 月 6 日）

辽宁省、浙江省、河南省、湖北省、重庆市、四川省、陕西省、大连市商务主管部门、国家税务局：

为贯彻落实辽宁、浙江、河南、湖北、重庆、四川、陕西自由贸易试验区（以下简称自贸试验区）总体方案，支持自贸试验区融资租赁行业积极探索、先行先试，促进融资租赁业加快发展，现就辽宁等 7 个自贸试验区内资租赁企业从事融资租赁业务有关问题通知如下：

一、根据《商务部、国家税务总局关于从事融资租赁业务有关问题的通知》（商建发〔2004〕560 号，以下称 560 号文），商务部和税务总局负责内资租赁企业融资租赁业务试点确认。自 2017 年 6 月 15 日起，商务部、税务总局将注册在自贸试验区内的内资租赁企业融资租赁业务试点确认工作委托给各自贸试验区所在的省、直辖市、计划单列市级（以下简称省级）商务主管部门和国家税务局。试点企业条件和申报材料要求参照 560 号文执行。对注册在自贸试验区外的内资租赁企业从事融资租赁业务，仍按现行规定和程序办理。

二、各自贸试验区所在的省级商务主管部门会同同级国家税务局负责对融资租赁试点企业提交的相关材料进行审核。对于符合条件的企业，由省级商务主管部门和国家税务局联合发布公告，明确纳入内资融资租赁试点范围企业名单，与商务部、税务总局发布名单的内资融资租赁试点企业享受同等待遇。

三、省级商务主管部门应当指导和督促试点企业通过全国融资租赁企业管理信息服务平台（以下简称信息服务平台）报送各项信息，并对企业上报信息及时审核；每月末要将新纳入试点范围的企业的基本情况报送商务部，同时抄送税务总局；每季度要将试点工作开展情况报送商务部，同时抄送税务总局；每年度结束后要督促企业尽早填报相关年度报表信息；要及时研究信息服务运行及信息化监管

工作中存在的问题,发现问题应积极研究应对并上报商务部和税务总局。

四、根据省级人民政府分工,省级商务主管部门要依据行业管理职责强化事中事后监管制度,实时监督企业依法依规开展经营,利用现场和非现场结合的监管手段,充分发挥信息服务平台的作用,加强风险监测、分析和预警,切实防范区域性、系统性风险。

五、纳入试点范围的企业应当遵守法律、法规、规章及《融资租赁企业监督管理办法》相关规定,接受行业主管部门的监管,及时、准确通过信息服务平台报送信息,按时交纳各种税款。对在会计年度内未实质性开展融资租赁业务,以及发生违法违规行为的试点企业,省级商务主管部门应商同级国家税务局取消其试点资格。

六、为便于加强监管,对于按照本通知要求纳入试点范围的企业,如迁出自贸试验区,应当按自贸试验区外企业申报试点现行规定重新申报确定试点资格。

七、省级商务主管部门可根据本通知要求,商同级国家税务局结合实际研究制定具体的试点确认办法或流程,并采取适当形式予以公开。

自由贸易试验区外商投资国家安全审查试行办法

（2015 年 4 月 8 日　国办发〔2015〕24 号）

为做好中国（上海）自由贸易试验区、中国（广东）自由贸易试验区、中国（天津）自由贸易试验区、中国（福建）自由贸易试验区等自由贸易试验区（以下统称自贸试验区）对外开放工作，试点实施与负面清单管理模式相适应的外商投资国家安全审查（以下简称安全审查）措施，引导外商投资有序发展，维护国家安全，制定本办法。

一、审查范围

总的原则是，对影响或可能影响国家安全、国家安全保障能力，涉及敏感投资主体、敏感并购对象、敏感行业、敏感技术、敏感地域的外商投资进行安全审查。

（一）安全审查范围为：外国投资者在自贸试验区内投资军工、军工配套和其他关系国防安全的领域，以及重点、敏感军事设施周边地域；外国投资者在自贸试验区内投资关系国家安全的重要农产品、重要能源和资源、重要基础设施、重要运输服务、重要文化、重要信息技术产品和服务、关键技术、重大装备制造等领域，并取得所投资企业的实际控制权。

（二）外国投资者在自贸试验区内投资，包括下列情形：

1. 外国投资者单独或与其他投资者共同投资新建项目或设立企业。

2. 外国投资者通过并购方式取得已设立企业的股权或资产。

3. 外国投资者通过协议控制、代持、信托、再投资、境外交易、租赁、认购可转换债券等方式投资。

（三）外国投资者取得所投资企业的实际控制权，包括下列情形：

1. 外国投资者及其关联投资者持有企业股份总额在 50% 以上。

2. 数个外国投资者持有企业股份总额合计在 50% 以上。

3. 外国投资者及其关联投资者、数个外国投资者持有企业股份总额不超过 50%，但所享有的表决权已足以对股东会或股东大会、董事会的决议产生重大影响。

4. 其他导致外国投资者对企业的经营决策、人事、财务、技术等产生重大影响的情形。

二、审查内容

(一)外商投资对国防安全,包括对国防需要的国内产品生产能力、国内服务提供能力和有关设施的影响。

(二)外商投资对国家经济稳定运行的影响。

(三)外商投资对社会基本生活秩序的影响。

(四)外商投资对国家文化安全、公共道德的影响。

(五)外商投资对国家网络安全的影响。

(六)外商投资对涉及国家安全关键技术研发能力的影响。

三、安全审查工作机制和程序

(一)自贸试验区外商投资安全审查工作,由外国投资者并购境内企业安全审查部际联席会议(以下简称联席会议)具体承担。在联席会议机制下,国家发展改革委、商务部根据外商投资涉及的领域,会同相关部门开展安全审查。

(二)自贸试验区安全审查程序依照《国务院办公厅关于建立外国投资者并购境内企业安全审查制度的通知》(国办发〔2011〕6 号)第四条办理。

(三)对影响或可能影响国家安全,但通过附加条件能够消除影响的投资,联席会议可要求外国投资者出具修改投资方案的书面承诺。外国投资者出具书面承诺后,联席会议可作出附加条件的审查意见。

(四)自贸试验区管理机构在办理职能范围内外商投资备案、核准或审核手续时,对属于安全审查范围的外商投资,应及时告知外国投资者提出安全审查申请,并暂停办理相关手续。

(五)商务部将联席会议审查意见书面通知外国投资者的同时,通知自贸试验区管理机构。对不影响国家安全或附加条件后不影响国家安全的外商投资,自贸试验区管理机构继续办理相关手续。

(六)自贸试验区管理机构应做好外商投资监管工作。如发现外国投资者提供虚假信息、遗漏实质信息、通过安全审查后变更投资活动或违背附加条件,对国家安全造成或可能造成重大影响的,即使外商投资安全审查已结束或投资已实施,自贸试验区管理机构应向国家发展改革委和商务部报告。

(七)国家发展改革委、商务部与自贸试验区管理机构通过信息化手段,在信息共享、实时监测、动态管理和定期核查等方面形成联动机制。

四、其他规定

(一)外商投资股权投资企业、创业投资企业、投资性公司在自贸试验区内投资,适用本办法。

(二)外商投资金融领域的安全审查另行规定。

(三)香港特别行政区、澳门特别行政区、台湾地区的投资者进行投资,参照本办法的规定执行。

(四)本办法由国家发展改革委、商务部负责解释。

(五)本办法自印发之日起 30 日后实施。

中国人民银行沈阳分行、国家外汇管理局辽宁省分局关于金融支持中国（辽宁）自由贸易试验区建设的指导意见

（2017 年 8 月 21 日）

按照党中央、国务院关于建设中国（辽宁）自由贸易试验区（以下简称自贸试验区）的重要战略部署，根据《中国（辽宁）自由贸易试验区总体方案》，为加快辽宁自贸试验区建设，加大金融支持实体经济发展力度，促进贸易投资便利化，中国人民银行沈阳分行和国家外汇管理局辽宁省分局结合工作职责，提出以下支持自贸试验区建设的指导意见。

一、总体原则

（一）坚持服务东北振兴。紧密围绕国家振兴东北战略，以支持实体经济发展为导向，立足辽宁区位特征和经济特色，推进金融体制机制创新，完善金融服务体系，拓展金融服务功能，支持金融及相关新兴业态采用多种市场化方式和创新工具，促进供给侧结构性改革，支持先进制造业优先发展，推动经济结构调整和产业转型升级，引领东北老工业基地加快转变发展方式，提高发展质量和水平。

（二）深化金融改革开放。按照回归本源、优化结构、强化监管、市场导向的基本原则，参照现有自贸试验区金融创新政策，结合区域发展实际，在政策允许的前提下，积极推进辽宁自贸试验区金融改革创新。立足“一带一路”发展战略，深化国际金融交流合作，探索推进自贸试验区金融开放。坚持简政放权的改革方向，逐步实现准入前国民待遇加负面清单管理模式。充分发挥“试验田”作用，在人民币跨境使用、人民币资本项目可兑换、外汇管理等重要领域和关键环节先行先试，为全面深化金融改革开放探索新路径、积累新经验。

（三）有效防范金融风险。全面落实中央金融工作会议精神，把主动防范化解系统性金融风险放在更加重要的位置，科学防范，早识别、早预警、早发现、早处置，建立区域金融监管协调机制，完善金融风险防控体系，切实做好应急预案，及

时化解和处置风险隐患,守住不发生区域性、系统性金融风险底线。

(四)稳中求进推动实施。以风险可控为基本前提,稳步推进自贸试验区各项金融改革创新,突出重点,先易后难,成熟一项、推进一项。有序推进自贸试验区金融开放,进一步提高贸易与投资便利化水平,促进国际金融组织、各类境外机构参与融入自贸试验区建设发展,提高自贸试验区金融国际化、现代化水平。坚持动态跟踪,针对自贸区发展实际,及时充实完善现有政策,研究推出新政策,积极满足市场主体的合理需求。

二、扩大人民币跨境使用

(五)支持自贸试验区内金融机构和企业按规定在境外发行人民币债券,募集资金可调回使用。

(六)优化自贸试验区内符合条件的跨国企业集团跨境双向人民币资金池业务管理,建立跨境人民币资金池双向额度管理机制。

(七)支持自贸试验区内企业的境外母公司或子公司按照有关规定在境内发行人民币债券。募集资金可用于集团内设立在自贸试验区的子公司和集团内成员企业借款使用。

(八)支持自贸试验区内的银行机构按有关规定向境外项目发放人民币贷款。

(九)支持外资股权投资管理机构、外资创业投资管理机构在自贸试验区发起管理人民币股权投资和创业投资基金。

(十)研究探索在自贸试验区内的租赁公司开展以人民币计价结算的跨境租赁资产交易。允许自贸试验区内租赁公司在境外开立人民币账户用于跨境人民币租赁业务。

(十一)研究探索金融资产管理公司对外处置不良资产人民币结算业务。

(十二)推动自贸试验区内的银行机构与符合条件的支付机构合作,办理经常项下和部分经批准的资本项下跨境人民币结算业务。

三、深化外汇管理改革

(十三)促进贸易便利化。进一步简化经常项目收结汇、购付汇单证审核,银行可自主把握是否审核单证及审核何种单证。放宽货物贸易电子单证审核条件。

(十四)优化外汇账户管理。自贸试验区内货物贸易外汇管理分类等级为A类的企业外汇收入无需开立待核查账户,可直接进入经常项目结算账户。允许注册且营业场所均在区内的银行按规定为境外机构办理其境内外汇账户(外汇NRA账户)结汇业务。

(十五)支持发展总部经济。放宽跨国公司外汇资金集中运营管理业务准入。进一步简化资金池管理,允许银行机构审核真实、合法的电子单证,为企业办理经常项目的集中收付汇、轧差结算业务。

(十六)支持银行机构发展人民币与外汇衍生产品服务。具备人民币与外汇衍生产品业务资格的银行,可以按照外汇管理规定为自贸试验区相关业务提供人民币与外汇衍生产品服务。对于境外机构按规定可开展即期结售汇交易的,注册且营业场所在区内的银行可以为其办理人民币与外汇衍生产品交易。

(十七)探索适合商业保理和大型设备境内外维修业务的外汇管理模式。

(十八)允许区内符合条件的融资租赁公司融资租赁业务收取外币租金。

(十九)鼓励由外国企业或个人设立外商投资股权投资企业(含以股权投资企业为对象的股权投资母基金),支持外币股权投资资金按有关规定在境内结汇使用。

(二十)探索开展跨境资产转让业务,完善与跨境资产转让业务相适应的外汇管理模式。

(二十一)支持自贸试验区内企业境外上市。支持境内机构投资者通过有关外汇管理政策参与自贸试验区内企业境外 IPO,促进区内企业上市融资、发展。

四、加大金融支持先进制造业发展的力度

(二十二)促进先进制造业基金发展。支持境内外投资者在自贸试验区内使用本外币投资以先进制造业为主要投向的产业投资基金、股权投资基金、创业投资基金等各类基金。支持各类基金采用多元化方式,加大对先进制造业的投资。允许符合条件的境外投资者自由转移其投资收益。加强与各类境外投资机构、投资基金及国际金融组织的投资合作,支持合作设立相关投资机构和投资基金,构建支持制造业转型升级和集聚发展的投融资生态集合圈。

(二十三)支持先进制造业融资租赁发展。支持境外机构在自贸试验区内设立租赁公司和专营租赁公司的子公司,重点开展飞机、船舶、海洋工程结构物、轨道交通车辆、农用机械、高端医疗设备、大型成套设备等融资租赁业务。支持建立先进制造业融资租赁资产交易平台,推动开展先进制造业融资租赁资产证券化。

(二十四)扩大先进制造业企业融资。充分发挥宏观审慎评估(MPA)、再贷款、再贴现等政策工具作用,引导金融机构加大对中小微先进制造业企业的信贷支持力度。研究设立自贸试验区债券信用增进公司,支持自贸试验区内先进制造业企业在银行间市场发行非金融企业债务融资工具。

(二十五)促进金融产品和服务方式创新。支持金融机构围绕新型工业化和

产业转型升级需求,在依法合规、风险可控的前提下,探索实施投贷联动,开展供应链金融、各类权益质押等金融产品和服务方式创新,探索与保险机构、支付机构开展合作,提升金融服务实体经济质量和水平。支持通过资产重组、并购、债转股、政府与社会资本合作(PPP)等方式,优化企业资产结构和投资结构,积极推进供给侧结构性改革。

五、加强金融对外开放和区域合作

(二十六)加快金融开放发展。加强与日、韩、俄、蒙等周边国家以及"一带一路"沿线国家的金融合作。支持在自贸试验区内设立各类外资及中外合资金融机构、以金融为主业的非金融企业、服务金融业开放发展的各类中介机构,推动会计、法律、仲裁、评级、投行等现代金融资讯业务发展,完善以促进金融开放发展为核心的中介服务体系和功能。支持符合条件的境内银行为境外企业和个人开立相关国家币种账户,支持境内银行与相关国家银行之间开立同业往来账户办理多种形式结算业务。允许具备条件的银行机构开展调运外币现钞进出境业务,增强服务东北亚发展的区域外汇交易中心功能。支持自贸试验区依托港口发展航运金融,开展航运融资和航运保险等业务。

(二十七)促进大宗商品交易平台提升国际化水平。支持大连商品交易所加快国际农产品和矿产品交易中心建设,启动铁矿石等期货国际业务板块,允许境外投资者、境外经纪机构以外汇或人民币形式汇入资金从事境内特定品种期货交易。支持营口大宗商品现货交易国际化发展,进一步便利境外投资者参与相关品种现货交易。探索建立与国际大宗商品交易相适应的跨境资金流动管理模式。

(二十八)加强与对口地区金融合作。支持北京、上海、江苏、厦门等对口省市金融机构在自贸试验区开展金融产品开发和项目合作。支持自贸试验区与对口地区探索建立业务交流、人才培训、业务合作机制,利用先进地区经验,推动自贸试验区高质量发展。

六、提升金融服务水平

(二十九)探索建立与自贸试验区相适应的本外币账户管理体系,为符合条件的自贸试验区主体办理跨境经常项下结算业务、政策允许的资本项下结算业务、经批准的自贸试验区资本项目可兑换先行先试业务,促进跨境贸易、投融资结算便利化。

(三十)创建金融集成电路(IC)卡"一卡通"示范区。完善自贸试验区金融集成电路卡应用环境,加大销售终端(POS)、自动柜员机(ATM)等机具的非接触受理改造力度。大力拓展金融集成电路卡和移动金融在自贸试验区生活服务、社会保障等公共服务领域的应用,通过提升现代金融服务水平改善民生。

(三十一)推动自贸试验区社会信用体系建设。推进自贸试验区企业信用体系建设,完善企业信息共享、信用评价和融资推荐机制。充分发挥金融信用信息基础数据库和社会征信机构的作用,推动征信产品在金融、经济和社会管理等领域的应用。探索依托人民银行动产融资统一登记系统,支持金融机构、商业保理公司和融资租赁公司等机构在自贸试验区开展应收账款等动产融资业务。

(三十二)优化金融营商环境。加强各金融管理部门监管与服务协调,合力推进金融生态环境优化。健全金融营商环境评价指标体系。探索建立自贸试验区金融纠纷解决机制,促进法制化金融营商环境建设。

七、加强监测与管理

(三十三)加强组织协调。自贸试验区所在地的各级人民银行及国家外汇管理局分支机构,加强与地方人民政府和其他金融监管部门派出机构的沟通,完善区域金融监管协调机制,加强金融信息共享,提升风险联合防范和处置能力,建立和完善系统性风险预警、防范和化解体系,守住不发生系统性、区域性金融风险底线。探索建立适应金融改革创新举措的事中事后监管体系,加强对自贸试验区内金融机构信息安全管理,明确管理部门和管理职责。

(三十四)加强风险防控与管理。自贸试验区所在地的各级人民银行及国家外汇管理局分支机构,加强跨境资金流动风险监测,做好非现场检查和现场检查,防止跨境资金大进大出。自贸试验区内主体办理金融业务,应具有真实合法交易基础,不得使用虚假合同等凭证或虚构交易办理业务。金融机构应遵循"展业三原则",建立健全内控制度,完善业务真实性、合规性审查机制,健全和落实单证留存制度,严格履行数据及异常可疑信息报送义务,采取有效措施防范风险。

(三十五)加强反洗钱、反恐怖融资管理。办理自贸试验区业务的金融机构和支付机构,应按照法律法规要求切实履行反洗钱、反恐融资、反逃税等义务,全面监测跨境、跨区资金流动,按规定及时报送大额和可疑交易报告。

(三十六)加强金融消费权益保护。自贸试验区内金融机构要完善客户权益保护机制,负起保护消费者的主体责任。建立健全区内金融消费权益保护工作体系。加强与金融监管、行业组织和司法部门相互协作,探索构建和解、专业调解、仲裁和诉讼在内的多元化金融纠纷解决机制。加强自贸试验区金融创新产品相关知识普及,重视风险教育,提高消费者的风险防范意识和自我保护能力。

关于印发中国(辽宁)自由贸易试验区沈阳片区深化"证照分离"改革事项清单的通知(初次审议稿)

(2018年8月22日　沈自贸办发〔2018〕6号)

各相关单位:

为深入推进"证照分离"改革试点,中国(辽宁)自由贸易试验区沈阳片区领导小组办公室决定印发《中国(辽宁)自由贸易试验区沈阳片区深化"证照分离"改革事项清单》(以下简称《事项清单》),并就有关事宜通知如下:

一、实施范围。《事项清单》在中国(辽宁)自由贸易试验区沈阳片区及其协同发展的重点产业园区(沈阳经济技术开发区、沈阳辉山经济技术开发区、沈阳金融商贸开发区)实施。

二、实施步骤。9月20日前,市直部门牵头依据《中国(辽宁)自由贸易试验区沈阳片区"证照分离"改革告知承诺办法》,完成告知承诺事项的文书制定,明确优化服务事项具体方案,并报自贸试验区沈阳片区管委会。9月21日至9月27日,各相关单位做好培训和宣传。9月28日起在试点地区组织实施。

三、督促检查。自贸试验区沈阳片区管委会对各责任部门承担的工作任务进行督促检查,对《事项清单》落实情况进行跟踪评估,并及时总结经验。

中国(辽宁)自由贸易试验区沈阳片区深化"证照分离"改革事项清单

领域	序号	事项名称	实施机关	改革方式	
				告知承诺	优化服务
医疗卫生	1	营利性医疗机构设置审批	市卫计委、区卫计局		√
	2	医疗机构执业登记	市卫计委		√
	3	生产用于传染病防治的消毒产品的单位审批	市卫计委	√	

续表

领域	序号	事项名称	实施机关	改革方式	
				告知承诺	优化服务
	4	消毒产品生产企业(一次性使用诊疗用品的生产企业除外)卫生许可	市卫计委	√	
投资建设	5	房地产开发企业资质核定(二级及以下)	市建委	√	
	6	工程监理企业资质认定(专业乙级及以下)	市建委	√	
	7	建设工程勘察设计企业资质认定(部分乙级及以下)	市建委		√
	8	燃气经营许可证核发	市建委	√	
文化旅游	9	文艺表演团体设立审批	市文广局、区文体局	√	
	10	外商投资旅行社业务许可	市旅游委	√	
	11	旅行社业务经营许可证核发(限境内、入境业务)	市旅游委	√	
人才服务	12	设立人才中介服务机构及其业务范围审批	市人社局、区人社局	√	
质量监督	13	重要工业产品生产许可	市质监局		√
	14	承担国家法定计量检定机构任务授权	市质监局	√	
	15	食品生产许可证核发	市食药监局		√

沈阳市人民政府关于公布中国(辽宁)自由贸易试验区沈阳片区首批政策清单的通知

(2017年3月28日　沈政发〔2017〕14号)

各区、县(市)人民政府,市政府各部门、各直属单位:

为推进中国(辽宁)自由贸易试验区(以下简称辽宁自贸试验区)沈阳片区快速发展,市政府决定,公布《辽宁自贸试验区沈阳片区首批政策清单》(以下简称《政策清单》),并就有关事宜通知如下:

一、结合辽宁自贸试验区沈阳片区实际,按照先易后难的原则,我市将分阶段实施《政策清单》。2017年7月底前,主要实施涉及切实转变政府职能、推进贸易转型升级等方面事项;2017年12月底前,主要实施涉及金融领域开放创新等方面事项;根据实际情况,适时推进涉及电子营业执照,航材、航油保税仓储业务、科创企业投贷联动等方面事项。

二、辽宁自贸试验区沈阳片区管委会(以下简称沈阳片区管委会)要建立沟通联络工作机制,定期召开联席会议,跟踪改革创新措施的推广实施情况,协调解决推广过程中遇到问题。

三、各责任部门要根据《政策清单》确定的改革事项和完成时限,于2017年5月1日前制定本部门的具体实施方案,确保相关改革事项按时限要求推进,每周将工作进展情况报送沈阳片区管委会。

四、沈阳片区管委会要会同有关部门对各责任部门承担的工作任务进行督促检查,对《政策清单》落实情况进行跟踪评估并适时通报。

辽宁自贸试验区沈阳片区首批政策清单
(在全市范围内复制推广的事项,共19条)

序号	改革事项	责任部门	完成时限
1	一站式行政审批。	市政务服务办	2017年7月底前
2	企业简易注销。	市工商局	2017年7月底前
3	鼓励"租让结合,先租后让"的出让方式供应土地,允许带产业项目挂牌。	市规划国土局	2017年7月底前
4	深化商事登记制度改革,实施"五证合一、一照一码""先照后证"制度。	市工商局	2017年7月底前
5	电子营业执照,探索企业登记全流程电子化登记管理。	市工商局	适时推行
6	实施"双告知"制度。	市工商局	2017年7月底前
7	实行涉企信息统一归集公示制度。	市工商局	2017年12月底前
8	负面清单以外领域外商投资企业设立及变更审批改革。	市外经贸局	2017年7月底前
9	境外投资实行以备案制为主的管理方式,对境外投资一般项目实行备案制。	市外经贸局	2017年7月底前
10	外商投资广告企业的项目审批和设立分支机构的审批,改为备案制。	市外经贸局、工商局	2017年7月底前
11	允许设立外商投资资信调查公司。	市外经贸局	2017年7月底前
12	允许设立股份制外资投资性公司。	市外经贸局	2017年7月底前
13	取消生产许可证委托加工备案。	市质监局	2017年7月底前
14	为医疗器械企业开辟办理行政审批快捷通道,推进网上受理、预约现场检查。	市食品药品监管局	2017年7月底前
15	将道路客运行业经营信誉考核纳入信息公示制度。	市交通局	2017年7月底前
16	在交通运输领域,完善快件处理设施和绿色通道。	市邮政管理局	2017年7月底前
17	优化海关特殊监管区域及保税监管场所间保税货物流转监管模式。	沈阳海关	2017年7月底前
18	实施"多规合一"改革。	市发展改革委	2017年12月底前

续表

序号	改革事项	责任部门	完成时限
19	出台国有企业董事会及董事考核评估办法，继续优化董事会建设试点；推进经营性国有资产集中统一监管，优化国有资本配置，放大国有资本功能，大力推进国有资产资本化。	市国资委	2017 年 12 月底前

(在沈阳片区范围内复制推广的事项，共 86 条)

序号	改革事项	责任部门	完成时限
1	企业注册住所登记改革。	市工商局	2017 年 7 月底前
2	企业设立实行“一章审批、印章即刻、当日办结”的服务模式。	辽宁自贸试验区沈阳片区管委会、市政务服务办	2017 年 7 月底前
3	项目审批“以规划代立项”。	辽宁自贸试验区沈阳片区管委会、市政务服务办	2017 年 7 月底前
4	实施重点企业“一企一策”专项扶持计划。	市发展改革委	2017 年 7 月底前
5	优先发展产业项目且集约节约用地的，按工业用地出让最低价标准的 70% 执行。	市规划国土局	2017 年 7 月底前
6	外资企业投产先期“免租金”政策。	辽宁自贸试验区沈阳片区管委会	2017 年 7 月底前
7	出口退税无纸化。	市国税局	2017 年 12 月底前
8	税控发票领用网上申请。	市国税局	2017 年 7 月底前
9	一窗国地办税。	市国税局、地税局	2017 年 7 月底前
10	一厅自助办理。	市国税局、地税局	2017 年 7 月底前
11	培训辅导点单化。	市国税局、地税局	2017 年 7 月底前
12	缴纳方式多元。	市国税局、地税局	2017 年 7 月底前

续表

序号	改革事项	责任部门	完成时限
13	业务自主预约。	市国税局、地税局	2017 年 7 月底前
14	税银信息互动。	市国税局、地税局	2017 年 7 月底前
15	税收遵从合作。	市国税局、地税局	2017 年 7 月底前
16	预先约定明确化。	市国税局、地税局	2017 年 7 月底前
17	风险提示国别化。	市国税局、地税局	2017 年 7 月底前
18	涉税事项网上审批备案。	市国税局、地税局	2017 年 7 月底前
19	网上自主办税。	市国税局、地税局	2017 年 7 月底前
20	纳税信用管理的网上信用评级。	市国税局、地税局	2017 年 7 月底前
21	提高境内外人员出入境、外籍人员签证和居留、就业许可等事项办理的便利化程度。	市公安局	2017 年 7 月底前
22	鼓励金融机构、装备制造企业集团在自贸试验区内设立融资租赁公司和专营融资租赁业务子公司,开展融资租赁服务。	市金融办、经济和信息化委、服务业委、外经贸局	2017 年 12 月底前
23	允许自贸试验区内融资租赁公司在境外开立人民币账户用于跨境人民币融资租赁业务。	人民银行沈阳分行、市服务业委	2017 年 12 月底前
24	开展跨国企业集团跨境双向人民币资金池业务。	人民银行沈阳分行、市金融办	2017 年 12 月底前
25	允许区内符合条件的融资租赁业务收取外币租金。	省外汇局,市服务业委、外经贸局	2017 年 12 月底前

续表

序号	改革事项	责任部门	完成时限
26	简化货物贸易收入流程,在真实合法交易基础上,进一步简化流程,允许自贸试验区内货物贸易外汇管理分级等级为A类的企业,货物贸易收入无需进入出口收汇待核查账户,可直接进入经常项目外汇账户或结汇。	人民银行沈阳分行	2017年7月底前
27	开展本外币跨境融资,建立健全宏观审慎管理规则下基于微观主体资本或净资产的跨境融资约束机制,对于符合条件的企业和金融机构均可按规定自主开展本外币跨境融资。	人民银行沈阳分行	2017年7月底前
28	简化直接投资外汇登记手续,简化直接投资外汇登记手续,直接投资外汇登记下放银行办理。	人民银行沈阳分行	2017年7月底前
29	统一中、外资企业外债结汇管理政策,企业(包括中资企业和外商投资企业,不含金融机构)外债资金可以按照意愿结汇方式办理结汇手续。	人民银行沈阳分行	2017年7月底前
30	资本项目外汇收入意愿结汇,相关政策已经明确的实行意愿结汇的资本项目外汇收入(包括外汇资本金、外债资金和境外上市调回资金等),可根据境内机构的实际经营需要在银行办理结汇。境内机构资本项目外汇收入意愿结汇所得人民币资金纳入结汇待支付账户管理。	人民银行沈阳分行	2017年7月底前
31	便利外商投资企业以结汇资金开展境内股权投资,允许以投资为主要业务的外商投资企业(包括外商投资性公司、外商投资创业投资企业和外商投资股权投资企业),在其境内所投资项目真实、合规的前提下,按实际投资规模将外汇资本金直接结汇或将结汇待支付账户中的人民币资金划入投资企业账户。	人民银行沈阳分行	2017年7月底前
32	放宽跨国公司外汇资金集中运营管理准入条件,进一步简化资金池管理,允许商业银行审核真实、合法的电子单证,为企业办理集中收付汇、轧差结算业务。	人民银行沈阳分行	2017年7月底前
33	完善投资者权益保障制度,允许符合条件的外国投资者自由转移其投资收益。	人民银行沈阳分行	2017年7月底前
34	开展知识产权综合管理改革试点。	市知识产权局	2017年7月底前

续表

序号	改革事项	责任部门	完成时限
35	允许内外资企业从事游戏游艺设备生产和销售,经文化部门内容审核后面向国内市场销售。	市文广局	2017 年 12 月底前
36	外商投资企业外汇资本金意愿结汇。	省外汇局	2017 年 12 月底前
37	银行为自贸区内企业的大宗商品衍生品交易提供结售汇业务。	省外汇局	2017 年 12 月底前
38	直接投资项下外汇登记及变更登记下放银行办理。	省外汇局	2017 年 12 月底前
39	允许融资租赁公司兼营与主营业务有关的商业保理业务。	市服务业委	2017 年 12 月底前
40	融资租赁公司设立子公司不设最低注册资本限制。	市服务业委	2017 年 7 月底前
41	拓展专用账户的服务贸易跨境收付和融资功能。	人民银行沈阳分行、省外汇局、市金融办	2017 年 12 月底前
42	开展科创企业投贷联动等金融改革试点。	市金融办、科技局	适时推行
43	企业申请首次公开发行股票并上市给予优先支持。	市金融办	适时推行
44	允许全国性中资商业银行、政策性银行、沈阳本地银行在区内新设分行或专营机构。允许将区内现有银行网点升格为分行或支行。在区内增设或升格的银行分支机构不受年度新增网点计划限制。	市金融办	2017 年 7 月底前
45	支持区内符合条件的大型企业集团设立企业集团财务公司,支持符合条件的发起人在区内申设汽车金融公司、消费金融公司。	市金融办	2017 年 7 月底前
46	支持全国性金融资产管理公司在区内设立分公司,支持金融租赁公司在区内设立专业子公司。	市金融办	2017 年 7 月底前

续表

序号	改革事项	责任部门	完成时限
47	允许符合条件的外资银行在区内设立子行、分行、专营机构和中外合资银行。允许区内外资银行支行升格为分行。	市金融办	2017年7月底前
48	允许符合条件的中资银行在区内开展离岸银行业务。	市金融办	2017年7月底前
49	支持保险公司在自贸区内设立分支机构。	市金融办	适时推行
50	取消自贸试验区内保险支公司高管人员任职资格的事前审批。	市金融办	适时推行
51	实施东北人才回归计划,出台高层次创新人才财政补贴政策。	市人才办、财政局、人力资源社会保障局、辽宁自贸试验区沈阳片区管委会	2017年7月底前
52	建设国际贸易"单一窗口"。	市外经贸局、沈阳海关、沈阳出入境检验检疫局、省外汇局、市国税局等	2017年7月底前
53	对企业自用研发设备和进口研发耗材实施进口税收优惠政策。	沈阳海关	2017年7月底前
54	仓储货物按状态分类监管。	沈阳海关	适时推行
55	一次备案,多次使用。	沈阳海关	适时推行
56	委内加工制度。	沈阳海关	2017年7月底前
57	保税展示交易制度。	沈阳海关	2017年7月底前
58	国内期货交易所在自贸试验区的海关特殊监管区域内开展期货保税交易、仓单质押融资等业务。	沈阳海关	适时推行
59	境内外维修制度,试点开展境内外高技术、高附加值保税维修再制造业。	沈阳海关、沈阳出入境检验检疫局、市环保局	2017年7月底前
60	融资租赁制度,试点开展海关异地委托监管。	沈阳海关	2017年7月底前

续表

序号	改革事项	责任部门	完成时限
61	大宗商品现货市场保税交易。	沈阳海关	适时推行
62	充分利用现有保税政策,支持开展航材、航油保税仓储业务。	沈阳海关	适时推行
63	国际海关经认证的经营者(AEO)互认制度。	沈阳海关	2017 年 7 月底前
64	出境加工制度。	沈阳海关	2017 年 7 月底前
65	企业协调员制度。	沈阳海关	2017 年 7 月底前
66	引入中介机构辅助开展保税核查、保税核销和企业稽查工作制度。	沈阳海关	2017 年 7 月底前
67	海关企业信用信息公示制度。	沈阳海关	2017 年 7 月底前
68	原产地签证管理改革创新。	沈阳海关、沈阳出入境检验检疫局	2017 年 7 月底前
69	检验检疫通关无纸化。	沈阳出入境检验检疫局	2017 年 12 月底前
70	第三方检验结果采信。	沈阳出入境检验检疫局	2017 年 7 月底前
71	出入境生物材料制品风险管理。	沈阳出入境检验检疫局	2017 年 7 月底前
72	进口货物预检验。	沈阳出入境检验检疫局	2017 年 7 月底前
73	分线监督管理制度。	沈阳出入境检验检疫局	2017 年 7 月底前
74	动植物及其产品检疫审批负面清单管理。	沈阳出入境检验检疫局	2017 年 7 月底前
75	保税展示交易货物分线监管、预检验和登记核销管理模式。	沈阳出入境检验检疫局	2017 年 7 月底前
76	全球维修产业检验检疫监管。	沈阳出入境检验检疫局	2017 年 7 月底前

续表

序号	改革事项	责任部门	完成时限
77	中转货物产地来源证管理。	沈阳出入境检验检疫局	2017年7月底前
78	免除低风险动植物检疫证书清单制度。	沈阳出入境检验检疫局	2017年7月底前
79	建立综合执法体系。	市执法局	2017年12月底前
80	建立权责清单制度。	市编委办	2017年7月底前
81	行政审批管理目录制度。	市政务服务办	2017年7月底前
82	建立健全国际仲裁、商事调解机制。	市仲裁委	2017年7月底前
83	打造沈阳"自贸云"综合服务信息平台。	辽宁自贸试验区沈阳片区管委会、市大数据管理局	2017年底前
84	探索建立与自贸试验区相适应的账户管理体系,为符合条件的自贸试验区内主体,办理跨境经常项下结算业务、政策允许的资本项下结算业务、经批准的自贸试验区资本项目可兑换先行先试业务,促进跨境贸易、投融资结算便利化。	人民银行沈阳分行、省外汇局、市金融办	适时推行
85	个人其他经常项下人民币结算业务。	人民银行沈阳分行、市金融办	适时推行
86	稳妥推进自贸试验区内国有企业混合所有制改革。	市国资委	适时推行

沈阳市人民政府关于公布中国(辽宁)自由贸易试验区沈阳片区第二批政策清单的通知

(2017年10月6日　沈政发〔2017〕49号)

各区、县(市)人民政府,市政府各部门、各直属单位:

为加快中国(辽宁)自由贸易试验区(以下简称辽宁自贸试验区)沈阳片区发展,市政府决定,公布《辽宁自贸试验区沈阳片区第二批政策清单》(以下简称《政策清单》),并就有关事宜通知如下:

一、《政策清单》涉及改革事项共95项,涉及切实转变政府职能、深化投资领域改革、推进贸易转型升级、深化金融领域开放创新、加快老工业基地结构调整、加强东北亚区域开放合作等方面事项。结合辽宁自贸试验区沈阳片区实际,我市将分阶段实施《政策清单》。

二、辽宁自贸试验区沈阳片区管委会(以下简称沈阳片区管委会)要建立沟通联络工作机制,定期召开联席会议,跟踪相关政策措施的推广实施情况,协调解决推广过程中遇到的问题。

三、各责任部门要根据《政策清单》确定的改革事项,制定本部门的具体实施方案,确保相关改革事项按要求推进,每周将工作进展情况报送沈阳片区管委会。

四、沈阳片区管委会要会同有关部门对各责任部门承担的工作任务进行督促检查,对《政策清单》落实情况进行跟踪评估并适时通报。

辽宁自贸试验区沈阳片区第二批政策清单

序号	改革事项	责任部门
1	加强境外投资事后管理和服务,完善境外资产、人员安全风险预警和应急保障体系。	市外经贸局、公安局、人民银行沈阳分行
2	扩大企业和个人对外投资,完善"走出去"政策促进、服务保障、风险防控体系。	市外经贸局、发展改革委、人民银行沈阳分行
3	鼓励企业和个人创新对外投资合作方式,开展绿地投资、并购投资、证券投资、联合投资等。	市外经贸局、发展改革委、人民银行沈阳分行、市金融办

续表

序号	改革事项	责任部门
4	依托港澳在金融服务、信息资讯、国际贸易网络、风险管理等方面的优势，将自贸试验区建设成为内地企业、个人“走出去”的窗口和综合服务平台。	市外经贸局、发展改革委、人民银行沈阳分行、市金融办
5	加强与港澳在项目对接、投资拓展、信息交流、人才培训等方面交流合作，共同到境外开展基础设施建设和能源资源等合作。	市外经贸局、发展改革委、人民银行沈阳分行
6	按照公平竞争原则，积极发展跨境电子商务，完善相应的海关监管、检验检疫、退税、跨境支付、物流等支撑系统，加快推进跨境贸易电子商务配套平台建设。	市外经贸局
7	进一步推进内资融资租赁企业试点，注册在自贸试验区内的内资融资租赁试点企业由自贸试验区所在省级商务主管部门和同级国家税务部门审核；加强事中事后监管，探索建立融资租赁企业设立和变更的备案制度。	市服务业委、工商局
8	推进对外文化贸易基地建设，深化艺术品交易市场功能拓展。	市文广局
9	自贸试验区金融机构和企业境外发行人民币债券募集资金回流。	人民银行沈阳分行、市金融办
10	自贸试验区内企业的境外母公司按照有关规定在境内发行人民币债券，募集资金用于集团设立在自贸试验区内全资子公司和集团成员企业借款的，不纳入外债管理。	人民银行沈阳分行、市金融办
11	自贸试验区银行发放境外人民币贷款。	人民银行沈阳分行、市金融办
12	推进海关特殊监管区域整合优化，完善功能。加快形成贸易便利化创新举措的标准化制度规范，覆盖到所有符合条件的企业。加强口岸监管部门联动，规范并公布通关作业时限。	沈阳海关
13	在执行现行税收政策的前提下，提升超大超限货物的通关、运输、口岸服务等综合能力。	沈阳海关
14	简化《内地与香港关于建立更紧密经贸关系的安排》、《内地与澳门关于建立更紧密经贸关系的安排》及《海峡两岸经济合作框架协议》下货物进口原产地证书提交要求。	沈阳海关
15	推进自贸试验区内各区域之间通关一体化。	沈阳海关

续表

序号	改革事项	责任部门
16	推进政府管理由注重事前审批向注重事中事后监管转变，构建事前诚信承诺、事中评估分类、事后联动奖惩的全链条信用监管体系。	市工商局
17	完善信息网络平台，建立企业信用信息采集共享机制，实现跨部门协同管理。	市工商局
18	支持企业在境外设立股权投资企业和专业从事境外股权投资的项目公司，支持设立从事境外投资的股权母基金。	省证监局、市外经贸局、人民银行沈阳分行、市金融办
19	支持自贸试验区内企业的境外母公司或子公司按规定在境内交易所市场发行人民币债券。	省证监局、人民银行沈阳分行、市金融办
20	允许外资股权投资管理机构、外资创业投资管理机构在自贸试验区发起管理人民币股权投资和创业投资基金。	省证监局、人民银行沈阳分行、市金融办
21	支持自贸试验区内符合互认条件的基金产品参与内地与香港基金产品互认。	省证监局、人民银行沈阳分行、市金融办
22	逐步允许境外企业参与商品期货交易。	省证监局、人民银行沈阳分行、市金融办
23	银行按照“了解客户”“了解业务”“尽职审查”等展业原则办理经常项目收结汇、购付汇手续。	人民银行沈阳分行、市金融办
24	深化外汇市场改革。对于境外机构按规定可开展即期结售汇交易的业务，注册在自贸试验区的银行可为其办理人民币与外汇衍生产品交易。相关头寸纳入银行结售汇综合头寸管理。	人民银行沈阳分行、市金融办
25	推进检验检疫通关一体化。	沈阳出入境检验检疫局
26	构建跨境电子商务监管新模式。	沈阳海关、沈阳出入境检验检疫局
27	完善社会信用体系。建设公共信用信息服务平台，完善与信用信息、信用产品使用有关的系列制度等。	市发展改革委
28	实行企业年度报告公示和经营异常名录制度。与工商登记制度改革相配套，运用市场化、社会化的方式对企业进行监管。	市工商局

续表

序号	改革事项	责任部门
29	社会力量参与市场监督制度。通过扶持引导、购买服务、制定标准等制度安排,支持行业协会和专业服务机构参与市场监督。	市工商局、质监局、食品药品监管局
30	组织机构代码实时赋码。	市质监局
31	企业标准备案管理制度创新。	市质监局
32	支持商业保理业务发展,探索适合商业保理发展的外汇管理模式。	人民银行沈阳分行
33	放宽跨国公司外汇资金集中运营管理准入条件。	人民银行沈阳分行、市金融办
34	按照公平竞争原则,完善海关监管、检验检疫、退税、物流等国际贸易支撑系统。	沈阳海关、沈阳出入境检验检疫局、市外经贸局、国税局
35	增强自贸试验区口岸服务辐射功能,完善海关通关一体化改革,开展货物通关、贸易统计、“经认证的经营者”互认、检验检测认证等方面合作,逐步实现信息互换、监管互认、执法互助。	沈阳海关、沈阳出入境检验检疫局
36	从投资者条件、企业设立程序、业务规则、监督管理、违规处罚等方面明确扩大开放行业具体监管要求,完善专业监管制度。建立以信用风险分类为依托的市场监管制度。	市工商局、质监局、食品药品监管局
37	探索建立自动获准制度,对竞争性行业准入推行准则制。	辽宁自贸试验区沈阳片区管委会、市政务服务办、法制办
38	按照全市建设项目审批流程和标准,推行“一份办事指南,一张申请表单,一套申报材料,完成多项审批”的“一张表单”报审方式,实现“一个窗口”统一受理,即统一收件、信息共享、协同受理、并联审批、同步出件、全程公开的运行模式。	市发展改革委、规划国土局、政务服务办、大数据管理局、环保局、浑南区政府、苏家屯区政府、辽宁自贸试验区沈阳片区管委会
39	进一步探索改进符合先进装备制造业特点的信贷担保方式,拓宽抵押担保物范围,支持“走出去”企业以境外资产和股权、矿权等权益抵押获得贷款。	人民银行沈阳分行、市金融办、外经贸局、经济和信息化委
40	推广使用归类先例辅助系统。	沈阳海关
41	实行“集报集缴”监管模式。	沈阳海关

续表

序号	改革事项	责任部门
42	对供维修用进口航材提供量体裁衣式的通关模式。	沈阳海关
43	探索制定再制造旧机电设备允许进口目录,在风险可控的前提下,试点数控机床、工程设备等进口再制造,打通高端设备回收和产品销售“两头在外”的运作模式。探索开展保税检测、维修和再制造业务试点。探索开展高附加值大型成套设备及关键零部件再制造。	市经济和信息化委、发展改革委、外经贸局、沈阳海关、沈阳出入境检验检疫局、市环保局、国税局、地税局等相关单位
44	研究利用保税政策开展再制造业务,允许试点企业对再制造原材料开具增值税发票并进行税前抵扣。	市外经贸局、沈阳海关、市国税局
45	建立再制造旧件溯源及产品追踪信息系统。	沈阳出入境检验检疫局、辽宁自贸试验区沈阳片区管委会
46	允许国有企业在自贸试验区开展虚拟股权激励制度试点。	市国资委
47	探索国有企业重大信息披露制度,试行对自贸试验区内部分市属一级国有企业开展年报公示制度。	市国资委
48	完善外国留学生毕业后直接就业创业政策,争取将沈阳高校的外国留学生直接就业政策学历要求从硕士放宽到本科,探索允许国外知名大学应届外国本科毕业生直接到沈阳就业。	市人力资源社会保障局
49	设立自贸试验区沈阳片区“信保中心”。	省保监局、市金融办
50	探索实行“一票到底”的联运服务,研究应用电子运单提供全程无缝衔接的一体化运输服务。	市发展改革委、辽宁自贸试验区沈阳片区管委会、市交通局、外经贸局、沈阳港集团、沈阳铁路局、沈阳桃仙国际机场股份公司、沈阳海关、沈阳出入境检验检疫局、市大数据管理局
51	在自贸试验区内设立符合条件的外资合资旅行社可经营大陆居民出国(境)(不包括赴台湾地区)团队旅游业务。	市旅游委
52	开展债转股改革试点。	市国资委
53	深化现代企业制度改革试点。	市国资委
54	探索创新型装备制造业领域高新技术企业认定标准。	市科技局

续表

序号	改革事项	责任部门
55	非上市及未在全国中小企业股份转让系统挂牌的中小高新技术企业以未分配利润、盈余和资本公积向个人股东转增股本,高新技术企业转化科技成果给予本企业相关技术人员的股权奖励,可在不超过5个公历年度内分期缴纳。	市科技局、地税局
56	支持高校院所和国有企事业单位职务成果在自贸试验区转化,转化净收益或取得的股权,按照不低于70%的比例奖励成果完成人和为转化成果做出重要贡献的人员。研发团队自行在自贸试验区内实施成果转化转移的收益,其所得不低于70%。	市科技局
57	搭建科技成果转化服务平台。	市科技局
58	设立“高层次人才服务窗口”。	市人才办
59	建立以诚信为基础的企业分级监管制度。	市工商局
60	制定食品药品安全信用信息管理办法。	市食品药品监管局
61	推进海关税收征管方式改革,推动税收征管申报要素审查,由集中在进出口通关环节向全过程转变,由逐票审查确定向抽查审核转变,支持企业自报自缴税款,创新税收担保形式。	沈阳海关
62	积极协助配合推进自贸试验区企业注册登记“多证合一”,进一步优化海关“关企合作平台”,构建以信用为核心的新型海关监管体制,有效落实对海关高级认证企业守信联合激励措施和对失信企业的联合惩戒措施。	沈阳海关
63	深化国际间海关合作。开展国际海关间通关便利化、AEO互认、能力建设、执法等合作,积极开展“一带一路”沿线国家、地区间自由贸易园区海关监管合作。	沈阳海关
64	取消异地加工审核环节。支持高端装备制造业发展。建立大型机械装备制造业和国家战略性新兴产业发展相适应的保税监管模式,按照合同期限进行监管。支持汽车(新能源汽车为重点)、高端医疗器械、轨道交通装备、机器人智能装备等产业转型升级。	沈阳海关
65	实施以企业为单元的加工贸易监管模式,允许符合条件的企业根据生产经营实际自主确定合理核销周期;对管理规范、符合海关监管要求的企业,探索实施企业自主选择单耗、工单等核算方式,自主备案、自主核报的管理方式,自主选择在报核前申报单耗或单耗自核管理。	沈阳海关

续表

序号	改革事项	责任部门
66	积极争取选择性征税关税改革试点。	沈阳海关、市国税局
67	优化口岸、海关特殊监管区域、保税监管场所和加工贸易企业之间的保税货物流转方式,企业可自行选择运输工具承运保税货物。	沈阳海关
68	支持文化对外贸易发展。探索文化产品保税监管模式,支持文化艺术、数字出版、动漫游戏、艺术品交易等文化产业发展。依托海关特殊监管区域,支持发展文化特色服务进出口产业。	沈阳海关
69	支持跨境电子商务发展。支持建立跨境电子商务平台运营主体、符合条件的外贸综合服务企业、物流服务企业集中代理纳税机制。	沈阳海关
70	支持服务外包业务发展。支持符合条件企业适用国际服务外包业务进出口货物保税监管模式,促进软件研发、工业设计、信息管理等业务发展,提高服务外包产业国际竞争力。	沈阳海关
71	支持融资租赁业务发展。对注册在自贸试验区海关特殊监管区域内的融资租赁企业进出口飞机、大型设备等涉及跨关区的,在确保有效监管和执行现行税收政策前提下,按照物流实际需要,实行海关异地委托监管。	沈阳海关
72	支持航空产业发展。支持增加国际客运货运航线航班,优化航空国际中转作业模式,支持开展国内国际航空运输混装混载业务。支持发展航空快件业务,鼓励发展航空快件国际中转和集拼业务。	沈阳海关
73	推行出入境检验检疫报检企业备案和原产地证申报企业备案"两证合一",并纳入自贸试验区"多证合一"服务平台,实现"一口办理、内部流转、同步审批、统一发证"的一站式服务模式。	沈阳出入境检验检疫局
74	推行原产地签证申报无纸化,简化申报手续。对于符合条件的,无需提交申请书、发票、装箱单等纸质单据,只需发送电子数据即可申领原产地证书。	沈阳出入境检验检疫局
75	实施原产地签证一体化和便捷签证服务措施。实施签证"一体化",企业可自主选择检验检疫机构办理原产地签证业务,并提供"预留签、快递签、代理签"等便捷签证服务。	沈阳出入境检验检疫局
76	建立辽宁地区进境食品检疫审批正面清单制度。对质检总局授权辽宁局负责的检疫审批终审产品名录内进境食品,优化审批流程,缩短审批时限,下放审批权限。实行审批全程电子化,审批时限由规定的20个工作日缩短至10个工作日,进境水产品初审权限下放到自贸试验区检验检疫机构。	沈阳出入境检验检疫局

续表

序号	改革事项	责任部门
77	优化国际中转水产品检验检疫监管模式。对已获得我国检疫准入的国际中转水产品免予实施检验,免予提供证书,免予注册备案。国际中转水产品目的国家或地区需提供卫生(健康)证书的,按照目的国家或地区要求实施检验检疫并出具卫生(健康)证书。	沈阳出入境检验检疫局
78	实施进(来)料加工进出口食品原料及制成品"即查即放"检验放行模式。对进(来)料加工企业实施信用管理和合格保证,完善自检自控体系和追溯召回制度,强化加工过程监管。	沈阳出入境检验检疫局
79	简化动植物及其产品生产企业注册登记。申请注册登记动植物及动植物产品生产企业办理时限由20个工作日缩短至10个工作日。注册登记申请延期的,书面材料符合要求后,免予现场考核,简化换证手续。	沈阳出入境检验检疫局
80	扩大第三方检验结果采信范围。根据风险预警与分析,建立第三方采信项目动态调整机制。有计划地逐步开放采信试点商品范围,在不涉及"安全、卫生、环保"的部分商品或检测项目上逐步试点第三方检验结果采信。	沈阳出入境检验检疫局
81	实施跨境电子商务CCC产品监管制度。未获CCC认证的产品,以跨境电子商务保税备货模式进口的,按照免于强制性产品认证特殊用途进口产品检测处理程序,经抽样检测合格后准予进口。	沈阳出入境检验检疫局
82	实施CCC免办一体化。全面下放CCC免办权限,允许企业自行选择任意检验检疫机构办理免办证明。实施CCC免办无纸化。取消CCC免办纸质材料比对,全面实现网上办理;企业可自行打印《免办证明》,上传扫描件即可进行免办产品报检,无需现场递送材料。	沈阳出入境检验检疫局
83	创新CCC认证监管制度。利用信息化系统进行CCC目录外产品确认,延长CCC免办证明和目录外确认结果的有效期。境外进入特殊监管区域生产加工所需的原材料、零部件,研发、检测用的入境材料、检测物品等,保税仓储物流货物,企业自用的办公用品,无需办理强制性产品认证。	沈阳出入境检验检疫局
84	支持中欧班列扩量增效。支持辽宁地区内陆主要货源节点、主要铁路枢纽节点、沿海重要港口节点充分发挥作用,支持多式联运发展,建设和完善信息化系统,简化检验检疫申报、查验和放行手续,对过境中转集装箱免于开箱查验,支持冷链物流发展,扩大中欧班列运输货物范围。	沈阳出入境检验检疫局

续表

序号	改革事项	责任部门
85	优化入境展品检验检疫监管模式。按照“风险可控、适当放宽”的原则,简化展品审批备案手续,在口岸对入境展品实施快速验放,设置专门的展会展品办理窗口,做到即到即报、即检即放,支持会展业发展。	沈阳出入境检验检疫局
86	支持装备制造业转型升级。推进大型及成套设备检验监管模式改革,支持重大项目建设。支持大型及成套设备全球维修产业发展,优化流程。对CCC免办和CCC目录外确认实施“申报确认+事后监管”工作模式。优化大型装备国内采购零配件原产地证签证流程。	沈阳出入境检验检疫局
87	建立跨境电子商务检验检疫监管和公共检测服务平台。完善跨境电子商务检验检疫管理措施及监管流程,运用“跨境电子商务检验检疫监管平台”,实现对跨境电子商品的快速放行和有效监管。	沈阳出入境检验检疫局
88	打造“互联网+”跨境电子商务公共检测服务平台,为政府有关部门质量监测和风险监控提供技术保障,为电子商务企业质量验证提供技术支撑,为消费者质量投诉提供委托检测、鉴定、仲裁技术服务。	沈阳出入境检验检疫局
89	对符合认定标准的外籍高层次人才及其配偶、未成年子女,经自贸试验区沈阳片区管委会等单位推荐,可直接申请在华永久居留。	市公安局
90	外籍人员在当地连续工作满4年,每年在中国境内实际居留不少于6个月,有稳定生活保障和住所,工资性年收入和年缴纳个人所得税达到规定标准,经工作单位推荐,可申请在华永久居留,并允许其配偶和未成年子女随同申请。	市公安局
91	外籍华人具有博士研究生以上学历在当地工作,或外籍华人在本地连续工作满4年,每年在中国境内实际居住累计不少于6个月,可直接申请在华永久居留。	市公安局
92	对来本地探望亲属、洽谈商务、科教文卫交流活动及处理私人事务的外籍华人,可签发5年以内多次入出境有效签证;对在本省工作、学习、探亲以及从事私人事务需长期居留的,可按规定签发有效期5年以内的居留许可。	市公安局
93	对具有创新创业意愿的外国留学生,可凭我国高校毕业证书申请2-5年有效的私人事务类居留许可(加注“创业”),进行毕业实习及创新创业活动。期间被有关单位聘雇的,可按规定办理工作类居留许可。对经省级公安	市公安局

续表

序号	改革事项	责任部门
	机关出入境管理机构备案的企业邀请前来实习的境外高校外国学生,可在入境口岸申请私人事务签证(加注“实习”)入境进行实习活动;持其他种类签证入境的,也可在境内申请变更为短期私人事务签证(加注“实习”)进行实习活动。	
94	在本地工作的外国人,如其已连续2次申请办理工作类居留许可,且无违法违规问题的,第三次申请工作类居留许可,可按规定签发有效期5年以内的工作类居留许可。	市公安局
95	有关企业选聘的外籍技术人才和高级管理人才,办妥工作许可证明的,可在入境口岸申请工作签证入境;来不及办理工作许可证明的,可凭企业出具的邀请函件申请人才签证入境。	市公安局

中国（辽宁）自由贸易试验区沈阳片区促进科技创新发展的若干政策

（2018 年 5 月 2 日　沈自贸管发〔2018〕7 号）

为进一步加快中国（辽宁）自由贸易试验区沈阳片区建设，降低企业成本，增加企业收益，促进科技创新，提高经济质量，加快自贸区与自主创新示范区联动发展，根据国家、省有关法律法规、规章和政策规定，结合沈阳片区实际，制定本政策。

一、培育发展科技型企业。对新注册的拥有自主知识产权的科技型企业，从投产运营之日起，3 年内按照企业所得税地方本级财力留成部分的 100% 给予奖励，第 4—5 年按照企业所得税地方本级财力留成部分的 50% 给予奖励。

二、支持科技小巨人和高新技术企业发展。对进入科技小巨人企业培育库的企业，给予 50 万元奖励；对进入高新技术企业培育库的企业，给予 30 万元奖励；对首次通过认定的高新技术企业，给予 30 万元奖励；对重新认定的高新技术企业给予 10 万元奖励。

三、加强科技创新平台建设。对世界 500 强企业、国际知名研发机构在沈阳片区设立研发中心，按照上年度其研发投入的 40% 给予补助，最高不超过 1200 万元。支持沈阳片区创新主体通过并购或直接投资等方式在境外设立研发机构，按照上年度研发设备投入额的 40% 给予补助，最高不超过 1200 万元。对新建的国家（国家地方联建）重点实验室（工程实验室）、工程（技术）研究中心、企业技术中心等技术创新服务平台，给予 300 万元研发补助。

四、支持企业加大研发投入。对沈阳片区高新技术企业和进入科技小巨人企业培育库、高新技术企业培育库企业的研发投入，按照上年度其研发投入的 15% 给予补助，每年每家最高不超过 200 万元。

五、促进产学研协同创新。对高校、科研院所科技成果实现向沈阳片区企业转移转化的，按照最高不超过实际成交价的 3%，给予职务科技成果完成人和为成果转化做出重要贡献的人员奖励，每年每人最高不超过 50 万元；按照实际成交价的5%给予受让该科技成果的企业补贴,每年每家最高不超过200万元。

六、建立完善金融服务体系。政府引导,多主体合作设立科技产业创业投资基金,通过股权投入等方式支持科技型企业发展。鼓励风险投资机构在沈阳片区设立种子基金、股权投资基金,对在片区内设立种子基金、股权投资基金的股权投资机构按照《中国(辽宁)自由贸易试验区沈阳片区促进金融服务业发展的若干政策》(沈自贸管发〔2017〕6号)给予扶持和奖励。

七、加快"双创"孵化载体建设。鼓励科技孵化器创新运营管理模式,提升创业服务能力,对新建、改扩建的科技孵化器、重点产业集群创业创新基地、中小企业创业(辅导)基地,按照其实际完成投资金额的30%给予补助,最高不超过300万元。对市级及以上主管部门认定的创业孵化基地实际提供房租、水、电、采暖、网络等优惠条件的给予运营费补助,对创业孵化基地年接纳入驻企业15家以上,面积达到5000平方米以上的,给予年补助100万元,2000—5000平方米的,给予年补助60万元。每新增2000平方米且新增在孵企业10户的,增加补助50万元,最高不超过500万元。

八、促进军民融合发展。支持沈阳片区企业开展军民融合,对参与军工装备承制以及承担装备预研计划的企业,按照其合同实际到账金额的10%给予补贴,最高不超过300万元。对军民融合企业生产高新技术产品,按照企业所得税地方本级财力留成部分的100%给予奖励,奖励期限3年。对军民融合企业科技创新领军人才和团队骨干成员,按照其个人所得税地方本级财力留成部分的100%给予奖励,奖励期限3年。

九、鼓励企业申请知识产权。企业获得国外、国内发明专利和国外、国内商标授权的,每件分别给予最高不超过5万元、5000元和8000元、3000元奖励,同一单位奖励总额不超过200万元。对获得国家级专利奖和中国驰名商标的,分别给予20万元和30万元奖励。

十、发展知识产权中介服务。知识产权代理服务机构为企业年代理知识产权200件以上的,给予2万元奖励,每增加50件,增加奖励1万元,每个机构最高不超过10万元。新设立的国际知名或进入全国同行业100强的知识产权专业律师事务所或分支机构,按照实际开办费或近一年期的运营费用,给予最高不超过50万元一次性补助。

十一、附则

(一)本政策自2017年4月10日起实施,有效期五年,实施细则另行制定。

(二)本政策中超出沈阳市相关政策扶持范围或扶持标准的扶持资金,由沈阳片区管委会负责支付。

(三)本政策中未提及的政策按照《沈阳市振兴实体经济若干政策措施》(沈委发〔2017〕29 号)及沈阳市相关政策执行。

(四)对重大科技创新项目,由沈阳片区管委会采取“一事一议”办法议定。

(五)本政策由中国(辽宁)自由贸易试验区沈阳片区管委会负责解释。

中国(辽宁)自贸试验区沈阳片区促进先进制造业发展的若干政策实施细则

第一章　总　　则

第一条　根据《中国(辽宁)自贸试验区沈阳片区重点发展产业目录(首批)》《中国(辽宁)自贸试验区沈阳片区促进先进制造业发展的若干政策》,为促进先进制造业在片区集聚发展,便于政策实施,明确相关条款具体内容及操作规范,结合实际,制定此实施细则。

第二条　工商注册地、税务征管关系及统计关系在沈阳片区范围内,有健全财务制度、具有独立法人资格(或视同法人单位)、独立核算的先进制造业企业或机构,符合重点发展产业目录和先进制造业发展政策,享受规定的奖励和扶持。

第二章　奖补标准、申报条件及申报材料

第三条　项目落户奖

(一) 支持标准

对新设立的先进制造业外资企业,实缴注册资本达到1000万美元(含)以上(仅限世界500强企业投资)、2000万美元(含)以上、5000万美元(含)以上、1亿美元(含)以上的,分别给予300万元、500万元、800万元、1000万元奖励。对新设立的先进制造业内资企业,实缴注册资本达到5000万元(含)以上(仅限中央大型企业、中国企业500强或中国民营500强企业投资)、1亿元(含)以上、5亿元(含)以上、10亿元(含)以上的,给予300万元、500万元、800万元、1000万元奖励。

(二)申报条件

1. 世界500强企业是指提出申请的上一年度入选《财富》(《FORTUNE》)杂志公布的“全球最大五百家公司”排行榜的企业本身或其直接控股子公司;中央大

型企业(集团)是指提出申请的上一年度纳入国务院国资委等部委管理的企业本身或其直接控股子公司;中国企业 500 强是指提出申请的上一年度入选中国企业联合会、中国企业家协会向社会公布的中国企业 500 强排行榜的企业本身或其直接控股子公司;中国民营 500 强企业是指提出申请的上一年度入选全国工商联向社会公布的上一年度上规模民营企业 500 强排行榜的企业本身或其直接控股子公司。

2. 企业须在 2017 年 4 月 10 日后设立,在本办法有效期内实缴注册资本达到规定条件;签订正式投资协议或签订经济效益承诺书。用地企业须在本区取得用地并已足额缴交土地出让金,按本细则设定奖励标准一次性发放落户奖励;非用地企业按本细则设定奖励标准分三年发放落户奖励。

3. 同一集团公司原则上至多 3 家企业可享受项目落户奖。

4. 本办法所涉及的注册资本,应当由具有资质的第三方机构出具专项验资报告,外资企业以相关统计部门根据商务部确认的外资指标数据和企业的验资报告为准。实缴注册资本专指货币出资,不包括其他方式出资。本办法所称设立,以企业工商注册登记时间为准。享受项目落户奖励的企业,设立和实缴注册资本时间均应当在本办法有效期内。

(三)申报材料

1. 法定(授权)代表人签署的申请书、法定代表人身份证明;

2. 投资协议或承诺书;

3. 验资报告、营业执照;

4. 用地企业需提交土地出让合同及缴款土地出让金证明或国有土地使用证;非用地企业需提供经营场地证明,财务审计报告;

5. 符合本实施细则所定义的投资方上一年度进入世界 500 强企业排行榜、中央大型企业(集团)、中国企业 500 强或中国民营 500 强企业排行榜的证明材料;

6. 其他所需的材料。

第四条 经营贡献奖

(一) 支持标准

2017 - 2019 年新注册的先进制造业企业,当年统计达到规模以上或形成地方本级财力达到 100 万元(含)以上(不含高管个人工资性收入形成的地方本级财力),从当年起连续 3 年按照对形成地方本级财力的 100% 予以奖励。

(二)申报条件

1. 以工商营业执照登记的日期为准,2017 年 4 月 10 日 - 2019 年 12 月 31 日内在本区新注册企业。

2. 2017年4月10日－2019年12月31日,当年统计达到规模以上或对地方本级财力贡献(不含高管个人工资性收入形成的地方本级财力)达到100万元以上。

(三)申报材料

1. 法定(授权)代表人签署的申请书、法定代表人身份证明;

2. 企业营业执照;

3. 当年公司审计报告、纳税证明、年度纳税清缴报告原件;

4. 经营场地证明或土地出让合同及缴款证明或国有土地使用证;

5. 其他所需的材料。

第五条 贷款贴息

(一) 支持标准

对新注册且开工建设,并利用银行贷款的先进制造业项目,经管委会认定,按照银行实际发生贷款利息总额的50%给予贴息,总投资5亿元(含)－20亿元,贷款贴息年限3年;总投资20亿元(含)以上－50亿元,贷款贴息年限4年;总投资50亿元(含)以上,贷款贴息年限5年;每年贴息不超过200万元(含),累计贴息最高不超过1000万元。

(二)申报条件

1. 在片区新注册并开工建设的先进制造业项目。

2. 总投资5亿元(含)以上且从商业银行贷款的企业,可以分年度申请贴息。

3. 项目列入沈阳片区重点建设项目。

(三)申报材料

1. 先进制造业新建项目贷款贴息资金申请表;

2. 项目备案(或审批、核准)文件复印件;

3. 国土、规划、环评、节能等项目建设审批文件复印件;

4. 与商业银行签署的贷款协议复印件;

5. 项目已开工建设及当前进度的证明;

6. 新注册企业的营业执照副本复印件;

7. 其他所需材料。

第六条 首台(套)

(一)支持标准

首台(套)重大技术装备补助资金数额按照企业首台(套)重大技术装备首次销售价格的20%核定,上限不超过1000万元。关键零部件最高补贴额不超过100万元;单机产品最高补贴额不超过400万元;成套设备关键部件拥有自主知识产权,且本地化率超过60%的,最高补贴不超过800万元。

(二)申报条件

1. 申请首台(套)产品认定的单位应符合以下条件:

(1)申报主体在沈阳市域内注册,具有独立法人资格。

(2)近三年(新成立单位自成立以来)未发生重大安全、环保事故,具备产品设计及主要关键部件的制造、组装能力,产品市场前景好,已投入产业化应用,能满足售后服务要求。

(3)通过原始创新、集成创新或引进技术消化吸收再创新,掌握产品生产的核心技术、关键工艺或应用新技术原理、新设计构思,在结构、性能、材质、工艺等方面对原有产品率先进行根本性改进,产品的主要技术性能指标取得标志性突破,并拥有核心技术的自主知识产权;满足以上条件且其产品符合申报通知的相关要求,均可申请认定。

2. 申请认定首台(套)产品应符合以下条件:

(1)申请单位经过其投资主导的技术创新活动,在国内外依法拥有自主知识产权和自主品牌;或者通过依法受让取得知识产权的所有权或使用权。申请单位拥有该产品注册商标的所有权,产品属首次研制成功,并经用户使用,市场前景较好。

(2)首台(套)产品填补国内空白,主要技术指标达到国内领先或接近国际同类产品先进水平。

(3)通过产品鉴定(科技成果鉴定)或产品质量检测(检验)。属于国家有特殊行业管理要求的产品(如:军工、医疗器械、计量器具、压力容器等产品),须具有相关行业主管部门批准颁发的产品生产许可证;属于国家实施强制性产品认证的产品,须通过强制性产品认证。

首台(套)产品的鉴定时间或售出时间距申请认定时间原则上不超过3年,同时关键部件单个价值不低于200万元,单机价值不低于300万元,成套设备价值每套不低于1000万元。

(三)申报流程

根据《沈阳市振兴实体经济若干政策措施》(沈委发〔2017〕29号)文件,首台(套)重大技术装备认定工作每年开展一次,由市经信委发布申报通知,负责首台(套)重大技术装备认定及核准工作,市财政局负责相关资金的拨付和监督工作。

第七条 上下游配套企业

(一)支持标准

2017-2019年,对企业引进的累计总投资超过1亿元(含)-5亿元(含)产业链上下游关键配套项目,给予引进企业50万元奖励;5亿元以上-10亿元(含),

产业链上下游关键配套项目,给予引进企业100万元奖励;10亿元以上的产业链上下游关键配套项目,给予引进企业300万元奖励。

(二)申报条件

引进总投资1亿元(含)以上的产业链关键配套项目、并纳入规模以上的工业企业。

(三)申报材料

1. 企业产业链招商专项资金补助申请表;

2. 项目备案(或审批、核准)文件复印件;

3. 国土、规划、环评、节能等项目建设审批文件复印件;

4. 项目投资协议复印件;

5. 企业营业执照;

6. 引进项目"固定资产投资发票明细汇总表"(含全部土地、设备购置及厂房建设等);

7. 企业与上下游关键配套项目合同证明材料;

8. 其他所需材料。

第八条 龙头、骨干企业

(一)支持标准

建立沈阳片区龙头企业、骨干企业数据库,对库内企业的项目予以优先供地,每年对企业的发展情况进行综合评定。龙头企业1-5名,给予100万元的奖励,6-10名给予50万元奖励;骨干企业1-5名,给予50万元的奖励,6-10名给予30万元奖励。资金奖励专项用于企业技术改造与设备更新等各类日常发展支出,期限为3年。

(二)申报条件

企业纳入沈阳片区龙头企业、骨干企业数据库。

(三)申报材料

1.《沈阳片区产业政策申请表》一式三份;

2. 企业营业执照及上一年度纳税证明复印件(需原件验证);

3. 上一年度企业财务报表及审计报告复印件;

4. 企业提供奖金的使用计划或方案;

5. 其他所需材料。

第九条 研发机构

(一)支持标准

对世界500强企业、国际知名研发机构在沈阳片区设立研发中心,市政府按照上年度其研发投入的30%给予补助,10%自贸试验区给予补助,奖励总额最高不超过1200万元。对沈阳片区创新主体在境外设立研发机构,市政府按照其研发设备投入额的30%给予补助,10%自贸试验区给予补助,奖励总额最高不超过1200万元。对新建的国家(国家地方联建)重点实验室(工程实验室)、工程(技术)研究中心、企业技术中心等技术创新服务平台,市政府给予200万元补助,自贸试验区给予100万元补助。

(二)申报条件

在沈阳自贸试验区注册登记具有独立法人资格的研发机构或企事业单位。

(三)申报材料

1. 企业研发费用补助申请表;

2. 企业境外设立研发机构补助申请表和营业执照;

3. 市政府资金补助文件;

4. 上年度国家(国家地方联建)重点实验室(工程实验室)、工程(技术)研究中心、企业技术中心批复文件复印件等;

5. 其他所需材料。

第十条 技术创新成果补助

(一)支持标准

对沈阳片区高新技术企业和进入沈阳市科技小巨人企业培育库、高新技术企业培育库企业的研发投入,按照上年度其研发投入的15%,给予每年最高不超过200万元补助。

(二)申报条件

1. 在沈阳自贸试验区注册登记具有独立法人资格的企业;

2. 上年度经市科技局评审认定,进入沈阳市科技小巨人企业培育库和高新技术企业培育库的企业,满一年以上;

3. 企业为高新技术企业。

(三)申报材料

1. 企业研发费用补助申请表;

2. 研发投入统计表和营业执照;

3. 沈阳市科技小巨人企业培育库入库申请表;

4. 高新技术企业培育库入库申请表;

5. 高新技术企业证书复印件等;

6. 其他所需材料。

第十一条 科研成果转化补助

(一)支持标准

企业科研成果转化补助,按成果产业化过程相关投入的15%给予最高200万元补助。

(二)申报条件

对高等院校、科研机构、市外企业承担国家"863"、科技支撑计划专项形成的技术成果和获得市级科技进步奖以上(省、国家级)的重大技术创新成果在我市内首次实现产业化,且上年度(或连续12个月)销售收入达500万元以上的企业。其中,成果转化实施主体须拥有该技术成果的自主知识产权或使用权;成果转化类型包括成果方在我市实施成果转化或成果购买引进方在我市实施成果转化。成果产业化过程相关投入金额不含增值税(进项税)。

(三)申报材料

1.《科研成果转化项目补助专项资金申报表》;

2. 企业营业执照和法定代表人身份证(复印件);

3. 国家"863"、科技支撑计划专项立项文件、技术成果(复印件),市级科技进步奖以上的科技成果获奖证书(复印件);如属于购买引进技术成果,须提供购买引进技术成果转让合同书、付款凭证、技术成果知识产权权属转移证明或授权证明(复印件);

4. 销售清单、发票、转账凭证(复印件);

5. 成果产业化投入(产品试制费、设备购置费等)清单、发票、银行付款凭证(复印件);

6. 其他所需材料。

第十二条 境内外资本市场上市

(一)支持标准

企业境内首次公开发行上市的补助金额最高为400万元。其中:按国家证监会正式受理和实现上市融资两个阶段分别给予补助200万元和200万元。企业在境内证券市场买壳上市,比照企业境内上市补助方式给予支持。

企业境外首次公开发行上市,或者企业通过在境外证券交易所主板或创业板实现买壳上市,或者在柜台交易市场买壳上市后转板至主板或创业板的,一次性补助400万元。

对于经我市金融主管部门备案后,在"新三板"完成挂牌的企业,每户最高补助150万元。其中:按正式挂牌和实现融资两个阶段分别给予补助75万元和75万元。实现融资阶段补助标准为融资额累计超过1000万元。进入最高层的挂牌企业,再给予50万元奖励。

对新入驻区内的上市企业,参照此项支持标准,给予一次性奖励。

(二)申报条件

1. 境内外资本市场上市企业是指在国内资本市场(主板、中小板、创业板)及境外资本市场(包括但不限于香港、新加坡、美国及上级金融主管部门认定的境外证券交易市场)公开发行并成功上市的企业。

2. "新三板"挂牌企业是指在全国中小企业股份转让系 统挂牌的企业。

3. 对新入驻区内的上市企业,需将上市公司注册地、纳税登记迁入本区,纳入本区统计口径。

(三)申报材料

1. 境内资本市场上市企业及"新三板"挂牌企业

(1)申报材料按照《沈阳市振兴实体经济若干政策措施》(沈委发〔2017〕29号)文件执行,补助资金差额部分由管委会给付。

2. 境外资本市场上市企业(涉及外文版本的文件需提供中外文对照版)

(1)《企业上市奖励申请表》;

(2)企业营业执照;

(3)企业与券商及其他中介机构签订的服务协议;

(4)企业获得证券主管部门或证券交易所有关批准公开发行股票并上市的批复等相关证明;

(5)企业招股说明书等证明材料;

(6)企业获得境外证券主管部门或境外证券交易所有关批准 公开发行股票并上市的相关证明;

(7)企业招股说明书,以及企业募集资金情况的证明文件;

(8)利用红筹等方式上市的企业还需提供境内外企业资产重组情况及区内经营主体企业审计报告等文件;

(9)其他所需材料。

第十三条 高管补贴

(一)支持标准

高管个人工资性收入形成的地方本级财力给予全额补贴。

(二)申报条件

1. 高级管理人员包括董事长、副董事长、总经理、副总 经理、监事长、总经济师、总会计师或相当层级职务的人员等,且必须是本企业在职工作人员并在本区纳税。具体奖励对象和奖励对象排名由企业按其内部管理制度决定。

2. 每家企业每年奖励对象不超过 10 名(含),且高管年收入 30 万元(含)以上,奖励金额每人每年最高不超过 300 万元(含)。

(三)申报材料

1. 法定(授权)代表人签署的申请书(原件)、法定代表人的身份证明;

2. 企业营业执照;

3. 高管人员个人申请表(高管本人亲笔签名);

4. 高级管理人员的有效身份证件,在本区申报个人所得 税的编码;

5. 高级管理人员本人当年在本区缴纳个人所得税的完税 证明和纳税清单;

6. 高级管理人员的劳动(聘用)合同、在职工作证明(加盖公司公章)、上级控股母公司的委派书等;

7. 其他所需材料。

第十四条　重大科技创新

(一)支持标准

对拥有填补国内空白、国际领先技术的科技企业给予一次性 1000 万元奖励,奖励资金专项用于企业改造实验室、购置和更新研发仪器设备及软件,并对已投入使用的仪器设备进行日常维护,提高创新能力。

(二)申报条件

1. 技术获得国家相关部门认定。

2. 在本区注册登记并纳税的具有独立法人资格的企业。

3. 企业三年累计地方本级财力纳税 1000 万元以上。

(三)申报材料

1. 企业、项目及技术情况简介;

2. 资金申请报告;

3. 企业营业执照;

4. 企业投资项目的备案或核准文件;

5. 土地出让合同(不涉及新增土地的项目单位提供房地产权证,非自有房产的提供租房证明);

6. 本项目尚未获得市级、区级其他专项支持的声明;

7. 前三年财务审计报告;

8. 其他所需材料。

第三章　申报审核程序

第十五条　支持政策条款申报审核流程

1. 申报。为便于组织和管理,沈阳片区管委会将于每年第一季度启动上一年度和本年度奖补政策项目申报工作。

2. 审核。沈阳片区管委会委托第三方机构进行评审,出具评审意见,编制补贴计划。

3. 公示。经沈阳片区管委会主任办公会议审定,并向社会公示,公示期为7个工作日。

4. 拨付。经公示无异议的,财务部门安排资金、拨付申报单位。

第四章　管 理 保 障

第十六条　沈阳片区管委会相关部门要坚持公平、公开、公正的原则,确保资金使用规范、安全、高效;确保项目评审的公正、合规、合法。

第十七条　申报单位要对申报事项的真实性、合规性和资金使用负直接责任。

第十八条　相关事项涉及的会计、审计等中介机构要对其出具的报告的真实性、公正性负责。

第十九条　对于弄虚作假骗取奖补资金,擅自改变承诺实施事项的,沈阳片区管委会将追回奖补资金,并依法追究相关单位和人员责任。同时将项目单位及中介机构列入信用信息"黑名单"、取消所有奖补资金申报资格。

第五章　附　　则

第二十条　本政策中超出《沈阳市振兴实体经济若干政策措施》(沈委发〔2017〕29号)扶持范围或扶持标准的扶持资金,由沈阳片区管委会负责落实;未提及的政策按照沈委发〔2017〕29号文件执行。

第二十一条　申请奖励资金的企业须提交承诺书,承诺对相关发展政策及约定已知悉。本政策所适用的企业需按相关规定缴纳注册资本,并在沈阳片区内实体经营缴纳税收,若10年内迁出沈阳片区,管委会有权追回扶持资金。

第二十二条　本政策除特殊标定外,所涉及计价币种以人民币为单位。同一性质扶持资金不得重复申请,不可兼得。

第二十三条 对重要试点、重大项目,由沈阳片区管委会采取“一企一策”“一事一议”办法议定扶持标准。

第二十四条 本政策由沈阳片区管委会负责解释。

第二十五条 本政策自 2017 年 4 月 10 日起施行,除有特殊约定外,有效期至 2021 年 12 月 31 日。

中国(辽宁)自由贸易试验区沈阳片区促进融资租赁业发展的若干政策实施细则

为贯彻落实《中国(辽宁)自由贸易试验区沈阳片区促进融资租赁业发展的若干政策》(沈自贸管发〔2017〕6号,以下简称《若干政策》)文件精神,促进中国(辽宁)自由贸易试验区沈阳片区(以下简称沈阳片区)内融资租赁业健康、快速发展,按照程序规范、操作简便、权责明确、公正透明的原则,特制定本实施细则。

第一章 总 则

第一条 融资租赁企业需在沈阳片区内依法注册和税务登记的,要有健全财务制度、具有独立法人资格。

第二条 实缴注册资本金需达到1.7亿元人民币及以上,开户行所在地需在沈阳;且保证10年内不迁出沈阳片区。

第三条 具有健全的内部管理制度和风险控制制度,经营业绩良好,没有违法违规记录。

第二章 奖补标准、申报条件及申报材料

第四条 鼓励企业落户增资

(一)奖补标准

1. 落户奖励:实缴注册资本金1.7亿元(含)-2亿元,按实缴金额的0.5%给予奖励;实缴注册资本金2亿元(含)-3亿元,按实缴金额的1%给予奖励;实缴注册资本金3亿元及以上的,按实缴金额的1.5%给予奖励。对每户企业该项奖励金额不超过1500万元。

2. 增资奖励:实缴增资额3000万元(含)-5000万元,按增资额的0.5%给予奖励;实缴增资额5000万元(含)-1亿元,按增资额的1%给予奖励;实缴增资额1亿元及以上,按增资额的1.5%给予奖励。对每户企业该项奖励金额不超过

1000万元。

(二)申报条件

申请落户奖励企业需实缴注册资本金不低于1.7亿元人民币,需在行业主管部门完成备案程序,且当年实际开展融资租赁业务额(指实际合同履行的投放本金,以下同指)达500万元以上;申请增资奖励的融资租赁企业需一次性实缴增资额度不低于3000万元,在工商部门履行完成增资程序,且之前年度没有发生减资情况。

(三)申报材料

1.申请落户奖励需提供以下材料:

(1)《中国(辽宁)自由贸易试验区沈阳片区融资租赁业补贴资金申请表》;

(2)申请报告(应包括企业基本信息、股东及股权结构,注册及实收资本、业务发展及构成、经营效益、拟申请奖补项目等内容);

(3)相关行业主管部门的批准证书或批复文件;

(4)融资租赁企业及服务对象营业执照复印件;

(5)当年开展业务的融资租赁合同、设备购买合同复印件;设备购买合同对应的发票和银行流水账目复印件;租金收取银行流水账目和发票复印件;

(6)上年度审计报告,上年度完税证明原件;

(7)最近一期验资报告和实缴注册资本的银行进账单。

2.申请增资奖励需提供以下材料:

(1)《中国(辽宁)自由贸易试验区沈阳片区融资租赁业补贴资金申请表》;

(2)申请报告(应包括企业基本信息、股东及股权结构,注册及实收资本、业务发展及构成、经营效益、拟申请奖补项目等内容);

(3)相关行业主管部门的批准证书或批复文件;

(4)融资租赁企业及服务对象营业执照复印件,增资后的营业执照复印件;

(5)当年开展业务的融资租赁合同、设备购买合同复印件;设备购买合同对应的发票和银行流水账目复印件;租金收取银行流水账目和发票复印件;

(6)上年度审计报告,上年度完税证明原件;

(7)最近一期验资报告和实缴注册资本的银行进账单。

第五条 鼓励企业扩大业务规模

(一)奖补标准

当年融资租赁业务额比上年新增5000万元(含)-1亿元,按新增业务额的0.3%给予奖励;比上年新增1亿元(含)-2亿元,按新增业务额的0.5%给予奖励;比上年新增2亿元及以上的,按新增业务额的1%给予奖励。对每户企业该项奖励金额不超过1000万元。

(二)申报条件

申请扩大业务规模奖励的融资租赁企业,年业务额需连续递增,且当年新增融资租赁业务额不低于5000万元。

(三)申报材料

(1)《中国(辽宁)自由贸易试验区沈阳片区融资租赁业奖补资金申请表》;

(2)申请报告(应包括企业基本信息、股东及股权结构、注册及实收资本、业务发展及构成、经营效益、拟申请奖补项目等内容);

(3)当年开展业务的融资租赁合同、设备购买合同复印件;设备购买合同对应的发票和银行流水账目复印件;租金收取银行流水账目和发票复印件;

(4)从开展业务以来,融资租赁企业年度审计报告及融资租赁业务汇总表;

(5)上年度审计报告。

第六条 支持融资租赁企业与小微企业合作

(一)奖补标准

融资租赁企业对我市小微企业免收融资物租赁保险费的,按照签订合同金额的1%给予补助,单笔合同补助金额不超过实际合同履行额的1%,总额不高于30万。每户企业补助总额不超过200万元。

(二)申报条件

(1)融资租赁企业针对我市小微企业开展融资租赁业务。小微企业应符合工信部联企业〔2011〕300号文件规定的划型标准;

(2)融资租赁企业承担融资租赁物保险费;

(3)融资租赁企业与小微企业签订的融资租赁合同期限为1年以上(含1年);合同实际履行时间为6个月以上(含6个月)。

(三)申报材料

(1)《中国(辽宁)自由贸易试验区沈阳片区融资租赁业奖补资金申请表》;

(2)申请报告(应包括企业基本信息、股东及股权结构、注册及实收资本、业务发展及构成、经营效益、拟申请奖补项目等内容);

(3)当年开展业务的融资租赁合同、设备购买合同复印件;设备购买合同对应的发票和银行流水账目复印件;租金收取银行流水账目和发票复印件;

(4)融资租赁物保险合同、保险费发票;

(5)上年度审计报告。

第七条 支持融资租赁企业与装备制造企业合作

(一)奖补标准

融资租赁企业对我市装备制造业企业免收融资租赁物保险费的,按照签订合同金额1%给予补助,单笔合同补助金额不超过实际合同履行额的1%,总额不高于40万元。每户企业补助总额不超过300万元。

(二)申请条件

(1)融资租赁企业针对我市装备制造企业开展融资租赁业务;

(2)融资租赁企业承担融资租赁物保险费;

(3)融资租赁企业与装备制造企业签订的融资租赁合同期限为1年以上(含1年);合同实际履行时间为6个月以上(含6个月)。

(三)申报材料

(1)《中国(辽宁)自由贸易试验区沈阳片区融资租赁业奖补资金申请表》(附件1);

(2)申请报告(应包括企业基本信息、股东及股权结构、注册及实收资本、业务发展及构成、经营效益、拟申请奖补项目等内容);

(3)当年开展业务的融资租赁合同、设备购买合同复印件;设备购买合同对应的发票和银行流水账目复印件;租金收取银行流水账目和发票复印件;

(4)融资租赁物保险合同、保险费发票;

(5)上年度审计报告。

第八条 支持融资租赁企业与科技创新型企业合作

(一)奖补标准

融资租赁企业对我市科技创新型企业免收融资租赁物保险费的,按照签订合同金额1%给予补助,单笔合同补助金额不超过实际合同履行额的1%,总额不高于50万元。每户企业补助总额不超过400万元。

(二)申请条件

(1)融资租赁企业针对我市科技创新型企业开展融资租赁业务。科技创新型企业指由国家、省、市认定的相关单位;

(2)融资租赁企业承担融资租赁物保险费;

(3)融资租赁企业与科技创新型企业签订的融资租赁合同期限为1年以上(含1年);合同实际履行时间为6个月以上(含6个月)。

(三)申报材料

(1)《中国(辽宁)自由贸易试验区沈阳片区融资租赁业奖补资金申请表》(附件1);

(2)申请报告(应包括企业基本信息、股东及股权结构、注册及实收资本、业务发展及构成、经营效益、拟申请奖补项目等内容);

(3)当年开展业务的融资租赁合同、设备购买合同复印件;设备购买合同对应的发票和银行流水账目复印件；租金收取银行流水账目和发票复印件；

（4）融资租赁物保险合同、保险费发票；

（5）上年度审计报告。

第九条 支持融资租赁企业与公共服务型企业合作

（一）奖补标准

融资租赁企业对我市公共服务型业企业免收融资租赁物保险费的，按照签订合同金额1%给予补助，单笔合同补助金额不超过实际合同履行额的1%，总额不高于60万元。每户企业补助总额不超过500万元。

（二）申请条件

（1）融资租赁企业针对我市公共服务型企业开展融资租赁业务。公共服务型企业指在沈阳市政府网公布的公共企事业单位（不含银行、保险企业），以及有资质从事城市公交、公共医疗、垃圾处理、污水处理、再生资源等行业企业；

（2）融资租赁企业承担融资租赁物保险费；

（3）融资租赁企业与公共服务型企业签订的融资租赁合同期限为1年以上（含1年）；合同实际履行时间为6个月以上（含6个月）。

（三）申报材料

（1）《中国（辽宁）自由贸易试验区沈阳片区融资租赁业奖补资金申请表》；

（2）申请报告（应包括企业基本信息、股东及股权结构，注册及实收资本、业务发展及构成、经营效益、拟申请奖补项目等内容）；

（3）当年开展业务的融资租赁合同、设备购买合同复印件；设备购买合同对应的发票和银行流水账目复印件；租金收取银行流水账目和发票复印件；

（4）融资租赁物保险合同、保险费发票；

（5）上年度审计报告。

第十条 支持企业通过融资租赁加快技术改造

（一）奖补标准

我市装备制造业企业通过与沈阳片区内融资租赁企业合作，购置先进研发生产设备的，按照融资租赁额综合费率中的5个百分点给予补助，补贴期限为融资租赁合同约定的还款期限，最长不超过3年。补贴标准根据融资租赁合同约定的设备价款、补贴比例及补贴期确定，计算公式为：补贴标准＝设备价款×补贴比例×补贴期。补贴期为企业已按合同支付租金且未申请补贴的融资租赁时间。单个企业补助额不高于1000万元。

（二）申请条件

（1）申请补贴政策的装备制造企业需在我市工商部门登记注册，具有独立法人

资格,生产经营地在沈阳,并与沈阳片区内融资租赁企业签订设备融资租赁合同;

(2)申请补贴的装备制造企业经济效益良好或发展趋势良好,按规定向主管财政机关报送财务报表,近3年没有违法、违规记录,会计信用和纳税信用良好;

(3)合作项目应符合国家相关产业政策及我市工业发展规划等要求;

(4)融资租赁合同签订期限为1年以上(含1年);合同实际履行时间为6个月以上(含6个月)。

(三)申报材料

(1)《中国(辽宁)自由贸易试验区沈阳片区融资租赁业奖补资金申请表》;

(2)装备制造业企业与融资租赁企业签订的融资租赁合同;

(3)设备购置合同、租赁设备清单及技术参数说明;

(4)年度租金支付凭证及银行付款凭证;

(5)年度审计报告。

第十一条　对融资租赁业高端人才给予奖励

(一)奖补标准

对符合标准的融资租赁企业,按其高端人才缴纳个人所得税形成地方本级财力的100%给予奖励。

(二)申报条件

(1)高端人才奖励政策的申报以企业为主体,不接受个人申报;

(2)当年业务规模达5000万元以上;

(3)融资租赁企业聘用的年缴纳个人所得税5万元以上高端人才,且在该企业连续聘用一年以上的在职职工。

(三)申报材料

(1)《中国(辽宁)自由贸易试验区沈阳片区融资租赁业奖补资金申请表》;

(2)申请报告(应包括企业基本信息、股东及股权结构、注册及实收资本、业务发展及构成、经营效益、拟申请奖补项目等内容);

(3)当年开展业务的融资租赁合同、设备购买合同复印件;设备购买合同对应的发票和银行流水账目复印件;租金收取银行流水账目和发票复印件;

(4)高端人才名单,与企业劳动关系证明及纳税证明。

第十二条　支持融资租赁创新平台建设和人才培训

(一)奖补标准

(1)对于以中国租赁业东北创新服务基地为平台组织开展信息交流、专业论坛、项目对接等活动的行业协会,每次按照活动经费的50%给予补贴,每户企业总额不超过100万元;

(2)对于以东北融资租赁研究院为平台组织开展专业培训等活动的行业协会,每次按照活动经费的50%给予补贴,每户企业总额不超过200万元。

(二)申报条件

经沈阳片区管委会批准,以中国租赁业东北创新服务基地和东北融资租赁研究院为平台,组织开展行业信息交流、企业服务孵化、行业教育培训、行业会议会展等服务,以及开展租银对接、租企对接、租租合作、项目合作等活动。

(三)申报材料

(1)《中国(辽宁)自由贸易试验区沈阳片区鼓励创新平台建设和人才培训奖励资金申请表》;

(2)申请报告(原件,应包括申报单位基本信息、拟申请奖补项目等内容);

(4)中国租赁业东北创新服务基地和东北融资租赁研究院相关活动协议;

(5)开展人才培训、项目对接等服务活动相关证明,包括:简介、通知、邀请函、方案,以及其他必要的证明材料及相关发票复印件。

第三章　申报审核程序

第十三条　申报审核流程

(1)申报。对于企业贡献奖励,每年1月和7月份申报;对于企业落户增资等奖励一般采取企业随时申报;重大项目,可随时申报。对于隔年度项目没有申报的,视为自动放弃,不再受理。

(2)审核。沈阳片区管委会将组织委托第三方机构对申报项目进行评审,出具评审意见,并报沈阳片区管委会主任办公会议审定。

(3)拨付。经沈阳片区管委会主任办公会议审定后,财务部门安排资金、拨付。

第四章　管理保障

第十四条　沈阳片区管委会相关部门要坚持公平、公开、公正的原则,确保资金使用规范、安全、高效;确保项目评审的公正、合规、合法。

第十五条　申报单位要对申报事项的真实性、合规性负法律责任。

第十六条　对于弄虚作假骗取奖补资金,擅自改变承诺事项的,沈阳片区管委会将追回奖补资金,并依法追究相关单位和人员责任。同时将项目单位列入信用信息“黑名单”,取消项目单位所有奖补资金申报资格。

第五章　附　　则

第十七条　对于《政策》中的奖励与补贴资金原则上不超过企业在沈阳片区纳税所形成的本级财力,企业当年形成的沈阳片区本级财力不足以覆盖企业应得的奖励与补贴资金的,采取顺延补足办法解决。本《政策》与沈阳片区其它政策不可兼得。

第十八条　本细则涉及的奖励补贴政策,符合沈阳市相关政策规定的,优先申请市政府奖励补贴政策,获得市本级补助资金后,沈阳片区管委会按照本细则规定给予政策范围内差额补足奖励。

第十九条　对重要试点、重大项目,由沈阳片区管委会采取“一企一策”“一事一议”办法议定。

第二十条　本细则适用于在2017年4月10日以后在沈阳片区注册的融资租赁企业,除有特殊约定外,有效期至2021年12月31日。

本政策由沈阳片区管委会负责解释。

中国(辽宁)自由贸易试验区沈阳片区
促进金融服务业发展的若干政策实施细则

第一章　总　　则

第一条　根据《中国(辽宁)自由贸易试验区沈阳片区促进金融服务业发展的若干政策》(沈自贸管发〔2017〕7 号)(以下简称《政策》)及有关规定,为促进中国(辽宁)自由贸易试验区沈阳片区(以下简称沈阳片区)金融服务业开放发展,营造法治化、国际化、便利化营商环境,便于政策实施,明确相关条款具体内容及操作规范,结合实际,制定本实施细则。

第二条　本细则适用于在 2017 年 4 月 10 日以后在沈阳片区注册及缴纳税收,并取得监管机构许可、认证或备案的金融服务业企业,享受《政策》规定的奖励和扶持。

第二章　申 报 要 件

(一)金融机构、股权投资机构、商业保理

第三条　企业落户奖励,须向沈阳片区管委会提交以下材料:

1. 监管部门颁发的从业许可、登记备案证明材料等;

2. 营业执照、第三方机构出具专项验资报告。

商业保理企业开办费补贴,除向沈阳片区管委会提交本条上述材料外,还需提供开办费用支付的合同、发票等。

第四条　经营贡献奖励,须向沈阳片区管委会提交企业纳税证明材料。

第五条　高管人员指公司管理层中担任重要职务、负责公司经营管理、掌握公司重要信息的人员,主要包括经理、副经理、财务负责人,上市公司董事会秘书和公司章程规定的其他人员和执行缴纳高额税率的人员(年纳税额 5 万元以上)。申请奖励资金须向沈阳片区管委会提交以下材料:

1. 高管人员在企业任职证明材料;

2. 高管人员个人所得税完税证明材料。

第六条 办公用房补贴,须向沈阳片区管委会提交以下材料:

1. 自建办公用房:国有土地使用证、房产证(不动产权登记证)。

2. 购买办公用房:房产证(不动产权登记证)、契税完税证明。

3. 租赁办公用房:经房屋租赁主管机关登记备案的房屋租赁合同及付款凭证。

(二)金融中介服务机构、金融教育培训机构、金融要素交易市场

第七条 开办费补贴。须向沈阳片区管委会提交以下材料:

1. 监管部门颁发的从业许可、登记备案证明材料等;

2. 营业执照、第三方机构出具专项验资报告;

3. 开办费用支付的合同、发票等。

第三条至第七条申报材料须包括原件及复印件,其中复印件须由申请单位加盖公章证实与原件一致,一式三份。

(三)金融创新扶持政策

第八条 金融创新奖励。为鼓励各类金融及金融服务机构开展融资工具和融资服务模式创新,沈阳片区管委会每年列支200万元资金,用于鼓励金融创新。由金融服务企业自行申报,经沈阳片区管委会推荐,凡获得国家级认可并复制推广的金融创新举措给予50万元奖励,获得省级认可并复制推广的金融创新举措给予20万元奖励。

第三章 资金申请、审核及拨付

第九条 《政策》中的奖励扶持资金的有效认定时间为每年1月1日至12月31日。金融机构应在正式营业且符合申请条件后申报。现有法人金融机构增资的,在增资部分实际到账后才符合申请条件。

第十条 年度金融企业经营贡献奖励资金集中申报时间。每年4月份,为沈阳片区组织第三方机构对企业申报材料进行审核,根据第三方机构审核意见,由沈阳片区管委会拨付奖励资金。

第十一条 对于企业落户奖励、金融创新奖励、企业办公用房、开办费的补贴,一般采取企业随时申报,第三方机构每季度末集中审核并出具审核意见,由沈阳片区管委会拨付奖励资金。

第十二条 对于企业高管个人所得税奖励,采取每季度末向沈阳片区申报当期的企业高管个人所得税,经第三方机构审核并出具审核意见,由沈阳片区管委会拨付奖励资金。企业高管个人所得税奖励金额每人每年最高不超过 300 万元（含）。

第十三条 申请补助扶持资金的金融机构须对所提供材料的真实性、完整性和合法性负法律责任，不得弄虚作假，骗取、套取补助扶持资金，不得违规使用资金。

第十四条 沈阳片区管委会负责对资金的使用情况进行跟踪管理和监督检查。对虚报材料、违规取得或使用补助扶持资金的金融机构，沈阳片区管委会有权追回资金，取消其申报资格。

第四章 附 则

第十五条 对于《政策》中的奖励与补贴资金原则上不超过企业在沈阳片区纳税所形成的本级财力，企业当年形成的沈阳片区本级财力不足以覆盖企业应得的奖励与补贴资金的，采取顺延补足办法解决。

第十六条 本《政策》与沈阳片区其他政策不可兼得。

第十七条 对重大的项目，由沈阳片区管委会采取“一事一议”办法议定。

第十八条 本细则涉及的奖励补贴政策将根据《沈阳市金融业发展专项资金管理实施细则》的规定，优先申请市金融办奖励补贴政策，获得市本级补助资金后，沈阳片区管委会按照本细则规定给予政策范围内差额补足奖励。

第十九条 本细则由沈阳片区管委会负责解释，可根据实际情况适时调整。

第二十条 本细则自发布之日起施行，除有特殊约定外，有效期至 2021 年 12 月 31 日。

中国(辽宁)自由贸易试验区大连片区管理办法

(2017 年 11 月 25 日大连市政府令第 150 号公布
自 2018 年 1 月 1 日起施行)

第一章　总　　则

第一条　为了推进和保障中国(辽宁)自由贸易试验区大连片区建设,根据国务院批准的《中国(辽宁)自由贸易试验区总体方案》和有关法律、法规,制定本办法。

第二条　本办法适用于经国务院批准设立的中国(辽宁)自由贸易试验区大连片区(以下简称自贸试验区)。

第三条　推进自贸试验区建设应当围绕大连东北亚国际航运中心、国际物流中心、国际贸易中心、区域性金融中心、东北亚科技创新创业创投中心和现代产业聚集区建设,积极推动结构调整,营造国际化、法治化和便利化的营商环境,形成符合国际投资贸易通行规则的制度创新体系,将自贸试验区建设成为提升东北老工业基地发展整体竞争力和对外开放水平的新引擎,面向东北亚开放合作的战略高地。

第四条　自贸试验区鼓励先行先试,探索制度创新。对法律、法规和国家政策未明确禁止或者限制的事项,鼓励公民、法人和其他组织在自贸试验区开展创新活动。

建立健全容错机制,建立以支持改革创新为导向的考核评价体系,激发创新活力。

第二章　管 理 体 制

第五条　大连市成立自贸试验区建设工作领导小组(以下简称领导小组),负责研究制定自贸试验区建设工作方案,把握改革创新试验方向,对自贸试验区建设重大问题作出决策,推动相关部门落实各项试验任务,协调解决自贸试验区建设过程中遇到的重大问题。

领导小组下设办公室,为领导小组日常工作机构,负责统筹指导、综合协调自贸试验区建设各项工作,承担自贸试验区改革推进、政策协调、制度创新研究、统计评估等职能。

第六条 中国(辽宁)自由贸易实验区大连片区管理委员会(以下简称自贸试验区管委会)为市人民政府派出机构,负责统一管理自贸试验区建设发展,承担推进落实自贸试验区建设发展任务的主体责任,统筹管理和协调自贸试验区有关行政事务,并履行下列职责:

(一)组织实施《中国(辽宁)自由贸易试验区总体方案》和大连片区各项改革创新措施;

(二)负责自贸试验区内投资、贸易、金融服务、规划、交通、城建、环境保护、统计等行政管理工作;

(三)协调自贸试验区内海关、检验检疫、海事、边检、金融等机构相关工作;

(四)组织实施自贸试验区事中事后监管相关工作;

(五)参与研究深化自贸试验区各项改革创新的政策措施,参与拟定相关政策法规;

(六)参与自贸试验区各项改革创新措施的评估工作;

(七)发布自贸试验区公共信息,提供相关咨询和服务;

(八)履行市人民政府赋予的其他职责。

大连经济技术开发区管委会、大连保税区管委会由现有机构负责推进落实本区域的自贸试验区建设发展任务。

第七条 市人民政府有关部门及海关、检验检疫、海事、金融、边检等机构应当按照各自职责,支持自贸试验区建设工作,依法承担自贸试验区有关行政事务。

第八条 市人民政府及其有关部门应当根据自贸试验区改革创新需要,向自贸试验区管委会下放市级经济管理权限和市人民政府确定的其他管理权限。

第九条 自贸试验区应当建立行政咨询机制,为自贸试验区建设提供智力支持和决策参考。

自贸试验区可以依法委托社会组织或者聘请专业团队承接专业性、技术性或者社会参与性较强的公共管理和服务职能。

第三章 投资和贸易便利

第十条 自贸试验区对外商投资实行准入前国民待遇加负面清单管理模式。

在负面清单之外领域,外商投资项目(国务院规定对国内投资项目保留核准的除外)和外商投资企业设立及变更实行事后备案管理。

外商在自贸试验区内投资适用《自由贸易试验区外商投资准入特别管理措施(负面清单)》和《自由贸易试验区外商投资国家安全审查试行办法》。

第十一条 自贸试验区实行“多证合一、一照一码”的登记模式,推行全程电子化登记;优化企业名称登记程序,推进企业名称库开放,实施企业名称管理改革;简化和完善企业注销流程,对自贸试验区内未开业且无债权债务的企业实行简易注销程序。

第十二条 自贸试验区实行国际贸易“单一窗口”服务模式,将涉及贸易监管的部门纳入“单一窗口”管理平台,将出口退税申报等功能纳入“单一窗口”建设项目。

第十三条 自贸试验区内海关特殊监管区域实施“一线放开、二线安全高效管住”的通关监管服务模式,建立货物状态分类监管制度。

第十四条 在自贸试验区内建立与国际大宗商品交易相适应的外汇管理和海关监管制度。国内期货交易所在自贸试验区海关特殊监管区域内可以开展期货保税交易、仓单质押融资等业务。

第十五条 自贸试验区应当完善海关监管、检验检疫、金融、边检、退税、物流等国际贸易支撑系统,设立第三方检验鉴定机构,建立第三方检验结果采信制度。

鼓励发展保税展示、跨境电商、汽车平行进口等新兴贸易模式。

第四章　金融开放创新

第十六条 自贸试验区按照风险为本、有效监管的原则,稳步扩大金融领域开放,增强金融服务功能,开展航运、科技、文化、普惠、绿色环保等领域金融创新和健全金融风险防控体系等试点工作。

第十七条 允许各类符合条件的资本在自贸试验区内设立银行、证券、保险、期货等金融机构及小额贷款公司、融资担保机构等地方金融组织。允许各类金融机构在自贸试验区内设立分支机构。

第十八条 探索建立与自贸试验区相适应的本外币账户管理体系,为符合条件的自贸试验区内主体办理经常项下结算业务、国家允许的资本项下结算业务,促进跨境贸易、投融资结算便利化。

第十九条 推动人民币作为自贸试验区跨境贸易和投资计价、结算的主要货币,拓展跨境电子商务人民币结算。

支持自贸试验区内符合条件的企业开展集团内跨境双向人民币资金池业务,便利自贸试验区内跨国企业开展跨境人民币资金集中运营业务。

第二十条 允许自贸试验区内符合互认条件的基金产品参与内地与香港基金产品互认,支持区内银行按有关规定发放境外项目人民币贷款,放宽跨国公司外汇资金集中运营管理准入条件。

第二十一条 完善保险市场体系,扩大保险覆盖面。对自贸试验区内保险公司分支机构高管人员任职资格实行备案制。

第二十二条 支持设立在自贸试验区内的金融租赁公司和融资租赁公司在符合相关规定前提下,设立项目公司开展工程机械、大型设备等融资租赁业务。

第二十三条 建立跨境资金流动风险监管机制,建立适应金融改革创新举措的事中事后监管体系。

第五章　老工业基地结构调整

第二十四条 加快智能装备、海洋工程装备、新能源汽车、新材料、高技术船舶、新一代信息技术、生物医药、现代物流、文化创意等产业向自贸试验区集聚,构建先进装备制造业、战略性新兴产业和现代服务业融合发展的产业布局。

第二十五条 自贸试验区鼓励开展系统集成、设备租赁、再制造、检验检测、远程咨询等增值服务,推进专业技术研发、工业设计等集成创新载体及工程研究中心、科研实验室、企业技术中心建设,搭建科技成果推广、科技管理咨询、市场营销等公共服务平台。

第二十六条 自贸试验区应当完善国有企业治理模式和经营机制,健全以管资本为主的国有资产监管体系,稳妥推进区内企业混合所有制改革、经营性国有资产集中统一监管和国有资产资本化。

第二十七条 自贸试验区应当加强与国家科技成果转化引导基金、战略性新兴产业创业投资引导基金、国家中小企业发展基金的对接,设立一批专业化创业投资子基金。

第二十八条 实现自贸试验区口岸与东北其他地区口岸间的互通互联,推动东北地区在研发设计、生产销售、物流配送、人才交流、教育培训等方面的协同配合。

第六章　东北亚区域开放合作

第二十九条 开展与“一带一路”沿线国家及日、韩等国的国际产能和装备制造合作,开展与东北亚各国在文化、教育、体育、卫生、娱乐等专业服务领域的投资合作。

第三十条 依托自贸试验区加快大连东北亚国际航运中心建设进程,构建智慧港口,吸引港航物流及相关服务企业总部落户。

支持自贸试验区与“一带一路”沿线国家开展海关、检验检疫、认证认可、标准计量等方面的合作与交流,打造基于核心产业的供应链综合服务平台。

第三十一条 深化自贸试验区多港区联动机制,实现海陆空邮联动发展。

加快东北亚区域性邮轮港口、国际客轮中心及保税航油站和保税油供应基地建设。

开展船员管理改革试点工作,推进国际船员和高端航运人才培养基地建设。

第三十二条 自贸试验区应当采取措施,加强与国家自主创新示范区、国家级新区、国家级经济技术开发区的互动发展,放大政策集成效应。

第七章 发展环境

第三十三条 自贸试验区要依法开展行政管理体制、投资贸易、金融服务、老工业基地振兴、东北亚区域合作等各方面的改革创新,借鉴国际通行规则和国际惯例,营造法治化营商环境。

第三十四条 除法律、法规规定外,任何单位不得擅自对自贸试验区内企业开展检查和设置评比。

除国家及省设立和征收的行政事业性收费项目外,自贸试验区内的行政事业性收费一律取消。

第三十五条 自贸试验区应当完善创新人才集聚和培育机制,实现人才、项目、资金的深度融合,建立适应企业国际化发展需要的创新人才服务体系和国际人才流动制度,提高境内外人员出入境、外籍人员签证和居留、就业许可和驾照申领等事项办理的便利化水平。

第三十六条 建立民商事纠纷多元化解决机制,行业协会、商会以及商事纠纷专业调解机构应借鉴国际先进规则,完善调解制度,及时合理地化解各类纠纷。

在自贸试验区所在地设立仲裁分支机构,加强国际合作,借鉴国际商事仲裁惯例,完善仲裁规则,提高商事纠纷仲裁的国际化程度。

第三十七条 在自贸试验区内培育发展专业化和国际化的律师、公证、鉴定等法律服务机构,鼓励境内外高端法律服务人才在自贸试验区内开展法律专业服务。

第三十八条 自贸试验区应当及时总结评估改革开放创新试点任务实施效果,加强各领域试点经验系统集成。建立第三方机构评估机制,定期对自贸试验区改革创新经验进行总结评估并在全市范围内复制推广。

第八章 附 则

第三十九条 本办法自2018年1月1日起施行。

金普新区关于服务自贸区发展加强商事制度改革的实施意见

为服务自贸区企业健康快速发展，进一步释放商事制度改革红利，结合中国（辽宁）自由贸易试验区大连片区的实际，现就服务自贸区发展提出如下实施意见。

1. 开放企业名称库，有序推进企业名称登记改革。引导企业自主查询、自主申报企业名称，最大限度提高名称登记中字号检索、上报、审批的速度，提高名称核准成功率和登记效率。

2. 支持法人企业、集团、农民专业合作社和合作联社申报“大连自贸区”的企业名称。

3. 放宽自贸区内企业集团成员冠名条件。除母公司和子公司外，经母公司同意，允许集团其他成员冠集团名称或者简称。

4. 进一步放宽企业名称行业用语限制。自贸区内经营范围跨国民经济行业3个大类且注册资本1000万元以上的企业，可以不体现具体的行业特点。

5. 自贸区内全面实施“一址多照”。即同一住所可以作为从事不涉及经营项目许可审批的多个市场主体的住所办理登记。

6. 放宽“一照多址”经营备案条件。将自贸区企业“一照多址”经营场所备案适用范围从金普新区扩大到大连市域范围。市场主体住所在大连自贸区域内增设不需要前置行政许可的经营场所，只需向自贸区企业登记机关备案，可不再办理分支机构登记。

7. 尝试开展自贸区企业托管登记试点。有序开展支持商务秘书公司、律师事务所、金融机构等开展企业住所托管登记。实行托管单位住所（经营场所）报备制，免予提交场地使用证明，促进企业入驻。

8. 支持开展自贸区企业虚拟注册、集群登记试点。对于各类企业、投资机构、行业组织等社会力量按照市场化原则投资建设或管理运营的产业孵化、互联网科技、电子商务、服务贸易、金融服务创新、法律服务创新、众创空间、创新创业等产业园（区），其入驻商事主体可实施虚拟注册、集群登记。

9. 对标上海自贸区，积极筹建大连自贸区企业登记专属市场主体库，全面、精准、高效地向各级政府部门推送和处理大连自贸区企业信息。

10. 深入推进“多证合一”“多证联办”登记制度，大幅度提高自贸区企业的即时办结率，进一步降低企业创设成本，营造更加宽松的准入环境。

11. 积极推进企业登记全程电子化改革。探索“互联网 + 政务”工作，从名称预先核准到提交申请材料、受理、审核、发放电子营业执照，再到电子档案存档，全面实现无纸化办公。

12. 实施企业登记注册官制度，压缩“咨询、受理、审查、核准”四环节为一个环节，合并注册登记审查员与核准员职责，由具有资格的登记人员独立对注册登记申请事项进行受理、审查、核准，全面再造企业登记流程。

13. 积极推进证照分离改革。按照国家省市区的统一部署，积极推进落实证照分离改革。

14. 支持未开业企业、无债权债务企业申请简易注销程序，方便市场主体退出市场。

15. 发挥股权出质登记职能，为各类市场主体提供创业融资服务。支持小微企业通过股权质押担保融资，通过“政银合作”搭建银企合作平台等渠道拓宽小微企业融资渠道，帮助其解决生产经营过程中的融资难题。

16. 充分发挥市场监督管理部门的职能优势和政策法规优势，开展创业辅导活动。在自贸区各类孵化载体内建立创业辅导站，聘请创业辅导员，为创办企业以及高校毕业生、下岗失业人员创业提供全方位的辅导服务。

17. 充分发挥动产抵押登记职能，在企业申请动产抵押时，对获得国家级“守合同重信用”企业称号的，可获得增加 15%，即不超过抵物价值 65% 的贷款额；对获得省级“守合同重信用”企业称号的，可获得增加 10%，即不超过抵押物价值 60% 的贷款额；对获得市级“守合同重信用”企业称号的，可获得增加 8%，即不超过抵押物价值 58% 的贷款额；对获得 “守合同重信用”农户称号的企业，可获得增加 5%，即不超过抵押物价值 55% 的贷款额。

18. 广播电台、电视台、报刊出版单位在自贸区内从事广告发布业务登记材料齐全的，工作时限由 5 工作日内压缩为 2 个工作日内做出决定。

19. 取消自贸区内 300 平米以下餐饮经营企业（不含食堂及中央厨房）在申请食品经营许可时的现场审核环节，改由对企业提供的现场视频资料进行审查，对企业后厨现场情况进行电子存储，由企业承诺对视频资料的真实性负责。

20. 取消自贸区内食品经营（餐饮）许可延续（换证）的现场审核环节。对申请人经营布局未发生变化的，只进行申请书的书面审核，直接换证；经营布局发生变化的,对变化后的经营场所和设备布局、加工流程、卫生设施示意图等综合材料进行审核,符合要求的予以换证。

21. 取消对申请增加“中药饮片”或“生物制品”经营范围的药品零售企业的现场住所、设施、设备的审验环节,改为对申请人提供经营场所及设施、设备影像或照片审查。

22. 突破食品生产许可一企一化验室的强制性规定,允许自贸区内中小食品生产企业通过购买服务、联合建立化验室或依托大型食品生产企业现有化验室等途径,获得食品安全检验证明,减轻企业负担。

23. 自贸区内非散装食品经营企业在申请食品经营(流通)许可时不再提供从业人员的健康体检证明。涉及名称和法定代表人变更的食品经营许可申请工作时限由 5 个工作日压缩为 1 个工作日。

24. 自贸区内各类孵化登记、托管登记、集群登记的电子商务企业申请网络销售预包装食品(不含冷藏冷冻)时有商品展示柜并提供经营场所照片及网站地址即可,无需提供仓库、门店等有效经营场所证明,不再进行现场审核。

25. 自贸区内食品生产企业办理许可证延续(换证)时在企业承诺保证食品安全且原有的生产条件没有发生改变情况下免于现场审核。

26. 减少“压力容器注册登记”申请材料,企业申请时不再提交安装监督检验证书(含使用前的首次检验报告)。

27. 积极承接工业产品生产许可、强制性产品认证审核、检验检测机构审批、有机产品认证审批等质量技术审批权限,建立审核专家库,制定相应的管理办法,延伸服务领域。

28. 积极推行品牌认定和推广工作,搭建国家级新区间品牌交流平台,建立自贸区知名品牌培育联盟,扶持新区本土品牌成长。

进一步推进中国(辽宁)自由贸易试验区大连片区外汇管理改革试点实施细则

第一章　总　　则

第一条　为支持中国(辽宁)自由贸易试验区大连片区(以下简称大连片区)建设,落实《国务院印发〈中国(辽宁)自由贸易试验区总体方案〉的通知》(国发〔2017〕15 号)等文件要求,制定本实施细则。

第二条　试验区内银行(含注册在区内的银行以及办理区内业务的大连地区其他银行,下同)、境内外企业、非银行金融机构、个人(以下简称区内主体)适用本细则。

第三条　国家外汇管理局大连市分局(以下简称外汇局)具体负责监督管理试验区外币账户开立、资金划转、结售汇、外汇登记、本外币数据统计监测等事项。

第四条　区内机构、个人应当按照本办法及相关规定办理外汇业务;按现行外汇管理规定,及时、准确、完整地向外汇局报送相关数据信息;主动报告异常或可疑情况,配合监督检查和调查。

银行应当建立健全内控制度,按照了解客户、了解业务、尽职审查的展业三原则完善全业务流程的真实性和合规性审查机制并办理业务,严格履行数据及异常可疑信息报送义务。

除另有规定外,机构、个人应留存充分证明本办法所涉业务真实、合法的相关文件和单证(含电子单证)等 5 年备查。

第五条　区内主体办理本实施细则规定的外汇管理试点业务,应当具有真实合法交易基础,并通过账户办理,不得使用虚假合同等凭证或构造交易。

第二章　经常项目业务

第六条　银行应在确保业务真实合规的基础上,按照了解客户、了解业务、尽职审查的展业三原则办理经常项目购付汇、收结汇及划转等手续。对于资金性质不明确的业务,银行应要求办理的机构、个人主体进一步提供相关单证。服务贸易等项目对外支付仍需按规定提交税务备案表。

第七条 注册且营业场所均在区内的银行可自主审慎选择区内企业,为其办理货物贸易外汇收支时审核电子单证,具体条件如下:

(一)经办银行应具有完善的风险防范内控制度;具备接收、储存电子单证的技术平台或手段,且相关技术能够保证传输、储存电子单证的完整性、安全性;如经办银行某年度执行外汇管理规定年度考核为 B－类及以下,自收到考核结果之日起三年之内不得再为新客户以审核电子单证方式办理货物贸易外汇收支;经办银行未直接参与考核的,应以其上一级参与考核分行的考核等级为准。

(二)区内企业在经办银行办理外汇收支的合规性和信用记录良好;保证提交电子单证的真实、合法、完整,并具备发送、储存电子单证的技术条件;满足经办银行出于风险管控要求的其他条件。

(三)商业银行应采取必要的技术识别等手段,确保企业提交电子单证的唯一性,避免同一单证以及与其相应的纸质单证被重复使用。

第八条 区内货物贸易外汇管理分类等级为 A 类的企业无需开立出口收入待核查账户,货物贸易外汇收入可直接进入经常项目外汇账户。对于《货物贸易外汇管理指引实施细则》第四十条规定的贸易外汇收支业务,A 类企业未通过待核查账户办理的,仍需按照该条规定的单证进行办理。

区内货物贸易外汇管理分类等级为 B 类和 C 类的企业,应当按照现行货物贸易外汇管理规定办理相关业务。

第九条 服务贸易、收益和经常转移等对外支付单笔等值 5 万美元以上的,按规定提交税务备案表。

第三章 资本项目业务

第十条 区内金融租赁公司、外商投资融资租赁公司及中资融资租赁公司在向境内承租人办理融资租赁时,如果其用以购买租赁物的资金 50% 以上来源于自身的国内外汇贷款或外币外债,可以外币形式收取租金(详细操作规程见附 1)。

第四章 外汇市场业务

第十一条 具备人民币与外汇衍生产品业务资格的银行,可以按照外汇管理规定为试验区相关业务提供人民币与外汇衍生产品服务。

对于境外机构按规定可开展即期结售汇交易的,注册且营业场所在区内的银行可以为其办理人民币与外汇衍生产品交易。

衍生产品的具体范围和管理应符合现行外汇管理规定,纳入银行结售汇综合头寸管理(通过 FT 账户办理的除外),并按现行规定向外汇局报送相关数据。

第十二条 允许注册且营业场所均在区内的银行为境外机构办理其境内外汇账户(外汇 NRA 账户)结汇业务(详细操作规程见附 2)。

第五章 附 则

第十三条 区内企业开展跨国公司外汇资金集中运营管理业务,其上年度本外币国际收支规模由超过 1 亿美元调整为超过 5000 万美元,其余按照《国家外汇管理局关于印发〈跨国公司外汇资金集中运营管理规定〉的通知》(汇发〔2015〕36 号)办理。

具备一定特征的区内金融租赁公司、资产管理公司符合上述条件的,可按规定备案开展外汇资金集中运营管理试点。特征包括但不限于:此类机构与跨国公司外汇管理集中运营管理的紧密度,是否有利于切实支持实体经济发展,是否有利于支持本企业集团的主营业务,是否有利于防范金融风险等。

第十四条 外汇局依法对试验区相关业务进行监管,开展非现场统计监测,完善外汇收支预警指标体系,对异常或可疑情况进行风险提示。当国际收支出现或可能出现严重失衡时,外汇局可采取相应的临时性管制措施。

外汇局可根据国家宏观调控政策、外汇收支形势及试点业务开展情况,逐步完善和改进试点业务内容。

第十五条 外汇局依法对试验区相关业务进行现场监督检查和调查。机构、个人违规的,依法按照《中华人民共和国外汇管理条例》等进行处罚,并视情节暂停或取消相关主体办理本实施细则规定的相关业务。

第十六条 本实施细则自发布之日起施行,未尽事宜按照现行外汇管理规定办理。

附件:1. 试验区融资租赁外汇管理操作规程

2. 试验区境外机构境内外汇账户结汇操作规程

附件1

试验区融资租赁外汇管理操作规程

一、允许融资租赁类公司融资租赁业务境内收取外币租金

(一)区内金融租赁公司、外商投资融资租赁公司及中资融资租赁公司(以下简称融资租赁类公司)办理融资租赁业务时,如用以购买租赁物的资金50%以上来源于自身国内外汇贷款或外币外债,可以在境内以外币形式收取租金。

(二)承租人凭出租人出具的支付外币租金通知书、能够证明“用以购买租赁物的资金50%以上来源于自身国内外汇贷款或外币外债”的证明文件等,到银行办理对出租人的租金购付汇手续。

(三)区内融资租赁类公司收取的外币租金收入,可以进入自身按规定在银行开立的外汇账户(应划入其他资本项目专用账户);超出偿还外币债务所需的部分,可直接在银行办理结汇。

(四)融资租赁采用回租结构的,出租人可选择以外币或人民币形式向承租人支付租赁设备价款。承租人收取外币的,可以办理结汇。

二、便利融资租赁项目货款支付

(一)允许区内融资租赁项目公司从境外购入飞机、船舶和大型设备并租赁给承租人时,凭合同、商业单证等材料办理付汇手续。

(二)单证审核要求。1. 区内融资租赁公司或其项目公司,从境外购入飞机并租赁给境内承租人的,凭国家发展改革委出具给航空公司的飞机购买或租赁批文、购买合同、商业单证等办理付汇手续。支付预付款时无法提供国家发展改革委批文的,可事后向银行补充提供。2. 区内融资租赁公司或其项目公司,从境外购入船舶和大型设备并租赁给境内承租人的,凭合同、商业单证等办理付汇手续。3. 区内融资租赁公司或其项目公司,从境外购入飞机、船舶和大型设备并租赁给境外承租人的,凭合同、商业单证等办理付汇手续,外汇局可按照无关单外汇支付方式进行核查。4. 区内融资租赁公司或其项目公司支付预付货款后,须按规定通过货物贸易外汇业务监测系统(企业端)进行相应的企业报告。5. 付汇银行根据与境外签订的购买合同,办理对外支付手续时,若购买合同由联合购买人签订的,付汇银行根据合同办理融资租赁项目公司对外支付手续。6. 区内融资租赁公司或其项目公司购入飞机、船舶和大型设备并租赁给境内承租人,依据相关规定收取外币租金。

(三)监测管理。融资租赁项目公司支付预付货款后,由付汇银行办理相应的台账登记,跟踪项目进境或转租境外的情况,并及时报告外汇局。

附件 2

试验区境外机构境内外汇账户结汇操作规程

一、境外机构按规定在注册于试验区内的银行开立的外汇账户(即外汇 NRA 账户)内资金可以结汇。

二、结汇所得人民币资金应支付境内使用,不得划转境外或进入 FT 账户及人民币 NRA 账户等。

三、银行按照不落地结汇方式办理外汇 NRA 账户结汇。

(一)银行应通过银行内部账户办理结汇及支付,结汇及支付时可不审单。

(二)外汇资金原则上不落地结汇后 2 个工作日内划入收款银行账户,收款银行按规定审核收款方提供的经常项目或资本项目单证后办理资金入账。

(三)如收款银行审核后认为资金不合规无法入账或发生交易撤销引起退汇的,无论经常、资本项下交易,该笔人民币资金原路退回结汇银行,结汇银行应在收到款项当天通过不落地购汇后原路退回外汇 NRA 账户。

(四)退回过程中发生的货币转换损失或收益由境外机构(或境外机构与其交易对手协商)承担。

(五)根据《银行结售汇统计制度》(汇发〔2006〕42 号印发),非居民机构办理结汇按照人民币资金用途确定统计项目的具体归属。

四、银行为境外机构办理其外汇 NRA 账户结汇过程中发现其存在异常或涉嫌违规情况的,应及时报告外汇局。

大连自贸区海关25项新举措

4月20日，大连市政府新闻办召开新闻发布会，介绍大连海关支持中国（辽宁）自由贸易试验区建设，促进我市对外贸易便利化的一系列新举措，措施共包含五个方面25条内容。

一、创新海关监管制度，促进贸易便利化

全面推动海关监管制度创新。对适合新设自贸试验区发展的海关监管创新制度及原四个自贸试验区海关支持措施，因地制宜开展借鉴复制。

优先推进自贸试验区"互联网+海关"特色服务。建设海关的一体化互联网政务服务平台，根据自贸试验区发展需求，提供海关特色服务。

率先推进通关一体化改革。完善"双随机、一公开"制度，强化事中事后监管，进一步提高通关效率，服务外贸转型升级，实现优进优出。

建设国际先进水平的国际贸易"单一窗口"。逐步实现企业通过"单一窗口"一站式办理所有通关手续，优化监管执法流程，探索"一口对外、一次受理和统一反馈"的口岸管理模式，实现"串联执法"转为"并联执法"。

推进海关税收征管方式改革。推动税收征管申报要素的审查，由集中在进出口通关环节向全过程转变，由逐票审查确定向抽查审核转变，支持企业自报自缴税款，创新税收担保形式，优化归类一致性协调解决机制。

创新企业管理制度。推进自贸实验区企业注册登记"多证合一"，进一步优化海关"关企合作平台"，构建以信用为核心的新型海关监管体制，有效落实对海关高级认证企业守信联合激励措施和对失信企业的联合惩戒措施。

深化国际间海关合作。开展国际海关间通关便利化、AEO互认、能力建设、执法等合作，积极开展"一带一路"沿线国家、地区间自由贸易园区海关监管合作。

二、实施保税监管改革

促进加工贸易创新发展，改革加工贸易监管模式。实施以企业为单元的加工贸易监管模式，对管理规范、符合海关监管要求的企业，实施自主备案、自主核报的管理方式。取消异地加工审核环节。探索建立总部式一体化保税监管模式和

以研发设计为龙头的全产业链保税监管模式,促进加工贸易向产业链中高端延伸。

改革加工贸易核销及单耗管理方式。允许符合条件的企业根据生产经营实际自主确定合理核销周期,并自主选择单耗、工单等核算方式,自主选择在报核前申报单耗,或实行单耗自核管理。

加快海关特殊监管区域和保税监管场所整合优化。支持符合条件地区新设综保区和保税物流中心,推动保税仓库和出口监管仓整合,加快实施选择性征收关税试点。

提高保税货物流转效率。优化口岸、海关特殊监管区域、保税监管场所和加工贸易企业之间的保税货物流转方式,企业可自行选择运输工具承运保税货物。

三、支持新型贸易发展,促进稳增长调结构

支持文化对外贸易发展。探索文化产品保税监管模式,促进文化艺术、数字出版、动漫游戏、艺术品交易等文化产业发展。依托海关特殊监管区域,发展文化特色服务进出口产业。

支持跨境电子商务发展。支持建立跨境电子商务平台运营主体、符合条件的外贸综合服务企业、物流服务企业集中代理纳税的机制。制定更加符合新业态特点的企业认证标准,推进跨境电子商务线上线下有机结合。

支持服务外包业务发展。支持符合条件企业适用国际服务外包业务进出口货物保税监管模式,促进软件研发、工业设计、信息管理等业务发展,提高服务外包产业国际竞争力。

支持生产性服务业发展。创新与研发、设计、检测、维修等生产性服务业相适应的海关监管模式,支持企业开展高技术含量、高附价值、环境风险可控的境内外检测维修业务。

支持融资租赁业务发展。对注册在自贸试验区海关特殊监管区域内的融资租赁企业进出口飞机、大型设备等涉及跨关区的,在确保有效监管和执行现行税收政策前提下,按物流实际需要,实行海关异地委托监管。

四、以市场化为取向,打造振兴东北老工业基地新引擎

支持高端装备制造业发展。建立与船舶、海洋工程等大型机械装备制造业和国家战略性新兴产业发展相适应的保税监管模式,按照合同期限进行监管。优化特大型超限货物验放手段,支持汽车(新能源汽车为重点)、高端 医疗器械、轨道交通装备及机器人智能装备等产业转型升级。

支持航空产业发展。支持增加国际客运货运航线航班,优化航空国际中转作业模式,支持开展国内国际航空运输混装混载业务。支持空港开展航油、航材保税业务。支持发展航空快件业务,鼓励发展航空快件国际中转和集拼业务。

支持东北亚航运中心建设。简化国际中转手续,推动转口贸易发展,支持开展二次集拼业务。允许符合条件的船舶开展沿海捎带业务。探索多种形式的船用保税燃、物料供应模式,允许自贸试验区内企业开展保税铁矿砂和保税燃料油混合业务,支持符合条件的企业开展汽车平行进口保税仓储业务。

支持现代物流体系建设。积极支持中欧班列(辽宁)海铁联运业务,支持东北亚区域性邮轮港口,和国际客轮中心建设,为邮轮,游艇等出入境提供通关便利。支持邮政集疏中心建设。

支持开展期货保税交割业务。支持大连商品交易所等国内期货交易所在海关特殊监管区域和保税监管场所设立商品期货交割库,开展期货保税交割业务、仓单质押融资业务。

支持东北一体化协同发展。支持东北区域税收征管中心建设,深入推进东北地区四省六关区域通关一体化改革。加速实现自贸试验区与东北其他地区口岸间的互联互通。发挥自贸试验区“溢出效应”,打造振兴东北老工业基地新引擎。

五、培育法治化营商环境,维护贸易秩序公平公正

依法实施知识产权保护,维护企业创新成果。提高知识产权行政执法与海关保护的协调,协同打击进出口领域侵权假冒违法行为,构建打击侵权假冒的社会共治格局,助推企业提升创新能力和核心竞争力。

打防结合,有效防控风险。依法开展风险防控,维护国家意识形态安全,严密查堵进出境违禁印刷品音像制品。认真研究可能出现的风险隐患,打击走私等违法犯罪活动,促进自贸试验区健康发展。

加强法制建设,维护健康发展环境。坚持用法治思维和法治方法开展制度创新,将成熟的创新制度固化为法律规范,以法治建设保障制度创新。加强规范、统一执法,营造法治化营商环境。

大连经济技术开发区关于促进小窑湾国际商务区总部经济发展的实施意见

为贯彻落实《国务院关于扩大对外开放积极利用外资若干措施的通知》(国发〔2017〕5号)、《国务院办公厅关于促进开发区改革和创新发展的若干意见》(国办发〔2017〕7号)文件精神,推动小窑湾国际商务区(以下简称“小窑湾”)总部经济发展,进一步优化产业结构,促进小窑湾经济全面协调可持续发展,结合小窑湾实际,制定本意见。

一、适用对象

本意见适用于工商注册地、税务征管关系及统计关系在小窑湾、并经开发区总部经济领导小组认定的总部企业(综合型总部、地区总部、职能型总部)。

二、鼓励政策

开发区管委会设立总部经济发展专项资金,用于支持小窑湾总部经济发展。

(一)项目落户奖。对新设立的外资企业,实缴注册资本达到1000万美元及以上的(仅限世界500强企业投资)、2000万美元及以上的、1亿美元及以上的,经认定分别给予500万元、1000万元、1500万元奖励。

对新设立的内资企业,实缴注册资本达到5000万元及以上的(仅限中央大型企业、中国企业500强、中国民营500强企业投资)、1亿元及以上的、10亿元及以上的,经认定分别给予500万元、1000万元、1500万元奖励。

以上奖励分3年按照40%、30%、30%比例发放。

(二)经营贡献奖。对本意见实施后新注册的企业,从认定之日起连续5年按照其对小窑湾地方经济发展贡献的70%予以奖励(含高级管理人员享受的奖励)。

(三)高管人才奖励。对达到上述第(二)款规定的企业高级管理人员且年薪50万元以上的,从达到规定的下一年度起,视企业对小窑湾地方经济发展贡献情况,按照上年度高管人员缴纳的个人所得税的50%给予奖励,每人每年最高不超过200万元。

(四)重点项目扶持。对带动性强、地方经济发展贡献大的重点项目,经开发区管委会同意,另行予以重点扶持。

三、相关要求

(一)本意见所指的总部企业应同时满足下列条件:有健全的财务制度、具备独立的法人资格、实行独立核算;截至上一年度,全资或绝对控股公司、分公司不少于3家,其中区外公司不少于2家;年度对小窑湾地方经济发展贡献不少于1000万元;注册资本3000万元以上或年度净资产6000万元以上或年营业收入5亿元以上。享受本意见的,须承诺10年内不迁离注册及办公地址、不改变在小窑湾的纳税义务、不减少注册资本。若被扶持企业违反承诺,将追回已经发放的奖励资金。

(二)当年发生重大安全生产事故、重大群体性事件、弄虚作假的企业,以及存在其他违法违纪行为的企业,不享受本意见的有关规定。

四、附则

(一)符合本意见规定的同一项目、同一事项同时符合本区其他扶持政策规定的,按照从高不重复的原则予以支持。

(二)本意见自颁布之日起实施。

(三)本意见实施过程中如遇有关政策法律依据变化或有效期届满,将根据实际情况进行评估修订。

大连经济技术开发区关于促进小窑湾国际商务区金融业快速发展的实施意见

小窑湾国际商务区是大连开发区的金融核心区，承接各类金融机构入驻，并为企业提供相关服务。为整合产业链上下游资源，实现各类金融机构快速发展，逐步构建金融行业生态圈，形成金融产业集聚区，结合开发区实际，特制定本意见。

一、适用对象

本意见适用于小窑湾国际商务区新注册的符合要求的银行、保险、基金、信托及资产管理、股权投资、股权投资管理、融资租赁、股权交易及证券期货、小额贷款和融资担保、保理、供应链金融服务及结算中心、金融中介配套服务等金融类企业。

二、奖励政策

开发区管委会设立促进金融业发展专项资金，用于支持小窑湾国际商务区金融产业和金融人才集聚发展。具体奖励标准如下：

（一）落户奖。上述企业实缴资本达到 1 亿元的，给予 500 万元奖励；实缴资本超过 1 亿元，每增加 1 亿元，奖励金额增加 100 万元，奖励总额最高不超过 1500 万元。奖励资金在实缴注册资本到位第二年起分五年等额兑现。

（二）经营贡献奖。上述企业自注册之日起，年度纳税超过 1000 万元的，从下一年度起，按照不超过企业上年形成地方本级财力的 70% 给予奖励，奖励期限为五年。

（三）高级管理人员奖。上述企业副总级以上（含副总）高级管理人员，按其上年缴纳的个人所得税 50% 的等额金额给予奖励，每人每年最高不超过 200 万元。

（四）上述奖励按照高级管理人员奖、落户奖、经营贡献奖依次兑现，奖励总额以企业对地方本级财力贡献作为上限。

(五)鼓励金融类企业在小窑湾国际商务区举办省级以上(含省级)有影响的相关金融商业活动,按照活动总支出的50%给予奖励,总额不超过50万元。

(六)重点企业扶持。对带动性强、地方经济贡献特别大的重点企业,经管委会批准,可另行给予扶持。

三、相关要求

(一)享受本意见规定奖励的企业和个人,必须在小窑湾国际商务区注册纳税。当年发生安全生产事故、重大群体性事件或弄虚作假的企业以及存在其他违法违纪行为的企业,不享受本意见规定奖励。

(二)享受本意见规定奖励的企业,自享受年度起,应承诺在小窑湾国际商务区持续经营十年以上。变更注册地或注销的,取消其享受奖励资格,并收回已奖励的全部资金。同一主体、同一事项,符合其他优惠政策的,按照就高且不重复享受的原则执行。

四、附则

(一)本意见实施过程中如遇国家相关政策或客观实际情况发生重大变化,将根据情况做相应调整。

(二)本意见由大连开发区管委会负责解释。

(三)本意见自颁布之日起实施。

关于推进大连金普新区、中国（辽宁）自由贸易试验区大连片区人才工作的若干措施

为全面贯彻落实中共中央《关于深化人才发展体制机制改革的意见》、中共辽宁省委、辽宁省人民政府《关于推进大连金普新区建设发展的实施意见》、《大连市支持高层次人才创新创业若干规定》，进一步优化大连金普新区、中国（辽宁）自由贸易试验区大连片区人才工作环境，制定如下措施：

一、鼓励多渠道引进高层次人才

1. 鼓励新区用人单位引进高层次人才。

建立以能力绩效为导向、以适应用人单位需求为目标的科学规范的人才评价体系。

分类研究制定自贸试验区急需引进的港航物流、金融商贸、先进装备制造、高新技术、循环经济、航运服务等方面高层次人才的评价认定标准。

在鼓励引进包括国内外顶尖人才、国家级领军人才、地方级领军人才等传统类别的高层次人才之外，增加高层次海外归国留学人才、博士后人才、地方重点产业领域骨干人才三类人才为高层次人才范畴。引进以上人才按照人才层次给予最高600万元安家费补贴。

对于获得大连市重点领域创新团队支持计划的创新团队给予300万元的一次性奖励补贴。对于获得大连市高层次人才创新支持计划支持的顶尖及领军人才和获得大连市科技人才创业支持计划的高层次科技人才给予200万元的一次性奖励补贴。

对成建制迁入的国家级、省部级重要研发设计机构、知名企业总部及市场营销中心等人才密集型单位，或者引进特别优秀的高层次人才及团队，可采取“一事一议、一人一策、特事特办”的方式统筹安排相关资助和服务保障事宜。

2. 鼓励新区人力资源服务机构发展高级人才寻访业务，招徕海内外高层次人才来新区创新创业。

对成功推荐全职引进符合规定条件的高层次人才，并促使其与用人单位签订

不少于3年协议的人才中介服务机构,按人才层级和引进数量给予最高30万元/人的资金奖励,单个机构每年奖励最高不超过100万元。

充分利用海外高端人才引智平台,发挥其引才作用。

鼓励新区用人单位开展柔性引才工作。

柔性引才按照“不求所有,但求所用”的总体思路和“市场调节、政府引导、契约管理、绩效激励”的运作方式,以用人单位为主体具体负责组织实施。

通过院士专家工作站等平台载体加强柔性引才,经认定的新建院士专家工作站给予50万元的建设资助,并视其工作开展情况给予一定的经费资助。

为新区经济社会发展和科技进步做出突出贡献的专家人才由新区管委会授予金普新区特聘专家突出贡献奖,给予10万元现金奖励。

3. 探索人才柔性双向流动。

支持企业创新创业人才到高校、科研院所兼职。

允许高校、科研院所设立一定比例的流动岗位,吸引有创新实践经验的企业家和企业科研人才兼职。

鼓励用人单位给予柔性引进的人才股权激励,个税方面符合相关条件的适用递延纳税政策。

二、大力推进引智和博士后工作

4. 鼓励新区用人单位引进国外智力,建立区级引智成果奖励机制。

支持新区企事业单位积极申报国家、省市引智项目,对获得国家、辽宁省、大连市相关引智项目的用人单位,分别给予一次性20万元、10万元和5万元的奖励。

对获批国家、省市引智成果示范推广基地及示范单位的用人单位,分别给予一次性50万元、30万元、20万元的奖励。

设立区级引智成果示范推广基地及示范单位和海外引智工作站,每个基地和工作站给予一次性奖励10万元。

支持新区外国专家申报国家、省市外国专家“友谊奖”,设立“金普新区友谊奖”,按照获奖级别,分别给予外国专家10万元、5万元、3万元、2万元的奖励。

5. 积极推进博士后科研工作站建设。

鼓励新区企事业单位积极申报国家博士后科研工作站和辽宁省博士后创新实践基地,对获批单位给予建站资助、科研项目资助和博士后生活补贴。

其中对获批国家博士后科研工作站和辽宁省博士后创新实践基地分别给予建站资助50万元和20万元,科研项目资助和博士后生活补贴各10万元。

在博士后设站单位中选拔科研成果在本地区产业化效果显著的评选为博士后成果转化示范基地,每个基地给予一次性奖励20万元。

鼓励博士后申报中国博士后科学基金项目,对获批项目给予1:1资金配套资助;

鼓励有条件的企业博士后科研工作站申请独立招收博士后科研人员;

鼓励外资企业申报博士后科研工作站;

鼓励博士后科研工作站积极招收外籍博士后。

三、探索招才引智和招商引资相融合

6. 支持新区重点产业领域新扩建企业人才队伍建设。

针对新区重点支持的优势主导产业、新兴战略产业和现代服务业,根据其投资规模和投产后对地方财政的贡献程度,设立人才队伍专项资助。

包括符合条件的新建、扩建企业的"高级管理人员奖"和"人才资源开发综合补贴"。

"高级管理人员奖"按照其上一年度高级管理人员应纳税所得额的10%予以奖励,每人每年最高不超过300万元。

"人才资源开发综合补贴"根据企业年度实际人才开发费用予以核销资助,每个企业最高补贴200万元。

鼓励支持高层次人才创新创业

7. 支持高层次人才兴办企业承担国家科技计划(专项)项目,予以最高1:1配套补贴,补贴总额不超过200万元。

设立重大科技创新专项,对高层次人才承担本区重大关键共性技术产业化转化项目所办的新兴产业企业,给予项目研发投入50%,最高500万元项目支持。

支持、鼓励高层次人才以专利、商标、版权等知识产权投资兴办企业或者参股入股进行投资。

引进高层次人才到自贸试验区创办科技型企业,按规定申请的科研项目优先立项,其在区内建设公共平台可采取政府和社会资本合作(PPP)的方式予以支持。

探索设立高层次人才创业投资基金,发挥财政"种子"基金的作用,引导各类资本投向高层次人才创办的科技型、创业型、成长型企业。

8. 鼓励领军企业、投资机构、行业组织等社会力量投资建设或管理运营各类创新创业中心,鼓励各街道、园区结合自身产业定位和规划布局,建设多种形式的创新创业孵化平台,重点支持众创空间的建设和运营。

对经确认的孵化平台给予建设补贴最高500万元,给予众创空间等新型孵化器最高不超过100万元的一次性运营补贴。

对符合条件入驻孵化平台的各类专业服务机构每年提供不超过30万元的服务补贴。

探索推进自贸试验区海外人才离岸创新创业基地建设,建立多层次离岸创业服务支持系统,为海外人才打造具有引才引智、创业孵化、专业服务保障等功能的国际化综合性创业平台。

9. 鼓励支持企业的技术和管理人员、高校和研究机构的科研人员、归国留学人员及大学生等在新区创新创业。

对经科技部门主办或认可的各类创新创业大赛获奖并落户新区的创业项目给予最高20万元创业奖励。

由新区各类孵化平台孵化的项目如一次性获得200万元(含)以上投融资,对孵化平台给予每个项目不超过5万元的创业辅导奖励。

由新区孵化平台推荐,在孵项目一次性获得500万元(含)以上投融资,对孵化平台给予每个项目不超过10万元的创业辅导奖励。

加强人才自主培养和培训交流

10. 实施领军人才培养工程。

在高新技术、支柱产业、重大工程和重要学科领域内,进一步向企业一线和青年科技人才倾斜,加快培育一批具有全球影响力的科学家、企业家、科技领军人才和高水平创新团队。

在新区入选并经认定为国内外顶尖人才、国家级领军人才、地方级领军人才的,分别给予所在单位300万元、200万元和100万元的奖励。

对于获得大连市高层次人才创新支持计划支持的中青年创新人才给予最高10万元的奖励补贴。

对于正常运营的市级以上企业科技创新平台的核心成员按照其个人应纳税所得额的10%给予专项薪酬补贴。

在新区范围内的专业技术人才队伍中开展领军人才选拔培养,给予领军人才中拔尖人才10万元,后备人才5万元的培养经费。

11. 实施高层次人才和紧缺人才培训交流工程。

吸引国内外知名高校来新区开展合作办学,鼓励外资培训机构与区内高校、企业共建人才培养基地。

鼓励跨国公司在新区建立地区总部或研发中心,吸引各类国际组织、学术论坛落户新区。

鼓励支持高层次人才和紧缺人才主持或参加国内外学术技术交流和培训考

察活动,不断开阔视野、增长才干,带领更多的人才创新团队承担更加富于挑战的任务,引领和支撑金普新区的改革开放和经济社会发展。

给予列入新区高层次人才和紧缺人才境内外培训项目、国际学术技术交流考察活动项目每个项目最高20万元的培训资助。

加强高技能人才队伍建设

12. 实施高技能人才培养资助计划,加快建立具有新区特色的高技能人才培养体系。

根据国家职业资格制度改革的要求,探索技能人才多元化评价方式,推动以企业为主体的技能人才自主评价,培育一批自主评价示范企业。

由企业引进的《大连市重点产业紧缺人才开发目录》内的高技能人才,符合规定条件的,按高级工每人5000元、技师每人1万元、高级技师每人2万元的标准对企业予以补助。

职工参加《大连市重点产业紧缺人才需求开发目录》内项目晋级培训后取得高级工及以上职业资格证书,企业在享受大连市的培训费和鉴定费补贴之外,按取得职业资格证书人数和规定标准的50%给予培训补贴和鉴定补贴。

对新区及市以上技能大师工作室给予不低于5万元的一次性建设补贴。

每年从新区规模以上企业选派符合条件的一线优秀高技能人才到国内知名高校、企业、科研院所、培训机构进修深造,给予每人最高3万元的培训补贴。

完善人才服务保障体系

13. 建立"一站式"服务体系。

设立人才服务窗口,采取集中受理需求事项、统一对接职能部门、跟踪落实办理结果的服务模式,构建"一体化服务、一站式受理"的服务体系。

建立外籍人才工作许可和出入境签证"一口受理,联合办理"机制,为外国人来新区工作提供更大便利。

在新区人才工作领导小组的统一领导下,各部门各司其职,在人才安居服务、子女就学、医疗保健、配偶就业、人事代理、居留落户、工商登记、税收办理等方面提供全方位服务。

14. 实施人才安居工程,采取货币补贴为主、实物配租为辅的方式有效解决引进人才安居问题。

鼓励企业多种形式建设人才公寓。

给予新引进的产业发展急需紧缺人才及新就业或自主创业的高校毕业生最高10万元的购房补贴。

按认定级别给予产业发展急需紧缺人才租房补贴最高标准为100平方米的

市场租金的 70% 。

新就业或自主创业高校毕业生住房面积补贴标准为 60 平方米,按照博士、硕士、本科及以下三个层次分别按照市场租金的 70% 、50% 和 30% 给予租房补贴,连续补贴五年。

符合相关条件的可以在新区范围内申请公租房。

15. 妥善解决高层次人才子女就学问题。

高层次人才子女申请就读我区义务教育阶段公办学校的,由教育行政部门按照“免试就近入学”的原则,视当年引进人才数量和学区内学额情况统筹协调,分层次解决高层次人才子女义务教育阶段就学问题。

同时,按照子女在高中阶段的入学需求,开设绿色通道。

引进人才子女经相关部门出具证明符合转学条件的,可根据学生意愿转入我区普通高中就读。

符合借读条件的学生,本着同级同类借读的原则,根据学生意愿安排学生就近入学就读。

探索在公立学校开设国际班,试点海外人才子女弹性教学制。

16. 针对高层次人才提供医疗保健服务。主要包括发放特诊医疗证、开辟就医就诊绿色通道、享受免费体检等。

为高层次人才就医诊疗提供优先预约诊疗、知名专家会诊等服务,同时根据高层次人才的医疗服务要求,协调医疗机构和有关专家提供所需服务。

支持区内医疗机构和与国内外知名机构开展项目合作,探索建立涉外医疗保险结算网络。

17. 积极落实各项税收优惠政策,升级服务便利化措施。

落实现有的国家支持企业技术创新的研发费用和职工教育经费加计扣除、高新技术、固定资产加速折扣、软件企业、集成电路企业、创投企业、小微企业、车辆购置税等税收优惠政策。

为回国服务的在外留学人员和长期来华定居专家开设绿色通道,持相关证件办理车辆购置税减免税时,资料齐全的,可以当场办理车辆购置税免税手续。

18. 在海外高层次人才出入境方面提供便利化服务。

在新区行政服务大厅增设口岸签证受理窗口,对应邀来连从事紧急商务、工程抢修等事务的外国人提供紧急入境便利,做到随到随办。

建立同“北、上、广”三地的异地口岸签证协作机制,区内企业邀请的境外人才,均可申请从北京、上海、广州等口岸办理入境签证。

对获得“星海友谊奖”等 9 类外籍人士缩短居留证件办理时限,延长纳税百强企业高级管理人员等7类高层次人才的居留许可有效期限,签发有效期5年以内的长期许可。

建立优秀人才表彰奖励制度

19. 建立优秀人才表彰奖励制度,探索实施委托社会机构开展新区优秀人才遴选工作。

主要包括:金普新区突出贡献专家、享受政府特殊津贴优秀专家和优秀青年人才,金普新区特聘专家突出贡献奖,金普新区友谊奖,金普新区顶尖创新团队和优秀创新团队、有突出贡献高技能人才和技术能手等。金普新区优秀人才由党工委、管委会进行命名表彰,最高一次性奖励20万元。

关于印发《中国（辽宁）自由贸易试验区营口片区包容免罚监管及〈包容免罚事项清单〉实施办法》的通知

（2018年5月31日　辽自营委发〔2018〕76号）

为进一步推进《中国（辽宁）自由贸易试验区营口片区事中事后监管工作方案》落实，营造良好的营商法治环境，经管委会决定，现将《中国（辽宁）自由贸易试验区营口片区包容免罚监管及〈包容免罚事项清单〉实施办法》印发给你请认真遵照执行。

中国（辽宁）自由贸易试验区营口片区包容免罚监管及《包容免罚事项清单》实施办法

为进一步推进《中国（辽宁）自由贸易试验区营口片区事中事后监管工作方案》，营造良好营商法治环境，依据《行政处罚法》的有关规定，制定本办法。

第一条　本办法所称"包容免罚监管"，是指片区综合监管部门在日常检查中，针对符合一定条件的违法行为，给予免除罚款处罚的创新监管方式。

第二条　对经营者免除罚款处罚，不影响警告、没收违法所得、没收非法财物、责令停产停业及法律、行政法规规定的其他行政处罚的实施。

第三条　实施"包容免罚监管"应当遵循依法行政、动态管理、宽严相济和风险可控原则。

第四条　本办法适用于自贸区营口片区内各类生产经营主体。

第五条　对于风险较高的环境保护、安全生产、产品质量、食品药品生产等监管事项，暂不适用"包容免罚监管"。

片区执法机构可根据风险评估和防控情况，逐步探索在各监管领域内实施

“包容免罚监管”。

第六条 片区市场监管局和综合执法支队(以下简称片区执法机构),在省政府授权的执法范围以及法律规定框架内,实施“包容免罚监管”的具体工作。

第七条 实施“包容免罚监管”,应当符合下列条件。

(一)经营者首次违法;

(二)能够通过整改措施予以纠正;

(三)非经营者主观故意;

(四)违法行为尚未造成后果;

第八条 片区执法机构应当制定《自贸区营口片区免罚事项清单》(以下简称《清单》),并通过政府网站和新闻媒体对外公示。

第九条 片区执法机构对《清单》实行动态管理机制,可根据实际情形进行调整并对外公示。

第十条 未列入《清单》事项,不得实施“包容免罚监管”。

第十一条 实施“包容免罚监管”可以适用简易程序,由执法人员现场制作《免罚决定通知书》,当场交付当事人。

第十二条 对于免除罚款的当事人,片区执法机构应当依据有关规定给予警告、责令立即纠正、责令限期改正等行政处罚。

第十三条 作出的免罚决定的,片区执法机构应当于作出决定后的2个工作日内报片区市场监管局备案。

第十四条 片区执法机构应当按期对免罚当事人进行复查,填写《整改复查记录》。

第十五条 对于逾期未改或拒不配合的违法经营者,应当按照法律法规有关规定从重处罚。

第十六条 片区执法机构应当建立完善“包容免罚监管”档案,及时公开“包容免罚监管”有关信息。

第十七条 本办法由自贸区营口片区管委会负责解释。

第十八条 本办法自发布之日起实施。

附件:包容免罚监管事项清单

包容免罚监管事项清单

序号	免罚违法行为
1	从事商业、公共饮食、服务等行业的企业名称牌匾适当简化后未报登记主管机关备案的行为
2	企业改变名称从事生产经营活动的行为
3	使用保留期内的企业名称从事生产经营活动或者保留期届满未按期将《企业名称登记证书》交回登记主管机关的行为
4	个人独资企业使用的名称与其在登记的名称不相符合的行为
5	合伙企业未在其名称中标明“普通合伙”、“特殊普通合伙”或者“有限合伙”字样的行为
6	经营者未按规定办理变更登记的行为
7	个人独资企业营业执照遗失或毁损未向登记机关申请补领或者更换的行为
8	个人独资企业营业执照遗失,未在报刊申明作废的行为
9	经营者所设奖的种类、兑奖条件、奖金金额或者奖品等信息不完善、不明确的行为
10	经营者设置的抽奖式有奖销售,最高奖的金额超过5万元幅度10%以内的行为
11	经营者对其商品的销售状况、用户评价作引人误解的商业宣传的行为
12	广告经营者、广告发布者未按照国家有关规定健全广告业务管理制度的行为
13	社会公用计量标准和部门、企业、事业单位各项最高计量标准,未按照规定申请检定的或超过检定周期而继续使用的行为
14	属于非强制检定的计量器具,未按照规定自行定期检定或者送其他有权对社会开展检定工作的计量检定机构定期检定的行为
15	经营者对属于强制检定范围的计量器具,未按照规定申请检定的行为
16	个体工商户制造、修理国家规定范围以外的计量器具或者未按照规定场所从事经营活动的的行为
17	起重机械原使用单位未在变更后30日内到原登记部门办理使用登记注销行为的处罚的行为
18	广告经营者、广告发布者未公布其收费标准和收费办法的行为
19	经营者违反明码标价规定,未按照规定的内容和方式明码标价的行为
20	演出场所经营单位未办理备案手续的行为
21	演出场所经营单位变更名称、住所、法定代表人或者主要负责人、营业性演出经营项目未向原备案机关重新备案的行为

续表

序号	免罚违法行为
22	个体演员、个体演出经纪人未办理备案手续的行为
23	互联网上网服务营业场所经营单位未悬挂《网络文化经营许可证》的行为
24	设立从事艺术品经营活动的经营单位未按规定备案的行为
25	旅行社及其分社、服务网点未悬挂旅行社业务经营许可证、备案登记证明的行为
26	旅行社服务网点设立登记后，未在服务网点所在地与工商登记同级的旅游行政管理部门备案的行为
27	旅行社服务网点设立登记后，未在服务网点所在地与工商登记同级的旅游行政管理部门备案的行为
28	旅行社领队委托他人代为提供领队服务的行为
29	旅行社、旅游行业组织及导游未按期报告信息变更情况的行为
30	旅行社组织出境旅游，未按要求制作安全信息卡的行为
31	导游未申请变更导游证信息的行为
32	导游未更换导游身份标识的行为
33	导游未按规定参加旅游主管部门组织的培训的行为
34	餐饮经营者设置最低消费的行为
35	提供外送服务的餐饮经营者，未建立健全相应的服务流程，未明示提供外送服务的时间、外送范围以及收费标准的行为
36	提供外送服务的餐饮经营者，根据消费者的订单，未提供相应的单据的行为
37	零售商企业未按照规定办理备案开展处销活动的行为
38	用人单位延长劳动者工作时间每日未超过 3 个小时的行为
39	用人单位与聘雇台、港、澳人员终止、解除劳动合同或者任职期满，未办理就业证注销手续的行为
40	未在城市道路施工现场设置明显标志和安全防围设施，未造成损害后果的行为
41	占用城市道路期满或者挖掘城市道路后，不及时清理现场的行为
42	紧急抢修埋设在城市道路下的管线，不按照规定补办批准手续的行为
43	在城市建成区内擅自对临街建筑物进行非经营性装修改建的行为
44	在城市建成区内擅自搭建建筑物、构筑物的行为
45	在城市建成区内擅自在主要街道两侧的建筑物周围设置实体围墙的行为

续表

序号	免罚违法行为
46	在城市建成区内在临街建筑物、构筑物立面上安装突出墙体的护栏的行为
47	在城市建成区内在房顶搭棚、设架,堆放杂物;在临街建筑物外墙吊挂有碍市容观瞻的物品的行为
48	在城市建成区内擅自在道路上从事维修和清洗车辆等经营活动的行为
49	在城市建成区内擅自在人行天桥、立交桥、主要街道两侧、交通路口派发、悬挂经营性宣传物品的行为
50	在城市建成区内擅自占用城市道路开办集贸市场、摆摊设点、堆放物品的行为
51	在建筑物、构筑物的外墙及市政公用设施、树木上涂写、刻划及张贴宣传品的行为
52	设置的雕塑破损污染,产权单位或管理单位不及时修整的行为
53	未经审批占用城市道路、广场设置候车亭、岗亭、停车场的非经营性行为
54	车体污秽不洁、标志残缺不全的机动车在城市建成区内行驶的行为
55	未经审批在公共场所悬挂广告、标语等宣传物品的行为
56	临街建筑物、构筑物、广场、绿地等公共场所设置的装饰性灯光设施残缺或损坏,产权单位或经营单位不及时修复的行为
57	管理单位未定期维护环境卫生设施,对陈旧、破损的环境卫生设施未及时修复或者更新,占用、损坏、拆除环境卫生设施,或者改变其使用功能的行为
说明:本清单所列免罚事项适用条件为首次实施并未造成损害结果,免罚限于免除罚款处罚。	

中国(辽宁)自由贸易试验区营口片区事中事后监管办法

第一章 总 则

第一条 (制定目的及依据)为了加强对中国(辽宁)自由贸易试验区营口片区(以下简称"营口片区")内各类市场主体行政审批事中事后监督管理,及时纠正违法违章行为,保护公民、法人和其他组织的合法权益,维护公共利益和社会秩序,根据《行政许可法》《行政处罚法》和《中国(辽宁)自由贸易试验区营口片区事中事后监管工作方案》,制定本办法。

第二条 (适用范围)自贸区营口片区管委会(以下称"管委会"),对片区内公民、法人或者其他组织(以下称"行政相对人")的各类生产经营活动(包括未经行政审批擅自从事依法应取得行政审批的活动),实施监督检查和处理,适用本办法。

第三条 (监管权限)管委会集中行使工商、质监、食药监、价格、商务、旅游、文体新广、知识产权、安监、环保、国土、交通、人防、规划建设、城市管理和劳动监察等部门的相关行政处罚权,以及与行政处罚权有关的行政检查权和行政强制权。

管委会相关内设机构,通过行政权力清单和责任清单,明确监管责任和边界,形成分工明确的工作责任制,确保不留监管"死角"和"盲区"。

对具有专业性的监管职能,管委会不具备承接条件的,由原承担监管职能的市级部门负责监督管理工作。

第四条 (监管原则)监督管理遵循"合法合理、程序规范、高效便民、公开透明"的原则,坚持权力与责任、检查与指导、惩处与教育相结合。要正确处理履行监管职责与服务发展的关系,防止过度监管、不当监管和违法监管,既要防止监管缺位,又要防止监管错位和越位。

第五条 (监管体系)实行行政执法、企业自律、行业自治、舆论监督、公众参与"五位一体"的监管体系,推动社会共管共治。管委会对职责范围内的监督管理职权进行“流程再造”,实现日常监管“一次出动,全面体检”。在赋予企业更多自主权的同时,强化市场主体责任,避免政府部门承担无限监管责任。促进行业协会、商会及专业化管理机构建设,推动行业自律规范、自律公约和职业道德准则,规范会员行为。加强与各类新闻媒体的合作,综合采用媒体曝光、鼓励社会公众举报等多种途径,调动全社会参与监管的积极性。

第二章 监督管理的内容

第六条 (监管内容)管委会依据法律、法规和规章的规定,经上级批准,对市场主体涉及下列内容的各类生产经营及与其相关的活动,进行监督管理:

1. 与工商行政管理有关的市场监督管理和行政执法内容;
2. 与国家有关质量技术监督工作有关的内容;
3. 与食品(含食品添加剂、保健食品)安全、药品(含中药、民族药)、医疗器械、化妆品监督管理有关的内容;
4. 与国家、省、市关于商品和服务价格、收费标准、价格调节基金征收使用和管理有关的内容;
5. 与知识产权和专利工作有关的内容;
6. 与文化艺术、体育、广播电影电视、新闻出版、文物和文化市场管理工作有关的内容;
7. 与旅游业发展有关的内容;
8. 与服务业发展和利用外资、对外贸易、国际经济合作有关的内容;
9. 与规划建设有关的内容;
10. 与交通运输有关的内容;
11. 与人民防空工作有关的内容;
12. 与安全生产工作有关的内容;
13. 与环境保护有关的内容;
14. 与国土资源管理有关的内容;
15. 与城市管理工作有关的内容;
16. 与劳动监察有关的内容;
17. 与省委、省政府、省自贸区工作领导小组及其办公室和市委、市政府交办工作相关的内容。

第三章　监督管理的方式

第七条　(检查形式)对开放型市场行为实行包容性管理,对非主观故意、轻微违法行为实行监管容忍。通过约谈劝诫、书面检查、随机抽查、专项检查、抽样检查检验检测等形式进行。进行例行监督检查,应当事先拟订监督检查计划。监督检查频次根据行政相对人情况确定。对诚信度高的行政相对人,可减少检查频次;对安全风险等级较高的行政相对人,应当根据情况适当增加检查频次。

第八条　(约谈劝诫)掌握重点市场主体、重点领域各类安全风险隐患的行为特征,对可能存在安全隐患、个别敏感时期容易产生较大社会反响的经营活动进行事前约谈,对行政相对人的轻微违法违章、且没有危害后果的行为进行劝勉提示;对可能存在的风险点进行干预,并指导市场主体完善应急处置预案,提高发现问题和防范化解区域性、行业性及系统性风险的能力。

第九条　(书面检查)采取书面检查方式的,应当通过书面或者公告等方式,事先通知行政相对人书面检查的内容、时间,以及要求报送的书面材料等。书面检查的内容主要是行政相对人是否按照相关行政审批、行政备案和诚信承诺所确定的条件、范围、程序等从事行政审批事项活动的情况。

第十条　(抽样检查和委托检测)对行政相对人依法实施抽样检查(检验检测)等现场监督检查,也可以依法委托具备法定资质的专业技术机构进行检查、检验、检测。受委托专业技术机构应当按照技术规程或者约定的期限,出具检查、检验、检测结果报告,并对检测结果的有效性合法性负责。通过约定委托专业机构检查、检验、检测的,应当与所委托的专业机构签订协议,明确检查、检验、检测的期限,所依据的技术规范、内容、结果报告等。

第十一条　(随机抽查)对片区内各类市场主体的风险防控,实行"双随机"检查机制。建立健全市场主体名录库和执法检查人员名录库,通过摇号等方式,从市场主体名录库中随机抽取检查对象,从执法检查人员名录库中随机选派执法检查人员,推广运用电子化手段,对"双随机"抽查做到全程留痕,执法人员对"双随机"检查事项负责,实现监管责任可追溯。

第十二条　(专项检查)根据市政府和有关部门的工作部署,以及行业管理和实际工作需要,开展专项监督检查。实施专项监督检查的,应当事先制定检查工作方案,方案包括检查目的、检查范围、检查方式、检查重点、检查时间等。专项监督检查结束后,应当制作完成书面检查报告。

第十三条　(双方权利)管委会工作人员履行检查职责时,可以依法查阅或者要求有关单位和个人提供相关材料。有关单位和个人应当予以配合,如实反映情况,提供有关材料,对检查中所指出的问题应当及时加以纠正。行政相对人对检查结果有异议的,可向有关部门反映,并可依法提起行政复议或行政诉讼。

第四章　监督检查流程及要求

第十四条　(检查记录)管委会工作人员进行检查,应当制作现场检查笔录。检查笔录经核对无误后,由工作人员和行政相对人在笔录上签字。行政相对人拒绝签名或者不能签名的,应当注明原因。有其他人在现场的,可由其他人签名。法律、法规、规章对现场笔录的制作形式及送达另有规定的,从其规定。

第十五条　(处理决定)经书面检查合格的,可以不向行政相对人书面反馈检查结果;设施、设备检验合格的,应当发给相应的证明文件;发现行政相对人已经不具备从事行政审批事项活动的条件,尚能整改的,应当责令限期整改;已经不能整改的,或者整改时限届满仍未改正的,应当作出检查不合格的结论,并依据《行政许可法》《行政处罚法》等相关法律、法规、规章,作出相应的处理;发现属于违法行为的,应当依据相关法律、法规、规章,作出相应的行政处罚决定;对行政相对人已经做出诚信承诺,但在检查中发现并未实际履行承诺,且具有风险隐患的,应责令改正,并将诚信承诺人(企业)列入经营异常名录或"黑名单"管理。

第十六条　(信息公开)按照政府信息公开相关规定要求,依法公开监测、抽检和监管执法的依据、内容、标准、程序和结果。重点推进事关人民群众切身利益、社会普遍关注领域的行政处罚、行政裁决结果公示。建立健全信息公开内部审核机制、档案管理等制度。

第十七条　(资料归档)将下列监督检查材料(包括文字档和电子档)归档保存,完善监督检查数据库:

(1)行政相对人报送的材料;

(2)由工作人员签字的监督检查记录,包括现场勘验笔录、询问笔录、当事人陈述、申辩笔录等;

(3)根据监督检查记录作出的处理结果记录,包括受委托专业技术机构的检验检测报告、公告,送达回执,检查工作内部流转记录等;

(4)投诉举报材料;

(5)法律、法规、规章规定应当归档保存的其他材料。

第十八条　(举报处理)落实专人受理投诉与举报。收到举报的,应当及时登记受理并依法进行核查。经核查,被举报人确实存在违法行为的,应当依法处理,并为投诉人、举报人保密,保护其合法权益。

第五章　附　　则

第十九条　(检查纪律)管委会执法人员对行政相对人进行监督检查时,不得妨碍行政相对人正常的经营活动;不得索取或者收受行政相对人的财物,不得谋取其他利益,不得违法收取任何费用。违反本办法规定的,视情节轻重,依照法纪追究责任。

第二十条　(实施日期)本办法自发布之日起施行。

中国(辽宁)自由贸易试验区
营口片区产业扶持政策

为了进一步完善招商引资激励机制,拓宽招商引资渠道,充分调动社会各界参与招商引资的积极性,推动营口经济又好又快发展,特制订本办法。

一、奖励对象

招商引资中介人是指直接引荐营口地区以外的投资者来营口市投资,经投资者确认,与我市项目单位建立联系并最终促成投资的个人或单位。中介人可以是自然人,也可以是法人或其他组织。本市机关事业单位及工作人员不作为中介人奖励对象。

二、奖励范围

1. 现代农业项目:包括设施农业、畜禽养殖等农业生产型项目;农产品深加工、水产品深加工、畜禽肉蛋加工、蔬菜水果保鲜包装加工等农产品加工型项目;农产品物流、农贸市场等农业流通类项目。

2. 新型工业项目:包括电子信息、新能源、新材料、环保产业、汽车配套、机械设备制造、生物医药、精细化工、油气化工等项目。

3. 商业地产、工业地产等项目。

4. 现代服务业项目:包括物流贸易结算中心、仓储物流中心、货车船舶注册中心、货物集散分拨中心项目、金融保险、类金融、电子商务、科技服务、外包服务、地区总部、会议展览、商贸中心、主题公园、影视娱乐、高端医疗卫生、教育培训、文化体育、研发咨询、旅游等项目。

三、奖励标准

1. 现代农业项目:农业生产型项目固定资产〔仅限于购地款(以发票为准),购买机器设备款(以发票为准),施工合同额(以实际结算金额为准)〕(下同)投资在1000万元(含1000万元)以上的,按项目实际固投额的10‰给予奖励,奖励时限为一个年度内；农产品加工型项目固定资产投资在5000万元（含5000万元）以上的，按项目实际固投额的5‰给予奖励，奖励时限为三个年度内；农业流通类项目年度纳税额在50万元（含50万元）以上的，按项目实际纳税额的10%给予奖励，奖励时限为一个年度内。以上奖励累计最高金额不超过500万元人民币。

2. 新型工业项目：固定资产投资在1亿元（含1亿元）以上的，按项目实际固投额的5‰给予奖励。奖励时限为三个年度内，累计最高奖励金额不超过500万元人民币。

3. 商业地产项目及工业地产项目：商业地产项目固定资产投资在5亿元（含5亿元）以上的上的；工业地产项目固定资产投资在2亿元（含2亿元）以上的，按项目实际固投额的5‰比例予以奖励。奖励时限为三个年度内，累计最高奖励金额不超过500万元人民币。

4. 现代服务业项目：年度纳税额（单指项目经营期产生的税收）在50万元（含50万元）以上的，按项目实际纳税额的10%给予奖励。奖励时限为一个年度内，累计最高奖励额不超过500万元人民币。

固定资产投资在5000万元（含5000万元）以上的，按项目实际固投额的8‰给予奖励。奖励时限为三个年度内，累计最高奖励金额不超过500万元人民币。

达到上述一项标准的项目即可获奖，同时达到两项标准的项目只能选择一项来获奖，不能兼得。

5. 对引进世界500强（以当年权威机构发布的榜单为准）、国内行业龙头企业投资的重大项目或具有国际领先水平、对我市发展具有重大推动作用的项目的中介人，其奖励办法采用一事一议方式，由市有关部门提出奖励意见报市政府审定。

四、奖励方式

1. 现代农业项目：

农业生产型项目：固投达到1000万元（含1000万元）时，即按10‰的比例支付第一笔奖金，年度末按项目实际固投额的10‰补齐余下的奖金。

农产品加工型项目：参照新型工业项目奖励方式执行。

农业流通类项目：参照现代服务业项目奖励方式执行。

2. 新型工业项目：

对建设期不超过一个年度的项目：开工建设时，按所付土地款的5‰开始支付第一笔奖金，项目竣工时，按项目实际固投额5‰补齐余下的奖金。

对建设期超过一个年度的项目：开工建设时，按所付土地款的5‰开始支付第一笔奖金,余下奖金的发放节点为项目固投额达到 1 亿元的整数倍时,按项目实际固投额的 5‰支付奖金。项目三个年度内竣工的,竣工时按项目实际固投额的 5‰补齐余下的奖金,三个年度内未竣工的,以第三年度末项目实际固投额的 5‰补齐余下奖金,三个年度后的固投不再享受奖励。

3. 商业地产项目及工业地产项目:开工建设时,按所付土地款的 5‰支付第一笔奖金,余下奖金在商业地产项目固定资产投资达到 5 亿元(含 5 亿元)、工业地产项目固定资产投资达到 2 亿元(含 2 亿元)时,按项目实际固投额的 5‰支付第二笔奖金。项目三个年度内竣工的,竣工时按项目实际固投额的 5‰补齐余下的奖金,三个年度内未竣工的,以第三年度末项目实际固投额的 5‰补齐余下的奖金,三个年度后的固投不再享受奖励。

4. 现代服务业项目:自纳税之日起,税收达到 50 万元(含 50 万元)时,按项目实际纳税额的 10% 支付第一笔奖金,年度末按项目实际纳税额的 10% 补齐余下奖金。开工建设时,按所付土地款的 8‰支付第一笔奖金,余下奖金在项目固投额达到 5000 万元时,按项目实际固投额的 8‰支付第二笔奖金。项目三个年度内竣工的,竣工时按项目实际固投额的 8‰补齐余下的奖金,三个年度内未竣工的,以第三年度末项目实际固投额的 8‰补齐余下奖金,三个年度后的固投不再享受奖励。

五、奖励程序(申报、审核、发放)

(一)申报:符合奖励申报条件的中介人,持投资人书面证明及其他相关证明材料到各市(县)区政府、园区管委会指定的部门申报和登记备案,要有书面材料留存。

(二)审核:各市(县)区政府、园区管委会指定的部门会同财政、审计等部门审核后,报市(县)区政府、园区管委会审批。

(三)发放:由各市(县)区政府、园区管委会的财政部门或指定部门发放。

具体程序由各县(市)区政府、园区管委会依据上述条款自行制定。

六、奖金来源

奖金来源由项目落地的县(市)区政府、园区管委会安排。奖励资金为税前额度。

七、其他

本办法所指的年度为:按固定资产投资受奖的项目以开工建设之日算起,到下一年的当月末截止。按税收受奖的项目以经营纳税之日算起,到下一年的当月末截止。

本市行政区域内企业扩大投资的,可参照本办法执行。

本办法由营口市招商局负责解释。

营口市人民政府办公室关于印发中国(辽宁)自由贸易试验区营口片区建设项目审批实施方案的通知

(2017年4月14日)

各县(市)区人民政府,市政府各部门、各派出机构、各直属单位:

《中国(辽宁)自由贸易试验区营口片区建设项目审批实施方案》业经2017年3月20日第十五届市政府第60次常务会议审议通过,现予印发,请认真贯彻执行。

中国(辽宁)自由贸易试验区营口片区建设项目审批实施方案

为规范行政权力运行,切实增强服务的主动性、精准性和便捷性,加快推进行政管理体制机制创新,降低制度性交易成本,解决影响企业和群众办事创业的难点堵点,推进项目建设,进一步激发市场活力,优化中国(辽宁)自由贸易试验区营口片区(以下称辽宁自贸区营口片区)投资环境,按照先行先试、风险可控、分步推进、逐步完善的原则,在学习借鉴福州、深圳前海等其他自贸区成熟经验的基础上,根据国家现有法律法规,探索建设程序严密、过程透明、结果公开、监督有力的"一站式"的审批机制,建立"一表申请、一口受理、一章审批、一口发照"的审批制度,特制定本实施方案。

一、适用范围

本方案适用于辽宁自贸区营口片区范围内新建、改建、扩建的政府投资建设工程项目和企业投资建设工程项目。

二、基本原则

(一)一个平台,统筹协调

充分利用“智能云大数据”等互联网技术与思维,以运用现代信息技术创新行政审批和公共服务方式为手段,坚持问题导向,注重资源整合,探索建立跨行业、跨部门、跨层级功能完善高度集成的多业务协同审管平台,将建设单位信息、规划数据、审批信息、监管信息、法规文件即时纳入平台,实现线上一表申报,或预约线下至窗口提交材料,各职能业务人员和部门之间审管信息共享传输并联审查,对审批服务全过程逐环节逐岗位进行监管,使工作程序无缝链接,能在网上审批的行政审批事项全部实现网上审批,加快审批服务进度。

同时通过为市政府分管领导、中国(辽宁)自由贸易试验区营口片区管委会(以下称辽宁自贸区营口片区管委会)领导开通访问权限,能够及时掌握项目审批各个环节情况,为全盘决策提供支持。

(二)一口受理,简化流程

打破部门界限,压减并理顺审批事项的前置条件,将审批流程归并为项目审批、用地审批、规划审批、施工审批、竣工验收等五个阶段。每个阶段统一由辽宁自贸区营口片区管委会经济发展局或行政审批局(以下称经济发展局)一口受理申请材料、一站审核督促协调审批进度,在规定的时间内完成审批并统一告知申请单位审批结果。

(三)一章审批,提高效率

统一使用“中国(辽宁)自由贸易试验区营口片区管理委员会审批专用章”实施建设项目审批服务工作,实现一章多效、一章审批,提高审批效率。

(四)一口发照,简单便捷

统一汇总将项目建设行政审批文件、许可证件,通过一口发放,为建设单位提供便捷高效的服务。

三、申报辅导及受理审批流程

(一)申报辅导流程

1. 咨询服务台人员应及时、准确地回答经办人的提问,引导办事人员到行政审批“一口受理”窗口办理需办的行政审批事项,如有经办人员咨询有关政策、办证办照事项,要耐心解答,并做好记录。

2. “一口受理”窗口在接到建设单位办事人员办理行政审批事项时,各职能业务人员必须要实行“一次性告知”,将本职责范围内的相关政策和工作程序,办理的条件、材料、程序、时限和机关收费标准等情况讲清楚。建设单位将所需材料(电子版)一并报送窗口业务人员审查,如需修改完善由业务人员进行辅导,待达到受理审批条件,继续开展下一步工作。同时每周五下午定期组织建设单位参加审批手续办理讲堂,提前把审批事项要求的材料、程序、时限对建设单位的办事人员进行指导讲解。

(二)受理审批流程

1. 项目审批阶段(5 个工作日)

审批部门:经济发展局

审批事项:

(1)企业投资项目备案;

(2)企业投资项目核准批复;

(3)政府投资项目可行性研究报告(代项目建设书)批复;

(4)政府投资项目初步设计及概算批复;

(5)选址意见(划拨类);

(6)用地预审(依法需要的项目);

(7)节能评估审批。

审批流程:

(1)企业投资项目的备案。建设单位将本阶段所有审批事项申请材料报送经济发展局"一口受理"窗口,经济发展局在 1 个工作日内作出企业投资项目备案确认书审批,负责备案审批的工作人员将备案确认书传递给发照窗口,并抄告内部相关业务人员实施并联审核,完成后将本阶段所有审批、备案文件统一送达项目建设单位。(在国家备案程序没有调整之前按此流程操作)

(2)企业投资项目的核准。建设单位将本阶段所有审批事项申请材料报送经济发展局"一口受理"窗口,经济发展局在收到申请后的 4 个工作日内出具建设项目选址意见书(划拨类)、用地预审意见(依法需要的项目),并依据有资质的工程咨询机构出具的评估报告,在 1 个工作日内完成项目核准批复,经济发展局同步将本阶段所有审批文件统一送达项目建设单位。(在国家核准程序没有调整之前按此流程操作)

(3)政府投资项目的审批。建设单位将本阶段所有审批事项申请材料报送经济发展局"一口受理"窗口,经济发展局依据项目会议纪要或批示实行并联审批,在 3 个工作日内出具建设项目选址意见书(划拨类)、用地预审意见(依法需要的项目)、节能评估审批。总投资 5000 万元以下(含 5000 万元)项目,根据资质机构编制的初步设计及概算,并依据工程咨询机构出具的评估报告或专家评审意见,在1个工作日内完成建设项目初步设计及概算批复;总投资5000万元以上项目根据资质机构编制的可行性研究报告、初步设计及概算,并依据工程咨询机构出具的评估报告或专家评审意见及其他相关事项意见,在2个工作日内完成建设项目可行性研究报告(代项目建设书)批复、初步设计及概算批复,经济发展局同步将本阶段所有审批文件统一送达项目建设单位。

2. 用地审批阶段(7个工作日)

审批部门:经济发展局

审批事项:

(1)国有建设用地使用权划拨决定书;

(2)签订国有土地使用权出让合同;

(3)不动产权证书核发。

审批流程:

(1)划拨类用地。项目建设单位将建设用地划拨决定申请报告等材料报送经济发展局"一口受理"窗口,经济发展局相关业务人员在3个工作日内完成建设用地审批前期工作,待市政府批复划拨土地供地方案后,在1个工作日内核发国有建设用地划拨决定书,在3个工作日内办理完成不动产权证书,并将本阶段所有审批文件统一送达项目建设单位。

(2)竞价类用地。在完成土地"招拍挂"公开出让活动后,经济发展局相关业务人员在1个工作日内办理签订国有土地使用权出让合同,在3个工作日内办理完成不动产权证书,并将本阶段所有审批文件统一送达项目建设单位。

(3)协议类用地。项目建设单位按要求将本阶段所有审批事项申请材料报送经济发展局"一口受理"窗口,经济发展局相关业务人员在1个工作日内办理签订土地使用权转让协议,在3个工作日内办理完成不动产权证书,并将本阶段所有审批文件统一送达项目建设单位。

3. 规划审批阶段(6个工作日)

审批部门:经济发展局

审批事项:

(1)建设用地规划许可证;

(2)修建性详细规划审核;

(3)施工图纸审核;

(4)建设工程规划许可证。

审批流程:项目建设单位将本阶段材料报送经济发展局"一口受理"窗口,经济发展局在2个工作日内核发建设用地规划许可证,企业根据用地条件编制规划,先委托有资质的规划院进行技术指标审核后,经济发展局组织规划、环保、国土、项目单位等相关业务人员根据项目建设单位编制的项目修建性详细规划及设计方案效果图进行初步审查,通过后经济发展局牵头组织委内相关部门提交联审会审议,联审会通过后在 2 个工作日内具出规划总平面图,项目单位在完成建筑设计方案及综合管网图审查后,即可将施工图纸规划送图审机构开展施工图审查。经济发展局在在 1 个工作日内核发建设工程规划许可证,并将本阶段所有审批文件统一送达项目建设单位。

4. 施工审批阶段(5 个工作日)

审批部门:经济发展局

审批事项:

(1)施工图审查备案;

(2)项目招投标备案;

(3)工程项目直接发包备案;

(4)施工合同备案、监理合同备案;

(5)建设工程安全监督受理书;

(6)建设工程质量监督受理书;

(7)环境影响评价审批;

(8)人防建设审批;

(9)消防设计审核;

(10)防雷装置设计审核;

(11)地震安全性评价审批(依法需要的项目);

(12)建筑工程施工许可证;

(13)抗震设防备案;

(14)验线审批。

审批流程:项目建设单位将本阶段所有审批事项申请材料报送经济发展局"一口受理"窗口。经济发展局组织规划、环保、消防、人防、气象、地震等相关业务人员并联审批在 4 个工作日内完成施工图审查备案、项目招投标备案、工程项目直接发包备案、施工合同备案、监理合同备案、建设工程安全监督受理书、农民工保证金收缴、环境影响评价审批、人防建设审批、消防设计审核、防雷装置设计审核、地震安全性评价审批(依法需要的项目)。经济发展局在 1 个工作日内核发建设工程施工许可证,并将本阶段所有审批文件统一送达项目建设单位。

5. 竣工验收阶段(10 个工作日)

审批部门:经济发展局

审批事项:

(1)建设工程规划竣工验收核实;

(2)防雷装置竣工验收;

(3)建筑工程消防验收备案;

(4)环境保护设施竣工验收;

(5)建设工程安全及质量档案专项验收备案;

(6)工程竣工综合验收备案。

审批流程:项目建设单位将本阶段所有验收事项的申请材料报送经济发展局“一口受理”窗口,经济发展局在5个工作日内组织规划、人防、环保、消防、气象等相关业务人员开展并联验收,验收合格后由经济发展局在3个工作日内完成建设工程竣工验收备案,同时在2个工作日内完成建设工程竣工档案存档。

四、创新审批方式

(一)优化审批事项

1. 试行优化政府投资类项目审批事项,提高审批效率。总投资在5000万元以下(含5000万元)的政府投资类项目,由原来批复项目建议书、可行性研究报告、初步设计及概算三步审批合并为一步审批,只批准初步设计文件及概算;总投资在5000万元以上的政府投资类项目,由原来批复项目建议书、可行性研究报告、初步设计及概算三步审批合并为两步审批,只批准可行性研究报告(代项目建议书)、初步设计及概算。

2. 通过策划制定《辽宁自贸区营口片区年度重点建设项目计划表》,明确各项目基本建设规模、主要功能、匡算投资、预选址意见等审批基础信息。对列入计划的项目,可视为已完成项目审批阶段,直接办理后续手续,在项目动工前补办完成项目审批阶段事项。

3. 建议调整《城乡规划法》,试行将建设用地规划许可证与建设工程规划许可证合二为一,或取消建设用地规划许可证。

(二)创新服务流程

整合服务环节,将流程相近、内容交叉的事项,合并归类进行集中办理,实现“四个一”创新工作模式:即一次性测量,建筑工程面积认定由原来办理建设工程规划许可证之前和项目竣工验收时两次测量,合并为在竣工验收时集中进行一次测量。一次性审核,将规划设计方案、施工设计图等事项集中审核,形成会议纪要,统一出具审核意见。一次性审查,一般情况下进行人防设施、消防设施、气象设施等事项集中审查,视项目情况再增加环保、节能、安全、社会维稳等事项的集中审查,形成会议纪要,统一出具审查意见。一次性评审,将可行性研究报告、初步设计及概算、环境评估、节能评估、地震安全评估等事项集中评审,并形成会议纪要,统一出具评审意见;按照划定的区域,辽宁自贸区营口片区内整体编制水土保持方案进行总体评估,报相应的水行政主管部门审批,入区项目不再单体做水土保持方案及评估。同时,减少评审事项,试行将涉及道路、管网、绿化、亮化等政府投资类项目取消专家评审。

(三)实现网上审批信息共享

充分运用互联网和大数据技术,建设联通各审批业务的审管平台。企业通过项目申报生成唯一项目代码标识,各审批、建设、监管等项目信息统一汇集,审批业务人员提前进行线上申报预先审查,并拿出预审意见,业务人员利用项目代码可以检索到各阶段的申报情况、审批结果、批准文件等,实现信息资源共享、统一归档,减少公文往来、材料重复提交,提高审批时效。

(四)试行建设项目环评审批豁免制和备案制

1. 豁免部分建设项目环评影响审批。根据污染物排污浓度和影响程度制定《建设项目环评豁免办理项目管理名录》,对符合名录行业的建设项目豁免办理环境影响评价审批手续,免于环境保护"三同时"管理,直接纳入事中事后监管。

2. 探索创新建设项目环境管理模式,结合辽宁自贸区营口片区发展规划,统筹做好规划环评,将在综保区、商贸物流、金融商务等若干区域试点,整体执行规划环评制度。项目建设单位需填写相关承诺书和承诺备案申请表,委托中介机构编制项目环境影响评价文件,并在媒体上公示,到经济发展局备案,不再进行单项环保审批。在辽宁自贸区营口片区其他区域内的建设项目环评需要填报环境影响登记表的,在环评影响登记表的网上系统进行备案,执行环评备案制,不再进行环保审批;建设项目环评需要填报环境影响报告表的,属于机械加工、新材料、电子信息、房地产等行业,涉及环境污染较小、生态影响较小的项目,环境影响评价文件需经专家评审、媒体公示后,项目建设单位到经济发展局填写相关承诺书和承诺备案申请表备案;报告书项目需按现行审批制度执行。辽宁自贸区营口片区监管部门加强事中事后环境监管。

(五)试行许可证承诺备案制和建筑工程面积认定容差制

严格遵守国家现行建筑规范和标准,按照辽宁自贸区营口片区控制性规划、土地利用规划和环境保护规划的总体要求,在保证规划、土地、环保、消防、安全的前提下,选择诚信非常好的企业,在建设一般性工业厂房项目时,一是试行规划许可和施工许可承诺备案制,只审核规划总平面图、规划效果图,取消规划许可和施工许可审批,企业到审批部门申请承诺备案。企业自主选择具有资质机构放线,审批部门负责验线,由辽宁自贸区营口片区监管部门进行事中、事后监管。二是试行工业厂房建筑工程面积认定容差制,以项目建设单位规划总平面图及施工图纸建筑工程面积填写建筑工程规划许可证面积,项目建设单位按此面积缴纳基础设施配套费。项目建设进入竣工验收阶段,在保证规划、环保、消防安全等前提下,如出现建筑工程规划许可证面积与竣工实际面积存在误差情况,在误差允许范围内的(工业项目总建筑面积最大误差不超过3%,且误差累计不得超过500平方米,实测建筑长度、宽度误差不超过0.5米)可以不用修改规划面积,按实测面积下发《建设工程规划验收合格证》;如误差超出允许范围,超出部份由产权部门按相关规定进行认定后,下发验收许可证。

(六)政府垄断的公共服务引入市场机制

加快推进中介服务市场化进程,打破行业、地区壁垒和部门垄断,切断中介服务机构与政府部门间的利益关联,形成市场化竞争机制,降低项目单位建设成本。项目建设单位可以自主委托具有资质的中介机构进行规划设计方案审核、施工图审核、建筑工程面积认定、施工放线等事项;按照供电部门和水务部门的要求,项目单位可以自主委托具有资质的中介机构进行厂区内的水电设计、采购及施工,管委会经济发展局协调供水、供电部门,在有资质的第三方机构参与情况下,按现有法律法规进行验收。

(七)组建项目论证评审专家库

选取经济、规划、建筑工程、环保、安全、消防等行业专家,组建辽宁自贸区营口片区项目论证评审专家库,对一些确需进行评估的建设项目提供行业专家意见,在建设项目审批时做为依据。

五、强化保障机制

(一)建立健全工作制度

以企业需求为导向,按照高效、便捷的原则,建立健全完善的工作制度。一是建立首问负责制,谁接手谁负责,第一个承接的工作人员,无论与本职工作是否相关,都要认真负责接待或答复,直至企业经办人员满意为止;二是建立现场踏勘工作制度,在行政许可审批之前,组织相关业务人员开展现场踏勘,提前对项目现场及周边环境进行确认,确保审批无误;三是建立并联审批工作制度,所有审批事项全部进入并联审批,提前告知经办人需准备的申报材料,提高审批时效。在实施的过程中,不断总结经验,逐步建立起适应未来发展需要的工作制度。

(二)增强信息公开透明

制定项目审批工作规则和办事指南,明确办理流程、办理时限,通过项目审批平台加强项目建设全过程监管。及时公开受理情况、办理过程、审批结果,发布政策信息、投资信息、中介服务等信息,确保项目合法开工、建设过程合规有序。

(三)加强建设投资项目事中事后监管

注重向“轻审批、重监管”行政执法模式转变,进一步明确监管责任,充分发挥辽宁自贸区营口片区监管综合优势,整合监管力量,共享监管信息,实现协同监管。

(四)建立和完善诚信体系

加强建设项目单位法律意识,要严格遵守城乡规划、土地管理、环境保护、安全生产等方面的法律法规,认真执行相关政策和标准规定,依法落实项目法人责任制、招标投标制、工程监理制和合同管理制,切实加强信用体系建设,自觉规范投资行为。实施投融资领域相关主体信用承诺制度,建立异常信用记录和严重违法失信“黑名单”,纳入信用信息共享平台,强化并提升政府和投资者的契约意识和诚信意识,形成守信激励、失信惩戒的约束机制,促使相关主体切实强化责任,履行法定义务,确保投资建设市场安全高效运行。规范与建设项目审批有关的中介服务行为,加强对中介服务行为的监管,加大对中介机构失信行为的曝光、通报等处罚力度。

(五)加强责任监督

加强政府投资项目建设管理,严格投资概算、建设标准、建设工期等要求,严格按照项目建设进度下达投资计划,确保政府投资及时发挥效益;采用直接投资和资本金注入方式的项目,对经济社会发展、社会公众利益有重大影响或者投资规模较大的,要在咨询机构评估、公众参与、专家评议、风险评估等科学论证基础上,严格审批项目建议书、可行性研究报告、初步设计。严格概算执行和造价控制,健全概算审批、调整等管理制度,加强投资项目审计监督。监察部门加强对各审批事项、审批环节和审批时限的效能监察,实行绩效考评。对违规操作、推诿扯皮,或者不按本方案规定的流程、方法、时限实施审批以及拆分审批事项,造成工作延误的,对有关部门及相关工作人员进行通报批评;造成重大损失或者恶劣影响的,按照有关规定追究负有直接责任的主管人员和其他直接责任人员的责任。建立社会监督机制,鼓励新闻媒体、公民、法人和其他组织依法对政府的服务管理行为进行监督。

六、其他事项

本方案限定的审批流程时限自受理后第2天开始起算。专业技术评审时间、出让活动、公示、听证以及审批咨询服务、上报政府审批、审批前期准备工作的时间,均不计入审批时限。

附件:

1. 建设项目一站式审批流程图(略)
2. 建设项目环境影响评价豁免管理名录(试行)(略)
3. 建设项目环境影响评价豁免管理通知书(略)
4. 建设项目环境保护告知书(略)
5. 建设项目环境保护承诺书(略)
6. 建设项目环评承诺备案申报表(略)
7. 建设项目环境影响评价承诺备案回执(略)
8. 建设项目免办工程规划和施工许可承诺书(略)
9. 建设项目工程规划和施工许可承诺备案申报表(略)
10. 建设项目工程规划及施工许可承诺备案回执(略)
11. 用水申请单(略)
12. 电力用户受电工程设计、施工等执行标准(略)

营口市人民政府办公室关于印发中国(辽宁)自由贸易试验区营口片区“多证合一”登记制度创新实施方案的通知

(2017年4月14日)

各县(市)区人民政府,市政府各部门、各派出机构、各直属单位:

《中国(辽宁)自由贸易试验区营口片区“多证合一”登记制度创新实施方案》业经2017年3月20日第十五届市政府第60次常务会议审议通过,现予印发,请认真贯彻执行。

中国(辽宁)自由贸易试验区营口片区“多证合一”登记制度创新实施方案

进一步深化商事制度改革,推进中国(辽宁)自由贸易试验区营口片区(以下简称“辽宁自贸区营口片区”)“多证合一”制度创新,结合辽宁自贸区营口片区实际,制定本实施方案。

一、实施内容

所谓“十七证合一”就是指需要事先事后采集的基本信息,通过“一窗受理、内部流转、同步审核、信息互认”的新模式,让申请人一次领取。

在“五证合一、一照一码”的基础上,新增加《海关报关单位注册登记证》、《出入境检验检疫报检企业备案表》、《对外贸易经营者备案登记表》、《外商投资企业设立备案》、《申请原产地证书注册登记表》(贸促会)、《申请原产地证书注册登记表》(检验检疫局)、《开户许可证》、《机构信用代码》、《公章刻制备案》、《电子口岸企业入网资格审查登记表》、《法人单位基本情况表》、《港口线上业务平台开户注册表》等12项证（表），共计17项内容实现“多证合一”制度创新。

二、实施进度

根据现阶段辽宁自贸区营口片区实际情况，2017年上半年，在辽宁自贸区营口片区新设立的企业实施“多证合一”登记制度改革，条件成熟后在全市范围内推广。实施方案的进度分为两个阶段：

（一）在大数据服务平台软件未启用前，市相关部门通过派驻、培训协检员、电子邮件推送等方式实现各部门信息传递，力争通过综合服务中心实现统一接件，统一发证。

（二）大数据服务平台软件启用后，与市各部门业务系统实现端口连接，同步审批，实现跨部门数据传递和信息共享，统一发证。

三、操作流程

（一）一窗受理

由申请人根据需求自愿提出办理《营业执照》、《海关报关单位注册登记证》、《出入境检验检疫报检企业备案表》、《对外贸易经营者备案登记表》、《外商投资企业设立备案》、《申请原产地证书注册登记表》（贸促会）、《申请原产地证书注册登记表》（检验检疫局）、《开户许可证》、《机构信用代码》、《公章刻制备案》、《电子口岸企业入网资格审查登记表》、《法人单位基本情况表》、《港口线上业务平台开户注册表》等“多证合一”业务申请，并将所需相关材料一次性提交辽宁自贸区营口片区综合服务中心，工作人员对申请人提交的申请材料进行初审。申请材料齐全的，将办理营业执照信息录入服务平台，纸质材料后台流转。材料不齐全的，当场告知申请人需要补办的全部材料。

（二）同步审批

各部门3个工作日内在核准通过企业设立登记后，辽宁自贸区营口片区综合服务中心将《核准设立登记通知书》、《营业执照》及办理“多证合一”所需其他材料扫描件上传至大数据服务平台。涉及《出入境检验检疫报检企业备案表》、《海关报关单位注册登记证》、《对外贸易经营者备案登记表》、《外商投资企业设立备案》、《电子口岸企业入网资格审查登记表》等独立专有系统办理的，由工作人员收集企业相关信息登录商务、检验检疫、海关部门等网上申报系统进行申报。大数据服务平台自动匹配信息，将相关数据及扫描件推送到各审批部门，并向各部门承办人员发出短信提醒（或电子邮件、平台内部提醒）。

商务局在服务平台接收到企业备案所需登记材料信息后，在2个工作日内完成备案,并将办理结果信息反馈至大数据服务平台。

出入境检验检疫局在大数据服务平台接收到所需登记材料信息后,在2个工作日内完成,并将办理结果信息反馈至大数据服务平台。

营口海关在大数据服务平台上接收到企业报关注册所需材料信息后,在2个工作日内审核完成后,制发《报关单位注册登记证书》编号、《电子口岸企业入网资格审查登记表》,并推送到综合服务中心。

上述审批部门需在7个工作日内完成全部审批流程,审批流程完成后,工作人员当天使用大数据服务平台向申请人发出领取证照的短信。

(三)统一发证

加载海关、商务、检验检疫、贸促会、公安、人民银行等部门编号后的《营业执照》及相关部门独立证照,由综合服务中心统一核发。辽宁自贸区营口片区综合服务中心核发执照时应要求其对申办时提交的《海关报关单位注册登记证》、《出入境检验检疫报检企业备案表》和《对外贸易经营者备案登记表》等申请材料补盖公章。核发执照后,综合服务中心扫描加盖公章后的申请材料分别推送给商务部门、海关、检验检疫、贸促会等部门备案。企业服务中心每月定期向海关、检验检疫、商务等部门移交所需材料,作为存档。

四、保障措施

(一)加强组织领导

按照辽宁自贸区营口片区总体方案118项任务分工,辽宁自贸区营口片区工作领导小组办公室委托辽宁自贸区营口片区管委会、工商局负责牵头,协调行政审批局、质量技术监督局、国税务局、地税局、人力资源社会保障局、统计局、公安局、口岸管理局、商务局、营口海关、营口检验检疫局、贸促会、金融办、人民银行、港务集团等市相关部门开展工作,明确责任,形成各部门互相配合、各司其职的协作机制。

(二)建立部门信息互认机制

各成员单位统一设置一套"多证合一"申请材料,确认信息采集内容。在企业设立登记时,申请人仅需提交一份申请材料,由辽宁自贸区营口片区综合服务中心服务窗口统一查验,各部门相同的申请材料不再重复收件、审查,实现审查结果互认,加强信息安全管理,防止信息泄露。

(三)强化跨部门数据传递和信息共享

立即着手大数据服务平台的技术开发,实现与各部门业务系统的有效链接,协定信息传送方式,实现跨部门数据传递和信息共享。

(四)深化档案信息建设

“多证合一”审批完成后,各部门根据业务规范分别做好本部门资料存档工作,如需企业申请材料原件的,综合服务中心应配合好档案存档及移交工作。

(五)加强配套保障

在辽宁自贸区营口片区综合服务中心设立统一窗口,培训专门工作人员,负责窗口受理工作,包括统一收件、信息录入、初步审查、扫描分发、统一发照等工作。

附:辽宁自贸试验区投资相关政策法规(第二部分)

国务院关于在更大范围推进“证照分离”改革试点工作的意见

外商投资企业设立及变更备案管理暂行办法

国务院关于做好自由贸易试验区新一批改革试点经验复制推广工作的通知

国务院关于做好自由贸易试验区第四批改革试点经验复制推广工作的通知

商务部关于支持自由贸易试验区进一步创新发展的意见

中国银监会办公厅关于自由贸易试验区银行业监管有关事项的通知

中国银监会关于中国(上海)自由贸易试验区银行业监管有关问题的通知

中国(辽宁)自由贸易试验区条例

辽宁省人民政府办公厅关于在中国(辽宁)自由贸易试验区和沈抚新区先行先试深化简政放权放管结合优化服务改革的指导意见

辽宁省人民政府关于借鉴推广中国(辽宁)自由贸易试验区首批改革创新经验的通知

辽宁省人民政府办公厅关于进一步优化全省投资审批服务的指导意见

中国(辽宁)自由贸易试验区“证照分离”改革试点方案

关于加强中国(辽宁)自由贸易试验区知识产权工作的若干意见

辽宁检验检疫局支持中国(辽宁)自由贸易试验区建设发展的28项措施

推进中国(辽宁)自由贸易试验区外汇管理改革试点实施细则

中国(辽宁)自由贸易试验区沈阳片区实施方案

中国(辽宁)自由贸易试验区沈阳片区“证照分离”改革告知承诺办法

进一步推进中国(辽宁)自由贸易试验区大连片区外汇管理改革试点实施细则

中国(辽宁)自由贸易试验区营口片区事中事后监管工作方案